utb 2429

Eine Arbeitsgemeinschaft der Verlage

W. Bertelsmann Verlag · Bielefeld
Böhlau Verlag · Wien · Köln · Weimar
Verlag Barbara Budrich · Opladen · Toronto
facultas · Wien
Wilhelm Fink · Paderborn
A. Francke Verlag · Tübingen
Haupt Verlag · Bern
Verlag Julius Klinkhardt · Bad Heilbrunn
Mohr Siebeck · Tübingen
Ernst Reinhardt Verlag · München
Ferdinand Schöningh · Paderborn
Eugen Ulmer Verlag · Stuttgart
UVK Verlagsgesellschaft · Konstanz, mit UVK / Lucius · München
Vandenhoeck & Ruprecht · Göttingen · Bristol
Waxmann · Münster · New York

Heinz-Dieter Neef

Arbeitsbuch Hebräisch

Materialien, Beispiele und Übungen
zum Biblisch-Hebräisch

7., durchgesehene und verbesserte Auflage

Mohr Siebeck

Heinz-Dieter Neef, geboren 1955; Studium der Ev. Theologie in Marburg und Tübingen; 1979–1983 Studium semitischer Sprachen in Tübingen; 1985 Promotion; 1993 Habilitation; seit 2000 apl. Professor für Altes Testament an der Evangelisch-theologischen Fakultät der Universität Tübingen.

Meinen Studentinnen und Studenten.

ISBN 978-3-8252-4918-2 (UTB 2429)

Die Deutsche Nationalibliothek verzeichnet diese Publikation in der Deutschen Nationalbibliographie; detaillierte bibliographische Daten sind im Internet über *http://dnb.dnb.de* abrufbar.

1. Auflage 2003
2. Auflage 2006
3. Auflage 2008
4. Auflage 2010
5. Auflage 2012
6. Auflage 2015

© 2018   Mohr Siebeck Tübingen.

Umschlagabbildung: Ruth und Asher Ovadiah, Mosaic Pavements in Israel, 1987, Plate CLXXXII Nr. 2, „L'ERMA" di Bretschneider, Rom.

Das Buch wurde von Gulde Druck in Tübingen auf alterungsbeständiges Werkdruckpapier gedruckt und gebunden.

Zum Geleit

Zum theologischen Studium gehört selbstverständlich das Erlernen der hebräischen und griechischen Sprache des Alten und Neuen Testaments. Das vorliegende Arbeitsbuch möchte seinen Teil dazu beitragen und in die Sprache des Alten Testaments einführen. Altphilologen studieren intensiv Latein und Griechisch, Orientalisten beschäftigen sich viele Semester lang u.a. mit Akkadisch und Islamwissenschaftler erlernen Arabisch. Von daher ist es für die wissenschaftliche Beschäftigung mit dem Alten Testament grundlegend, das biblische Hebräisch zu erlernen. Die Sprache ist ein Schlüssel[1] für das Verständnis von Kultur, Religion und Volk. Die hebräische Sprache ist somit ein wichtiger Schritt zum Verständnis der Welt und der Menschen des Alten Testaments. Sie verrät mit ihrer Schrift, der grundlegenden Unterscheidung von Nominal- und Verbalsatz, der Formenlehre, der Syntax und den Vokabeln viel vom Denken, dem Charakter und der Religion der alttestamentlichen Glaubenszeugen. Die Lektüre unterschiedlicher Texte des Alten Testaments führt zudem in die einzelnen Bücher des Alten Testaments ein und zeigt, dass diese in ihrem Inhalt, ihrer Sprache und ihrer Botschaft durchaus verschieden akzentuiert sind. Die Kenntnis der hebräischen Sprache ist zugleich das wichtigste Hilfsmittel zur Kontrolle und Beurteilung von Übersetzungen des Alten Testaments.

Der letzte und tiefste Grund für das Erlernen dieser Sprache liegt freilich in der Erwählung Israels zu Gottes Bundesvolk begründet. „Gott hat damit, dass er Israel zum Bundesvolk erwählte, auch die Sprache dieses Volkes erwählt und zum ersten sprachlichen Mittler seiner Offenbarung gemacht. Das bedeutet aber, dass die Eigentümlichkeiten und Denkvoraussetzungen, die das Wesen dieser Sprache ausmachen, nicht mehr den Charakter des Zufälligen haben. Vielmehr sind sie damit von Gott in Dienst genommen, der angemessenste Ausdruck für seine Offenbarung und ihre sprachliche Weitervermittlung zu sein... Diese Bindung an eine geschichtlich bedingte sprachliche Ausdrucksform, die es nötig macht, diese Sprache zu erlernen und die damit verbundenen Schwierigkeiten auf sich zu nehmen, enthält zweifellos eine Beschränkung. Doch ist diese Beschränkung die Selbstbeschränkung Gottes, in der seine Kondeszendenz und die

---

[1] Vgl. dazu den programmatischen Titel des Buches der Hamburger Alttestamentlerin und früheren Lektorin für Hebräisch an der Universität Basel, Ina Willi-Plein, Sprache als Schlüssel. Gesammelte Aufsätze zum Alten Testament, hrsg. von Michael Pietsch und Tilmann Präckel, Neukirchen-Vluyn 2002.

Knechtsgestalt seines Wortes sichtbar in die Erscheinung tritt."[2] Gottes Offenbarung an dem kleinen und unbedeutenden Volk Israel schließt die Erwählung des
Landes Israel und seiner Sprache ein. Wir müssen uns allerdings darüber im kla-
ren sein, dass wir diese Sprache keineswegs in ihrer ursprünglichsten Form vor
uns haben. Im Hebräischen des Alten Testaments überlagern sich vielmehr zwei
Systeme: das alte System der Konsonanten und das jüngere System der Masoreten. Die biblischen Konsonantentexte liegen uns als Ergebnis der masoretischen
Interpretation vor. Von daher muss man in der Verwendung der Rede vom „Ur-
text" vorsichtig sein!

Das Arbeitsbuch trägt der letztgenannten Tatsache insofern Rechnung, als es
sich in den ersten Lektionen recht ausführlich mit den Lautlehre-Regeln der Masoreten beschäftigt. Erst ab Lektion 6 wird mit den Vokabeln und ab Lektion 8
mit der Verblehre begonnen. Dieser Aufbau hat sich in Dutzenden von Hebrä-
ischkursen seit dem Wintersemester 1981/82 an der Evangelisch-theologischen
Fakultät der Eberhard-Karls-Universität Tübingen herausgeschält und bewährt.
Die Abfolge der Lektionen und der grammatischen Abschnitte ist das Ergebnis
meines bisherigen Unterrichts; sie spiegelt jeweils den Fortgang des Unterrichts
und des Unterrichtsgespräches selbst wider. Von daher haben meine Studenten
am Aufbau dieses Arbeitsbuches einen erheblichen Anteil. Ich weiß, dass es neben diesem didaktischen Konzept noch viele andere Aufbaumöglichkeiten des
Hebräischunterrichtes gibt. In den letzten zwei Jahrzehnten haben sich viele meiner Kollegen intensiv um neue Konzepte für die Didaktik des Hebräischunterrichtes oft sehr erfolgreich bemüht. Die Diskussion hat meines Erachtens gezeigt,
dass die Konzeption des Hebräischunterrichtes sehr an die Person des Hebräisch-
dozenten gebunden ist. So lässt sich in den letzten beiden Jahrzehnten eine zu-
nehmende Individualisierung des Hebräischunterrichtes beobachten. Der Grund
dafür ist nicht nur die Person des Unterrichtenden, sondern es kommen die unterschiedlichen lokalen Rahmenbedingungen hinzu, unter denen der Hebräisch-
unterricht stattfindet. Dies ist wohl auch der Grund dafür, dass es seit vielen
Jahren kein neues Standardwerk gibt. „Überblickt man die zahlreichen deutsch-
sprachigen Neuerscheinungen der neunziger Jahre auf dem Gebiet hebräischer
Lehrbücher, so zeichnet sich auch hier m.E. noch kein neues Standardwerk ab.
Dabei sind es nicht vornehmlich hebraistische Fragen, sondern eher didaktische,
die diese Lehrbücher in sehr unterschiedlicher Weise lösen bzw. nicht lösen."[3]

---

[2] Dies formulierte vor genau fünfzig Jahren der am 27. Dezember 2002 verstorbene Basler
Alttestamentler und frühere Lektor für Hebräisch an der Kirchlichen Hochschule Bethel,
Hans Joachim Stoebe, Der hebräische Unterricht und das theologische Studium, Monats-
schrift für Pastoraltheologie 42, 1953, 70.
[3] So lautet das Fazit meines Wuppertaler Kollegen Alexander B. Ernst, Lehrbücher des Biblischen Hebräisch. Einige deutschsprachige Neuerscheinungen der 90er Jahre, Verkündigung
und Forschung 43, 1998, 13.

Die Lektionen des Arbeitsbuches sind alle zwei- bzw. dreigeteilt. Ab Lektion 6 findet sich folgender Aufbau: Vokabeln – Materialien und Beispiele – Übungen. Bei den Vokabeln und Übungen muss man sicherlich jeweils eine Auswahl treffen. Da die Zeit in einem Semester beschränkt ist, können wohl nicht alle Übungen gemacht werden; auch bei den ca. 700 Vokabeln muss wohl eine Auswahl getroffen werden. Aber vielleicht reizen diese ja auch zum Selbststudium! Durch die Bibelstellenangaben können die Übungssätze sowie die Textbeispiele leicht kontrolliert werden. Die Bestimmungsübungen lassen sich mit Hilfe der Paradigmentabellen gut auflösen. Das Sachregister soll das Nachschlagen bestimmter Termini oder grammatischer Sachverhalte erleichtern.

Das „Arbeitsbuch Hebräisch" ist ein über viele Semester sich erstreckendes gewachsenes Buch. Ihm lagen viele maschinenschriftliche Fassungen zugrunde, die jedes Semester über neu ausgearbeitet, ergänzt und korrigiert wurden. Die Fragen und Anregungen meiner Studenten und Studentinnen habe ich gerne aufgenommen und verarbeitet. Ich habe ihnen dafür sehr zu danken! Das Buch soll deshalb meinen Studentinnen und Studenten gewidmet sein, nicht nur zum Dank, sondern auch als Ermutigung, mit dem Erlernen der hebräischen Sprache des Alten Testaments in die Welt des Alten Testaments eindringen zu können. Für mich war und ist es eine sehr schöne und dankbare Aufgabe, junge Menschen in das Hebräische einführen zu können. Die intensive Zusammenarbeit mit ihnen innerhalb eines Semesters und das gemeinsame Hinarbeiten auf das Hebraicum bereiten mir immer noch große Freude. Ich bin sehr dankbar dafür, dass mir die Freude und die Energie dazu noch nicht verloren gegangen sind!

Ich habe vielfach zu danken! Mein aufrichtiger Dank ergeht zuallererst an Herrn stud. theol. Emmanuel Rehfeld. Er hat Seite um Seite des schwierigen Manuskriptes in den Computer übertragen und auf diese Weise die Druckvorlage erstellt. Dabei hat er viele nützliche Hinweise zur Textgestaltung gemacht. Die Zusammenarbeit mit ihm funktionierte reibungslos und hat große Freude gemacht. Ich bin ihm für seine aufopferungsvolle und engagierte Arbeit in besonderer Weise dankbar. Für die Erstellung der Paradigmentabellen sowie der Verbliste Nr. 1-61 danke ich herzlich meinem früheren Tutor Herrn stud. theol. David Seidel sowie Herrn stud. theol. Daniel Vaßen. Beim Lesen der Korrekturen sowie der Ausarbeitung der Register haben mich in verlässlicher Weise mein derzeitiger Tutor Herr stud. theol. Carl-Christian Brockhaus und Herr stud. theol. Florian Lippke unterstützt. Herr Brockhaus hat große Teile des Arbeitsbuches in seinem Unterricht erprobt. Ich bin ihm für seine Verbesserungsvorschläge sehr dankbar. Um das Korrekturenlesen hat sich auch mein Hebräischkurs im Wintersemester 2002/03 verdient gemacht. Dem Verlag Mohr Siebeck danke ich für die bereitwillige Aufnahme des Manuskriptes in sein Verlagsprogramm und die gute Betreuung der Drucklegung. Stellvertretend für die Verlagsmitarbeiter möchte ich Herrn Lektor Dr. Henning Ziebritzki sowie Herrn Matthias Spitzner von der Herstellungsleitung nennen. Sie waren beide kompetente und engagierte Ansprechpartner. Mein Rostocker Kollege, Herr Privatdozent Dr. Martin Rösel, war so freundlich, einige Abschnitte des Manuskriptes in seinem Hebräischkurs zu erproben. Ich danke ihm von Herzen für diese keineswegs selbstverständliche Kollegialität. Seine Verbesserungsvorschläge habe ich dankbar in das Manuskript aufgenommen. Meine Kollegen Dr. Paul Kruger, Stellenbosch, und Herr Privatdozent Dr. Matthias Morgenstern, Tübingen, haben Teile des Manuskriptes gelesen und nützliche Verbesserungsvorschläge gemacht. Für weitere Korrekturvorschläge bin ich sehr dankbar!

Möge das Arbeitsbuch dem Erlernen der hebräischen Sprache dienen und damit auch das Verstehen des Alten Testaments und der biblischen Bücher fördern und die Freude an dieser Sprache über das Hebraicum hinaus wach halten!

Tübingen, den 14. April 2003   Heinz-Dieter Neef
Eberhard-Karls-Universität Tübingen
Evang.-theol. Fakultät
Liebermeisterstr. 12-18
72076 Tübingen

Vorwort zur zweiten, durchgesehenen und verbesserten Auflage

Für die zweite Auflage wurde das Buch noch einmal gründlich durchgesehen, Druckfehler wurden korrigiert und Unebenheiten ausgeglichen. Zudem wurde bei der Darstellung des Dopplungsstammes beim Starken Verb das Paradigma כתב durch כבד ersetzt (Lektion 13). Auf diese Weise lässt sich besser als bei כתב die Bedeutung des Dopplungsstammes zeigen. So können auch die Ergebnisse der neusten Althebraistik in das Lehrbuch einfließen.

Ich habe wieder vielfältig zu danken! Zuallererst geht mein Dank wieder an Herrn cand. theol. Emmanuel Rehfeld, der mir in verlässlicher Weise bei der Überarbeitung zur Seite stand. Herzlich danken möchte ich allen, die Verbesserungsvorschläge gemacht haben. Hervorheben möchte ich besonders die Teilnehmer der Tübinger Hebräischkurse seit dem Wintersemester 2003/04, die Rezensenten des Buches und Herrn Pfarrer Dr. Edgar Kellenberger, Liestal/Oberwil

(Schweiz), Herrn Prof. Dr. Thomas Pola, Dortmund, sowie meinen Berner Kollegen Prof. Dr. Benedikt Bietenhard, mit dem ich mich ausführlich und konstruktiv über das Buch austauschen konnte. Die große Mehrzahl der gemachten Verbesserungsvorschläge habe ich aufgenommen. Ich schätze diese Kollegialität sehr! Auch die zweite Auflage erscheint unter der bewährten Obhut des Tübinger Mohr Siebeck Verlages; mein Dank geht hier wieder an Herrn Dr. H. Ziebritzki, Herrn M. Spitzner und die übrigen Mitarbeiter.

Möge das Buch auch in der zweiten Auflage das Verstehen der Bibel fördern und die Freude am Hebräischen über das Hebraicum hinaus wach halten!

Tübingen, den 10. November 2005　　　　　　　　　　Heinz-Dieter Neef

Vorwort zur dritten, durchgesehenen und erweiterten Auflage

Die dritte Auflage ist im Vergleich zur ersten und zweiten Auflage auf Wunsch vieler Benutzer um einen Abschnitt zum „Parallelismus membrorum" erweitert worden. Diese Stilfigur ist für das Übersetzen poetischer Texte eine grundlegende Hilfe. Erweitert wurde auch das Vokabelverzeichnis Hebräisch-Deutsch um die in den Lektionen behandelten Konjunktionen. Darüber hinaus wurde das Buch noch einmal gründlich durchgesehen, Druckfehler wurden beseitigt, Erklärungen grammatischer Phänomene präzisiert und neue Übungstexte eingefügt.

Das Buch hat bei Benutzern und Rezensenten eine freundliche Aufnahme gefunden, wofür ich sehr dankbar bin. Großer Dank gebührt wieder dem Verlag Mohr Siebeck Tübingen, vor allem Herrn Dr. H. Ziebritzki, Herrn M. Spitzner und den übrigen Mitarbeitern für die verläßliche Betreuung des Buches. In höchst kompetenter Weise hat sich Herr Wiss. Mitarb. Mag.Theol. Emmanuel Rehfeld, Dortmund, um das Buch verdient gemacht. Da er inzwischen selbst an der Universität Dortmund Hebräischunterricht erteilt, konnte er viele formale und inhaltliche Verbesserungen zur Neuauflage beitragen. Dafür gebührt ihm aufrichtiger Dank!

Möge das Buch auch in der dritten Auflage das Verstehen der Bibel fördern und die Freude am Hebräischen über das Hebraicum hinaus wach halten!

Tübingen, den 14. November 2007　　　　　　　　　　Heinz-Dieter Neef

Vorwort zur vierten, durchgesehenen und verbesserten Auflage

Die vierte Auflage wurde erneut durchgesehen und auf Anregung einiger Benutzer um Abschnitte zur Vokalisation der Präposition *min*, zum $\bar{e}$- und $\bar{o}$-Perfekt sowie Verbaladjektiv ergänzt. Darüber hinaus wurden einige missverständliche Bemerkungen zu den Modi im Hebräischen, zur Präposition k^e mit Suffixen sowie dem Chiräq compaginis korrigiert. Ebenso wurden neuere Erkenntnisse zum Adhortativ eingearbeitet.

    Das Buch hat eine lebhafte Aufnahme erlebt, worüber ich mich sehr freue. Immer wieder erreichen mich Verbesserungsvorschläge, für die ich dankbar bin und die ich gerne soweit möglich einarbeite. In diesem Zusammenhang sind die Vorschläge meiner Kollegen Prof. Dr. Josef Tropper, Berlin, sowie Dozent Roland Hees, Krelingen, in besonderer Weise zu nennen. Ich schätze diese Kollegialität sehr. Mein Dank geht wieder an den Verlag Mohr Siebeck Tübingen, vor allem an Herrn Verlagsleiter Dr. H. Ziebritzki, Herrn M. Spitzner und die übrigen Mitarbeiter für die gute Betreuung des Buches. Schließlich danke ich sehr Herrn Wiss. Mitarb. Mag. Theol. Emmanuel Rehfeld, Dortmund, für seine verlässliche und kompetente Mitarbeit am Computer.

    Möge das Buch auch in der vierten Auflage das Verstehen der Bibel fördern und die Freude am Hebräischen über das Hebraicum hinaus wach halten!

Tübingen, den 26. Mai 2010   Heinz-Dieter Neef

Vorwort zur fünften, durchgesehenen und verbesserten Auflage

Die fünfte Auflage wurde erneut durchgesehen, Druckfehler wurden korrigiert und einige missverständliche Formulierungen verbessert. In den Paradigmentabellen wird jetzt zusätzlich in den Überschriften auf die entsprechenden Lektionen verwiesen, um diese beiden Teile stärker zusammenzubinden. Das Grundkonzept des Buches bleibt jedoch unverändert.

    Ich danke herzlich den Mitarbeitern des Verlages Mohr Siebeck Tübingen und ganz besonders Herrn Dr. des. Emmanuel Rehfeld, Dortmund, für die verläßliche und kompetente Mitarbeit am Computer.

Tübingen, den 22.02.2012   Heinz-Dieter Neef

Vorwort zur sechsten, durchgesehenen und verbesserten Auflage

Die sechste Auflage wurde erneut durchgesehen und verbessert. Dabei konnte ich vor allem auf Verbesserungsvorschläge von Herrn Professor Dr. Josef Tropper, Berlin, und Herrn Akad. Rat Dr. Gerhard Karner, Erlangen, dankbar zurückgreifen. Ich danke beiden herzlich für dieses Zeichen der Kollegialität. – Neben der Korrektur von Vokalisationsfehlern wurden vor allem die Tabellen zum Imperativ Singular fem. mit Suffixen entfernt. Dieser Imperativ ist mit Suffixen nicht belegt und von daher entbehrlich! Auf diese Weise werden die Tabellen entlastet. – Ich werde immer wieder gefragt, ob man nicht Lösungstabellen zu den Übungen als Anhang am Ende des Buches auflisten könnte. Nach langem Überlegen habe ich mich dazu entschlossen, dies nicht zu tun, da man die Übungen doch relativ leicht mit Hilfe der Paradigmentabellen auflösen kann. Zudem sollten die Formbestimmungen im Unterricht soweit als möglich besprochen werden. – Die Stellenangaben zu den Übersetzungsübungen möchte ich dagegen beibehalten. Es ist doch wichtig zu wissen, ob ein Vers in einem Psalm, in einer Erzählung oder einer Prophetenschrift begegnet. Dieses Wissen hilft beim Übersetzen und macht sensibel für die Besonderheiten der alttestamentlichen Bücher. Es ist ein Unterschied, ob man einen Vers aus der Priesterschrift, aus Kohelet oder dem Richterbuch übersetzt! Man kann darüber hinaus nur an die Disziplin der Benutzer appellieren, nicht vorschnell in einer deutschen Übersetzung nachzuschlagen!

Mein großer Dank geht wieder an die Mitarbeiter des Verlages Mohr Siebeck Tübingen und vor allem an Herrn Pastor Dr. Emmanuel Rehfeld, Dortmund, für die verlässliche Mithilfe am Computer.

Tübingen, im Advent 2014   Heinz-Dieter Neef

Vorwort zur siebten, durchgesehenen Auflage

Die siebte Auflage wurde erneut durchgesehen. Dabei wurden zehn kleinere Fehler entdeckt und wieder verbessert. Ich danke allen, die mich darauf hingewiesen haben. – Mein großer Dank geht wieder an die Mitarbeiter des Verlages Mohr Siebeck Tübingen und vor allem an Herrn stud. phil. et theol. Michael Bock, Frau stud. theol. Lilian Bronner und Herrn Dozenten Pastor Dr. Emmanuel Rehfeld, Dortmund/Lüneburg, für die verlässliche Mithilfe am Computer.

Tübingen, im Advent 2017   Heinz-Dieter Neef

Inhalt

Verteilung des grammatischen Stoffes und der Texte
auf die Lektionen

Lektion (Seiten)	Grammatischer Stoff	Lesetexte (L) Übersetzungstexte (Ü)
Einleitung (1-6)	Aufgabe; Hebräisch; Erforschung der hebräischen Sprache	
1 (7-20)	Konsonanten: Schreibung, Aussprache	Gen 1,1f. (L); Ps 1,1-3 (L)
2 (21-25)	Vokale: Schreibung, Homogenität und Heterogenität, Scriptio plena und Scriptio defectiva	
3 (26-31)	Schwa quieszens; Dagesch lene und forte; Patach furtivum	
4 (32-39)	Silbenbildung; Qamäs Chatuph; Schwa mobile und medium; Chateph-Vokale	I Sam 19,1-3 (L)
5 (40-49)	Waw copulativum; Vokalisation der einkonsonantigen Präpositionen; Ketib und Qere; Qere perpetuum; Akzente; Wortton und Pausa	Gen 1,1-3 (L); Jer 29,1-7 (L)
6 (50-63)	Artikel; Nomen; selbständiges Personalpronomen; Demonstrativpronomen; Fragepronomina; Relativpartikel	
7 (64-74)	unselbständiges Personalpronomen; Nomen und Präpositionen mit Suffixen; Nominalsätze	Gen 12,1-5 (L)
8 (75-89)	Perfekt; unregelmäßige Nomina; Adjektive; Steigerung; Existenzpartikeln; Doppelpräpositionen	I Sam 8,1-9 (L)
9 (90-100)	Imperfekt; Imperfekt consecutivum; Kohortativ; Jussiv; Imperativ; Adhortativ; Verneinung	Ex 20,1-17 (L)
10 (101-110)	Verbalsätze; Partizip; Perfekt consecutivum; Richtungsangabe	Ps 1 (L)
11 (111-120)	Infinitiv absolutus und constructus; Segolata; Reflexivverhältnis	I Sam 15,1f. (Ü); Gen 22,10-12 (Ü); I Sam 12,1-4 (L)
12 (121-131)	Nifʿal; Segolata mediae Waw/Jod und tertiae Jod; Relativ- oder Attributivsätze mit אֲשֶׁר	Jer 2,4-6a (Ü); Jdc 9,7-15 (L)

13 (132-148)	Dopplungsstamm: Pi‘el, Pu‘al, Hitpa‘el; Nomina mit zwei veränderlichen Vokalen; das Nomen כֹּל („Gesamtheit")	Gen 31,53-32,4 (Ü); Dtn 5,1-5 (Ü) Ps 2 (L)
14 (149-162)	Kausativstamm: Hif‘il, Hof‘al; Nomina mit verdoppeltem Endkonsonanten; Gentilicia	Ps 105,3-10 (Ü)
15 (163-177)	Starkes Verb mit Objektsuffixen (Imperfekt); Nomina mit veränderlichem Qamäs in der Endsilbe; die hebräischen Stammesmodifikationen: wichtige Kennzeichen	Jer 30,1-5 (Ü) Ps 23 (L)
16 (178-193)	Starkes Verb mit Objektsuffixen (Perfekt); Nomina mit veränderlichem Sere in der Endsilbe; Konditionalsätze	I Reg 13,1-4 (Ü); II Reg 2,19-25 (Ü)
17 (194-203)	Starkes Verb mit Objektsuffixen (Imperativ und Infinitiv constructus); Nomina mit veränderlichem Qamäs in der vorletzten Silbe; Temporalsätze	Gen 9,8-12 (Ü)
18 (204-214)	Verba primae laryngalis; Verba primae Aleph; Nomina auf Segol He (הָ); Schwursätze	Gen 3,1-13 (Ü)
19 (215-221)	Verba mediae laryngalis; feminine Nomina auf –īt und –ūt; Final- und Konsekutivsätze; Partikeln mit Suffixen	Gen 39,2-9 (Ü)
20 (222-231)	Verba tertiae laryngalis; Verba tertiae Aleph; feminine Nomina mit veränderlichen Vokalen; Kausalsätze; Dativus ethicus	Gen 12,10-20 (Ü)
21 (232-242)	Verba primae Nun; das Verb נתן „geben"; das Verb לקח „nehmen"; feminine Nomina mit segolierter Endung; Wunschsätze	Gen 27,1-11 (Ü); Ps 147,1-7 (Ü)
22 (243-256)	Verba primae Jod/Waw; das Verb יָרֵא „sich fürchten"; das Verb יָכֹל „können, vermögen"; feminine Nomina auf Qamäs He von Segolata; die Präpositionen לְ und בְּ	Gen 15 (Ü)
23 (257-269)	Verba tertiae infirmae; das Verb היה „sein, werden"; das Verb חוה „sich niederwerfen, anbeten"; das Verb ראה „sehen"; einsilbige Nomina mit veränderlichem Vokal; die Präpositionen מִן und כְּ	Gen 18,1-15 (Ü)
24 (270-287)	Verba mediae ū/ī/ō („Hohle" Wurzeln); Zahlen; die Präposition עַל	Jdc 4,12-22 (Ü); I Sam 25,36-42 (Ü); I Reg 3,16-28 (Ü)

Der grammatische Stoff nach Themen

Abkürzungen

abs.	absolutus
com.	communis
cons.	consecutivum
cs.	constructus
dt.	deutsch
f.	Femininum
Hi.	Hif^{c}il
Hitp.	Hitpa^{c}el
Ho.	Hof^{c}al
Imp.	Imperativ
Impf.	Imperfekt
i.p.	in pausa
Jh.	Jahrhundert
Jt.	Jahrtausend
m.	Maskulinum
n.	Neutrum
n.g.	nomen gentilicium
Ni.	Nif^{c}al
n.l.	nomen loci
n.pr.f.	nomen proprium femininum
n.pr.m.	nomen proprium masculinum
n.terr.	nomen terrae
Pi.	Pi^{c}el
Pl.	Plural
poet.	poetisch
Ptz.	Partizip
Pu.	Pu^{c}al
Sg.	Singular
st.	status

Zeichen:

*	*erschlossene Form*
>	*wird zu*
<	*entstanden aus*

Einleitung

1. Die Aufgabe

Das „Arbeitsbuch Hebräisch" hat die Aufgabe, in das biblische Hebräisch einzuführen. Es legt sein Schwergewicht auf die Erarbeitung folgender Themenbereiche: Laut-, Verb-, Nominal- und Satzlehre sowie die Erarbeitung eines Grundvokabulars. Das Ziel des Arbeitsbuches ist die Vermittlung der Fähigkeit, Texte des Alten Testaments lesen, übersetzen und verstehen zu können. Es ist aus dem akademischen Unterricht gewachsen und versteht sich als „Lehrbuch des biblischen Hebräisch". Es versteht sich nicht als „Grammatik des biblischen Hebräisch" in dem Sinne der Darbietung einer neuen grammatischen Theorie oder der Darstellung eines neuen methodischen Zugangs zum Hebräischen. Dies schließt jedoch die Aufnahme von gesicherten Ergebnissen der neueren Althebraistik keineswegs aus.

Die Althebraistik hat vor allem in den letzten beiden Jahrzehnten einen enormen Aufschwung erlebt, wie die Publikation gewichtiger Monographien, nützlicher Einzelstudien sowie die Gründung althebraistischer Zeitschriften zeigt. Dies alles hat zu einem präziseren und verbesserten Verständnis des biblischen Hebräisch beigetragen. Viele dieser Erkenntnisse können in einem Anfängerkurs für Hebräisch aus Zeitgründen wohl kaum aufgenommen und besprochen werden. Der Anfängerkurs hat zuallererst die Aufgabe, gute Grundlagen für das Verständnis des Hebräischen zu legen. Diesem Ziel fühlt sich das vorliegende Arbeitsbuch in erster Linie verpflichtet. Es dient der Einführung in das biblische Hebräisch sowie der Hinführung zum Hebraicum.

Bezüglich der Nomenklatur und des Aufbaus zollt das Arbeitsbuch der Tradition der mittelalterlichen jüdischen Grammatiker insofern Respekt, als es an deren grammatische Termini ebenso wie an deren Gliederung des grammatischen Stoffes anknüpft. So behandelte bereits Saᶜadja (882-942) als der Begründer der hebräischen Sprachwissenschaft in seinem „Buch von der Sprache" die Lautlehre, das Verb und das Nomen, wobei er unter dem Einfluss der arabischen Grammatik stand. Dunasch ben Labrat (um 960) war es dann, der die Bezeichnungen der Stammesmodifikationen Qal, Nifᶜal usw. einführte.

Die in dem Arbeitsheft verwendeten Formen und Textbeispiele sind alle dem Alten Testament entnommen. Es wird bewusst darauf verzichtet, eigene Sätze und Texte zu bilden. Von daher war die Konkordanz das wichtigste Hilfsmittel bei der Konzipierung des Arbeitsbuches. Die eigene Bildung von hebräischen Sätzen ist nie frei von Einflüssen der Sprache des Verfassers. Zudem kann auf diese Weise kaum die jeweilige syntaktische, stilistische und semantische Eigenart des hebräischen Textes getroffen werden. Es ist schon ein Unterschied, ob man einen Text der Priesterschrift oder einen Abschnitt aus dem Deuteronomium analysiert und übersetzt. Von daher werden bei den Formbestimmungsübungen sowie bei den Textbeispielen ausschließlich Originalformen und –texte verwendet. Dies ist auch der Grund, warum das Arbeitsbuch keine Übersetzungsübungen deutsch-hebräisch enthält. Diese Übungen sind mit so vielen Unsicherheiten verknüpft, dass darauf besser verzichtet werden sollte.

Die Konzentration auf Textbeispiele aus dem Alten Testament hat allerdings zur Folge, dass oft nur Teile eines Verses verwendet werden können und sein engerer und weiterer Kontext unberücksichtigt bleibt. Dies ist vor allem in den ersten Lektionen der Fall, wo die Kenntnis der Formen noch sehr begrenzt ist. Dieser Nachteil wiegt jedoch weniger schwer als die eigene Bildung von hebräischen Sätzen.

Da sich das Arbeitsbuch vor allem an Anfänger wendet, wird verstärkt mit Tabellen gearbeitet. Diese beziehen sich auf Pronomina, Verben und Nomina. Diese Tabellen sind insofern nützlich, als die Struktur der Verb- und Nominalbildung deutlich vor Augen gestellt werden kann. Die Tabellen sind freilich der einzige Ort im Arbeitsbuch, wo Formen begegnen, die nicht im Alten Testament belegt sind.

Die Texte des Alten Testaments werden ohne die Masora wiedergegeben. Ebenso werden nur die beiden Akzente Atnach und Silluq gesetzt. Die kleine Einführung vor jedem größeren Textabschnitt dient der Kurzinformation über Ort und Inhalt des Textes im größeren Zusammenhang. Diese Einführungen sollen die Gebundenheit des Hebräischen an das Alte Testament und als wichtigster Schlüssel für dessen Verständnis betonen.

2. Hebräisch

Mit „Hebräisch" bezeichnet man die Sprache des Alten Testaments mit Ausnahme der aramäischen Teile Esr 4,8-6,18; 7,12-26; Dan 2,4-7,28; Jer 10,11; Gen 31,47 (2 Worte).

Das Hebräische gehört zu der Gruppe der semitischen Sprachen, die Träger dieses Sprachtypus bezeichnet man als Semiten. Das Semitische gehört zu der Gruppe der flektierenden Sprachen, die von Mesopotamien, vom armenischen Hochland bis zur Südküste Arabiens heimisch sind. Geographisch lässt es sich in drei Gruppen gliedern:

Die ostsemitische Gruppe: Akkadisch mit den beiden Dialekten Babylonisch und Assyrisch.

Die nordwestsemitische Gruppe: Amoritisch (2.Jt.v.Chr.), Ugaritisch (14./13.Jh.v.Chr.), Kanaanäisch, Phönizisch-Punisch (1.Jt.v.Chr.), Moabitisch, Ammonitisch, Hebräisch, Aramäisch.

Die südsemitische Gruppe: Nordarabisch (inschriftlich seit dem 4.Jh.n.Chr. und als Schriftsprache seit dem 6.Jh.n.Chr. belegt), Südarabisch (Sprache der sabäischen und minäischen Inschriften bis zum 6.Jh.n.Chr.), Abessinisch (Äthiopisch).

Die semitischen Sprachen weisen eine starke Verwandtschaft untereinander auf. Als *Hauptmerkmale* kann man nennen:

Die Laryngale ', h, ḥ, ʿ geben der Sprache einen dumpfen Klang. Der Begriff des Wortes haftet an den Konsonanten, die Vokale dienen zur näheren Bestimmung. Die Wurzeln bestehen in der Regel aus drei Konsonanten oder Radikalen. Aus der Wurzel entsteht die Einzelform durch Vokalwechsel, Dehnung, Verdopplung sowie durch Anhängung von Prä- (Imperfekt) und Afformativen (Perfekt). Ein besonderes Kennzeichen des Verbs sind die zahlreichen Stammesmodifikationen: Aktiv, Passiv, Medium, Reflexiv, Intensiv, Konativ, Kausativ, Multiplikativ; sie verleihen der Sprache die Fähigkeit zu genauer Nuancierung. Die semitischen Sprachen kennen zwei Genera (Maskulin und Feminin) und drei Numeri (Singular, Dual, Plural).

Hebräisch ist im Kanaanäischen verwurzelt (Jes 19,18), das sich in drei Gruppen gliedern lässt:

Nordkanaanäisch: Dazu zählt das Ugaritische, das seinen Namen nach der bis ins 7./6.Jt.v.Chr. zurückreichenden Hafenstadt Ugarit trägt. Sie stellte im 2.Jt.v.Chr. eine bedeutende Handelsmetropole dar.

Mittelkanaanäisch: Die kanaanäische Mundartengruppe Mittelsyriens, zu der die Städte Byblos, Sidon und Tyrus gehören, wird als Phönizisch bezeichnet.

Südkanaanäisch: Dazu zählen Hebräisch, das seit dem 11.Jh.v.Chr. in Erscheinung tritt, und Moabitisch, der ostjordanische Nachbardialekt des Hebräischen (um 850 v.Chr.; vgl. II Reg 3,4-27).

In der Geschichte der hebräischen Sprache kann man drei Sprachstufen unterscheiden:

Althebräisch: Es ist greifbar in der Mehrzahl der Texte des Alten Testaments und umfasst den Zeitraum vom 11.Jh.v.Chr. bis in die exilisch-nachexilische Zeit.

Mittelhebräisch: Der Übergang vom Alt- zum Mittelhebräischen ist nicht genau zu fixieren. Zum Mittelhebräischen gehören die jüngsten Schriften des Alten Testaments aus dem 4.-2.Jh.v.Chr. (Cant, Koh, Est, Dan, Esr, I/II Chr) sowie das Buch Jesus Sirach (2.Jh.v.Chr.), die Qumrantexte (2.Jh.v.Chr. – 1.Jh.n.Chr.), die Mischna und die rabbinischen Werke.

Neuhebräisch: Damit wird die offizielle Sprache des Staates Israel bezeichnet (seit 1948). Ihre Anfänge gehen auf das Ende des 18.Jh.s zurück. Im Vergleich zum Alt- und Mittelhebräischen zeigt es eine differenzierte und europäisierte Form. In der Überlieferung des Alten Testaments ist zu unterscheiden zwischen dem Konsonantentext auf der einen und der Ausspracheüberlieferung auf der anderen Seite. Der Konsonantentext wurde um 100 n.chr. festgelegt. Anders steht es mit der Ausspracheüberlieferung, die bis ins 9.Jh.n.Chr. nicht normativ festgelegt war. Die Schriftgelehrten, die sich mit der Aussprache und Akzentuierung befassten, bezeichnet man als Masoreten (Masora = Überlieferung). Man unterscheidet die Masoreten des Ostens (Babylonien) von denen des Westens (Palästina). Die ältere palästinische und babylonische Punktation stellt supralineare Systeme, d.h. Systeme mit Vokalzeichen über den Konsonanten dar; diese älteren Systeme sind sehr einfach. Unsere Grammatiken fußen auf dem komplizierteren System der Masoreten von Tiberias, genauer auf der Vokalisierung und Akzentuierung der Masoretenfamilie Ben Ascher (8.-10.Jh.n.Chr.).

3. Die Erforschung der hebräischen Sprache

Der Begründer der hebräischen Sprachwissenschaft ist Saᶜadja (gestorben 942 n.Chr.), der in arabischer Sprache ein aus zwölf Teilen bestehendes Werk mit dem Namen „Bücher der Sprache" verfasste. Dieses Werk ist die erste systematische Darstellung der hebräischen Grammatik. Auf dieses Werk bauen die mittelalterlichen Grammatiken auf, die ausschließlich von jüdischen Gelehrten verfasst wurden: Jehuda ben Quraisch (um 1000); Menachem ben Saruq (um 960); Dunasch ben Labrat (um 960); Abraham ben Meir Ibn Esra (1092-1167); David Kimchi (1160-1235) u.v.a. Bis ins 16.Jh. hinein war die Literatur zur hebräischen Sprache fast ausschließlich von Juden für Juden geschrieben. Dies änderte sich mit dem Auftreten von Johannes Reuchlin (1455-1522), der als erster Christ eine Grammatik verfasste, um Christen in die Kenntnis der hebräischen Sprache einzuführen. Damit trat das hebräische Sprachstudium aus dem Bereich der Synagoge heraus und ließ sich neben den klassischen Sprachstudien an den Universitäten nieder. Reuchlins bedeutendstes Werk sind die „Rudimenta hebraica", die ein vollständiges Lehrgebäude der hebräischen Sprache, eine umfangreiche Grammatik und ein vollständiges Wörterbuch enthalten.

Eine Blüte erlebte die Erforschung der hebräischen Grammatik im 19.Jh. vor allem durch die Arbeiten von W. Gesenius (1786-1842), der als der Begründer der modernen Grammatik und Lexikographie des Hebräischen bezeichnet werden kann. Seine „Hebräische Grammatik völlig umgearbeitet von E. Kautzsch, Nachdruck der 28. Auflage 1909, Hildesheim u.a. 1977, 606 S." fußt auf seinem „Hebräischen Elementarbuch", das 1813f. in zwei Teilbänden „Hebräische Grammatik" und „Hebräisches Lehrbuch" erschien. Die Grammatik wuchs sehr rasch über ihren eigentlichen Umfang hinaus und war als „Gesenius-Rödiger" (14.-21.

Auflage 1845-1872) und „Gesenius-Kautzsch" (22.-28. Auflage 1878-1909) die bekannteste wissenschaftliche Grammatik des 19. Jahrhunderts.

Neben der Grammatik von W. Gesenius sind noch als weitere wichtige Grammatiken u.a. die von J. Olshausen (erschienen 1861), H. Ewald (1870) und F.E. König (1881 und 1897) zu nennen.

Wichtige Grammatiken des 20.Jh.s sind u.a. die von G. Bergsträsser (1918), H. Bauer/P. Leander (1922), P. Joüon (1923; Neubearbeitung als P. Joüon/T. Muraoka 1991), C. Brockelmann (1956), R. Meyer (1992), D. Michel (1977), W. Richter (1978-1980) und B.K. Waltke/M. O'Connor (1990) zu nennen. Eine wichtige Etappe in der Erforschung der althebräischen Sprache stellt die von H.-P. Müller begründete und von U. Rüterswörden in Zusammenarbeit mit anderen Gelehrten herausgegebene „Zeitschrift für Althebraistik" (ZAH, Band 1, 1988) dar. In jüngster Zeit wurde eine weitere wissenschaftliche Zeitschrift gegründet, die sich der Erforschung der hebräischen Sprache verpflichtet weiß: „Kleine Untersuchungen zur Sprache des Alten Testaments und seiner Umwelt" (KUSATU, Band 1, 2000), im Auftrag der Forschungsstelle für Hebräische Syntax an der Universität Mainz hg. von R.G. Lehmann.

An neueren Grammatiken und Lehrbüchern der hebräischen Sprache des Alten Testaments sind – in Auswahl – zu nennen: S. Arnet, Wortschatz der Hebräischen Bibel. Zweieinhalbtausend Vokabeln alphabetisch und thematisch geordnet, [5]2013; P. Auvray, Bibelhebräisch zum Selbststudium, 1996; R. Bartelmus, Einführung in das biblische Hebräisch, [2]2010; J. Blau, A Grammar of Biblical Hebrew, 1976; H. Dietzfelbinger, Lernbuch des biblischen Hebräisch, 2 Bände, 2010; A. Ernst, Kurze Grammatik des Biblischen Hebräisch, [3]2013; H.W. Hoffmann, Einführung ins biblische Hebräisch. Grammatik – Vokabular – Übungen, 2014; Juni Hoppe, in Zusammenarbeit mit J. Tropper, Hebräisch Lernvokabular, Hesed. Hebraica et Semitica Didactica 1, [2]2013; H. Irsigler, Einführung in das Biblische Hebräisch I/II, 1978f.; E. Jenni, Lehrbuch der hebräischen Sprache des Alten Testaments, [3]2003; A. Käser/Th. Dallendörfer, Hebräische Verben in Bildern schneller lernen, 2009; P.H. Kelley, Biblical Hebrew. An Introductory Grammar, 1992; Martina Kepper, CD-ROM-Sprachkurs Biblisches Hebräisch, 2008; Jutta Körner, Hebräische Studiengrammatik, [5]1996; M. Krause, Hebräisch. Biblisch-hebräische Unterrichtsgrammatik, hg. von M. Pietsch und M. Rösel, de Gruyter Studienbuch, [3]2012; G. Krinetzki, Bibelhebräisch. Eine Einführung in seine grammatischen Charakteristika und seine theologisch relevanten Begriffe, 1981; T.O. Lambdin, Lehrbuch Bibel-Hebräisch, hg. von H. von Siebenthal, 1990; J.P. Lettinga, Grammatik des biblischen Hebräisch, 2 Bände, 1992; J.D. Martin, Hebräische Elementargrammatik, übersetzt A.C. Hagedorn, 1998; F. Matheus, Einführung in das Biblische Hebräisch. Studiengrammatik, 1997; W. Schneider, Grammatik des biblischen Hebräisch. Ein Lehrbuch, [2]2004; ders., Debarim. Übungsbuch für den Hebräisch-Unterricht, [3]2006; A. Sperber, A Historical Grammar of Biblical Hebrew, 1966; H.P. Stähli, Hebräisch-Kurzgrammatik,

[4]2004; ders., Hebräisch-Vokabular, [3]2002; F. Stolz, Hebräisch in 53 Tagen, [5]1990; J. Weingreen, A Practical Grammar for Classical Hebrew, [2]1959; G. Welzel, Programmierte Grammatik des Hebräischen, 1981.

An neueren Wörterbüchern sind zu nennen: W. Gesenius/F. Buhl, Hebräisches und aramäisches Handwörterbuch über das Alte Testament, 17. Auflage 1915 (Nachdruck 1962); W. Gesenius, Hebräisches und aramäisches Handwörterbuch über das Alte Testament, 18. Auflage bearbeitet und hg. von R. Meyer und H. Donner, 2013; Hebräisches und aramäisches Lexikon zum Alten Testament, 3. Auflage hg. von W. Baumgartner, J.J. Stamm u.a., Lieferungen I-V 1967-1995 + Supplement-Band 1996; W. Dietrich/S. Arnet, Konzise und aktualisierte Ausgabe des Hebräischen und Aramäischen Lexikons zum Alten Testament (KAHAL), 2013; G. Fohrer u.a., Hebräisches und aramäisches Wörterbuch zum Alten Testament, 1989, 2. Auflage; D.J.A. Clines (Ed.), The Dictionary of Classical Hebrew, Lieferungen I-VIII 1993-2011.

Lektion 1:
Die Konsonanten

א	Aleph	ʾ
ב	Beth	b
ג	Gimel	g
ד	Daleth	d
ה	He	h
ו	Waw	w
ז	Zajin	z
ח	Chet	ḥ
ט	Teth	ṭ
י	Jod	j
כ	Kaph	k
ל	Lamed	l
מ	Mem	m
נ	Nun	n
ס	Samech	s
ע	Ajin	ʿ
פ	Pe	p
צ	Sade	ṣ
ק	Qoph	q
ר	Resch	r
שׂ	Sin	ś
שׁ	Schin	š
ת	Taw	t

1. Schreibung

Die hebräische Schrift gehört zu der im 2.Jt.v.Chr. im syrisch-palästinischen Raum entwickelten Alphabetschrift. Hier gelang es zum erstenmal, ein System von weniger als 30 Zeichen zu entwickeln. Ursprünglich waren die Zeichen Bilder, die wohl nach dem Prinzip der Akrophonie ausgewählt waren. Jedem Laut entsprach ein Bildsymbol für eine Größe, deren nordwestsemitische Bezeichnung mit dem betreffenden Laut begann. Diese Bildbuchstaben kann man bei der Mehrzahl der Konsonanten noch rekonstruieren. Die Konsonantenschrift wird auch als Quadratschrift bezeichnet, weil sich alle Konsonanten in ein Quadrat einfügen. Bei der Schreibung ist zu beachten, dass die Mehrzahl der Konsonanten in der linken oberen Ecke des Quadrats beginnen.

Schreibung: Man beginnt mit einer Querlinie von links oben nach rechts unten. Es folgen zwei leicht geschwungene Linien in die linke untere und rechte obere Ecke.
Name: **Aleph**
Umschrift: ʾ
Bildbuchstabe: Rinderkopf

Schreibung: Man beginnt in der linken oberen Hilfsquadratecke und beschreibt eine Linie auf der oberen und der rechten Hilfsquadratlinie; in einem zweiten Schreibzug beschreibt man eine Linie, die mit der unteren Hilfsquadratlinie identisch ist; an ihrem rechten unteren Ende weist sie ein wenig über den rechten senkrechten Schaft hinaus.
Name: **Beth**
Umschrift: *b*
Bildbuchstabe: Haus

Schreibung: Man beginnt mit einem Querstrich von links oben nach rechts unten, zieht eine senkrechte Linie und setzt noch eine kleine Querlinie im unteren Drittel der senkrechten Linie hinzu.
Name: **Gimel**
Umschrift: *g*
Bildbuchstabe: Kamel   ∧

Schreibung: Man beginnt in der linken oberen Ecke des Hilfsquadrates, zieht eine waagrechte Linie nach rechts, die ein klein wenig über den rechten Schaft des Hilfsquadrates hinausweist, und beschreibt eine senkrechte Linie, die mit der rechten Linie des Hilfsquadrates identisch ist.

Name: **Daleth**

Umschrift: *d*

Bildbuchstabe: Fisch

Schreibung: Man beginnt in der linken oberen Ecke, zieht eine waagrechte Linie, die mit der oberen Hilfsquadratlinie identisch ist, beschreibt dann eine senkrechte Linie, die mit der rechten Hilfsquadratlinie identisch ist, und zieht schließlich eine linke Linie, die parallel zur rechten Linie ist. Dabei muss man beachten, dass die linke Linie nicht ganz an die obere waagrechte Linie anstößt.

Name: **He**

Umschrift: *h*

Bildbuchstabe: betende oder rufende Gestalt

Schreibung: Man beginnt mit einer kleinen Querlinie und beschreibt dann eine senkrechte Linie, die an der unteren Hilfsquadratlinie endet.

Name: **Waw**

Umschrift: *w*

Bildbuchstabe: Keule oder Haken

Schreibung: Man zieht eine leicht geschwungene Linie auf der oberen Hilfs-
quadratlinie und fügt dann eine leicht geschwungene senkrechte Linie hinzu, die
an der unteren Hilfsquadratlinie endet.
Name: **Zajin**
Umschrift: *z*
Bildbuchstabe: Ölbaum?　

Schreibung: Man beginnt in der linken oberen Ecke, zieht eine waagrechte Linie,
die mit der oberen Hilfsquadratlinie identisch ist, und zieht dann zwei senkrechte
parallele Linien.
Name: **Chet**
Umschrift: *ḥ*
Bildbuchstabe: Zaun, Gatter

Schreibung: Man beginnt in der linken oberen Ecke des Hilfsquadrates mit einer
kleinen Querlinie, beschreibt dann einen nicht fest geschlossenen Kreis und zieht
abschließend eine waagrechte Linie auf der unteren Hilfsquadratlinie.
Name: **Teth**
Umschrift: *ṭ*
Bildbuchstabe: ?

Schreibung: Man schreibt einen nach links geöffneten Haken in der rechten oberen Ecke des Hilfsquadrates.

Name: **Jod**
Umschrift: *j*
Bildbuchstabe: Hand mit Unterarm

Schreibung: Man beginnt in der linken oberen Ecke des Hilfsquadrates und schreibt einen nach links geöffneten Halbkreis.

Name: **Kaph**
Umschrift: *k*
Bildbuchstabe: Hand

Schreibung: Man beginnt links *über* der oberen Hilfsquadratlinie, beschreibt eine kleine senkrechte Linie, dann eine waagrechte Linie und abschließend eine geschwungene, auf der unteren Hilfsquadratlinie endende Linie.

Name: **Lamed**
Umschrift: *l*
Bildbuchstabe: Ochsenstecken

Schreibung: Man beginnt im linken oberen Teil des Hilfsquadrates, zieht eine geschwungene Linie in die linke untere Hilfsquadratecke und beschreibt eine kreisförmige Linie, die das Hilfsquadrat ausfüllt und in der linken unteren Ecke endet. Dabei muss man beachten, dass das Ende des Kreises nicht ganz in die linke Ecke vorstößt; ein kleiner Zwischenraum muss bleiben.

Name: **Mem**
Umschrift: *m*
Bildbuchstabe: Wasser

Schreibung: Man beginnt auf der oberen Hilfsquadratlinie, zieht eine kleine waagrechte Linie, zieht dann eine senkrechte Linie und schreibt noch einmal eine kleine waagrechte Linie, die mit der oberen Linie parallel ist.
Name: **Nun**
Umschrift: *n*
Bildbuchstabe: Schlange

Schreibung: Man zieht einen Kreis, der oben mit einem kleinen Schnörkel geschlossen wird.
Name: **Samech**
Umschrift: *s*
Bildbuchstabe: Stütze?, Stecken?, Krücke?

Schreibung: Man beginnt in der linken oberen Ecke des Hilfsquadrates, zieht eine Linie in das rechte untere Viertel des Hilfsquadrates und schreibt eine Gegenlinie von rechts oben in die linke untere Ecke des Hilfsquadrates.
Name: **Ajin**
Umschrift: *ᶜ*
Bildbuchstabe: Auge

Schreibung: Wie beim Kaph schreibt man einen nach links geöffneten Halbkreis und setzt anschließend oben eine kleine senkrechte und waagrechte Linie, die einem großen auf dem Kopf stehenden T ähneln.

Name: **Pe**
Umschrift: *p*
Bildbuchstabe: Mund

Schreibung: Wie beim Aleph beginnt man mit einer Querlinie von links oben nach rechts unten und setzt dann abschließend eine Querlinie von rechts oben sowie eine waagrechte Linie unten hinzu.
Name: **Sade**
Umschrift: *ṣ*
Bildbuchstabe: ?

Schreibung: Man zieht eine senkrechte Linie, die *über* die untere Hilfsquadratlinie hinausweist und setzt darüber eine geschwungene Linie.
Name: **Qoph**
Umschrift: *q*
Bildbuchstabe: Nadelöhr?

Schreibung: Man beginnt in der linken oberen Hilfsquadratecke und beschreibt eine Linie auf der oberen und der rechten Hilfsquadratlinie.
Name: **Resch**
Umschrift: *r*
Bildbuchstabe: Kopf

Schreibung: Man beginnt in der linken oberen Ecke des Hilfsquadrates, zieht eine
Linie nach unten, schreibt eine waagrechte Linie, die in eine in der rechten obe-
ren Hilfsquadratecke endende Linie übergeht. Abschließend setzt man eine kleine
Querlinie an den linken Schaft und setzt drei kleine waagrechte Linien an die En-
den der Linien. Zur Unterscheidung vom Schin setzt man auf den *linken* Schaft
einen *diakritischen* (=unterscheidenden) *Punkt*.
Name: **Sin**
Umschrift: *ś*
Bildbuchstabe: Bogen oder Zähne?

Schreibung: Sie ist mit derjenigen des Sin identisch; lediglich der diakritische
Punkt wird über den *rechten* Schaft gesetzt.
Name: **Schin**
Umschrift: *š*
Bildbuchstabe: Bogen oder Zähne?

Schreibung: Man beginnt wie beim Resch in der linken oberen Hilfsquadratecke
und beschreibt eine Linie auf der oberen und der rechten Hilfsquadratlinie. Ab-
schließend setzt man eine leicht geschwungene senkrechte Linie an der linken
Hilfsquadratlinie hinzu.
Name: **Taw**
Umschrift: *t*
Bildbuchstabe: Zeichen

Hinweise zur Schreibung:
Man schreibt und liest die 22 bzw. 23 Konsonanten *von rechts nach links*. Die
geschriebene Schrift ist der Druckschrift gleich. Am Zeilenende werden die
Wörter nicht getrennt. Bei der Schreibung möge man sich eine Wäscheleine vor-

stellen, an der die Konsonanten gleichsam aufgehängt sind. Man bemühe sich um eine schöne Schreibung der Konsonanten.

Litterae finales („Endbuchstaben"):
Fünf Konsonanten des hebräischen Alphabets haben am Wortende *immer* eine andere Schreibung als am Anfang oder in der Mitte eines Wortes. Sie werden als *litterae finales* („Endbuchstaben") bezeichnet. Dazu zählen die folgenden Konsonanten:

Konsonant: Schreibung am Wortende:

Kaph — Man schreibt eine waagrechte Linie auf der oberen Hilfsquadratlinie und zieht eine senkrechte Linie über die untere Hilfsquadratlinie hinaus: **Kaph finalis.**

Mem — Das **Mem finalis** ist mit dem Hilfsquadrat identisch; in die linke obere Ecke setzt man noch einen Schnörkel.

Nun — Man beginnt beim **Nun finalis** auf der oberen Hilfsquadratlinie, schreibt eine kleine waagrechte Linie und zieht dann eine senkrechte Linie, die über die untere Hilfsquadratlinie hinausweist.

Pe — Die beiden ersten Schreibzüge sind mit denen beim Kaph finalis identisch. Abschließend fügt man an die obere waagrechte Linie ein großes auf dem Kopf stehendes T: **Pe finalis.**

Sade — Man beginnt beim **Sade finalis** mit zwei kleinen Querlinien, die an der oberen Hilfsquadratlinie haften, und schreibt dann eine senkrechte Linie, die über die untere Hilfsquadratlinie hinausweist.

Merkwort: *litterae „kamnappes"*

Leicht verwechselbare Buchstaben: Folgende Buchstaben können leicht verwechselt werden:

ב	Beth	und	כ	Kaph
ג	Gimel	und	נ	Nun
ד	Daleth	und	ר	Resch
ה	He	und	ח	Chet
ו	Waw	und	ז	Zajin
כ	Kaph	und	נ	Nun
ם	Mem finalis	und	ס	Samech
ע	Ajin	und	צ	Sade

Die meisten Verwechslungen passieren erfahrungsgemäß bei
ח Chet   und   ת Taw.

Bei der Bestimmung des Konsonanten sollte man sich an der linken und rechten oberen Ecke des Hilfsquadrates orientieren: Liegt eine Rundung vor? Liegt ein rechter Winkel vor? Wo werden die Schnörkel gesetzt?

2. Aussprache

Die Konsonanten des hebräischen Alphabets lassen sich in bestimmte Lautgruppen einteilen. Die wichtigsten Lautgruppen sind:

• **Mutae** (Verschlusslaute)

ב *b*   ג *g*   ד *d*   כ *k*   פ *p*   ת *t*

Merkwort: „*Begadkefat"-Laute*

Die Besonderheit der Mutae besteht darin, dass sie eine doppelte Aussprache haben, eine weiche als *Reibelaute* und eine harte als *Verschlusslaute*:

Mutae	Reibelaut (spirantisch)	Verschlusslaut (explosiv)
ב	v	b
ג	γ	g
ד	δ	d
כ	x	k
פ	f	p
ת	θ	t

בֿ   Die Aussprache als Verschlusslaut wie bei „Abend". Die spirantische Aussprache entspricht dem deutschen w wie in „Wasser".

ג   Die explosive Aussprache wie in „gut", die spirantische entspricht einem „ng".

ד   Als Verschlusslaut wird Daleth wie bei „Dach" ausgesprochen; die Aussprache als Reibelaut entspricht dem englischen th wie bei „father" (stimmhaft).

כ   Die Aussprache als Verschlusslaut entspricht dem deutschen k wie in „Koch", die Aussprache als Reibelaut wie bei „kochen".

פ   Die explosive Aussprache wie in dem Wort „Paul". Die spirantische Aussprache entspricht dem deutschen f wie in „kaufen".

ת   Das Taw wird explosiv wie in dem Wort „Tuch" gesprochen. Die spirantische Aussprache entspricht dem englischen stimmlosen th wie in „month".

Da diese Aussprachevarianten im Alten Testament keine Wortbedeutungen nach sich ziehen, verzichtet man in der Regel auf die Unterscheidung von spirantischer und explosiver Aussprache bei Gimel, Daleth und Taw und spricht diese drei Konsonanten immer als Verschlusslaut aus. Bei den übrigen drei Konsonanten Beth, Kaph und Pe sollte man dagegen die unterschiedliche Aussprache beachten.

Die Unterscheidung zwischen spirantischer und explosiver Aussprache ist einfach, da die explosive Aussprache durch einen mitten in den Buchstaben gesetzten diakritischen Punkt angezeigt wird. Dieser Punkt hat den Namen *Dagesch lene.*

Schreibung und Umschrift der Mutae *mit Dagesch lene:*

בּ	גּ	דּ	כּ	פּ	תּ
b	*g*	*d*	*k*	*p*	*t*

Schreibung und Umschrift der Mutae *ohne Dagesch lene:*

ב	ג	ד	כ	פ	ת
b̲	*g̲*	*d̲*	*k̲*	*p̲*	*t̲*

• **Laryngale/Gutturale** (Kehllaute)

א ᵓ   ה *h*   ח *ḥ*   ע ᶜ

א   Das Aleph bezeichnet einen festen Stimmeinsatz; es entspricht dem Knacklaut in „be-א-achten" oder in „an-א-ordnen". Aleph ist ein voller Konsonant, der am Anfang oder am Ende einer Silbe stehen kann. Für unser Ohr geht א allerdings vor einem Vokal fast verloren (ähnlich wie im franz. „homme" oder im engl. „hour"). Am Ende einer Silbe wird vokalloses Aleph meist und im Wortauslaut stets nicht mehr ausgesprochen (*quieszierendes Aleph*). Das Aleph ist immer zu transkribieren, da es beim Anhängen grammatischer Endungen wieder konsonantisch werden kann.

ה   He entspricht am Anfang einer Silbe deutschem h wie in „**H**aus" oder „**H**of". Am Ende eines Wortes wird He fast nie als Konsonant ausgesprochen. Dieses auslautende He ist Vokalbuchstabe und muss nicht transkribiert werden.

Wenn He am Wortende dennoch als Konsonant ausgesprochen werden soll, wird ein diakritischer Punkt in das Zeichen gesetzt: *He mit Mappiq* (Punkt): הּ. *He Mappiq* begegnet nur am Wortende!

ח   Chet ist ein stimmloser Kehllaut, der als ch zu sprechen ist wie in „Ma**ch**t", „Lo**ch**" oder „Zu**ch**t".

ע   Ajin ist ein für die semitischen Sprachen charakteristischer Kehllaut, der in den indogermanischen Sprachen nicht vorkommt und deshalb den Europäern Ausspracheschwierigkeiten bereitet. Beim Lesen und Schreiben der Wörter darf man Ajin auf keinen Fall übergehen. Bei der Aussprache bemühe man sich, weit hinten im Rachen ein r oder g zu sprechen.

• **Sibilanten** (Zisch- oder S-Laute)

ז *z*   ס *s*   צ *ṣ*   שׂ *ś*   שׁ *š*

ז   Zajin ist ein stimmhafter s-Laut wie deutsch „bla**s**en" oder „We**s**en".

ס   Samech ist ein stimmloser s-Laut wie in „da**ss**".

צ   Bei der Aussprache von Sade sollte man ein „ts" unmittelbar hintereinander aussprechen.

שׂ   Sin ist ein stimmloser s-Laut, der vom Samech nicht mehr unterschieden werden kann.

שׁ   Schin entspricht in der Aussprache sch wie in „**Sch**ule".
Der diakritische Punkt beim Sin שׂ und beim Schin שׁ wurde von den sog. Punktatoren hinzugefügt. Beide Konsonanten wurden ursprünglich in gleicher Weise geschrieben: ש. Um Verwechslungen zu vermeiden, wurde der diakritische Punkt hinzugefügt.

• **Labiale** (Lippenlaute)

ב *b*   ו *w*   מ *m*   פ *p*

Merkwort: *litterae „bumaf"*

• **Dentale** (Zahnlaute)

ד *d*   ט *ṭ*   ת *t*

• **Palatale** (Gaumenlaute)

ג *g*   כ *k*   ק *q*

• **Emphatische Laute**

ט *ṭ*   צ *ṣ*   ק *q*

Die emphatischen Laute sind als besondere Konsonanten dem Semitischen ei-
gentümlich. Man sollte sie mit einer nachdrücklichen Aussprache wiedergeben.

• **Halbvokale**

ו *w*   י *j*

Diese Konsonanten werden wegen des leichten Übergangs zu den ihnen ver-
wandten Vokalen u/o und i/ä/e als Halbvokale oder Halbkonsonanten bezeichnet.

3. Übungen

1) Wie heißen die Konsonanten des hebräischen Alphabets? In welche Lautgruppen lassen sich diese Konsonanten einteilen? Was sind die Besonderheiten dieser Lautgruppen?

2) Schreiben Sie jeden Konsonanten ca. 10mal! Achten Sie darauf, wo Sie
Schwierigkeiten bei der Schreibung haben.

3) Lesen Sie die Konsonanten:

תתחחחחתח   ההחחחהה   דדדררררדר   גגגננננן   בבבככככבכך

שׁשׁשׁשׁשׂשׂטטטצצצ   שׁשׁשׁשׂשׂ   וויייי   זזוווזוזו   דרףיץזוןסמסך   נןודודדו

4) Lesen Sie die Konsonanten von II Sam 12,1f.:

וישלח יהוה את נתן אל דוד ויבא אליו ויאמר לו שני אנשים היו בעיר אחת אחד
עשיר ואחד ראש: לעשיר היה צאן ובקר הרבה מאד:

5) Bestimmen Sie in Gen 1,1f. und Ps 1,1-3 die Konsonanten:

Gen 1,1f.:

¹ בְּרֵאשִׁת בָּרָא אֱלֹהִים אֵת הַשָּׁמַיִם וְאֵת הָאָרֶץ: ² וְהָאָרֶץ הָיְתָה תֹהוּ
וָבֹהוּ וְחֹשֶׁךְ עַל־פְּנֵי תְהוֹם וְרוּחַ אֱלֹהִים מְרַחֶפֶת עַל־פְּנֵי הַמָּיִם:

Ps 1,1-3:

¹ אַשְׁרֵי־הָאִישׁ אֲשֶׁר לֹא הָלַךְ בַּעֲצַת רְשָׁעִים
וּבְדֶרֶךְ חַטָּאִים לֹא עָמָד וּבְמוֹשַׁב לֵצִים לֹא יָשָׁב:
² כִּי אִם בְּתוֹרַת יְהוָה חֶפְצוֹ וּבְתוֹרָתוֹ יֶהְגֶּה יוֹמָם וָלָיְלָה:
³ וְהָיָה כְּעֵץ שָׁתוּל עַל־פַּלְגֵי מָיִם
אֲשֶׁר פִּרְיוֹ יִתֵּן בְּעִתּוֹ וְעָלֵהוּ לֹא־יִבּוֹל
וְכֹל אֲשֶׁר־יַעֲשֶׂה יַצְלִיחַ:

Erläuterungen:

:	Sof Pasuq:	Zeichen für das Versende
^	Atnach:	Betonungs- und Gliederungszeichen
ı	Silluq:	Betonungszeichen – immer bei der letzten betonten Silbe eines Verses

Lektion 2:
Die Vokale

1. Schreibung

Nachdem Hebräisch als gesprochene Sprache ausgestorben war, erfanden jüdische Gelehrte, die sog. *Punktatoren* oder *Masoreten*, Vokalzeichen, um die Aussprache einheitlich zu überliefern und Mehrdeutigkeiten auszuschließen. Die Festlegung der Punktation fand im 6./7.Jh.n.Chr. statt. Die zur Herrschaft gelangte Vokalbezeichnung ist die sog. *tiberiensische* (8./9.Jh.n.Chr.), die nach dem Ort Tiberias am See Genezareth benannt wurde.

Qamäṣ (*qāmäṣ*)

Umschrift: *ā* (langer Vokal)

Patach (*pataḥ*)

Umschrift: *a* (kurzer Vokal; ein sehr heller a-Laut)

Chiräq (*ḥīräq*)

Umschrift: *i/ī* (langer und kurzer Vokal)

Ṣere (*ṣērē*)

Umschrift: *ē* (langer Vokal)

Segol (*sᵉgōl*)

Umschrift: *ä/ǟ* (langer und kurzer Vokal)

In den grammatischen Lehrbüchern wird Segol meist so umschrieben: *æ*. Der Einfachheit halber geben wir es mit *ä* wieder.

Qibbus (*qibbūṣ*)

Umschrift: *u/ū* (langer und kurzer Vokal)

Choläm (*ḥōläm*)

Umschrift: *ō* (langer Vokal)
Der Vokal Choläm ist der einzige Vokal, der *über* den
Konsonanten, und zwar *links über* ihn, gesetzt wird.

Bei der Schreibung eines Wortes oder eines Satzes sollen zuerst alle Konsonanten und dann anschließend die Vokale geschrieben werden:

יד	⟶	יָד *jād*	Hand
פח	⟶	פַּח *paḥ*	Falle
אם	⟶	אִם *ʾim*	wenn
אם	⟶	אֵם *ʾēm*	Mutter
ספר	⟶	סֵפֶר *sēpär*	Buch
שב	⟶	שֵׁב *šūb*	umkehren
קל	⟶	קֹל *qōl*	Stimme

Der Akzent ´ über dem Konsonanten zeigt die Betonung an. Er ist kein masoreti-
sches Zeichen.

Der Vokal steht mitten unter dem Konsonanten, *nach dem* er gesprochen wird:

מָ   נֽ   בַ   שֶׁ

Der Vokal steht unter dem senkrechten Balken des Konsonanten, wenn dieser nur
einen Balken hat:

דֽ   רֽ   וֽ   יֽ

Der Vokal Choläm steht links oberhalb des Konsonanten:

מֹ   אֹ   צֹ   סֹ

Bei dem Konsonanten Schin wird Choläm auf die freie Spitze des linken Schafts
gesetzt:

שֹׁפֵט   *šōpēt*   שֹׁפָר   *šōpār*

Trifft Choläm auf den diakritischen Punkt von שׂ oder שׁ, so verschmilzt es mit
ihm oder es wird links neben ihn gesetzt:

מֹשֵׁל   oder   מֹשֵׁל   *mošēl*   herrschend

שֹׂנֵא   oder   שֹׂנֵא   *śone*[ɔ]   hassend

Aleph und Waw als Vokalbuchstaben ziehen den Vokal Choläm an sich, so dass
er nicht mehr links über dem Konsonanten, sondern rechts über dem Aleph oder
Waw steht:

בֹא	⟶	בֹּא	$bo^{(z)}$	kommen
צֹאן	⟶	צֹאן	$so^{(z)}n$	Kleintiere
דֹאר	⟶	דֹּאר	$do^{(z)}r$	(Ortsname)
דֹור	⟶	דֹּור	$do(w)r$ ⟶ $do\bar{r}$	Generation

2. Homogenität und Heterogenität

Durch die Hinzufügung der Vokalisation zu den Konsonanten durch die tiberien-
sischen Punktatoren kam es zu einer Überschneidung mit ה, ו, י als Vokalbuchstaben. Auf diese Weise entstanden „neue" Vokale mit folgendem Aussehen:

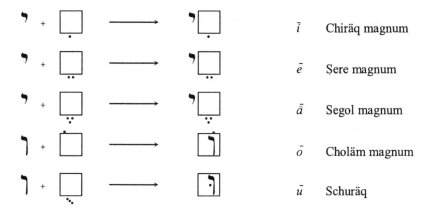

$\bar{\imath}$	Chiräq magnum
$\bar{e}$	Sere magnum
$\bar{a}$	Segol magnum
$\bar{o}$	Choläm magnum
$\bar{u}$	Schuräq

Ob Waw und Jod in einem Wort als Vokal- oder als Konsonantenbuchstaben
verwendet werden, lässt sich durch die Anwendung folgender *Regel* immer ein-
deutig entscheiden:

> Geht *Jod* und *Waw* ein entsprechender (*homogener*) Vokal voraus,
> ohne dass ihnen ein Vokal unmittelbar folgt, so werden sie nicht als
> Konsonanten ausgesprochen, sondern sind stumm als Vokalbuchsta-
> ben. Geht ihnen aber ein nicht entsprechender (*heterogener*) Vokal
> voraus, so haben sie konsonantische, also hörbare, Aussprache.

	homogen			heterogen			
י	$\bar\imath$	$\bar e$	$\bar{\bar a}$	a	$\bar a$	$\bar o$	$\bar u$
ו	$\bar u$	$\bar o$		a	$\bar a$	$\bar{\bar a}$	$\bar e$	$\bar\imath$

יָדִי	*jāḏī*	meine Hand	יָדוֹ	*jāḏō*	seine Hand
יָדַי	*jāḏaj*	meine Hände	עָנָו	*ᶜānāw*	demütig
אוּלַי	*ʾūlaj*	vielleicht	עֵשָׂו	*ᶜēśāw*	Esau
עַי	*ᶜaj*	Ai (Ortsname)	זִו	*zīw*	Siw (Monatsname)
דָּוִד	*dāwiḏ*	David	יוֹאֵל	*jōʾēl*	Joel
בֵּין	*bēn*	zwischen	יָוָן	*jāwān*	Jawan, Jonier

Ausnahme: In der Endung יו bleibt ' immer stumm:

        יָדָיו   *jāḏāw*   seine Hände
        סוּסָיו   *sūsāw*   seine Pferde

Wenn ה, ו und ' selber eine Vokalpunktation tragen, so sind sie konsonantisch:

        יָוָן   *jāwān*
        לֵוִי   *lēwī*

3. Scriptio plena und scriptio defectiva

> Die Auslassung der Vokalbuchstaben ו und ', wo man sie eigentlich erwarten würde, nennt man *scriptio defectiva*, im Gegensatz zur *scriptio plena*.

Ein inhaltlicher Unterschied ist damit nicht verbunden. Folgende Möglichkeiten mit ה, ו und ' als Vokalbuchstaben werden in den Texten angetroffen:

		im Inlaut	im Auslaut		
$\bar\imath$	=	יִ	יִ		
$\bar e$	=	יֵ	יֵ	oder	הֶ
$\bar{\bar a}$	=	יֲ			הָ
$\bar a$	=				הָ
$\bar o$	=	וֹ	וֹ	oder	הֹ
$\bar u$	=	וּ	וּ		

Wenn ה, ו und ׳ als Vokalbuchstaben bei der *scriptio plena* Verwendung finden, werden sie als *mater lectionis* („Lesemutter" oder „Lesehilfe") bezeichnet. Sie unterstützen („bemuttern") gleichsam den Vokal. Im Biblisch-Hebräischen vermeidet man in der Regel *scriptio defectiva* am Ende eines Wortes. Nur –ā (ָ) begegnet im Wortauslaut auch ohne Vokalbuchstaben. Beim Kaph finalis wird das Qamäṣ-Zeichen etwas hinaufgesetzt: ךָ.

4. Betonung

Die Wörter sind in der Regel auf der letzten Silbe betont. Zwei oder mehr Wörter können miteinander zu einer Tongruppe verbunden werden. Dann trägt nur das letzte der verbundenen Wörter den Hauptton. Die enge Verbindung zweier Wörter kann in der Schrift durch einen Bindestrich, die sog. *linea Maqqeph*, ausgedrückt werden. *Linea Maqqeph* wird oben auf der Hilfsquadratlinie zwischen die Wörter gesetzt.

בֵּית־אֵל	*bēt-ʾēl*	Bethel
אֶל־הָעִיר	*ʾäl-hāʿîr*	zu der Stadt
בֶּן־דָּוִד	*bän-dāwid*	der Sohn Davids

5. Übungen

1) Lesen Sie folgende Worte:

אֶרֶץ	לָכֶם	יָמִים	קוֹלִי	עֶבֶד	עַד	זֶה	לֹא	אֵת	אָז	1
וּמָחָר	בָּנוּ	גָּדוֹל	שָׁם	גַּד	בָּהּ	שׁוּבִי	בּוֹ	לָלֶכֶת		2
מָוֶת	פֶּשַׁע	חַי	לָקַחַת	מוּמָת	יֹשֵׁב	בֵּיתוֹ	אָבִי	הוּא		3
רוּחוֹ	וִיהִי	לֵוִי	הֵבִיא	אוֹ	יָבֹא	עָרֹם	בְּרָמָה	אָבִיךָ		4
תָּשֻׁבוּ	עֵינַיִם	זֵית	קַיִץ	עַיִן	יֹשֵׁב	שֹׁד				5
אִישׁ רָשׁ	אָנֹכִי	מִי	מֹשֶׁה	פִּי	עַל	לָכֶם	נָתַן	מֹשֶׁה		6
מָדַד	מִי	הָיָה	לֹא	דָּוִד	אֶל־בֵּית					7
צִידֹן	אֵלוֹן	שֵׁנִי	מֵאִישׁ	עָשׂוּ	עֵץ	מֵעֵץ	עֵינֵי	לָנוּ		8
יוֹסֵף	עֶבֶד	יָצָא	רוֹמֵשׂ	חֹרֶשׁ	מוֹאָב	עוֹלָם	אָתָם			9
גָּלִית	רָאִיתִי	יָדֵינוּ	הוֹלִידוּ	עָשִׂיתָ	אָחִיךָ	רוּחִי				10

2) Erklären Sie die folgenden Begriffe:

Homogenität und Heterogenität, scriptio plena und defectiva, linea Maqqeph.

Lektion 3:
Schwa quieszens; Dagesch lene und forte; Patach furtivum

1. Schwa quieszens

> Wenn auf einen hörbaren Konsonanten kein Vokal folgt, so erhält
> er ein Schwa: ◻ . Dieses Schwa, das das Fehlen eines Vokals an-
> zeigt, heißt „stummes Schwa" bzw. *Schwa quieszens* („stummer
> Murmellaut").

Das Schwa besteht aus zwei senkrecht untereinander stehenden Punkten, die unter den Konsonanten gesetzt werden. Es wird nie ausgesprochen und steht nur am
Schluss der Silbe.

יִשְׁמַע	*jiš*	–	*ma^c*	er wird hören
	(1. Silbe)		(2. Silbe)	
מִדְבָּר	*mid̠*	–	*bār*	Wüste
יִצְחָק	*jiṣ*	–	*ḥāq*	Isaak
יִכְתֹּב	*jik̠*	–	*tōb̠*	er wird schreiben
יַבְדִּיל	*jab̠*	–	*dīl*	er wird trennen

In der Umschrift bleibt Schwa quieszens unberücksichtigt. Am Wortende fällt es
weg.

Von der Regel, dass Schwa quieszens am Wortende wegfällt, gibt es *zwei Aus-
nahmen*:

1. *Kaph finalis*
   Im Kaph finalis steht immer Schwa quieszens, damit man Kaph finalis besser
   vom Nun finalis unterscheiden kann.

הַשְׁלֵךְ	הִשְׁלִיךְ	בָּרוּךְ	אֵיךְ
hašlēk̠	*hišlīk̠*	*bārūk̠*	*^{ʾ}ēk̠*

2. Wenn zwei vokallose hörbare Konsonanten das Wort beschließen, steht eben-
   falls – zweimal – Schwa quieszens (bei der sog. *doppelt geschlossenen Silbe*).

אַרְתַּחְשַׁשְׂתְּא	פָּקַדְתְּ	אַרְדְּ	כָּתַבְתְּ
^{ʾ}artaḥšaśt$^{(ʾ)}$	*pāqad̠t*	*^{ʾ}ard̠*	*kātab̠t*

2. Dagesch lene

Dagesch lene hat die Aufgabe, die explosive Aussprache bei den Mutae (ת פ כ ד ג ב) anzuzeigen. Es begegnet *nur* bei diesen Konsonanten.

Dagesch lene muss in folgenden Fällen gesetzt werden:

- Dagesch lene steht, wo ein Wort alleinstehend angeführt wird – etwa im Wörterbuch oder einer Grammatik – am Anfang der Rede oder eines Redeabschnitts.

בַּיִת	*bajiṯ*	Haus
בֵּן	*bēn*	Sohn
...כִּי עֵירֹם אָנֹכִי...	... *kī ʿerōm ʾānōḵī* ...	... dass ich nackt war...
		(Gen 3,10)

- Dagesch lene steht, wenn das vorhergehende Wort auf einen hörbaren Konsonanten (= geschlossene Silbe) ausgeht.

	יִכְתֹּב בּוֹ	*jiḵtōḇ bō*	er wird ihn anschreiben
	הֵן גֵּרַשְׁתָּ	*hēn gēraštā*	siehe – du hast vertrieben
			(Gen 4,14)
aber:	לֹא תִרְאוּ	*lō⁻⁽ᵉ⁾ tirʾū*	ihr werdet nicht sehen

- Dagesch lene steht am Anfang einer Silbe, wenn ein Konsonant mit Schwa quieszens vorhergeht.

יִכְתֹּב	*jiḵtōḇ*	er wird schreiben
יַבְדִּיל	*jaḇdīl*	er wird trennen
יַרְדֵּן	*jardēn*	Jordan

- Dagesch lene steht im letzten Konsonanten bei doppelkonsonantigem Auslaut.

כָּתַבְתְּ	*kāṯaḇt*	du (Frau) hast geschrieben
פָּקַדְתְּ	*pāqaḏt*	du (Frau) hast gesorgt

- Dagesch lene steht *nicht*, wenn ein Vokal *unmittelbar vorausgeht*.

  Im Innern eines Wortes und am Wortende:

דָּוִיד	*dāwīḏ*
בָּבֶל	*bāḇäl*
יוֹסֵף	*jōsēp̄*

Meist auch am Wortanfang, wenn das vorangehende Wort auf einen Vokal endet und beide Worte eng verbunden sind:

Gen 4,4:   הֵבִיא גַם־הוּא   *hēḇī⁽ᵓ⁾ gam-hū⁽ᵓ⁾*   auch er brachte

Gen 41,33:   יֵרֶא פַרְעֹה   *jērā⁽ᵓ⁾ parᶜō*   der Pharao sieht

Vgl. aber auch Ex 9,20:

                מֵעַבְדֵי פַרְעֹה   *mēᶜaḇdē parᶜō*   von den Knechten des Pharao

3. Dagesch forte

> Dagesch forte ist ebenso wie Dagesch lene ein Punkt im Buchstaben. Er bezeichnet bei allen Konsonanten (die Mutae sind eingeschlossen) außer den Laryngalen (א ה ח ע) und ר die Verdopplung bzw. Verstärkung eines Konsonanten.

- Dagesch forte steht als Zeichen für die *Kontraktion* zweier gleicher Konsonanten, von denen der erste vokallos ist.

     * נָתַנְנוּ   >   נָתַנּוּ   *nāṯannū*   wir haben gegeben

     * כָּרַתְתִּי   >   כָּרַתִּי   *kārattī*   ich habe abgeschnitten

Ein Konsonant mit Dagesch forte wird in der Umschrift mit *zwei Buchstaben* wiedergegeben.

- Dagesch forte steht da, wo ein Konsonant mit Schwa quieszens, d.h. ein vokalloser Konsonant am Silbenende, dem folgenden Konsonanten *assimiliert* wird. Dies geschieht in der Regel mit dem Konsonanten Nun.

     * יִנְתֵּן   >   יִתֵּן   *jittēn*   er wird geben

     * יִלְקַח   >   יִקַּח   *jiqqaḥ*   er wird nehmen

     מִן מִצְרַיִם   >   מִמִּצְרַיִם   *mimmiṣrajim*   aus Ägypten

- Dagesch forte steht als Zeichen für die enge Verknüpfung zweier Worte und zur Betonung eines Buchstabens: *Dagesch forte euphonicum-conjunctivum.*

               צַדִּיק   *ṣaddīq*   gerecht

Gen 27,20   מַה־זֶּה   *ma-zzā*   was soll das?

Gen 19,2   הִנֵּה נָא   *hinnā nnā⁽ᵓ⁾*   sieh doch!

Ps 118,25   הוֹשִׁיעָה נָא   *hōšīᶜa nnā⁽ᵓ⁾*   hilf doch!

Ps 68,19   שָׁבִיתָ שֶּׁבִי   *šāḇīṯā ššāḇī*   du hast Gefangene weggeführt

Dagesch forte euphonicum-conjunctivum steht meist im ersten Konsonanten eines Wortes im Anschluss an ein vokalisch endendes Wort.

> Eine Verwechslung von Dagesch lene und Dagesch forte ist aus-
> geschlossen, weil Dagesch lene *nie*, Dagesch forte *immer* auf ei-
> nen Vokal folgt.

Darum kann man Waw mit Dagesch forte וּ auch nicht mit Schuräq וּ verwech-
seln.
Vergleiche:

^{c}*iwwēr*   עִוֵּר   und   עוּר $^c\bar{u}r$

- Die Laryngale א ה ח ע und ר erhalten nie Dagesch forte. Müsste ein Laryngal
  verdoppelt werden, so tritt entweder Ersatzdehnung oder virtuelle Verdopplung
  ein.

Ersatzdehnung: Die Verdopplung wird vollständig aufgehoben und der kurze
Vokal vor dem Laryngal wird gedehnt:

$a > \bar{a}$	$i > \bar{e}$	$u > \bar{o}$

Dies geschieht immer vor ר, meistens vor א, oft vor ע, selten vor ה.

Virtuelle Verdopplung: Hier bleibt der Vokal vor dem Laryngal kurz; virtuelle
Verdopplung begegnet vor allem bei ח und ה; anstelle von virtueller Verdopplung kann man auch von „scheinbarer" oder „nicht vollzogener Verdopplung"
reden.

	Beispiele mit Ersatzdehnung Vergleiche:		*Beispiele mit virtueller Verdopplung* Vergleiche:	
$a > \bar{a}$	כָּתַב	-	מָאֵן	כַּתַּב	-	מְדַהֵר
$i > \bar{e}$	כְּתַבְתֶּם	-	מֵאַנְתֶּם	כְּתַבְתֶּם	-	מְדַהַרְתֶּם
$u > \bar{o}$	כָּתַב	-	בֹּרַךְ	כַּתַּב	-	רְחִיץ

4. Patach furtivum

> Stehen die Laryngale ה ח und ע am Ende des Wortes nach einem
> langen Vokal, der nicht *a/ā* ist (also $\bar{a}, \bar{e}, \bar{\imath}, \bar{o}, \bar{u}$), so dringt zwischen
> diesen und die Laryngalis unwillkürlich ein Gleitlaut, *Patach*
> *furtivum.*

Dieses Patach furtivum wird *unter* die Laryngalis gesetzt, aber *vor* ihr gesprochen:

רוּחַ   *rū^{a}ḥ*   Geist

נֹחַ	*no͞ᵃḥ*	Noah
הוֹשֵׁעַ	*hōšēᵃᶜ*	Hosea
מָשִׁיחַ	*māšīᵃḥ*	Gesalbter (Messias)
גָּבוֹהַ	*gāḇo͞ᵃh*	hoch

Patach furtivum steht ausschließlich am Wortende; in der Umschrift wird es mit ᵃ wiedergegeben. Es dient zur Erleichterung der Aussprache und ist vergleichbar mit „a" in süddeutschen Dialekten: Bub = Bua, Stuttgart = Stuagart.

Patach furtivum wird nicht gesetzt, wenn an die Laryngalis eine Endung angehängt wird:

	רוּחַ	*ru͞ᵃḥ*	Geist
Suffix 1.Sg. com.	רוּחִי	*rūḥī*	mein Geist
	יָנֹחַ	*jāno͞ᵃḥ*	Janoach
He locale	יָנוֹחָה	*jānoḥā*	nach Janoach

5. Übungen

1) Leseübungen zum Schwa quieszens

1   אַבְרָם שָׁמַרְנוּ יְכָלְתִּי אַךְ בָּךְ בֵּרַךְ מֵאַנְתְּ יָלַדְתְּ

2   יֶפֶת יָרַד תֵּשְׁתְּ מַבְדִּיל יַבְדִּיל יַחְדוּ שָׁמַרְתִּי גִּלְגָּל

3   תַּעַנְךָ יִפְתָּח מֶלֶךְ

2) Leseübungen zum Dagesch lene

1   קַמְתֶּם בְּבֶל בַּרְזֶל בָּהּ גֵּר בּוֹ תִדְבַּק כּוֹכָב

2   אֶתֿ־פִּיהָ כִּי עֵינֵיכֶם כִּי הָאָרֶץ תִּזְרַע דֹּרֵשׁ אָכַלְתְּ

3   יִרְבּוּ כִּי אִם שָׁמֹר תִּשְׁמֹר   שָׁמַרְתְּ

3) Leseübungen zum Dagesch forte

1   שַׁבָּת כַּפִּי אַתָּה עִמּוֹ בְּנוּי וַיִּקַּח וַיֹּסֶב אִתִּי

2   יָבֹק וַיִּכּוּ הִצִּילָנוּ צַדִּיקִם הַמֶּלֶךְ אַתֶּם

3   אָרוּצָה נָּא :II Sam 18,19   לָמָּה־זֶּה :II Sam 18,22

4) Leseübungen zum Patach furtivum

1   נֹחַ יֵדַע שָׁלוּחַ שֹׁמֵעַ רָקִיעַ תַּצְמִיחַ גָּבֹהַּ

2   הִנִּיחַ מַדּוּעַ פֶּעְנֵחַ

5) Leseübungen

1   (Gen 15,1)   אַל־תִּירָא אַבְרָם

2   (Gen 15,2)   מַה־תִּתֶּן־לִי

3   (Gen 15,5)   וַיּוֹצֵא אֹתוֹ הַחוּצָה וַיֹּאמֶר הַבֶּט־נָא הַשָּׁמַיְמָה

4   (Gen 15,13)   יָדֹעַ תֵּדַע

5   (Gen 18,8)   וַיִּקַּח חֶמְאָה

6   (Gen 19,2)   וַיֹּאמֶר הִנֶּה נָּא

Lektion 4:
Silbenbildung; Qamäṣ Chatuph; Schwa mobile und medium; Chateph-Vokale

1. Silbenbildung

Eine *Silbe* besteht mindestens aus einem Konsonanten und einem Vokal. Ein Konsonant allein oder ein Vokal allein können keine Silbe bilden.

Jede Silbe beginnt mit einem Konsonanten. Die einzige Ausnahme bildet die Kopula „und", die in bestimmten Fällen als ו *ū* vokalisiert wird.

וּבֵן	und ein Sohn	*ūḇēn*
וּמִרְיָם	und Mirjam	*ūmirjām*
וּפַרְעֹה	und der Pharao	*ūparᶜō*

Folgende Silbentypen werden unterschieden:

- *Offene Silben:*
Offen heißt eine Silbe, die auf einen Vokal oder nicht hörbaren Konsonanten ausgeht.

צָבָא	Heer	*ṣā – ḇā⁽ˀ⁾*
מָצָאתִי	ich habe gefunden	*mā – ṣā⁽ˀ⁾ – tī*
בַּעַל	Herr	*ba – ᶜal*
נַעַר	Junge	*na – ᶜar*

In offenen Silben stehen in der Regel lange Vokale, es können aber auch kurze Vokale begegnen.

- *Geschlossene Silben:*
Geschlossen heißt eine Silbe, die auf einen hörbaren Konsonanten ausgeht. Bei den geschlossenen Silben kann man vier Untergruppen unterscheiden:

Unbetont geschlossene Silben. In diesen Silben stehen kurze Vokale:

מַלְכָּה	Königin	*mal – kā*
רִבְקָה	Rebekka	*riḇ – qā*
אֹהֶל	Zelt	*ˀō – häl*

Betont geschlossene Silben. In diesen Silben stehen lange und kurze Vokale:

בַּת	Tochter	*bat*
כָּתַב	er hat geschrieben	*kā – tab*
תַּכְתֵּבְנָה	sie werden schreiben lassen	*tak – tēb – nā*

Doppelt geschlossene Silben. Darunter versteht man Silben, die auf zwei vokallose hörbare Konsonanten enden. Doppelt geschlossene Silben begegnen nur am Wortende:

אַרְדְּ	(Eigenname)	*ʾard*
כָּתַבְתְּ	du (Frau) hast geschrieben	*kā – tabt*

Geschärfte Silben. Darunter versteht man solche geschlossene Silben, deren verstärkter Endkonsonant zugleich als Anlaut der folgenden Silbe dient. Die geschärfte Silbe begegnet nur im Zusammenhang mit Dagesch forte:

אִמִּי	meine Mutter	*ʾim – mī*
כֻּלּוֹ	sein Ganzes	*kul – lō*
לִבִּי	mein Herz	*lib – bī*
הֵמָּה	sie (die Männer)	*hēm – mā*

Ist die geschärfte Silbe unbetont, hat sie kurze Vokale; ist sie betont, kann sie kurze und lange Vokale haben:

נָתַתָּ	du (m.) hast gegeben	*nātattā*

2. Qamäṣ Chatuph

In einer unbetont geschlossenen Silbe stehen immer nur kurze Vokale. Von daher wird Qamäṣ in einer *unbetont geschlossenen Silbe* immer zu *Qamäṣ Chatuph.* In der Umschrift wird es mit å wiedergegeben. In der Lesepraxis weisen folgende *Kennzeichen* auf Qamäṣ Chatuph:
Qamäṣ vor Schwa quieszens.
Qamäṣ vor Linea Maqqeph, da Linea Maqqeph die vorausgehende Silbe enttont.
Qamäṣ vor Dagesch forte, d.h. in einer geschärften Silbe.

חָכְמָה	Weisheit	*ḥåk – mā*
חָפְנִי	Hophni	*ḥåp – nī*
גָּלְיָת	Goliath	*gål – jāt*
יָרְבְעָם	Jerobeam	*jā – råb – ʿām*
וַיָּקָם	und er stand auf	*waj – jā – qåm*
כָּזְבִּי	Kosbi	*kåz – bī*
כָּל־אִישׁ	jeder Mann	*kål – ʾīš*
עֻזִּיאֵלִי	Usieliter	*ʿåz – zī – ʾē – lī*

3. Vokale und Silbenbildung

Die folgende Tabelle fasst die Beobachtungen zur Vokalqualität und zur Silben-
bildung zusammen und gibt jeweils Beispiele:

Vokale	lang	kurz	Um-schrift	Bemerkungen	Beispiele		
Patach		*	a		בַּעַל	Herr	*ba^{c}al*
Qamäs	*		ā		דָּבָר	Wort	*dābār*
Qamäs Chatuph		*	å	in unbetont ge-schlossener Silbe	גָּלְיָת	Goliath	*gåljāt*
Chiräq	*	*	i/ī	kurz nur in unbetont geschlossener Silbe	עִם	mit	*^{c}im*
Chiräq magnum	*		ī		שִׁיר	Lied	*šīr*
Sere	*		ē		מֵאֵן	sich weigern	*me͞en*
Sere magnum	*		ē		בֵּין	zwischen	*bēn*
Segol	*	*	ä/ā̈	lang nur in offener Silbe	מֶלֶךְ	König	*mäläk*
Segol magnum	*		ā̈		אֵלֶיךָ	zu dir	*$^>$elākā*
Qibbus	*	*	u/ū	kurz nur in unbetont geschlossener Silbe	שֻׁב מֻפִּים	umkehren (Name)	*šūb muppīm*
Schuräq	*		ū		שׁוּב	umkehren	*šūb*
Choläm	*		ō		שָׁלֹם	Friede	*šalōm*
Choläm magnum	*		ō		שָׁלוֹם	Friede	*šalōm*

4. Schwa mobile

> *Schwa mobile* bezeichnet den aus einem ursprünglichen kurzen
> Vokal entstandenen schwächsten Vokalanstoß.

Schwa mobile unterscheidet sich von der Schreibung her nicht vom Schwa quieszens: בְּ. Es ist ein Murmellaut, der dem unbetonten e in „Gebot, Bestand" entspricht. Schwa mobile („hörbares Schwa") bildet mit seinem Konsonanten eine

Art Vorschlag oder Auftakt zur folgenden Silbe und wird auch zu dieser gerechnet. Zu jeder Silbe ist nur *ein* solcher Vorschlag möglich. Wenn sich daher in einem Wort zwei Schwa folgen, so ist das erste ein Schwa quieszens, das zweite ein Schwa mobile.

יִשְׁמְעוּ	sie werden hören	*jiš – m^{ec}u*
יִכְתְּבוּ	sie werden schreiben	*jik – t^{e}bu*

In der Umschrift wird Schwa mobile in der Regel mit ^{e} wiedergegeben (in anderen Umschriftsystemen auch mit ^{ə}).

Zur Stellung und Unterscheidung von Schwa mobile und Schwa quieszens:

• Schwa mobile steht nur am Wortanfang und Silbenanfang:

יְהוּדָה	Juda	*j^{e}huda*
בְּרִית	Bund	*b^{e}rit*
בְּנוֹ	sein Sohn	*b^{e}no*
יִשְׁפְּטוּ	sie werden richten	*jišp^{e}tu*

• Schwa mobile steht beim zweiten von zwei aufeinanderfolgenden Schwa-Zeichen:

כַּרְמְלִי	ein Karmeliter	*karm^{e}li*
יִזְרְעֶאלִי	ein Jesreeliter	*jizr^{ec}eli*
יִרְדְּפוּ	sie werden verfolgen	*jird^{e}pu*

• Schwa mobile steht unter einem Konsonanten mit Dagesch, wobei es gleichgültig ist, ob dies Dagesch lene oder forte ist:

כַּבְּדוּ	ehrt	*kabb^{e}du*
יִכְתְּבוּ	sie werden schreiben	*jikt^{e}bu*
יִפְּלוּ	sie werden fallen	*jipp^{e}lu*

• Wenn ein Schwa nach einem langen unbetonten Vokal steht, kann es nur Schwa mobile sein:

סִיסְרָה	Sisera	*sis^{e}ra*
נִינְוֵה	Ninive	*nin^{e}we*
שֹׁמְרוֹן	Samaria	*šom^{e}ron*

Bei diesem letzten Fall können gelegentlich vor allem in Verbindung mit dem Vokal Qamäs Probleme auftauchen:

חָכְמָה	Weisheit	*ḥåkma*
חָכְמָה	sie ist weise gewesen	*ḥak^{e}ma*

Um hier Verwechslungen auszuschließen, wird noch zusätzlich das *Meteg*, d.h.
ein kleiner Strich, links neben den Vokal gesetzt. Es hat die Aufgabe, den langen Vokal zu erhalten. Das Schwa nach einem Vokal mit Meteg ist immer
Schwa mobile:

חָכְמָה	sie ist weise gewesen	*hāḵ^emā*
מִיכָיְהוּ	Micha	*mīḵāj^ehū*
שֹׁמְרוֹן	Samaria	*šom^erōn*

5. Schwa medium

Das Schwa medium ist ebenso wie das Schwa quieszens stumm. Es erscheint bei
sog. „lose geschlossenen Silben", deren Schluss nicht fest genug ist, um die explosive Aussprache des darauf folgenden Mutae-Lautes herbeizuführen. Auf der
anderen Seite aber gilt die Silbe auch nicht als offen. Das Schwa medium entsteht
immer dann, wenn zwei Schwa mobile aufeinandertreffen. Auf ein Schwa medium folgt nie Dagesch lene.

לְ + שְׁלֹמֹה	>	לִשְׁלֹמֹה	für Salomo	*lišlomō*
לְ + מְנַשֶּׁה	>	לִמְנַשֶּׁה	für Manasse	*limnaššā*
לְ + בְּתוּאֵל	>	לִבְתוּאֵל	für Bethuel	*libtu̅[᾿]ēl*
לְ + זְכַרְיָה	>	לִזְכַרְיָה	für Sacharja	*lizkarjā*
בְּ + שְׁמֹר	>	בִּשְׁמֹר	beim Hüten	*bišmōr*

In all diesen Fällen stoßen zwei Schwa mobile aufeinander. Da dies lautlich nicht
möglich ist, wird das erste Schwa zu einem kurzen Chiräq, das zweite zu Schwa
medium.

In der Althebraistik ist das Schwa medium umstritten. R. Meyer, Hebräische Grammatik
I, 62, lehnt das Schwa medium ab, da es masoretisch nicht gerechtfertigt sei. Er behandelt es wie ein Schwa quieszens. – Wir wollen das Schwa medium jedoch beibehalten, da
auf diese Weise das Fehlen des Dagesch lene in den Begadkefat-Lauten erklärbar ist.

6. Chateph-Laute

Die Laryngale א ה ח ע können aus Aussprachegründen kein Schwa mobile bekommen. Deshalb führten die jüdischen Punktatoren Zeichen für flüchtig („cha-
teph") ausgesprochenes *a, ä, o* ein. Dabei kombinierten sie Schwa (simplex) mit
Patach, Segol und Qamäṣ.

☐ **Chateph-Patach**
⠱
Umschrift: ^{a}

☐ **Chateph-Segol**
⠆
Umschrift: ^{ä}

☐ **Chateph-Qamäṣ**
⠆
Umschrift: ^{å}

חֲנִית	Lanze	$h^a n\bar{\imath}\underline{t}$
יַעֲבֹד	er wird dienen	$ja^{ca}\underline{b}\bar{o}\underline{d}$
אֱמֶת	Treue, Wahrheit	$^{\ni a}mä\underline{t}$
עֳנִי	Elend	$^{cä}n\bar{\imath}$

- Die Chateph-Laute begegnen in der überwiegenden Mehrzahl der Fälle bei Laryngalen; bei Nichtlaryngalen stehen sie selten.

הַלְלוּ	lobt!	$hal^a l\bar{u}$
סוֹרֲרִים	Widerspenstige	$s\bar{o}r^a r\bar{\imath}m$
בָּרֲכוּ	segnet!	$b\bar{a}r^a \underline{k}\bar{u}$
וּשֲׁבֵה	und fange!	$\bar{u}\check{s}^a \underline{b}\bar{e}$
לֻקֲחָה	sie ist gefangen worden	$luq^a\underline{h}\bar{a}$
מָרְדֳכַי	Mordochaj	$m\mathring{a}r\underline{d}^å\underline{k}aj$

- Viele Chateph-Laute gehen nicht auf ursprünglich kurze Vokale zurück, sondern sind Neubildungen infolge von *Silbenaufsprengung*. Darunter versteht man die Aufsprengung des Silbenschlusses bei einer auf Laryngal endenden Silbe.

Ohne Silbenaufsprengung: *Mit Silbenaufsprengung:*

יַעְזֹר	$ja^c z\bar{o}r$		יַעֲזֹר	$ja^{ca}z\bar{o}r$
נֶהְפַּךְ	$näh pa\underline{k}$		נֶהֱפַּךְ	$näh^a pa\underline{k}$
יַחְשֹׁב	$jah\check{s}\bar{o}\underline{b}$		יַחֲשֹׁב	$jah^a\check{s}\bar{o}\underline{b}$

Der Vokal der aufgesprengten Silbe bleibt kurz, obwohl er durch die Aufsprengung in eine offene Silbe zu stehen kommt. Die Silben mit Chateph-Lauten tragen nie den Ton; sie lehnen sich immer als Vorschlagsilben an eine nachfolgende Silbe an.

Durch die Silbenaufsprengung entstehen offene Silben mit kurzen Vokalen, also auch mit *Qamäs Chatuph*:

אָהֳלָה	(n.pr.f.)	*ᵓå – hᵃlā*
נָעֳמִי	(n.pr.f.)	*nå – ᶜᵃmī*

Steht in einem Wort die Vokalfolge   ׇ ְ , so handelt es sich meist um Qamäs Chatuph und Chateph-Qamäṣ.

7. Übungen

1) Geben Sie die Silbenaufteilung folgender Wörter an:

1   מִשְׁפָּטֶיךָ   יִשְׂרָאֵל   הַתּוֹרָה   נָאתָּה   הָיִיתָ   אָנֹכִי

2   לָלֶכֶת   תּוֹצִיא   יַיִן   עָלֶיךָ

3   בַּבֹּקֶר   מִשְׁפָּחָה   כָּל־מַכָּה   חַיֶּיךָ   רָאשֵׁיכֶם

2) Leseübungen zum Qamäṣ Chatuph:

1   רָחֲבוּ   רָחְבָּה   אָרְכוּ   חָכְמַת   אָכְלָם   וַיָּקָם

2   וַיֵּשֶׁב   עָפְרָה   עָכְרָן   כָּל־הָאָרֶץ   אָכְלָה   הָבְדַּל

3   יְהֻדִי   כָּתְנוֹת   חָדְשׁוֹ   וַיָּרָץ   חָכְמָה   וַתָּרָם   קָדְשִׁי

3) Leseübungen zum Schwa quieszens, mobile und medium:

1   לְהַשְׂכִּיל   לִזְבוּלֻן   פְּנֵי   תְהוֹם   יִחְיֶה   וַיִּצְמַח

2   לָאַרְבָּעָה   הָרְבִיעִי   לְעָבְדָהּ   מִבְּשָׂרִי   וַיִּתְפְּרוּ

3   וְכָל־בֵּיתְךָ   אֹתְךָ   הַבְּהֵמָה   הַטְּהוֹרָה   שִׁבְעָה   שִׁבְעָה   זָכָר   וּנְקֵבָה

4   וַיִּגְבְּרוּ   וְשָׁרְצוּ   לְאָכְלָה   דְּמְכֶם   בִּכְתֹב

4) Leseübungen zu den Chateph-Lauten:

1 עֲלֵה הָרְגוּ עֲשׂוֹת אֲשֶׁר עֲמֹרָה אֲרוּכָה חֲמִישִׁי

2 אֹכְלָךְ יְהַלְלוּ רָנֵנוּ אֱנוֹשׁ אֱלִישָׁע הֱיוֹת

3 שִׁבֳּלִים יֶחֱזַק הֶעֱבִיר אׇהֳלֹה יׇחֳרָם מִמׇּחֳרָת

4 בֶּאֱדֹם לֶאֱדֹם וַאֲנִי אֲנִי

5) Leseübung: I Sam 19,1-3: Saul und David

Es handelt sich hier um einen Abschnitt der Erzählungen von Saul und David (I Sam 16-31), speziell um die Verfolgung Davids durch Saul (I Sam 19-27). Die Rivalität zwischen beiden ist bereits so groß, dass Saul danach trachtet, David zu töten.

1 וַיְדַבֵּר שָׁאוּל אֶל־יוֹנָתָן בְּנוֹ וְאֶל־כָּל־עֲבָדָיו לְהָמִית אֶת־דָּוִד
   וִיהוֹנָתָן בֶּן־שָׁאוּל חָפֵץ בְּדָוִד מְאֹד:

2 וַיַּגֵּד יְהוֹנָתָן לְדָוִד לֵאמֹר מְבַקֵּשׁ שָׁאוּל אָבִי לַהֲמִיתֶךָ
   וְעַתָּה הִשָּׁמֶר־נָא בַבֹּקֶר וְיָשַׁבְתָּ בַסֵּתֶר וְנַחְבֵּאתָ:

3 וַאֲנִי אֵצֵא וְעָמַדְתִּי לְיַד־אָבִי בַּשָּׂדֶה אֲשֶׁר אַתָּה שָׁם וַאֲנִי
   אֲדַבֵּר בְּךָ אֶל־אָבִי וְרָאִיתִי מָה וְהִגַּדְתִּי לָךְ:

Erläuterungen:

:	Sof Pasuq:	Zeichen für das Versende
^	Atnach:	Betonungs- und Gliederungszeichen
ˌ	Silluq:	Betonungszeichen – immer bei der letzten betonten Silbe eines Verses
ˈ	Zaqef katon:	Betonungs- und Gliederungszeichen

V 1: lies וֹעֲבָדְ(יו) *ᶜabādāw*

Lektion 5:
Waw copulativum;
Vokalisation der einkonsonantigen Präpositionen;
Ketib und Qere; Qere perpetuum; Akzente;
Wortton und Pausa

1. Die Vokalisation von Waw copulativum

Die Konjunktion וְ w^e „und, aber" wird immer unmittelbar *vor* das Wort gesetzt.
Dabei verändert sie ihre Vokalisation je nach Anlaut des folgenden Wortes. Im
Unterschied zu unserer Sprache wird וְ bei Aufzählungen in der Regel vor jedes
Glied gesetzt:

וְהֶבֶל	und Abel	$w^eh\bar{a}\underline{b}\ddot{a}l$
וְעַתָּה	und jetzt	$w^{ec}att\bar{a}$

- Vor einem Labial (פ מ ו ב) wird וְ zu וּ ū:

בָּנִים וּבָנוֹת	Söhne und Töchter	$b\bar{a}n\bar{i}m\ \bar{u}\underline{b}\bar{a}n\bar{o}\underline{t}$
וּמִכָּל־הָחַי	und von allen Lebewesen	$\bar{u}mikk\mathring{a}l$-$h\bar{a}haj$
וּבֵין	und zwischen	$\bar{u}\underline{b}\bar{e}n$

- Vor einem Konsonanten mit Schwa mobile (außer bei Jod) wird וְ zu וּ ū:

וּשְׁלֹשִׁים	und dreißig	$\bar{u}\check{s}^el\bar{o}\check{s}\bar{i}m$
תְּשֵׁי בָנָיו	und die Frauen seiner Söhne	$\bar{u}n^e\check{s}\bar{e}\ \underline{b}\bar{a}n\bar{a}w$
זָכָר וּנְקֵבָה	männlich und weiblich	$z\bar{a}\underline{k}\bar{a}r\ \bar{u}n^eq\bar{e}\underline{b}\bar{a}$

- Mit י verbindet sich וְ zu וִי:

וִיהִי	und es soll sein	$w\bar{\imath}h\bar{\imath}$
וִיהוּדָה	und Juda	$w\bar{\imath}h\bar{u}\underline{d}\bar{a}$

- Vor Laryngalen mit Chateph-Lauten erhält וְ den entsprechenden Kurzvokal:

וַאֲרָם	und Aram	$wa^{\bar{a}}r\bar{a}m$
וֶאֱדֹם	und Edom	$w\ddot{a}^{\bar{a}}\underline{d}\bar{o}m$

- Unmittelbar vor dem Hauptton eines Wortes nimmt וְ gerne die Vokalisation
  mit *Vortonqamäṣ* an:

תֹהוּ וָבֹהוּ	Wüste und Leere	$t\bar{o}h\bar{u}\ w\bar{a}\underline{b}\bar{o}h\bar{u}$
וָרֶמֶשׂ	und Kriechtiere	$w\bar{a}r\ddot{a}m\ddot{a}\acute{s}$

- Besonderheit in Verbindung mit den Gottesbezeichnungen:

וְ + אֱלֹהִים	>	וֵאלֹהִים	und Gott	$we^{(\cdot)}l\bar{o}h\bar{\imath}m$
וְ + אֲדֹנָי	>	וַאדֹנָי	und der Herr	$wa^{(\cdot)}d\bar{o}n\bar{a}j$

2. Die Vokalisation der einkonsonantigen Präpositionen

- Die Präpositionen בְּ, כְּ und לְ werden vor einem Schwa mobile mit Chiräq vokalisiert; dem Chiräq folgt dann ein Schwa medium:

לְ + שְׁלֹמֹה	>	לִשְׁלֹמֹה	für Salomo	*lišlomō*

- Vor Laryngalen mit Chateph-Laut werden sie mit dem zu dem Chateph-Laut entsprechenden Kurzvokal vokalisiert:

לְ + אֱמוּנָה	>	לֶאֱמוּנָה	in Treue	$l\ddot{a}^{x}m\bar{u}n\bar{a}$
לְ + חֲלֹף	>	לַחֲלֹף	um vorüberzufahren	$lah^{a}l\bar{o}\underline{p}$
בְּ + אֱמֶת	>	בֶּאֱמֶת	durch Wahrheit	$b\ddot{a}^{x}m\ddot{a}\underline{t}$

- Besonderheit in Verbindung mit den Gottesbezeichnungen:

לְ + אֱלֹהִים	>	לֵאלֹהִים	für Gott	$le^{(\cdot)}l\bar{o}h\bar{\imath}m$
לְ + אֲדֹנָי	>	לַאדֹנָי	für den Herrn	$la^{(\cdot)}d\bar{o}n\bar{a}j$
כְּ + אֱלֹהִים	>	כֵּאלֹהִים	wie Gott	$ke^{(\cdot)}l\bar{o}h\bar{\imath}m$

- Ebenso wie Waw copulativum nehmen לְ/כְּ/בְּ unmittelbar vor dem Hauptton gerne *Vortonqamäs* an:

כָּזֹאת	wie diese	$k\bar{a}zo^{(\cdot)}\underline{t}$
בָּזֶה	in diesem	$b\bar{a}z\bar{a}$

- Mit י verbinden sich לְ/כְּ/בְּ zu לִי/כִי/בִי:

לְ + יְהוּדָה	>	לִיהוּדָה	für Juda	*līhūdā*

3. Die Vokalisation der Präposition מִן „von"

- Die Präposition מִן steht meist für sich. Sie kann dabei mit linea Maqqeph mit den folgenden Nomen verbunden werden:

Gen 22,11:   מִן־הַשָּׁמַיִם   aus dem Himmel   *min-haššāmajim*

- Die Präposition מִן begegnet gelegentlich mit assimiliertem Nun und Dagesch forte:

Gen 6,14:   מִן + בַּיִת   >   מִבַּיִת   aus dem Haus   *mibbajit*

42 *Lektion 5*

- Die Präposition מִן assimiliert das Nun gelegentlich vor Laryngalen und Resch, wobei a) als Ersatz für die nicht mögliche Verdopplung $i > \bar{e}$ gedehnt wird (Ersatzdehnung) oder b) virtuelle Verdopplung eintritt:

  a) Gen 22,4:   מֵרָחֹק > מִן + רָחוֹק   von ferne   *merāḥoq*
  b) Gen 6,14:   וּמִחוּץ > וְ + מִן + חוּץ   und von der Gasse   *ūmiḥūṣ*

- Vor Nomina mit יְ zieht das assimilierte Nun von מִן den Wegfall von Schwa mobile nach sich:

  Hos 10,9:   מִימֵי > מִימֵי > מִן + יְמֵי   seit den Tagen von   *mīmē*

4. Ketib (כְּתִיב) und Qere (קְרִי) – das Geschriebene und das zu Lesende

Mit der Erscheinung des Ketib und Qere wird im alttestamentlichen Text angezeigt, dass man etwas anderes lesen soll als das, was dasteht. Man unterscheidet zwischen dem כְּתִיב, d.h. dem Geschriebenen, und dem קְרִי, d.h. dem zu Lesenden. Die Gründe hierfür liegen in dogmatischen, grammatischen oder ästhetischen Überlegungen. In der Biblia Hebraica Stuttgartensia sind die Konsonanten des Qere in kleinen Buchstaben an den Rand geschrieben und mit einem ק als Abkürzung für קְרִי versehen. Das Qere erhält man dann, indem man die Vokale des Wortes im Text (כְּתִיב) zu dem Qere setzt. Im Text selbst wird mit einem Circellus ° auf die Randlesart hingewiesen. Die Zahl der Ketib-und-Qere-Stellen beträgt ca. 1300.

I Reg 14,25:

וַיְהִי בַּשָּׁנָה הַחֲמִישִׁית לַמֶּלֶךְ רְחַבְעָם עָלָה
שׁוּשַׁק מֶלֶךְ־מִצְרַיִם עַל־יְרוּשָׁלָ͏ִם:

שׁישׁק
ק

    ↑   ↑
  Ketib Qere

lies: שִׁישַׁק

Prov 19,16:

שֹׁמֵר מִצְוָה שֹׁמֵר נַפְשׁוֹ בּוֹזֵה דְרָכָיו יוּמָת:

ימות
ק

  ↑   ↑
Ketib   Qere

lies: יָמוּת

Jes 10,6:

ולשומו
ק

לִשְׁלֹל שָׁלָל וְלָבֹז בַּז וּלְשִׂימוֹ מִרְמָס כְּחֹמֶר
חוּצֹת:

      ↑   ↑

   Ketib   Qere

lies: וּלְשׂוּמוֹ

5. Qere perpetuum

Bei einigen oft vorkommenden Wörtern wurde der Hinweis auf das Qere am Rand der Biblia Hebraica weggelassen. Hier wird vorausgesetzt, dass der Leser weiß, wie das Wort auszusprechen ist. Man spricht vom „Qere perpetuum" („fortlaufendes Qere"), weil an allen Stellen, an denen das Wort begegnet, etwas anderes zu lesen ist. Das Qere perpetuum begegnet in folgenden Fällen:

• Der Gottesname

Der heilige Gottesname besteht aus den vier Konsonanten יהוה (das sog. *Tetragramm*) sowie unterschiedlichen Vokalisierungen. Hier begegnet als Ketib folgendes:

יְהוָה   Dieses Ketib trägt die Vokale von אֲדֹנָי ${}^{a}\underline{d}\bar{o}n\bar{a}j$, jedoch mit Schwa anstelle von Chateph-Patach. Als Qere gibt es zwei Möglichkeiten:

        1.   אֲדֹנָי ${}^{a}\underline{d}\bar{o}n\bar{a}j$

           Nur durch Unkenntnis wurde daraus im Spätmittelalter der Gottesname „Jehova" gemacht.

        2. *יְהוֶה   *$jahw\bar{a}$

           Das zweite Qere ist eine aufgrund von Ex 3,14 und Anmerkungen aus frühen Kirchenväterschriften von Theodoret (᾿Ιαβέ), Hieronymus, Origenes u.a. erschlossene Aussprache.

יֱהוִֹה   Dieses sehr häufige Ketib trägt die Vokale des aramäischen Wortes שְׁמָא „der Name". Als Qere gibt es drei Möglichkeiten:

        1.   אֲדֹנָי ${}^{a}\underline{d}\bar{o}n\bar{a}j$

        2. *יְהוֶה   *$jahw\bar{a}$

        3.   שְׁמָא $\check{s}^{e}m\bar{a}^{(?)}$ (aram.) *oder:*

           הַשֵּׁם $ha\check{s}\check{s}\bar{e}m$ (hebr. für „der Name")

יְהוָה   Hier liegt אֱלֹהִים ohne Choläm zugrunde. Als Qere gibt es zwei Möglichkeiten:

1.   אֲדֹנָי   *ᵃdōnāj*
2.   * יַהְוֶה   ** jahw̄ā*

אֲדֹנָי יְהוִה   Wenn אֲדֹנָי unmittelbar neben dem Tetragramm steht, liest man אֱלֹהִים für יְ׳הוִה, um eine Wortwiederholung zu vermeiden.

Die Wahl des Qere sollte jedem selbst überlassen sein. Im Judentum vermeidet man aus theologischen Gründen die Aussprache des Tetragramms, aber da christliche Leser von anderen dogmatischen Voraussetzungen ausgehen, entfällt die Scheu vor der Aussprache des Tetragramms.

Bei Übersetzungen kann man יְהוָה entweder mit „Jahwe" oder „JHWH" oder mit „der Herr" wiedergeben. *Die Übersetzung mit „Gott" ist jedoch falsch.*

Der Gottesname in Verbindung mit den Präpositionen בְּ, כְּ, לְ und Waw copulativum וְ:

Ketib:		Qere:							
בַּיהוָה	(בְּ)	1.	בְּ	+	אֲדֹנָי	>	בַּאדֹנָי	>	בַּאדֹנָי
		2.	בְּ	+	יַהְוֶה *	>	בְּיַהְוֶה *		
לַיהוָה	(לְ)	1.	לְ	+	אֲדֹנָי	>	לַאדֹנָי	>	לַאדֹנָי
		2.	לְ	+	יַהְוֶה *	>	לְיַהְוֶה *		
כַּיהוָה	(כְּ)	1.	כְּ	+	אֲדֹנָי	>	כַּאדֹנָי	>	כַּאדֹנָי
		2.	כְּ	+	יַהְוֶה *	>	כִּיַהְוֶה *		
וַיהוָה	(וְ)	1.	וְ	+	אֲדֹנָי	>	וַאדֹנָי	>	וַאדֹנָי
		2.	וְ	+	יַהְוֶה *	>	וִיהַוֶה *		
מֵיהוָה	(מִן)	1.	מִן	+	אֲדֹנָי	>	מֵאֲדֹנָי		Dehnung von *i > ē*
		2.	מִן	+	יַהְוֶה *	>	מִיַהְוֶה *		

- Der Name der Stadt Jerusalem

Ketib:	Qere:
יְרוּשָׁלַם	יְרוּשָׁלַיִם

Das Ketib meint die ursprüngliche Aussprache יְרוּשָׁלֵם.

- Das selbständige Personalpronomen 3.Sg.fem. „sie"

Ketib:	Qere:
הוּא	הִיא

Das Ketib begegnet nur im Pentateuch. Es ist eine Zusammensetzung der Konsonanten von הוּא und des Vokals von הִיא. Das Ketib ist mit „sie" (die Frau) zu übersetzen.

6. Die Akzente

Die Akzente haben drei Funktionen:

1. Sie dienen dem gesangartigen („kantillierenden") Vortrag der Schriftabschnitte im Synagogengottesdienst.
2. Sie zeigen als *Tonzeichen* die Betonung eines Wortes an.
3. Sie zeigen als *Interpunktionszeichen* die syntaktische Gliederung des Satzes an und bestimmen die Beziehung zwischen den Wörtern als trennend oder verbindend.

- Wichtige *trennende Akzente* („distinctivi"):

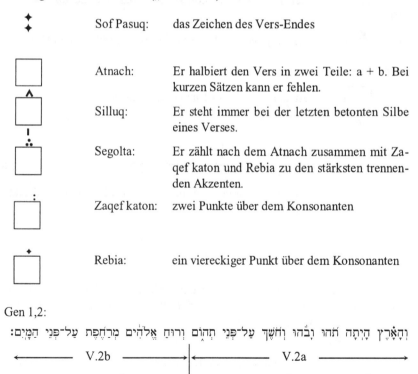

	Sof Pasuq:	das Zeichen des Vers-Endes
	Atnach:	Er halbiert den Vers in zwei Teile: a + b. Bei kurzen Sätzen kann er fehlen.
	Silluq:	Er steht immer bei der letzten betonten Silbe eines Verses.
	Segolta:	Er zählt nach dem Atnach zusammen mit Zaqef katon und Rebia zu den stärksten trennenden Akzenten.
	Zaqef katon:	zwei Punkte über dem Konsonanten
	Rebia:	ein viereckiger Punkt über dem Konsonanten

Gen 1,2:

וְהָאָרֶץ הָיְתָה תֹהוּ וָבֹהוּ וְחֹשֶׁךְ עַל־פְּנֵי תְהוֹם וְרוּחַ אֱלֹהִים מְרַחֶפֶת עַל־פְּנֵי הַמָּיִם:

←———— V.2b ————→|←———— V.2a ————→

←—— V.2bβ ——→|←— V.2bα —→|←—— V2aγ ——→|←— V.2aβ —→|← V.2 ·
                                                                                    aα

- Wichtige *verbindende Akzente* („conjunctivi"):
Sie lassen das betreffende Wort sich eng an das folgende anschließen.

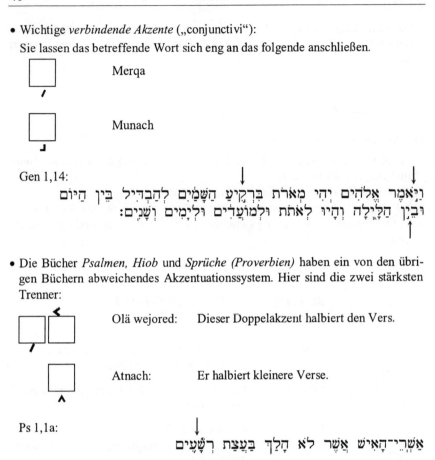

Merqa

Munach

Gen 1,14:

וַיֹּאמֶר אֱלֹהִים יְהִי מְאֹרֹת בִּרְקִיעַ הַשָּׁמַיִם לְהַבְדִּיל בֵּין הַיּוֹם
וּבֵין הַלַּיְלָה וְהָיוּ לְאֹתֹת וּלְמוֹעֲדִים וּלְיָמִים וְשָׁנִים:

- Die Bücher *Psalmen, Hiob* und *Sprüche (Proverbien)* haben ein von den übrigen Büchern abweichendes Akzentuationssystem. Hier sind die zwei stärksten Trenner:

Olä wejored: Dieser Doppelakzent halbiert den Vers.

Atnach: Er halbiert kleinere Verse.

Ps 1,1a:

אַשְׁרֵי־הָאִישׁ אֲשֶׁר לֹא הָלַךְ בַּעֲצַת רְשָׁעִים

In der Biblia Hebraica Stuttgartensia findet man eine Tabelle mit allen Akzenten (Schreibung und Namen).

7. Der Paseq

Der Paseq ist eine senkrechte kleine Linie zwischen zwei Wörtern. Er soll verhindern, dass zwei logisch zusammengehörige Wörter vorschnell verbunden werden. Er deutet eine kleine Pause an.
Der Paseq steht,

- wenn das zweite Wort mit demselben Konsonanten beginnt, mit dem das erste schließt:

לְדָבָר ׀ רָע

• wenn ein Wort wiederholt wird:

Gen 22,11:   אַבְרָהָם ׀ אַבְרָהָם

Gen 39,10:   יוֹם ׀ יוֹם

Jes 6,3:   קָדוֹשׁ ׀ קָדוֹשׁ קָדוֹשׁ

• bei der Nennung des Gottesnamens, um dessen würdige Aussprache zu sichern:

Ps 5,2:   אֲמָרַי הַאֲזִינָה ׀ יְהוָה בִּינָה הֲגִיגִי׃

Ps 5,7b: אִישׁ־דָּמִים וּמִרְמָה יְתָעֵב ׀ יְהוָה׃

Ps 139,19:   אִם־תִּקְטֹל אֱלוֹהַּ ׀ רָשָׁע וְאַנְשֵׁי דָמִים סוּרוּ מֶנִּי׃

8. Wortton und Pausa

Der *Hauptton* ruhte im Hebräischen ursprünglich auf der vorletzten Silbe. Durch den Abfall der kurzen Endvokale kam er meist auf die letzte zu stehen. Die Betonung eines Wortes kann in der Biblia Hebraica leicht durch die Akzente abgelesen werden.

Pausa („*in pausa*" oder *i.p.*) nennt man die starke Betonung der Tonsilbe. Sie hat meist Veränderungen in der Vokalisation und dem Wortton zur Folge. Von einer *Pausalform* spricht man nur dann, wenn ein Akzent die Veränderung, d.h. Dehnung eines Vokals oder Schwas bewirkt. Statt eines Patach oder Segol steht *in pausa* gerne Qamäṣ.

Kontextform: Pausalform:

כָּתַב   כָּתָב

מַיִם   מָיִם

דֶּרֶךְ   דָּרֶךְ

In den Pausalformen erscheinen meist die ursprünglichen, durch Flexion verlorengegangenen Vokale wieder:

יִשְׁמְרוּ   יִשְׁמֹרוּ

יִגְדְּלוּ   יִגְדָּלוּ

קָטְלָה   קָטָלָה

9. Übungen

1) Leseübung mit Bestimmung von Dagesch und Schwa:

1   אָכְלָה בְּקַשְׁתִּיהוּ כִּפַּרְתָּהוּ שֹׁלֵחַ עָוֹן יְצַוֶּם וַנְּהִי יְבְכֶּה

2   נַעֲשֶׂה וַיָּקָם לַיהוָה בָּעֳנִי אֲמָתֶךָ וְאֶשְׁתַּחֲוֶה

3   אוּרִיָּהוּ הַלְלוּ־יָהּ אַבְשַׁי יִזְרְעֶאל הַמַּלְאָכָה

4   הֲקִימֹתִי וְאַגִּידָה לְךָ וַיִּמְשָׁחֶךָ צֹאן לְזֹבֵחַ

2) Vervollständigen Sie die Vokalisation:

1   וּלְמִרְיָם וְיִשְׂרָאֵל וּבֶאֱמֶת וְכִשְׁמוּאֵל וְכָתֹב

2   וּלְמִצְרַיִם לִבְתוּאֵל לִבְנֵי יוֹסֵף וּלְזַרְעֶךָ וְקֵדְמָה

3   וּלְלָבָן בַּאֲחֹתָהּ וְלִזְכַרְיָה וּלְמֶשֶׁלָם וּלְאֱלִימֶלֶךְ

4   וְעָשָׂה וְיַכַתֵּב וְלִקְנוֹת וּכְבֹעַז וַאֲנִי

5   דָּוִיד וִיהוֹנָתָן יִשְׂרָאֵל וַעֲמָלֵק מֹשֶׁה וּמִרְיָם אֵלִיָּהוּ וֶאֱלִישָׁע בַּאֱלֹהִים

3) Finden Sie den Fehler?

1   תּוֹרָה אֶלְקָנָה וּבֵרַךְ אִשְׁתּוֹ אַף הִתְפַּלַלְתִּי

2   מִזְהַרְתֶּם הַשֶּׁלַח לְבָבְךָ הֲלֹא בָּנִים

4) Leseübung: Genesis 1,1-13: Gottes gute Schöpfung

Es handelt sich hier um die ersten Verse des sog. ersten Schöpfungsberichtes Gen 1,1-2,4a. Hier wird in einem strengen Sieben-Tage-Schema die Entstehung von Himmel, Erde, Pflanzen, Tieren und Menschen beschrieben. Er gipfelt in der Aussage des Menschen als Ebenbild Gottes (1,27) sowie in dem Ruhen Gottes am siebten Tag (2,2).

1   בְּרֵאשִׁית בָּרָא אֱלֹהִים אֵת הַשָּׁמַיִם וְאֵת הָאָרֶץ׃

2   וְהָאָרֶץ הָיְתָה תֹהוּ וָבֹהוּ וְחֹשֶׁךְ עַל־פְּנֵי תְהוֹם וְרוּחַ אֱלֹהִים מְרַחֶפֶת עַל־פְּנֵי הַמָּיִם׃

3   וַיֹּאמֶר אֱלֹהִים יְהִי אוֹר וַיְהִי־אוֹר׃

4   וַיַּרְא אֱלֹהִים אֶת־הָאוֹר כִּי־טוֹב וַיַּבְדֵּל אֱלֹהִים בֵּין הָאוֹר וּבֵין הַחֹשֶׁךְ׃

5   וַיִּקְרָא אֱלֹהִים לָאוֹר יוֹם וְלַחֹשֶׁךְ קָרָא לָיְלָה וַיְהִי־עֶרֶב

וַיְהִי־בֹקֶר יוֹם אֶחָד: פ

6 וַיֹּאמֶר אֱלֹהִים יְהִי רָקִיעַ בְּתוֹךְ הַמָּיִם וִיהִי מַבְדִּיל בֵּין מַיִם
לָמָיִם:

7 וַיַּעַשׂ אֱלֹהִים אֶת־הָרָקִיעַ וַיַּבְדֵּל בֵּין הַמַּיִם אֲשֶׁר מִתַּחַת לָרָקִיעַ
וּבֵין הַמַּיִם אֲשֶׁר מֵעַל לָרָקִיעַ וַיְהִי־כֵן:

8 וַיִּקְרָא אֱלֹהִים לָרָקִיעַ שָׁמָיִם וַיְהִי־עֶרֶב וַיְהִי־בֹקֶר יוֹם שֵׁנִי: פ

9 וַיֹּאמֶר אֱלֹהִים יִקָּווּ הַמַּיִם מִתַּחַת הַשָּׁמַיִם אֶל־מָקוֹם אֶחָד וְתֵרָאֶה
הַיַּבָּשָׁה וַיְהִי־כֵן:

10 וַיִּקְרָא אֱלֹהִים לַיַּבָּשָׁה אֶרֶץ וּלְמִקְוֵה הַמַּיִם קָרָא יַמִּים וַיַּרְא
אֱלֹהִים כִּי־טוֹב:

11 וַיֹּאמֶר אֱלֹהִים תַּדְשֵׁא הָאָרֶץ דֶּשֶׁא עֵשֶׂב מַזְרִיעַ זֶרַע עֵץ פְּרִי
עֹשֶׂה פְּרִי לְמִינוֹ אֲשֶׁר זַרְעוֹ־בוֹ עַל־הָאָרֶץ וַיְהִי־כֵן:

12 וַתּוֹצֵא הָאָרֶץ דֶּשֶׁא עֵשֶׂב מַזְרִיעַ זֶרַע לְמִינֵהוּ וְעֵץ עֹשֶׂה פְּרִי
אֲשֶׁר זַרְעוֹ־בוֹ לְמִינֵהוּ וַיַּרְא אֱלֹהִים כִּי־טוֹב:

13 וַיְהִי־עֶרֶב וַיְהִי־בֹקֶר יוֹם שְׁלִישִׁי: פ

5) Leseübung: Jeremia 29,1-7: Jeremia und die Exulanten

Der Prophet Jeremia (ca. 627/6 – 585 v.Chr.) schreibt einen Brief an die Gefangenen
in Babel, in dem er sie dazu ermutigt, sich im Exil auf lange Sicht einzurichten und
nicht mit einer baldigen Rückkehr nach Jerusalem und Juda zu rechnen.

1 וְאֵלֶּה דִּבְרֵי הַסֵּפֶר אֲשֶׁר שָׁלַח יִרְמְיָה הַנָּבִיא מִירוּשָׁלָם אֶל־יֶתֶר
זִקְנֵי הַגּוֹלָה וְאֶל־הַכֹּהֲנִים וְאֶל־הַנְּבִיאִים וְאֶל־כָּל־הָעָם אֲשֶׁר
הֶגְלָה נְבוּכַדְנֶאצַּר מִירוּשָׁלַם בָּבֶלָה:

2 אַחֲרֵי צֵאת יְכָנְיָה־הַמֶּלֶךְ וְהַגְּבִירָה וְהַסָּרִיסִים שָׂרֵי יְהוּדָה
וִירוּשָׁלַם וְהֶחָרָשׁ וְהַמַּסְגֵּר מִירוּשָׁלָם:

3 בְּיַד אֶלְעָשָׂה בֶן־שָׁפָן וּגְמַרְיָה בֶּן־חִלְקִיָּה אֲשֶׁר שָׁלַח צִדְקִיָּה
מֶלֶךְ־יְהוּדָה אֶל־נְבוּכַדְנֶאצַּר מֶלֶךְ בָּבֶל בָּבֶלָה לֵאמֹר: ס

4 כֹּה אָמַר יְהוָה צְבָאוֹת אֱלֹהֵי יִשְׂרָאֵל לְכָל־הַגּוֹלָה אֲשֶׁר־הִגְלֵיתִי
מִירוּשָׁלַם בָּבֶלָה:

5 בְּנוּ בָתִּים וְשֵׁבוּ וְנִטְעוּ גַנּוֹת וְאִכְלוּ אֶת־פִּרְיָן:

6 קְחוּ נָשִׁים וְהוֹלִידוּ בָּנִים וּבָנוֹת וּקְחוּ לִבְנֵיכֶם נָשִׁים
וְאֶת־בְּנוֹתֵיכֶם תְּנוּ לַאֲנָשִׁים וְתֵלַדְנָה בָּנִים וּבָנוֹת וּרְבוּ־שָׁם
וְאַל־תִּמְעָטוּ:

7 וְדִרְשׁוּ אֶת־שְׁלוֹם הָעִיר אֲשֶׁר הִגְלֵיתִי אֶתְכֶם שָׁמָּה וְהִתְפַּלְלוּ
בַעֲדָהּ אֶל־יְהוָה כִּי בִשְׁלוֹמָהּ יִהְיֶה לָכֶם שָׁלוֹם: פ

Lektion 6:
Artikel; Nomen (Genus, Kasus, Numerus); selbständiges Personalpronomen; Demonstrativpronomen; Fragepronomina; Relativpartikel

1. Vokabeln

Mit dieser Lektion beginnen die Vokabeln. Von jetzt ab werden bei jeder Lektion ca. 40 Vokabeln gelernt. Dabei sollte man die Vokabeln auf Vokabelkarten notieren. Erfahrungsgemäß bleiben Vokabeln schwer im Gedächtnis haften. Deshalb empfiehlt es sich, sie regelmäßig zu wiederholen und laut zu lesen.

Präpositionen:

בְּ	in, an, mit, durch
כְּ	wie, entsprechend
לְ	für, hinsichtlich, zu

Waw copulativum:

וְ	und, aber

Nomina, Adjektive:

אֶבְיוֹן		arm, Armer
אָדָם		Mensch, Menschen *(kollektiv)*
אוֹר		Licht
אֱלֹהִים		Gott, Götter
אַלּוֹן/אֵלוֹן		großer Baum, Terebinthe
אָרוֹן		Lade, Kasten
אֶרֶץ	*f.*	Land, Erde
אֵשׁ	*f.*	Feuer
בָּשָׂר		Fleisch
גָּדוֹל		groß
הֶבֶל		Hauch, Nichtigkeit
הַר		Berg, Gebirge
זָהָב		Gold
חַג		Fest
חֹדֶשׁ		Monat, Neumond

חָכָם		weise, Weiser
חָכְמָה		Weisheit
חָלָב		Milch
חֳלִי		Krankheit
חָצִיר		Gras
חֶרֶב	*f.*	Schwert
יָד	*f.*	Hand, Seite, Macht
יוֹם		Tag, Zeit
כֶּסֶף		Silber, Geld
מַיִם		Wasser
מֶלֶךְ		König
מִקְנֶה		Viehbesitz
סֵפֶר		Buch
עֶבֶד		Diener, Knecht
עִבְרִי		(ein) Hebräer
עָוֹן		Sünde, Schuld
עִיר	*f.*	Stadt
עַם		Volk
עָנָן		Wolke
עָשִׁיר		reich, Reicher
עֵת	*f.*	Zeit
צֶדֶק		Gerechtigkeit
רוּחַ	*f.*	Wind, Hauch, Geist
רְשָׁעִים		Gottlose
שֶׁמֶשׁ		Sonne

Namen:

אִיזֶבֶל	Isebel *(n.pr.f.)*
יַרְדֵּן	Jordan *(n.l.)*
סְדֹם	Sodom *(n.l.)*
עַי	Ai (Stadt in Palästina) *(n.l.)*
עֲמֹרָה	Gomorrha *(n.l)*
שָׂרָה	Sara *(n.pr.f.)*

2. Der Artikel

Der Artikel ist aus dem Demonstrativelement **ha* entstanden. Er erscheint nie als selbständiges Wort, sondern wird immer mit dem Nomen verbunden. Er lautet für alle Genera und Numeri ־הַ. Vor einem Konsonanten mit Schwa mobile fällt Dagesch forte meist weg.

הַמֶּלֶךְ	der König
הַבָּשָׂר	das Fleisch
הַיָּדַיִם	die (beiden) Hände
הַמְרַגְּלִים	die Kundschafter *(ohne Dagesch forte!)*
הַיְקוּם	der Bestand *(ohne Dagesch forte!)*

aber יְ vor ה und עַ:

הַיְהוּדִים	die Judäer

Veränderungen in der Vokalisation des Artikels ergeben sich vor Laryngalen + ר:

הָ	vor א, ר, (meist) עַ – Ersatzdehnung $a > \bar{a}$
הַ	vor ה, ח – virtuelle Verdopplung, d.h. *ohne* Dagesch forte
הֶ	vor unbetontem הָ, עָ
הֶ	vor חָ (*hā*), הָ

הָאוֹר	das Licht
הָרָעָב	die Hungersnot
הָעֶבֶד	der Diener
הַהֶבֶל	der Hauch
הַחָכְמָה	die Weisheit
הַחֹדֶשׁ	der Monat
הֶעָוֹן	die Schuld
הֶהָרִים	die Berge
הֶעָרִים	die Städte
הֶחָכָם	der Weise
הֶחֳלִי	die Krankheit
הֶחָג	das Fest

Bei einigen Nomina tritt mit dem Artikel eine Veränderung der Vokalisation ein:

הַר	הָהָר	der Berg
עַם	הָעָם	das Volk
אֶרֶץ	הָאָרֶץ	das Land
אֲרוֹן	הָאָרוֹן	die Lade

Nach den einkonsonantigen Präpositionen בְּ, כְּ, לְ elidiert das ה des Artikels, und der Vokal tritt unter die Präposition:

מֶלֶךְ	+	הַ ּ	+	לְ	>	לַמֶּלֶךְ	für den König
שָׁמַיִם	+	הַ ּ	+	בְּ	>	בַּשָּׁמַיִם	im Himmel
דְבָרִים	+	הַ ּ	+	כְּ	>	כַּדְּבָרִים	wie die Worte
עַם	+	הָ	+	בְּ	>	בָּעָם	im Volk

Die Konjunktion וֹ „und" bleibt dagegen unverändert:

וְהַמֶּלֶךְ   und der König

Zur Verwendung des Artikels:

Der Gebrauch des Artikels gehört einer jüngeren Sprachstufe an. Von daher erklärt sich seine freie Verwendung. Es lässt sich beobachten, dass er in Prosatexten weit häufiger als in der Poesie verwendet wird.

Der Artikel wird verwendet:

- bei der Nennung von zuvor bereits genannten Personen oder Dingen:
  Gen 1,3:   יְהִי אוֹר   Es werde Licht!
  Gen 1,4:   וַיַּרְא אֱלֹהִים אֶת־הָאוֹר   Und Gott sah das Licht.

- bei einer allgemein bekannten Sache:
  Gen 35,8:   תַּחַת הָאַלּוֹן   unter der – bekannten – Terebinthe

- bei der Bezeichnung von einmalig vorhandenen Personen oder Dingen:
  הַכֹּהֵן הַגָּדוֹל   der Hohepriester
  הָאָרֶץ   die Erde
  הַשֶּׁמֶשׁ   die Sonne

- bei der Einschränkung von Gattungsbegriffen auf bestimmte Individuen:
  הַשָּׂטָן – שָׂטָן   Widersacher – der Satan
  הַבַּעַל – בַּעַל   Herr – Baal
  הָאָדָם – אָדָם   Mensch – der (erste) Mensch

- beim Vokativ:
  Joel 1,2:   שִׁמְעוּ זֹאת הַזְּקֵנִים   Hört dies, ihr Ältesten!

- bei Stoff- und Gattungsbezeichnungen:
  Gen 13,2:   וְהַכְּנַעֲנִי וְהַפְּרִזִּי   die Kanaanäer und Perisiter
  Jos 11,9:   בָּאֵשׁ   mit/ im Feuer
  Jes 1,22:   בַּמַּיִם   mit/ im Wasser

- bei Abstraktbegriffen aller Art:
  Prov 25,5:   בַּצֶּדֶק   in/ durch Gerechtigkeit

● zur Bezeichnung einer in der entsprechenden Situation wichtigen und entscheidenden Person oder Sache:

Gen 8,7:	הָעֹרֵב	der Rabe
Jdc 4,18:	בַּשְּׂמִיכָה	mit der Decke

● bei ursprünglichen Appellativa als Eigennamen:

הַגִּבְעָה	Gibea (der Hügel)
הָרָמָה	Rama (die Höhe)
הַלְּבָנוֹן	Libanon (der Weißberg)
הַיְאֹר	(meist) Nil (der Strom)

● Der Artikel *fehlt bei Eigennamen*. Sie sind nur einmal vorhanden und deshalb von sich aus hinreichend determiniert. Hierzu zählen Eigennamen von Personen, Städten, Ländern, Völkern, Flüssen und Gebirgen:

דָּוִד	David	חֶרְמוֹן	Hermon
יְרוּשָׁלַ͏ִם	Jerusalem	שְׁאוֹל	Unterwelt, Scheol
מוֹאָב	Moab	תֵּבֵל	Erdkreis
פְּרָת	Euphrat	תְּהוֹם	Ozean, Flut

● Der Artikel steht *nie vor Substantiven mit Suffix*, da diese durch das Possessivsuffix hinreichend determiniert sind.

3. Das Nomen

a) Genus

Das Hebräische kennt nur Maskulinum und Femininum. Das Neutrum wird in der Regel durch das Femininum ausgedrückt:

טוֹבָה	Gutes

> Das maskuline Nomen ist im Singular nicht durch eine Endung erkennbar, der Plural ist durch die Endung ◌ִים - angezeigt.
> Das feminine Nomen hat im Singular die Endung ◌ָה - und im Plural וֹת-.

נַעַר	Junge, Knabe *(Sg.m.)*
נְעָרִים	Jungen, Knaben *(Pl.m.)*
נַעֲרָה	Mädchen *(Sg.f.)*
נְעָרוֹת	Mädchen *(Pl.f.)*
מֶלֶךְ	König *(Sg.m.)*
מְלָכִים	Könige *(Pl.m.)*

מַלְכָּה	Königin *(Sg.f.)*
מְלָכוֹת	Königinnen *(Pl.f.)*

Es gibt jedoch auch feminine Nomina *ohne* die Endung ה, -:

עִיר	Stadt *(f.)*
אֹרַח	Weg *(f.)*
רוּחַ	Wind, Geist *(f.)*

Die Unterscheidung des Geschlechts kann außer durch die Femininendung auch durch stammverschiedene Wörter zum Ausdruck gebracht werden:

אָב	Vater
אֵם	Mutter
חֲמוֹר	Esel
אָתוֹן	Eselin
אֲרִי	Löwe
לָבִיא	Löwin

Als feminine Nomina werden gerne verwendet:

• Namen für Länder und Städte:	אַשּׁוּר	Assur	צֹר	Tyrus
• geographische Begriffe:	אֶרֶץ	Erde	צָפוֹן	Norden
• Werkzeuge, Geräte, Körperteile:	כּוֹס	Becher	אֹזֶן	Ohr
• Abstracta:	אֱמוּנָה	Glaube	מֶמְשָׁלָה	Herrschaft

b) Kasus

• *„Genetiv":*
Nach dem Abfall der kurzen Kasusvokale (-u Nom., -a Akk., -i Gen.) wird das Genetiv-Verhältnis durch die attributive Näherbestimmung eines Nomens durch ein anderes im „Genetiv" gebildet. Man bezeichnet dies als *„Constructus-Verbindung".* Die in ihr miteinander verbundenen Nomina bilden – das ist entscheidend! – eine *inhaltliche und lautliche Einheit.*

Die Constructus-Verbindung besteht aus zwei Elementen: *nomen regens* („regierendes Nomen") und *nomen rectum* („regiertes Nomen"). Das nomen regens steht unmittelbar *vor* dem nomen rectum. Das nomen regens *ordnet sich* dabei dem Hauptton des nachfolgenden nomen rectum *unter*, verändert dadurch in vielen Fällen seine Vokalisation im Hinblick auf eine Verkürzung langer Vokale und erscheint im sog. *status constructus*. Die selbständige Form des Nomens außerhalb einer Constructus-Verbindung heißt dagegen *status absolutus*.

Das nomen rectum steht *hinter* dem nomen regens; es zieht den Hauptton auf sich und bleibt in seiner Form unverändert (*status absolutus*). Aus der Tatsache, daß eine Constructus-Verbindung die engste *Einheit* zwischen Wörtern im Hebräischen darstellt, ist erklärbar, warum das voraufgehende *Leitwort* (*nomen regens*) sich dem folgenden nomen rectum *unterordnet.*

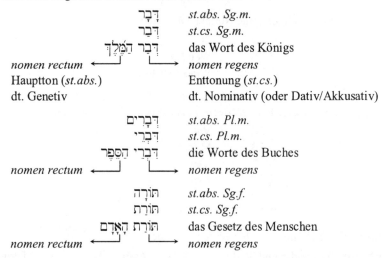

דָּבָר	*st.abs. Sg.m.*
דְּבַר	*st.cs. Sg.m.*
דְּבַר הַמֶּלֶךְ	das Wort des Königs

nomen rectum ◄─────┘ └─────► nomen regens
Hauptton (*st.abs.*)   Enttonung (*st.cs.*)
dt. Genetiv   dt. Nominativ (oder Dativ/Akkusativ)

דְּבָרִים	*st.abs. Pl.m.*
דִּבְרֵי	*st.cs. Pl.m.*
דִּבְרֵי הַסֵּפֶר	die Worte des Buches

nomen rectum ◄─────┘ └─────► nomen regens

תּוֹרָה	*st.abs. Sg.f.*
תּוֹרַת	*st.cs. Sg.f.*
תּוֹרַת הָאָדָם	das Gesetz des Menschen

nomen rectum ◄─────┘ └─────► nomen regens

Bei der Constructus-Verbindung unterscheidet man die determinierte von der indeterminierten Constructus-Verbindung. Eine determinierte Constructus-Verbindung liegt dann vor, wenn das nomen rectum aus einem *Eigennamen* (a) besteht, den *Artikel* (b) bei sich hat oder mit einem *Possessivsuffix* (c) verknüpft ist. Durch das determinierte nomen rectum wird automatisch das nomen regens mitdeterminiert, ohne dass dies gekennzeichnet wird. Die Determination bzw. Indetermination betrifft also immer die *ganze* Constructus-Verbindung!

בֶּן־דָּוִיד	*der* Sohn Davids (a)
בֶּן־הַמֶּלֶךְ	*der* Sohn des Königs (b)
דְּבַר־הַמֶּלֶךְ	*das* Wort des Königs (b)
כָּל־חֵילוֹ	*die* Gesamtheit seines Heeres (c)
	= sein ganzes Heer
בֶּן־נָבִיא	*indeterminiert: ein* Prophetensohn

Soll das nomen regens indeterminiert bleiben, so umschreibt man den „Genetiv" mit der Präposition לְ:

בֶּן־יִשַׁי	*der* Sohn Isais
בֵּן לְיִשַׁי	*ein* Sohn Isais
בֶּן־דָּוִיד	*der* Sohn Davids
בֵּן לְדָוִיד	*ein* Sohn Davids
מֶלֶךְ לְיִשְׂרָאֵל	*ein* König Israels

- „*Dativ*":

Zur Umschreibung des Dativs dient die Präposition לְ *(nota dativi)*:

לְדָוִד wem? – (für) David

- „*Akkusativ*":

Da die Endung für den Akkusativ weggefallen ist, ist er nur aus dem Zusammenhang des Satzes oder an dem ihm voranstehenden אֵת/אֶת־ zu erkennen. Die Verwendung dieser *nota accusativi* ist in der Poesie selten. In der Prosa wird אֵת/אֶת־ in der Regel nur vor determinierten Objekten verwendet:

- vor dem Artikel:
  Gen 1,1: אֵת הַשָּׁמַיִם וְאֵת הָאָרֶץ wen? – Himmel und Erde

- vor einem Eigennamen:
  Gen 4,1: וַתֵּלֶד אֶת קַיִן Und sie gebar Kain.

- vor כֹּל:
  Gen 1,29: הִנֵּה נָתַתִּי לָכֶם אֶת־כָּל־עֵשֶׂב Siehe, ich gebe euch alles Kraut.
  (כֹּל gilt als logisch determiniert.)

- vor Gattungsbegriffen:
  Ex 21,28: וְכִי־יִגַּח שׁוֹר אֶת־אִישׁ אוֹ אֶת־אִשָּׁה
  Und wenn ein Rind einen Mann oder eine Frau stößt.

Die zahlreichen Formen der freieren Unterordnung eines Nomens unter das Verb geben die näheren Umstände an, unter denen eine Handlung oder ein Ereignis stattfindet: Ort, Zeit, Maß, Grund, Art und Weise. Dass diese dem Verb freier untergeordneten Kasus als „*Akkusative*" zu betrachten sind, ergibt sich daraus, dass ihnen die *nota accusativi* vorangehen kann.

„*Akkusativus loci*":
Näherbestimmung des Ortes auf die Fragen „wohin?", „wo?" und „wie weit?" nach Verben der Bewegung, des Seins, des Ruhens:

Gen 27,3: וְצֵא הַשָּׂדֶה Und geh auf das Feld!
Gen 18,1: וְהוּא יֹשֵׁב פֶּתַח הָאֹהֶל Und er saß am Zelteingang.
Gen 7,20: חֲמֵשׁ עֶשְׂרֵה אַמָּה מִלְמַעְלָה גָּבְרוּ הַמָּיִם
Die Wasser waren 15 Ellen hoch.

„*Akkusativus temporis*":
Näherbestimmung der Zeit auf die Fragen „wann?" und „wie lange?":

הַיּוֹם	heute	יוֹמָם	bei Tag/ tagsüber
עֶרֶב	am Abend	לַיְלָה	in der Nacht
בֹּקֶר	früh	צָהֳרִים	am Mittag

יוֹם אֶחָד   an einem und demselben Tag   שֵׁנָה   im Schlaf

Gen 3,14:   כָּל־יְמֵי חַיֶּיךָ   alle Tage deines Lebens

Ex 20,9:   שֵׁשֶׁת יָמִים   sechs Tage (lang)

„Akkusativus adverbialis":
Er beschreibt die Art und Weise des Vollzugs einer Handlung oder auch einen Zustand:

Gen 15,2:	עֲרִירִי	kinderlos
Jes 20,2:	עָרוֹם וְיָחֵף	nackt und barfuß
Ruth 1,21:	רֵיקָם	leer
Hi 24,10:	עָרוֹם	nackt
Ps 139,14:	נוֹרָאוֹת	in furchtbarer Weise
Hi 37,5:	נִפְלָאוֹת	in wunderbarer Weise
I Reg 15,23:	חָלָה אֶת־רַגְלָיו	er war krank an seinen Füßen

c) Numerus

• Singular

Der Singular ist die grammatische Form des Substantivs, durch die das Bezeichnete als *Einheit* dargestellt wird. Als Einheit kann ein Exemplar einer Gattung, aber auch eine Gruppe von gleichartigen Exemplaren angesehen werden, sog. *Collectiva*.

häufige Collectiva:

אָדָם	Menschen		אַרְבֶּה	Heuschreckenschwarm
בָּקָר	Rinder		דֶּשֶׁא	Grünes
טַף	Kinder		יֶרֶק	Gemüse
עוֹף	Geflügel		עָלֶה	Laub
פְּרִי	Früchte		צֹאן	Kleinvieh
שֶׁרֶץ	Gewimmel		רֶמֶשׂ	Kriechtiere

• Plural

Der Plural ist die grammatische Form des Substantivs, durch die eine *Vielheit* des Bezeichneten ausgedrückt wird.

Flächenplural:	מַיִם	Wasser
	שָׁמַיִם	Himmel
Abstraktplural:	זְקוּנִים	Greisenalter
	נְעוּרִים	Jugend

Amplifikativplural (zur Intensivierung der Wortbedeutung):

	מַחֲשַׁכִּים	(tiefe) Finsternis
	שְׂמָחוֹת	unsagbare Freude

	חָכְמוֹת	tiefe Weisheit
	דֵעוֹת	Allwissen
Hoheits-/Herrschaftsplural:	אֱלֹהִים	Gott
	אֲדֹנִים	(ein) Herr
	בְּעָלִים	(ein) Herr, Besitzer

- **Dual**

Der Dual ist eine Form des Plurals, durch die eine *Zweiheit* ausgedrückt wird. Er findet sich vor allem bei paarweise vorhandenen Körpergliedern. Der Dual steht nur bei Substantiven, nie bei Adjektiven, Verben oder Pronomina.

Die Endungen der Numeri:

	status absolutus		status constructus	
	m.	*f.*	*m.*	*f.*
Singular		ה		ת
Plural	ים	וֹת	י	וֹת
Dual	ִם	תַיִם	י	תֵי

4. Das selbständige Personalpronomen

Die Formen des selbständigen Personalpronomens:

1.Sg.com.	אָנֹכִי	אֲנִי	ich	*i.p.*	אָנֹכִי	אֲנִי
2.Sg.m.	אַתָּה		du	*i.p.*	אָתָּה	אַתָּה
2.Sg.f.	אַתְּ		du	*i.p.*	אָתְּ	
3.Sg.m.	הוּא		er			
3.Sg.f.	הִיא	(הוּא)	sie			

1.Pl.com.	אֲנַחְנוּ	נַחְנוּ	wir	*i.p.*	אֲנָחְנוּ	נָחְנוּ
2.Pl.m.	אַתֶּם		ihr			
2.Pl.f.	אַתֵּן	אַתֵּנָה	ihr			
3.Pl.m.	הֵם	הֵמָּה	sie			
3.Pl.f.	הֵנָּה		sie			

Diese Formen stehen ausschließlich für den Nominativ und können nur mit וְ „und", dem *He interrogativum* (הֲ) und der Relativpartikel שֶׁ verbunden werden:

וְאַתָּה	und du
הַאָנֹכִי	etwa ich?
שֶׁהֵם	die (jenigen)

Stehen die selbständigen Personalpronomina der 3.Sg./ Pl. hinter dem Nomen mit Artikel, so weisen sie auf bereits Erwähntes und Bekanntes zurück und werden mit „jener/ jene" übersetzt. Man spricht hier von der *anaphorischen Verwendung* des Personalpronomens:

Jdc 3,30:	בַּיּוֹם הַהוּא	an jenem (bekannten) Tag
Jdc 3,29:	בָּעֵת הַהִיא	zu jener (bekannten) Zeit
Jdc 18,1:	בַּיָּמִים הָהֵם	in jenen (bekannten) Tagen

5. Demonstrativpronomen

Sg.m.	זֶה	dieser
Sg.f.	זֹאת	diese/ dieses (n.)
Pl.com.	אֵלֶּה	diese

mit Artikel:	הָאֵלֶּה	הַזֹּאת	הַזֶּה
mit Präpositionen:	מֵאֵלֶּה	לְאֵלֶּה	כָּזֹאת	בָּזֶה

Verwendung:

• *Substantivisch:*
Bei dieser Verwendung stehen die Demonstrativpronomina ohne Artikel voran:

Ex 29,1:	וְזֶה הַדָּבָר	und dies ist das Wort/ die Sache
Lev 27,34:	אֵלֶּה הַמִּצְוֹת	dies sind die Gebote

• *Adjektivisch/ attributiv:*
Bei dieser Verwendung stehen die Demonstrativpronomina hinter dem Nomen mit Artikel:

Gen 24,5:	הָאָרֶץ הַזֹּאת	dieses Land
Gen 32,11:	אֶת־הַיַּרְדֵּן הַזֶּה	diesen Jordan
Lev 8,34:	בַּיּוֹם הַזֶּה	an diesem Tag = heute

• *Adverbiell:*
Hier werden die Demonstrativpronomina lokal, temporal und zur Hervorhebung von Fragewörtern verwendet:

Gen 28,17:	אֵין זֶה	Hier gibt es nicht...
Gen 37,17:	מִזֶּה	von hier
Ruth 2,7:	עַתָּה זֶה	gerade jetzt, soeben
Gen 27,20:	מַה־זֶּה	wie denn?
Gen 18,13:	לָמָּה זֶּה	warum denn?

6. Fragepronomina

- He interrogativum

Das *He interrogativum* (הֲ) dient zur Einleitung von *Satzfragen*. Es steht beim ersten Wort des Satzes und richtet sich in der Vokalisation nach dem ersten Konsonanten des Wortes. Dabei müssen folgende Vokalisationen beachtet werden:

הֲ	vor Nichtlaryngalen mit vollem Vokal: הֲלֹא nicht?
הַ	vor Nicht-Laryngalen mit Schwa: הַמְעַט zu wenig?
הֶ	vor Laryngalen mit Qamäs/ Chateph-Qamäs: הֶאָנֹכִי ich?
הַ	vor Laryngalen ohne Qamäs/ Chateph-Qamäs: הַאַתָּה du?
הֲ ... אִם	*Doppelfrage:* הֲ steht an erster, אִם an zweiter Stelle:

I Reg 22,15: הֲנֵלֵךְ אֶל־רָמֹת גִּלְעָד לַמִּלְחָמָה אִם־נֶחְדָּל

Sollen wir gegen Ramoth Gilead zum Kampf ausziehen *oder* sollen wir es lassen?

Jes 10,9: הֲלֹא כְּכַרְכְּמִישׁ כַּלְנוֹ אִם־לֹא כְאַרְפַּד חֲמָת אִם־לֹא
כְדַמֶּשֶׂק שֹׁמְרוֹן:

Ist Kalne nicht wie Karkemisch *oder* ist Hamat nicht wie Arpad *oder* ist Samaria nicht wie Damaskus?

Gen 27,21: הַאַתָּה זֶה בְּנִי עֵשָׂו אִם־לֹא:

Bist du mein Sohn Esau *oder* nicht?

- Wortfragen

Zur Einleitung von *Wortfragen* dienen:

מִי	**Wer?**	לְמִי	Wem?
		אֶת־מִי	Wen?
		בַּת־מִי	Wessen Tochter?
מַה־	**Was?**		*Bei* מַה *wechselt die Vokalisation*
		מַה־זֶּה	Was ist das?
		מָה־אַתָּה	Was bist du?
		עַל־מֶה עָשָׂה	Weshalb hat er das getan?
		מַה־הוּא	Was ist er?
		מָה־הֵמָּה	Was sind sie?

לָמָה	**Warum?**	בַּמֶּה	Worin? Wodurch?
מַדּוּעַ	**Warum?**	לָמָה	*vor Laryngalen oft ohne Dagesch forte*
אַיֵּה	**Wo?**		
מָתַי	**Wann?**		
אֵיךְ	**Wie?**		

7. Relativpartikel

Die Stelle des Relativpronomens vertritt im Hebräischen die *Relativpartikel* אֲשֶׁר. In jüngeren Büchern des Alten Testaments tritt oft an ihre Stelle ־שֶׁ. Die Relativpartikel ist *indeklinabel*. Sie sollte als Hilfsübersetzung mit „von welchem gilt" übersetzt werden:

הַדָּבָר אֲשֶׁר דִּבֶּר יִרְמְיָהוּ

das Wort, von welchem gilt: Jeremia sprach = das Wort, das Jeremia sprach

8. Übungen

1) Vervollständigen Sie die Vokalisation des Artikels

1   הָעִבְרִי   הָאֶבְיוֹן   הַחֲדָשִׁים   הָרוּחַ   הָאָרֶץ   הַחָכְמָה

2   הֶחָכָם   הָעַי   הֶהָרִים   הַיַּרְדֵּן   הַחֶרֶב   הֶחָצִיר

3   הָהָר   הֶעָרִים   הָעִיר   הֶעָשִׁיר   הָעָם   הָאֱלֹהִים

4   הֶחֳלִי   הָאִישׁ הַגָּדוֹל   הָעֵת הַהִיא   הֶעָוֹן   הָרְשָׁעִים   הֶחָלָב

5
כַּעֲנָן   <   כְּ + Artikel + עֲנָן
בָּאֵשׁ   <   בְּ + Artikel + אֵשׁ
בֶּעָוֹן   <   בְּ + Artikel + עָוֹן
בַּסֵּפֶר   <   בְּ + Artikel + סֵפֶר
   <   וְ + Artikel + אֶרֶץ

2) Übungen zum He interrogativum. Vervollständigen Sie die Vokalisation:

Gen 43,7	הַיֵשׁ הַעוֹד	Joel 1,2:	הֲהָיְתָה
I Reg 22,15:	הֲנֵלֵךְ	Gen 29,6:	הֲשָׁלוֹם

Koh 3,21:   הֶעֹלָה   Hi 1,8:   הֲשַׂמְתָּ

Hi 14,14:   הֲיִחְיֶה   II Sam 7,5:   הַאַתָּה

3) Übungen zu den Nomina. Bestimmen Sie anhand der Endungen Numerus,
   Genus, Status sowie Kasus des Nomens:

1   הָרֵי   הֶהָרִים   בְּשָׂרִים   אֱלֹהֵי יִשְׂרָאֵל   אוֹרִים

2   חַגִּים   חָדְשֵׁי   חָכְמַת   חֲלָיִים   יָדַיִם

3   יְדֵי   אֶת־הַכֶּסֶף   מַיִם   עֲבָדִים   עִתִּים   לְעֵת

4) Übersetzen Sie:

1   הַזֹּאת   אֶת־הָעָם   אֲנִי יְהוָה   זֹאת אִיזֶבֶל

2   עַם־הָאָרֶץ   הָאָרֶץ הַזֹּאת   אֶת־זֹאת   לָעָם הַזֶּה

3   אֱלֹהֵי יִשְׂרָאֵל   בָּזֶה   הוּא הַמֶּלֶךְ   אַיֵּה שָׂרָה

4   סְדֹם וַעֲמֹרָה   וְאֶבְיֹנֵי אָדָם   לֵאלֹהֵי יַעֲקֹב

5   בַּיּוֹם הַהוּא   הַזֶּה   הָאָרֶץ אֲשֶׁר

Lektion 7:
unselbständiges Personalpronomen;
Nomen und Präpositionen mit Suffixen; Nominalsätze

1. Vokabeln

Präpositionen:

אַחַר/אַחֲרֵי	hinter
אֶל־	zu, in Richtung auf
אֵת/אֶת־	*nota accusativi*
אֵת/אֶת־	mit, zusammen mit, bei *(soziativ)*
בֵּין	zwischen
לִפְנֵי	vor
מִן	von *(Präposition der Trennung)*
עַד	bis
עַל	auf, an, bei, gegen, wegen, über
עִם	mit, zusammen mit *(soziativ)*
תַּחַת	unter, anstelle von

Nomina mit unveränderlichen Vokalen:

אֵל		Gott
בְּכוֹר		Erstgeborener
בְּרִית	*f.*	Bund
גְּבוּל		Grenze, Gebiet
גִּבּוֹר		Held, Krieger
גּוֹי		Volk
דּוֹר		Generation
חוּץ		Gasse
כֹּחַ		Kraft
סוּס		Pferd
עַמּוּד		Pfeiler, Säule
צֹאן		Kleinvieh *(Schafe und Ziegen; kollektiv)*
קוֹל		Stimme, Geräusch

רִאשׁוֹן	erster, früherer
רֵעַ	Nächster, Freund
שִׁיר	Lied, Gesang
שִׁירָה	(einzelnes) Lied
תּוֹרָה	Gesetz, Tora, Weisung

Weitere Vokabeln:

אַיִן/אֵין	es gibt nicht
אִישׁ	Mann, jeder
בַּיִת/בֵּית	Haus
יְהוָה צְבָאוֹת	Jahwe Zebaoth = Jahwe der Heerscharen
יֵשׁ	Vorhandensein, es gibt
יֹשֵׁב	sitzend *(Partizip)*
כָּבֵד	schwer
נַעַר	Junge, Knabe, Knecht
עֵץ	Baum, Holz
עֹשֶׁר	Reichtum
קָדוֹשׁ	heilig
קִיר	Wand
רָעָב	Hungersnot
שָׁלוֹם	Friede, Wohlergehen
שֵׁם	Name
שְׁמָמָה	Verwüstung, Ödnis
שַׁעַר	(das) Tor

Namen:

יוֹסֵף	Joseph *(n.pr.m.)*
לָבָן	Laban *(n.pr.m.)*
לוֹט	Lot *(n.pr.m.)*
רִבְקָה	Rebekka *(n.pr.f.)*

2. Das unselbständige Personalpronomen

Im Unterschied zu den selbständigen Personalpronomina, die nur für den Nominativ stehen, kennt das Hebräische noch unselbständige Personalpronomina. Diese begegnen als sogenannte Suffixe an Nomina, Präpositionen und Verben. Als Formen begegnen beim Nomen und den Präpositionen:

Person		Nomen singularische Suffixe:		pluralische Suffixe:	
Sg.	1.com.	יִ	mein	יַ	meine
	2.m.	ךָ	dein	יךָ	deine
	2.f.	ךְ	dein	יִךְ	deine
	3.m.	וֹ /הֹ' / הוּ	sein	יו	seine
	3.f.	הָ/הֹ	ihr	יהָ	ihre
Pl.	1.com.	נוּ	unser	יֵנוּ	unsere
	2.m.	כֶם	euer	יכֶם	eure
	2.f.	כֶן	euer	יכֶן	eure
	3.m.	הֶם/ם	ihr	יהֶם	ihre
	3.f.	הֶן/ן	ihr	יהֶן	ihre

Bemerkungen:
- Das Suffix der 2.Sg.m. erscheint auch in der Schreibung כָֽה.
- Die Suffixe der 2./3.Pl. bezeichnet man als *schwere Suffixe*, alle übrigen als *leichte Suffixe*. Die Bindevokale sind betont (nicht jedoch 2./3.Pl.).

3. Das unveränderliche Nomen mit Suffixen

Entsprechend der Veränderung der Vokale werden die Nomina in Flexionsklassen eingeteilt. Die einfachste dieser Klassen ist die mit unveränderlichen Vokalen. Hier wird die Vokalisation des Nomens im Singular und Plural sowie bei der Anhängung von Possessivsuffixen nicht verändert.

• Das maskuline Nomen:

	Singular	Plural
st.abs.	סוּס	סוּסִים
st.cs.	סוּס	סוּסֵי

Suffixe:

		singularische Suffixe:		*pluralische Suffixe:*	
Sg.	1.com.	סוּסִי	mein Pferd	סוּסַי	meine Pferde
	2.m.	סוּסְךָ	dein Pferd	סוּסֶיךָ	deine Pferde
	2.f.	סוּסֵךְ	dein Pferd	סוּסַיִךְ	deine Pferde
	3.m.	סוּסוֹ	sein Pferd	סוּסָיו	seine Pferde
	3.f.	סוּסָהּ	ihr Pferd	סוּסֶיהָ	ihre Pferde

	1.com.	סוּסֵנוּ	unser Pferd	סוּסֵינוּ	unsere Pferde
	2.m.	סוּסְכֶם	euer Pferd	סוּסֵיכֶם	eure Pferde
Pl.	2.f.	סוּסְכֶן	euer Pferd	סוּסֵיכֶן	eure Pferde
	3.m.	סוּסָם	ihr Pferd	סוּסֵיהֶם	ihre Pferde
	3.f.	סוּסָן	ihr Pferd	סוּסֵיהֶן	ihre Pferde

• Das feminine Nomen:

	Singular	Plural
st.abs.	תּוֹרָה	תּוֹרוֹת
st.cs.	תּוֹרַת	תּוֹרוֹת

Suffixe:

		singularische Suffixe:		pluralische Suffixe:	
	1.com.	תּוֹרָתִי	mein Gesetz	תּוֹרוֹתַי	meine Gesetze
	2.m.	תּוֹרָתְךָ	dein Gesetz	תּוֹרוֹתֶיךָ	deine Gesetze
Sg.	2.f.	תּוֹרָתֵךְ	dein Gesetz	תּוֹרוֹתַיִךְ	deine Gesetze
	3.m.	תּוֹרָתוֹ	sein Gesetz	תּוֹרוֹתָיו	seine Gesetze
	3.f.	תּוֹרָתָהּ	ihr Gesetz	תּוֹרוֹתֶיהָ	ihre Gesetze
	1.com.	תּוֹרָתֵנוּ	unser Gesetz	תּוֹרוֹתֵינוּ	unsere Gesetze
	2.m.	תּוֹרַתְכֶם	euer Gesetz	תּוֹרוֹתֵיכֶם	eure Gesetze
Pl.	2.f.	תּוֹרַתְכֶן	euer Gesetz	תּוֹרוֹתֵיכֶן	eure Gesetze
	3.m.	תּוֹרָתָם	ihr Gesetz	תּוֹרוֹתֵיהֶם	ihre Gesetze
	3.f.	תּוֹרָתָן	ihr Gesetz	תּוֹרוֹתֵיהֶן	ihre Gesetze

Bemerkungen:

- Man kann die Nomina mit Suffixen als *Constructus-Verbindungen zwischen einem Nomen und einem Personalpronomen* ansehen.
סוּסִי = „Pferd des Ich" = „Pferd meiner" = „mein Pferd".
Im Deutschen wird dieser *genetivus possessivus* so aufgelöst, dass man das Possessivpronomen einsetzt. Von daher gilt, dass die Suffixe im Hebräischen jeweils an die *Constructusform* angehängt werden.
- Die Suffixe, die an das Nomen im Singular angehängt werden, bezeichnet man als *singularische Suffixe*. Die Suffixe, die an das Nomen im Plural angehängt werden, bezeichnet man als *pluralische Suffixe*. Der Vergleich zwischen singularischen und pluralischen Suffixen zeigt, dass die pluralischen Suffixe einen erweiterten Bindevokal haben.
Vergleiche: סוּסְךָ dein Pferd *und* סוּסֶיךָ deine Pferde
סוּסֵנוּ unser Pferd *und* סוּסֵינוּ unsere Pferde
- Bei dem pluralischen Suffix der 3.Sg.m. ist die Aussprache zu beachten: וֹ(י) , *āw* (das Jod bleibt stumm!). יו < *הוּ + יַ .

- Das feminine Nomen im Plural ist als Plural doppelt gekennzeichnet: durch die Endung וֹת *und* durch pluralisches Suffix.
- Beim femininen Nomen können die Formen תּוֹרוֹתֵיהֶם und תּוֹרוֹתֵיהֶן durch תּוֹרוֹתָם bzw. תּוֹרוֹתָן ersetzt werden.
- Das Suffix 3.Pl.m. הֶם begegnet auch in der Form יָמוֹ ֵ / מוֹ ָ : מוֹסְרוֹתֵימוֹ (Ps 2,3).

4. Präpositionen mit Suffixen

Die Präpositionen sind ursprünglich Nomina im adverbiellen Akkusativ, die sich mit dem folgenden Wort zu einer Constructus-Verbindung zusammenfügen. Die Verwendung der Präpositionen als Nomina zeigt sich an den Suffixen; hier bilden einige Präpositionen der Form nach Plurale.

		לְ für		בְּ in		כְּ wie	
Sg.	1.com.	לִי	für mich	בִּי	in mir	כָּמוֹנִי	wie ich
	2.m.	לְךָ	für dich	בְּךָ	in dir	כָּמוֹךָ	wie du
	2.m. i.p.	לָךְ	für dich	בָּךְ	in dir		
	2.f.	לָךְ	für dich	בָּךְ	in dir		
	3.m.	לוֹ	für ihn	בּוֹ	in ihm	כָּמוֹהוּ	wie er
	3.f.	לָהּ	für sie	בָּהּ	in ihr	כָּמוֹהָ	wie sie
Pl.	1.com.	לָנוּ	für uns	בָּנוּ	in uns	כָּמוֹנוּ	wie wir
	2.m.	לָכֶם	für euch	בָּכֶם	in euch	כָּכֶם	wie ihr
	2.f.						
	3.m.	לָהֶם	für sie	בָּהֶם/בָּם	in ihnen	כָּהֶם	wie sie
	3.f.	לָהֶן	für sie	בָּהֶן	in ihnen	כָּהֵנָּה	wie sie

		מִן von		אֶת/אֶת־ bei		אֵת *nota acc.*	
Sg.	1.com.	מִמֶּנִּי	von mir	אִתִּי	bei mir	אֹתִי/אוֹתִי	mich
	2.m.	מִמְּךָ	von dir	אִתְּךָ	bei dir	אֹתְךָ	dich
	2.m. i.p.	מִמֶּכָּה	von dir	אִתָּךְ	bei dir	אֹתָךְ	dich
	2.f.	מִמֵּךְ	von dir	אִתָּךְ	bei dir	אֹתָךְ	dich
	3.m.	מִמֶּנּוּ	von ihm	אִתּוֹ	bei ihm	אֹתוֹ	ihn
	3.f.	מִמֶּנָּה	von ihr	אִתָּהּ	bei ihr	אֹתָהּ	sie
Pl.	1.com.	מִמֶּנּוּ	von uns	אִתָּנוּ	bei uns	אֹתָנוּ	uns
	2.m.	מִכֶּם	von euch	אִתְּכֶם	bei euch	אֶתְכֶם	euch
	2.f.						
	3.m.	מֵהֶם	von ihnen	אִתָּם	bei ihnen	אֹתָם	sie
	3.f.	מֵהֵנָּה	von ihnen			אֶתְהֶן	sie

		עִם mit	אֶל zu	עַל auf
	1.com.	עִמִּי / עִמָּדִי mit mir	אֵלַי zu mir	עָלַי auf mir
	2.m.	עִמְּךָ mit dir	אֵלֶיךָ zu dir	עָלֶיךָ auf dir
Sg.	*2.m. i.p.*	עִמָּךְ mit dir		
	2.f.	עִמָּךְ mit dir	אֵלַיִךְ zu dir	עָלַיִךְ auf dir
	3.m.	עִמּוֹ mit ihm	אֵלָיו zu ihm	עָלָיו auf ihm
	3.f.	עִמָּהּ mit ihr	אֵלֶיהָ zu ihr	עָלֶיהָ auf ihr
	1.com.	עִמָּנוּ mit uns	אֵלֵינוּ zu uns	עָלֵינוּ auf uns
	2.m.	עִמָּכֶם mit euch	אֲלֵיכֶם zu euch	עֲלֵיכֶם auf euch
Pl.	*2.f.*		אֲלֵיכֶן zu euch	עֲלֵיכֶן auf euch
	3.m.	עִמָּם mit ihnen	אֲלֵיהֶם zu ihnen	עֲלֵיהֶם auf ihnen
	3.f.		אֲלֵיהֶן zu ihnen	עֲלֵיהֶן auf ihnen

		עַד bis	לִפְנֵי vor	אַחֲרֵי hinter
	1.com.	עָדַי bis zu mir	לְפָנַי vor mir	אַחֲרַי hinter mir
	2.m.	עָדֶיךָ bis zu dir	לְפָנֶיךָ vor dir	אַחֲרֶיךָ hinter dir
Sg.	*2.m. i.p.*			
	2.f.			אַחֲרַיִךְ hinter dir
	3.m.	עָדָיו bis zu ihm	לְפָנָיו vor ihm	אַחֲרָיו hinter ihm
	3.f.	עָדֶיהָ bis zu ihr	לְפָנֶיהָ vor ihr	אַחֲרֶיהָ hinter ihr
	1.com.		לְפָנֵינוּ vor uns	אַחֲרֵינוּ hinter uns
	2.m.	עָדֵיכֶם bis zu euch	לִפְנֵיכֶם vor euch	אַחֲרֵיכֶם hinter euch
Pl.	*2.f.*			
	3.m.		לִפְנֵיהֶם vor ihnen	אַחֲרֵיהֶם hinter ihnen
	3.f.			אַחֲרֵיהֶן hinter ihnen

		בֵּין zwischen	תַּחַת unter, anstelle von
	1.com.	בֵּינִי zwischen mir	תַּחְתִּי unter mir
	2.m.	בֵּינְךָ zwischen dir	תַּחְתֶּיךָ unter dir
Sg.	*2.m. i.p.*	בֵּינֶךָ zwischen dir	
	2.f.	בֵּינֵךְ zwischen dir	
	3.m.	בֵּינוֹ zwischen ihm	תַּחְתָּיו unter ihm
	3.f.		תַּחְתֶּיהָ unter ihr

	1.com.	בֵּינֵינוּ	zwischen uns	תַּחְתֵּינוּ	unter uns
	2.m.	בֵּינֵיכֶם	zwischen euch	תַּחְתֵּיכֶם	unter euch
Pl.	2.f.				
	3.m.	בֵּינֵיהֶם	zwischen ihnen	תַּחְתָּם/תַּחְתֵּיהֶם	unter ihnen
	3.f.			תַּחְתֵּיהֶן	unter ihnen

Bemerkungen zu den Präpositionen mit Suffixen:

- Aus der Vielzahl der Bedeutungen der Präpositionen ist hier jeweils die Grundbedeutung genommen.
- *Zur Präposition* לְ
  2.Sg.m. begegnet auch in der Schreibung לְכָה „für dich".
  3.Sg.f. begegnet dreimal in der Schreibung לָהּ „für sie" *(ohne Mappiq!)*.
  2.Pl.f. begegnet in Ez 13,18 als לָכֵנָה „für euch".
  3.Pl.m. begegnet auch als לָמוֹ „für sie" (poet.) und als לָהֶמָה „für sie".
  3.Pl.f. begegnet auch als לָהֵן „für sie".

- *Zur Präposition* בְּ
  2.Sg.m. begegnet auch in der Schreibung בְּכָה „in dir" (Ps 141,8).
  3.Pl.m. begegnet noch in der Schreibung בָּם und בָּהֵמָה „in ihnen".
  3.Pl.f. begegnet noch in der Schreibung בָּהֵן und בָּהֵנָּה „in ihnen".

- *Zur Präposition* כְּ
  כְּ mit Suffixen setzt sich aus folgenden Elementen zusammen:
  2.Pl.m. begegnet auch in der Form כְּמוֹכֶם „wie ihr" (Hi 12,3).
  3.Pl.m. begegnet auch in der Form כְּמוֹהֶם (Jdc 8,18 u.ö.) und כָּהֵמָה „wie sie".
  3.Pl.f. begegnet auch in der Form כָּהֵן „wie sie".

- *Zur Präposition* מִן
  מִן mit Suffixen bildet meist *reduplizierte Formen* * מִמֶּן.
  1.Sg.com. auch מֶנִּי „von mir" (Jes 22,4; *dichterische Nebenform*).
  3.Sg.m. Nebenform מֶנְהוּ „von ihm" (Hi 4,12).
  3.Pl.m./f. mit *Ersatzdehnung* von i > ē.
  3.Pl.m. Nebenform מִנְהֶם (Hi 11,20) und מֵהֵמָה „von ihnen".
  3.Pl.f. Nebenform מֵהֵן „von ihnen".
  Zu beachten ist die Identität der beiden Formen von מִן + Suffix 3.Sg.m./
  1.Pl.com.: מִמֶּנּוּ „von ihm/von uns".

- *Zur nota accusativi* אֵת
  3.Pl.m. auch אֶתְהֶם.
  3.Pl.f. auch אֶתְהֵנָה (Ex 35,26) und אוֹתְהֶן (Ez 23,47).

* *Zur Präposition* עִם
  1.Sg.com. Nebenform עִמָּדִי > * עִם + יָד + יְ . .
  3.Pl.m. Nebenform עִמָּהֶם.
* *Zur Präposition* אֶל־
  3.Pl.m. auch אֲלֵהֶם und poetisch אֵלֵימוֹ (Ps 2,5).
  3.Pl.f. auch אֲלֵהֶן.
* *Zur Präposition* עַל
  3.Pl.m. poetische Nebenform עָלֵימוֹ (Hi 20,23).
* *Zur Präposition* בֵּין
  בֵּין begegnet auch in der Pluralform בֵּינוֹת (Ez 10,7).
  1.Pl.com. auch בֵּינוֹתֵינוּ.
  3.Pl.m. auch בֵּינוֹתָם.

5. Nominalsätze

> Unter einem *Nominalsatz* versteht man einen *Satz ohne finites Verb*.
> Sein Kern besteht aus zwei Nomina oder deren Vertreter: Pronomen,
> Adjektiv, Partizip, Zahlwort, adverbielle Bestimmung.

Sach 10,5: יְהוָה עִמָּם   Jahwe ist mit ihnen.
I Reg 11,17: וַהֲדַד נַעַר   Und Hadad war ein Junge.
Gen 43,1: הָרָעָב כָּבֵד   Die Hungersnot war schwer.

Nominalsätze beschreiben keine Handlungen und Vorgänge, sondern *Verhält-nisse, Eigenschaften und Zustände.* Dabei lassen sich drei verschiedene Aufgaben unterscheiden: Nominalsätze dienen als a) Vorhandenseins-, b) Identitäts- und c) Klassifizierungsaussage.

ad a)   Gen 24,29:   וּלְרִבְקָה אָח   Und Rebekka hatte einen Bruder.
      Ps 112,3:   עֹשֶׁר בְּבֵיתוֹ   Reichtum ist in seinem Haus.
ad b)   Gen 24,29:   וּשְׁמוֹ לָבָן   Und sein Name war Laban.
      Gen 45,3:   אֲנִי יוֹסֵף   Ich bin Joseph.
ad c)   Ez 41,22:   קִירֹתָיו עֵץ   Seine Wände waren aus Holz.
      Jer 32,43:   שְׁמָמָה הִיא   Eine Wüste ist es (sc. das Land).

Die *Verneinung* erfolgt in der Regel durch אַיִן *(st.abs.)* oder אֵין *(st.cs.):*
Gen 2,5:   וְאָדָם אַיִן   Und es gab keinen Menschen.
Gen 31,50:   אֵין אִישׁ עִמָּנוּ   Niemand war bei uns.

Nominalsätze sind *zeitlich nicht festgelegt*. Die Zeitsphäre der Aussage kann nur aus dem Zusammenhang geschlossen werden:

Gen 19,1:   וְלוֹט יֹשֵׁב בְּשַׁעַר סְדֹם   Und Lot *saß* am Tor von Sodom.
                                                          (Vergangenheit)

Jes 6,3: קָדוֹשׁ קָדוֹשׁ קָדוֹשׁ יְהוָה צְבָאוֹת   Heilig, heilig, heilig *ist* Jahwe Zebaoth.
                                                          (Gegenwart)

Gen 43,23:   שָׁלוֹם לָכֶם   Wohlergehen *sei* mit euch!
                                                          (modal – Wunsch)

6. Übungen

1) Hängen Sie an folgende Nomina mit unveränderlichen Vokalen die Possessivsuffixe im Singular und Plural:

גְּבוּל   רֵעַ   שִׁירָה   עַמּוּד   סוּס

2) Bestimmen Sie folgende Nomina mit unveränderlichen Vokalen (mit Übersetzung):

1   הָאֵל   אוֹרְךָ   בְּכוֹרִי   גְּבוּלְךָ   לַגִּבּוֹרִים   גּוֹיִם   בַּחוּץ   סוּסֶיךָ   עַמָּדִי

2   צֹאנֵנוּ   לְרֵעֶךָ   וּמְשִׁירִי   תּוֹרָתִי   הָאֵל   אוֹרוּ   בְּכוֹרִי   גְּבוּלְכֶם   גִּבּוֹרִי

3   בְּחוּצוֹתֵינוּ   כְּסוּסִי   עַמָּדָיו   וּמְצֵאָנְךָ   רֵעֶיךָ   כְּשִׁירַת   כְּתוֹרָתֶךָ   לָאֵל

4   גְּבוּלוֹ   גִּבּוֹרָיו   חוּצֹתֶיהָ   סוּסֵיכֶם   עַמּוּדֵיהֶם   רֵעֵיהֶם   וּלְתוֹרָתוֹ   אֵלַי

5   גְּבוּלָהּ   גִּבּוֹרֵיהֶם   וְעַמּוּדֶיהָ   בְּתֹרְתָיו   אֵלִים   גְּבוּלָם   תּוֹרָתִי

6   גְּבוּלֶיךָ   גְּבוּלֶיהָ

3) Vokalisieren und übersetzen Sie folgende Nomina mit unveränderlichen Vokalen:

1   אורם   בבכוריהם   גבוריה   לסוסיו   עמודו

2   צאנך   רעהו   שירות   בתורתו

4) Bestimmen und übersetzen Sie folgende Präpositionen mit Suffixen:

מִמֶּנּוּ לָהֶמָה בְּךָ כָּמוֹהוּ לִפְנֵיהֶם אִתָּךְ אֹתְךָ אֵלַי עָלֵינוּ לְפָנָיו 1

לְפָנֶיךָ לָכֶם עִמָּם אַתָּה אֶתְכֶם אֶתְכֶם אֹתוֹ אֹתוֹ אַחֲרָיו 2

כְּמוֹהֶם עִמָּדִי לָמוֹ לִי 3

5) Übersetzen Sie:

אֲנִי יְהוָה	(Ex 6,2 u.ö.)	1
גָּדוֹל יְהוָה	(Ps 96,4)	2
רָעָב בָּאָרֶץ	(Gen 12,10)	3
וְהוּא נַעַר	(Gen 37,2)	4
כָּבֵד הָרָעָב בָּאָרֶץ	(Gen 12,10)	5
סוּסֵי אֵשׁ	(II Reg 2,11)	6
מִבַּיִת וּמִחוּץ	(Ex 37,2)	7
בְּחֻצוֹת יְרוּשָׁלַ͏ִם	(Jer 11,6)	8
בְּעַמּוּד אֵשׁ	(Ex 13,21)	9
אֶל־הַקִּיר	(Jes 38,2)	10
הוּא לִפְנֵי־שָׁמֶשׁ	(Hi 8,16)	11
אַחֲרֵי־זֹאת	(Hi 42,16)	12

6) Lektüreübung: Genesis 12,1-5: Segen für Abraham

Dieser Textabschnitt ist von besonderer Bedeutung, da er an der Nahtstelle von Ur- und Vätergeschichte steht. Er verklammert die Urgeschichte, in der das Stichwort

„Fluch" dominiert, mit der nun beginnenden Vätergeschichte, in der das Stichwort
„Segen" zum Leitwort wird.

1 וַיֹּאמֶר יְהֹוָה אֶל־אַבְרָם לֶךְ־לְךָ מֵאַרְצְךָ וּמִמּוֹלַדְתְּךָ וּמִבֵּית
אָבִיךָ אֶל־הָאָרֶץ אֲשֶׁר אַרְאֶךָּ:

2 וְאֶעֶשְׂךָ לְגוֹי גָּדוֹל וַאֲבָרֶכְךָ וַאֲגַדְּלָה שְׁמֶךָ וֶהְיֵה בְּרָכָה:

3 וַאֲבָרֲכָה מְבָרְכֶיךָ וּמְקַלֶּלְךָ אָאֹר וְנִבְרְכוּ בְךָ כֹּל מִשְׁפְּחֹת
הָאֲדָמָה:

4 וַיֵּלֶךְ אַבְרָם כַּאֲשֶׁר דִּבֶּר אֵלָיו יְהֹוָה וַיֵּלֶךְ אִתּוֹ לוֹט וְאַבְרָם
בֶּן־חָמֵשׁ שָׁנִים וְשִׁבְעִים שָׁנָה בְּצֵאתוֹ מֵחָרָן:

5 וַיִּקַּח אַבְרָם אֶת־שָׂרַי אִשְׁתּוֹ וְאֶת־לוֹט בֶּן־אָחִיו וְאֶת־כָּל־רְכוּשָׁם
אֲשֶׁר רָכָשׁוּ וְאֶת־הַנֶּפֶשׁ אֲשֶׁר־עָשׂוּ בְחָרָן וַיֵּצְאוּ לָלֶכֶת אַרְצָה
כְּנַעַן וַיָּבֹאוּ אַרְצָה כְּנָעַן:

Lektion 8:
Perfekt; unregelmäßige Nomina; Adjektive; Steigerung; Existenzpartikel; Doppelpräpositionen

1. Vokabeln

Verben:

גנב	stehlen („Ganove")
דרך	treten
דרש	suchen, fragen
זכר	gedenken, sich erinnern
כרת	schneiden
כתב	schreiben („Kassiber")
לכד	fangen, erobern
מלך	König sein/werden
שמר	bewahren („Schmiere stehen")
שפט	richten

Unregelmäßige Nomina:

אָב	Vater
אָח	Bruder
אָחוֹת	Schwester
אִשָּׁה	Frau
אָמָה	Magd
בֵּן	Sohn
בַּת	Tochter
פֶּה	Mund
רֹאשׁ	Kopf, Spitze

● Bisher gelernte Nomina dieser Gruppe:

יוֹם (6); בַּיִת (7); אִישׁ (7); מַיִם (6)

Adjektive:

חָזָק	hart, stark
טוֹב	gut
טָמֵא	unrein

יָשָׁר	recht, gerade
צַדִּיק	gerecht
קָטֹן/קָטָן	klein
קָרוֹב	nahe, Verwandter
רָחוֹק	fern

Weitere Vokabeln:

אָז	damals
דָּבָר	Wort, Sache
לֹא	nicht
מְאֹד	sehr
עַתָּה	jetzt
שָׁמַיִם	Himmel

Namen:

הֲדַד	Hadad *(n.pr.m.)*
חֶשְׁבּוֹן	Hesbon *(n.l.: Ostjordanland)*
אֲדֹנִיָּהוּ	Adonia *(n.pr.m.)*

2. Die Konjugation des Perfekts

Mit dieser Lektion beginnt die Behandlung der Verblehre, die uns fast bis zum Ende des Kurses beschäftigen wird. Da Hebräisch zu den semitischen Sprachen zählt, *müssen wir uns freimachen von dem uns bekannten indogermanischen System*. Wir müssen uns zunächst folgendes einprägen:

- Wurzel: Jedes hebräische Verb besteht aus einer *Wurzel*. In der Regel besteht diese Wurzel aus drei bzw. zwei Konsonanten. Mit diesen Konsonanten verbindet sich die Bedeutung des Verbs.

  כתב *ktb* = „schreiben"

- Radikale: Mit *Radikal* bezeichnet man den einzelnen Konsonanten einer Wurzel. In den klassischen Grammatiken wird die Position eines Radikals in der Wurzel nach dem Paradigma פעל „tun, machen" beschrieben:

  פ = 1. Radikal, ע = 2. Radikal, ל = 3. Radikal.

  Von daher ist ein Verb פ״י ein Verb, dessen 1. Radikal ein י ist, ein Verb ל״ה ein Verb, dessen 3. Radikal ein ה ist.

  Wir werden uns die Verblehre mit Hilfe der Radikale כתב = „schreiben" klarmachen; in anderen Grammatiken werden die Radikale קטל = „töten" verwendet.

• Prä- und Afformative:
Die Wurzel eines Verbs kann durch Prä- und Afformative erweitert werden. Damit meint man *grammatische Morpheme, die vor (= Präformative) oder nach (= Afformative) den drei Radikalen einer Wurzel erscheinen.* Die Prä- und Afformative definieren eine Verbform bezüglich des Genus, Numerus, der Person und des Tempus.

Die Konjugation des Perfekts (Afformativkonjugation):

Da das Perfekt mit Afformativen gebildet wird, spricht man auch von *Afformativkonjugation.* Diese Afformative sind historisch gesehen Personalpronomina, die in der Art von Suffixen an die jeweilige Wurzel angehängt werden.

	3.m.	כָּתַב	kā-tab	* katába	er hat geschrieben
	3.f.	כָּתְבָה	kā-tᵉbā	* katabat	sie hat geschrieben
Sg.	*2.m.*	כָּתַבְתָּ(ה)	kā-tab-tā	* katábta	du hast geschrieben
	2.f.	כָּתַבְתְּ	kā-tabt	* katábti	du hast geschrieben
	1.com.	כָּתַבְתִּי	kā-tab-tī	* katábku	ich habe geschrieben
	3.com.	כָּתְבוּ	kā-tᵉbū	* katabú	sie haben geschrieben
Pl.	*2.m.*	כְּתַבְתֶּם	kᵉtab-täm	* katábtumu	ihr habt geschrieben
	2.f.	כְּתַבְתֶּן	kᵉtab-tän	* katábtinna	ihr habt geschrieben
	1.com.	כָּתַבְנוּ	kā-tab-nū	* katábna	wir haben geschrieben

Bemerkungen:
- Die Form mit Asteriscus (*) bezeichnet die letzte Stufe, aus der die Perfektformen entstanden sind.
- Im hebräischen Lexikon wird als *Nennform die 3.Sg.m des Perfekts* verwendet. Deshalb läuft das Paradigma von der 3. Person über die 2. zur 1. Person. Der Grund dafür liegt in der häufigen Verwendung der 3.Sg.m.
- Man muss sich nicht nur die Endungen, sondern auch die *teilweise wechselnde Betonung* und die damit zusammenhängende *verschiedene Vokalisation* des Stammes einprägen.
- In der 3.Pl.com. existiert im Perfekt nur (noch) eine einzige Form für beide Geschlechter.
- Die Afformative unterteilt man in *vokalische* (3.Sg.f./3.Pl.com.) und *konsonantische Afformative* (2./1.Sg./Pl.).
- Der erste Radikal hat bis auf die 2.Pl.m./f. ein Qamäs unter sich.
- Die Afformative bleiben bei allen Verben im Perfekt gleich.
- *Besonderheit:* Ist der letzte Radikal der Wurzel mit dem ersten Radikal des Afformativs identisch, so tritt bei Vokalosigkeit des Wurzelkonsonanten *Assimilation* ein:

$$\text{* כָּרַתְתָּ} \qquad > \qquad \text{כָּרַתָּ} \qquad \text{du hast geschnitten}$$

נָתַנּוּ *   נָתַנּוּ   >   נָתַנּוּ   wir haben gegeben

- Zur *Übersetzung des Perfekts:* Das Perfekt ist die *Zeitstufe für vollendete Handlungen.* Im Kontext erzählender Texte kann es mit dt. Imperfekt, Perfekt oder Plusquamperfekt übersetzt werden:

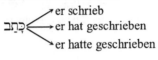

         er schrieb

כָּתַב   er hat geschrieben

         er hatte geschrieben

II Reg 17,19:   גַּם־יְהוּדָה לֹא שָׁמַר אֶת־מִצְוֺת יְהוָה

                 Auch Juda hielt die Gebote des Herrn nicht ein.

Num 22,37:   לָמָּה לֹא־הָלַכְתָּ אֵלָי

         Warum bist du nicht zu mir gekommen?

Gen 21,1:   (אָמָר *in pausa*)   וַיהוָה פָּקַד אֶת־שָׂרָה כַּאֲשֶׁר אָמָר

         Und Jahwe kümmerte sich um Sara, wie er versprochen hatte.

- Einige intransitive Verben bilden ein *ē*-Perfekt, *ō*-Perfekt nur bei קָטֹן. Verben, die einen Zustand ausdrücken, wie „schwer sein" כָּבֵד, bilden häufig ein *ē*-Perfekt (s. Qal II).
  3.Sg.m. Perf.:   כָּבֵד   er ist schwer gewesen
  3.Sg.m. Perf.:   קָטֹן   er ist klein gewesen

3. Unregelmäßige Nomina

Im Hebräischen gibt es eine Reihe von häufig begegnenden Nomina, deren Flexion besondere Eigenheiten bietet. Dazu gehören vor allem Nomina, die eine Verwandtschaftsbezeichnung wiedergeben.

		אָב **Vater**				
Sg.	*st.abs.*	אָב	Pl.	*st.abs.*	אָבוֹת	
	st.cs.	אֲבִי		*st.cs.*	אֲבוֹת	
		Singularische Suffixe:		*Pluralische Suffixe:*		
Sg.	*1.com.*	אָבִי	mein Vater	אֲבוֹתַי	meine Väter	
	2.m.	אָבִיךָ	dein Vater	אֲבוֹתֶיךָ	deine Väter	
	2.m. i.p.					
	2.f.	אָבִיךְ	dein Vater			
	3.m.	אָבִיו	sein Vater	אֲבוֹתָיו	seine Väter	
	3.f.	אָבִיהָ	ihr Vater			

	1.com.	אָבִינוּ	unser Vater	אֲבוֹתֵינוּ	unsere Väter
	2.m.	אֲבִיכֶם	euer Vater	אֲבוֹתֵיכֶם	eure Väter
Pl.	2.f.	אֲבִיכֶן	euer Vater		
	3.m.	אֲבִיהֶם	ihr Vater	אֲבוֹתָם	ihre Väter
	3.f.	אֲבִיהֶן	ihr Vater		

Besonderheiten:
- Sg.st.cs.: אֲבִי: Die Endung wird als *Chiräq compaginis* (= der Verbindung) bezeichnet. Sie dient der Verbindung mit dem folgenden Nomen und begegnet gerne bei Verwandtschaftsbezeichnungen.
- 3.Sg.m. auch אָבִיהוּ.
- 3.Pl.m. auch אֲבוֹתֵיהֶם (v.a. im Chronikbuch).

		אָח Bruder				**אָחוֹת** Schwester	
Sg.	st.abs.	אָח		Sg.	st.abs.	אָחוֹת	
	st.cs.	אֲחִי			st.cs.	אֲחוֹת	
Pl.	st.abs.		אַחִים	Pl.	st.abs.		
	st.cs.		אֲחֵי		st.cs.		
Sg.	1.com.	אָחִי	אַחִי	Sg.	1.com.	אֲחוֹתִי	אֲחִיתִי
	2.m.	אָחִיךָ	אָחִיךָ		2.m.	אֲחוֹתְךָ	
	2.m. i.p.				2.m. i.p.		
	2.f.	אָחִיךְ	אַחִיךְ		2.f.	אֲחוֹתֵךְ	אֲחוֹתַיִךְ
	3.m.	אָחִיו	אָחִיו		3.m.	אֲחוֹתוֹ	אֲחִיתָיו
	3.f.	אָחִיהָ	אָחִיהָ		3.f.	אֲחוֹתָהּ	
Pl.	1.com.	אָחִינוּ	אַחֵינוּ	Pl.	1.com.	אֲחוֹתֵנוּ	
	2.m.	אֲחִיכֶם	אֲחֵיכֶם		2.m.		אֲחוֹתֵיכֶם
	2.f.				2.f.		
	3.m.	אֲחִיהֶם	אֲחֵיהֶם		3.m.	אֲחוֹתָם	אֲחוֹתֵיהֶם
	3.f.				3.f.		

Besonderheit: 3.Sg.m. auch אָחִיהוּ

		אִישׁ Mann				**אִשָּׁה** Frau	
Sg.	st.abs.	אִישׁ		Sg.	st.abs.	אִשָּׁה	
	st.cs.	אִישׁ			st.cs.	אֵשֶׁת	
Pl.	st.abs.		אֲנָשִׁים	Pl.	st.abs.		נָשִׁים
	st.cs.		אַנְשֵׁי		st.cs.		נְשֵׁי

		אִישׁ				נְשֵׁי	
Sg.	1.com.	אִישִׁי	אֲנָשַׁי	Sg.	1.com.	אִשְׁתִּי	נָשַׁי
	2.m.		אֲנָשֶׁיךָ		2.m.	אִשְׁתְּךָ	נָשֶׁיךָ
	2.m. i.p.				2.m. i.p.	אִשְׁתֶּךָ	
	2.f.	אִישֵׁךְ			2.f.		
	3.m.	אִישׁוֹ	אֲנָשָׁיו		3.m.	אִשְׁתּוֹ	נָשָׁיו
	3.f.	אִישָׁהּ	אֲנָשֶׁיהָ		3.f.		
Pl.	1.com.		אֲנָשֵׁינוּ	Pl.	1.com.		נָשֵׁינוּ
	2.m.				2.m.		נְשֵׁיכֶם
	2.f.				2.f.		
	3.m.		אַנְשֵׁיהֶם		3.m.		נְשֵׁיהֶם
	3.f.		אַנְשֵׁיהֶן		3.f.		

Besonderheit:
Pl.st.abs. dreimal אִישִׁים

Besonderheit:
Pl.st.abs. einmal אֹשֶׁת (Ez 23,44)

		אָמָה	Magd			בַּיִת	Haus
Sg.	st.abs.	אָמָה		Sg.	st.abs.	בַּיִת	
	st.cs.				st.cs.	בֵּית	
Pl.	st.abs.	אֲמָהוֹת		Pl.	st.abs.	בָּתִּים	
	st.cs.	אֲמָהוֹת			st.cs.	בָּתֵּי	
Sg.	1.com.	אֲמָתִי	אַמְהוֹתַי	Sg.	1.com.	בֵּיתִי	
	2.m.	אֲמָתְךָ			2.m.	בֵּיתְךָ	בָּתֶּיךָ
	2.m. i.p.	אֲמָתֶךָ			2.m. i.p.	בֵּיתֶךָ	
	2.f.				2.f.	בֵּיתֵךְ	בָּתַּיִךְ
	3.m.	אֲמָתוֹ	אַמְהוֹתָיו		3.m.	בֵּיתוֹ	בָּתָּיו
	3.f.	אֲמָתָהּ	אַמְהוֹתֶיהָ		3.f.	בֵּיתָהּ	
Pl.	1.com.			Pl.	1.com.		בָּתֵּינוּ
	2.m.		אַמְהֹתֵיכֶם		2.m.	בֵּיתְכֶם	בָּתֵּיכֶם
	2.f.				2.f.		
	3.m.		אַמְהֹתֵיהֶם		3.m.	בֵּיתָם	בָּתֵּיהֶם
	3.f.				3.f.		בָּתֵּיהֶן

Besonderheiten:
3.Pl.m. auch בָּתֵּימוֹ
בָּתִּים: Aussprache *ohne* Qamäs Chatuph

בֵּן	Sohn		בַּת	Tochter	
Sg.	st.abs.	בֵּן	Sg.	st.abs.	בַּת
	st.cs.	בֶּן-/בִּן-		st.cs.	בַּת
Pl.	st.abs.	בָּנִים	Pl.	st.abs.	בָּנוֹת
	st.cs.	בְּנֵי		st.cs.	בְּנוֹת
Sg.	1.com.	בְּנִי / בָּנַי	Sg.	1.com.	בִּתִּי / בְּנוֹתַי
	2.m.	בִּנְךָ / בָּנֶיךָ		2.m.	בִּתְּךָ / בְּנוֹתֶיךָ
	2.m. i.p.	בִּנֶךָ		2.m. i.p.	בִּתֶּךָ
	2.f.	בְּנֵךְ / בָּנַיִךְ		2.f.	בְּנוֹתַיִךְ
	3.m.	בְּנוֹ / בָּנָיו		3.m.	בִּתּוֹ / בְּנוֹתָיו
	3.f.	בְּנָהּ / בָּנֶיהָ		3.f.	בִּתָּהּ / בְּנוֹתֶיהָ
Pl.	1.com.	בְּנֵנוּ / בָּנֵינוּ	Pl.	1.com.	בִּתֵּנוּ / בְּנוֹתֵינוּ
	2.m.	בְּנֵיכֶם		2.m.	בִּתְּכֶם / בְּנוֹתֵיכֶם
	2.f.			2.f.	
	3.m.	בְּנֵיהֶם		3.m.	בְּנוֹתֵיהֶם
	3.f.	בְּנֵיהֶן		3.f.	

Besonderheit:
3.Pl.m. auch בְּנוֹתָם

מַיִם	Wasser		יוֹם	Tag, Zeit	
Sg.	st.abs.		Sg.	st.abs.	יוֹם
	st.cs.			st.cs.	יוֹם
Pl.	st.abs.	מַיִם	Pl.	st.abs.	יָמִים
	st.cs.	מֵימֵי/מֵי		st.cs.	יְמֵי
Sg.	1.com.	מֵימַי	Sg.	1.com.	יָמַי
	2.m.	מֵימֶיךָ		2.m.	יוֹמְךָ / יָמֶיךָ
	2.m. i.p.			2.m. i.p.	
	2.f.			2.f.	יָמַיִךְ
	3.m.	מֵימָיו		3.m.	יוֹמוֹ / יָמָיו
	3.f.	מֵימֶיהָ		3.f.	יָמֶיהָ
Pl.	1.com.	מֵימֵינוּ	Pl.	1.com.	יָמֵינוּ
	2.m.			2.m.	יְמֵיכֶם
	2.f.			2.f.	
	3.m.	מֵימֵיהֶם		3.m.	יוֹמָם / יְמֵיהֶם
	3.f.			3.f.	

Besonderheit:
Pl.cs.poet.: יְמוֹת

		עִיר Stadt (f.)				פֶּה	Mund
Sg.	st.abs.	עִיר		Sg.	st.abs.	פֶּה	
	st.cs.	עִיר			st.cs.	פִּי	
Pl.	st.abs.		עָרִים	Pl.	st.abs.		פִּים
	st.cs.		עָרֵי		st.cs.		
Sg.	1.com.	עִירִי	עָרַי	Sg.	1.com.	פִּי	
	2.m.	עִירְךָ	עָרֶיךָ		2.m.	פִּיךָ	
	2.m. i.p.				2.m. i.p.		
	2.f.		עָרַיִךְ		2.f.		
	3.m.	עִירוֹ	עָרָיו		3.m.	פִּיו	
	3.f.	עִירָהּ	עָרֶיהָ		3.f.	פִּיהָ	
Pl.	1.com.		עָרֵינוּ	Pl.	1.com.	פִּינוּ	
	2.m.		עָרֵיכֶם		2.m.	פִּיכֶם	
	2.f.				2.f.		
	3.m.	עִירָם	עָרֵיהֶם		3.m.	פִּיהֶם	
	3.f.				3.f.	פִּיהֶן	

Besonderheiten:

3.Sg.m. auch פִּיהוּ; 3.Pl.m. auch פִּימוֹ

Pl. auch פִּיּוֹת (Prov 5,4) und פֵּיּוֹת (Jdc 3,16).

		רֹאשׁ Kopf	
Sg.	st.abs.	רֹאשׁ	
	st.cs.	רֹאשׁ	
Pl.	st.abs.		רָאשִׁים
	st.cs.		רָאשֵׁי
Sg.	1.com.	רֹאשִׁי	
	2.m.	רֹאשְׁךָ	
	2.m. i.p.		
	2.f.	רֹאשֵׁךְ	
	3.m.	רֹאשׁוֹ	רָאשָׁיו
	3.f.	רֹאשָׁהּ	רָאשֶׁיהָ
Pl.	1.com.		רָאשֵׁינוּ
	2.m.	רֹאשְׁכֶם	רָאשֵׁיכֶם
	2.f.		
	3.m.	רֹאשָׁם	רָאשֵׁיהֶם
	3.f.	רֹאשָׁן	רָאשֵׁיהֶן

Besonderheit:

3.Sg.m. auch רָאשָׁיו (Jos 15,2)

4. Adjektive

Die Adjektive unterscheiden sich formal nur wenig von den Substantiven, mit denen sie die meisten Nominalbildungen und die Flexionsendungen teilen.

Das Adjektiv טוֹב „gut" gehört zur Gruppe der Adjektive mit unveränderlichen Vokalen:

Sg.m.	*st.abs.*	טוֹב
	st.cs.	טוֹב
Pl.m.	*st.abs.*	טוֹבִים
	st.cs.	טוֹבֵי

Sg.f.	*st.abs.*	טוֹבָה
	st.cs.	טוֹבַת
Pl.f.	*st.abs.*	טוֹבוֹת
	st.cs.	טוֹבוֹת

Verwendung:

a) Das attributive Adjektiv

Das attributive Adjektiv steht immer *nach* dem Substantiv und stimmt in Genus und Numerus mit ihm überein:

אִישׁ גָּדוֹל   ein großer Mann

יוֹם רַע   ein schlechter Tag

שֹׁפֵט חָכָם   ein weiser Richter

אֶרֶץ טוֹבָה   ein gutes Land

יָדַיִם רָפוֹת   schlaffe Hände (Hi 4,3)

Ist das Substantiv determiniert, so muss das attributive Adjektiv den Artikel erhalten:

הַמֶּלֶךְ הַגָּדוֹל   der große König

יָדְךָ הַחֲזָקָה   deine starke Hand

שְׁמוֹ הַגָּדוֹל   sein großer Name (I Sam 12,22)

Steht das Substantiv mit einem Genetiv, so folgt das Adjektiv erst nach dem letzteren:

מַעֲשֵׂה יְהוָה הַגָּדוֹל   das große Werk Jahwes (Dtn 11,7)

Gehört ein Attribut zu mehreren Substantiven unterschiedlichen Geschlechtes, so richtet es sich nach dem Maskulinum:

חֻקִּים וּמִצְוֹת טוֹבִים   gute Satzungen und Gebote (Neh 9,13)

b) Das prädikative Adjektiv

Das prädikative Adjektiv steht *immer ohne Artikel* und meist *vor* dem Subjekt. Es bildet mit dem Subjekt einen Nominalsatz:

צַדִּיק יְהוָה   Jahwe ist gerecht. (II Chr 12,6)

קָדוֹשׁ יִשְׂרָאֵל   Israel ist heilig.

צַדִּיק אַתָּה   Du bist gerecht. (Jer 12,1)

5. Steigerung

Das Hebräische kennt keine besonderen Steigerungsformen. Komparativ und Superlativ müssen deshalb umschrieben werden.

a) Komparativ:

Der Komparativ wird so umschrieben, dass die zu vergleichende Person oder Sache dem Adjektiv mit der Präposition מִן beigefügt wird (מִן *comparativum*). Die Präposition מִן drückt beim Komparativ einen qualitativen und quantitativen Unterschied aus: „im Vergleich zu".

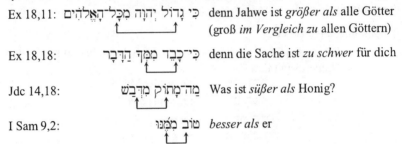

Ex 18,11: כִּי גָדוֹל יְהוָה מִכָּל־הָאֱלֹהִים   denn Jahwe ist *größer als* alle Götter
                                    (groß *im Vergleich zu* allen Göttern)

Ex 18,18: כִּי־כָבֵד מִמְּךָ הַדָּבָר   denn die Sache ist *zu schwer* für dich

Jdc 14,18: מַה־מָּתוֹק מִדְּבַשׁ   Was ist *süßer als* Honig?

I Sam 9,2: טוֹב מִמֶּנּוּ   *besser als* er

Der Komparativ kann auch so gebildet werden, dass das Adjektiv durch ein intransitives Verb ersetzt wird:

Gen 32,11: קָטֹנְתִּי מִכָּל־הַחֲסָדִים   Ich bin *zu gering* für alle Wohltaten...

II Sam 1,23: מֵאֲרָיוֹת גָּבֵרוּ   sie waren *stärker als* Löwen

b) Superlativ:

Der Superlativ kann auf folgende Art und Weise ausgedrückt werden:

• durch den *Artikel beim Adjektiv*:
Gen 9,24: בְּנוֹ הַקָּטָן   sein *jüngster* Sohn

• durch einen nachfolgenden *partitiven Genetiv*:
II Chr 21,17: קְטֹן בָּנָיו   der *jüngste* seiner Söhne

• durch Anlehnung eines Substantivs an den Plural desselben Wortes *(genetivus partitivus)*:
Cant 1,1: שִׁיר הַשִּׁירִים   das Lied der Lieder (= das *schönste* Lied)

• Eine letzte Steigerungsmöglichkeit ergibt sich durch die *Umschreibung mit* מְאֹד *„sehr"*:

Num 14,7: טוֹבָה הָאָרֶץ מְאֹד מְאֹד „schön ist das Land, sehr, sehr" (= das
schönste Land)

6. Existenzpartikeln (יֵשׁ und אַיִן)

a) יֵשׁ * < *ītaj* drückt das *Vorhandensein* an einem Ort oder die Existenz über-
haupt aus.

Mit Suffixen:	יֶשְׁךָ	du bist da (2.Sg.m.)
	יֶשְׁנוֹ	er ist da (3.Sg.m.)
	יֶשְׁכֶם	ihr seid da (2.Pl.m.)
Mit He interrogativum:	הֲיֵשׁ	gibt es?

Gen 28,16:	יֵשׁ יְהוָה בַּמָּקוֹם הַזֶּה	Jahwe ist an dieser Stätte.
Gen 44,20:	יֶשׁ־לָנוּ אָב זָקֵן	Wir haben einen Vater, der alt ist.
II Reg 5,8:	כִּי יֵשׁ נָבִיא בְּיִשְׂרָאֵל	Es gibt einen Propheten in Israel.
Gen 44,19:	הֲיֵשׁ לָכֶם אָב אוֹ אָח	Habt ihr einen Vater oder Bruder?
Jdc 4,20:	הֲיֵשׁ פֹּה אִישׁ	Ist hier jemand?
Jer 37,17:	הֲיֵשׁ דָּבָר מֵאֵת יְהוָה	Ist ein Wort von Jahwe ergangen?
Jdc 6,36:	אִם־יֶשְׁךָ מוֹשִׁיעַ בְּיָדִי	Willst du durch meine Hand Ret-ter sein?
I Sam 14,39:	יֶשְׁנוֹ בְּיוֹנָתָן בְּנִי	Er ist bei meinem Sohn Jonathan.

b) אַיִן Nichtsein, es gibt nicht

אַיִן ist die Negation von יֵשׁ. Sie beschreibt das Nichtvorhandensein einer Sache oder Person.

אַיִן status absolutus (*hinter* dem Negierten)
אֵין status constructus (*vor* dem Negierten)

Mit Suffixen:	אֵינֶנִּי	ich bin nicht
	אֵינְךָ	du *(m.)* bist nicht
	אֵינֵךְ	du *(f.)* bist nicht
	אֵינֶנּוּ	er ist nicht
	אֵינֶנָּה	sie ist nicht
	אֵינְכֶם	ihr *(m.)* seid nicht
	אֵינָם	sie *(m.)* sind nicht
	אֵינָמוֹ	sie *(m.)* sind nicht *(poet. Form)*
Mit Präpositionen:	לְאֵין	so dass nicht ist/war
	עַד אֵין	bis nicht mehr ... vorhanden

	מֵאֵין	weil nicht da ist, ohne
	בְּאֵין	bei Nichtvorhandensein von
Gen 2,5:	אָדָם אַיִן	Menschen gab es nicht
Gen 31,50:	אֵין אִישׁ עִמָּנוּ	niemand ist bei uns
Num 14,12:	כִּי אֵין יְהוָה בְּקִרְבְּכֶם	denn Jahwe ist nicht in eurer Mitte
Ez 38,11:	בְּאֵין חוֹמָה	ohne Mauer
Jes 5,9:	מֵאֵין יוֹשֵׁב	ohne Einwohner
Ps 40,13:	עַד אֵין מִסְפָּר	zahllos (bis zum Nichtvorhanden-sein von Zahlen)

7. Doppelpräpositionen

Im Hebräischen begegnen oft sog. *Doppelpräpositionen* oder *zusammengesetzte Präpositionen*. In der deutschen Übersetzung kann dabei meist nur *eine* Präposition wiedergegeben werden. Dabei entscheidet der Kontext des Satzes, welche der beiden Präpositionen zu übersetzen ist.

• *mit* מִן:	מֵאַחַר/מֵאַחֲרֵי	„von hinter etwas weg"
	מֵאֵת	„von bei"
	מֵעִם	„von bei"
	מִבֵּין	„von zwischen"
	מִלִּפְנֵי	„von vor"
	מֵעַל	„von auf"
	מִתַּחַת	„von unter etwas weg"
	לְמִן	„von an"
• *mit* אֶל:	אֶל־אַחֲרֵי	„bis hinter etwas hin"
	אֶל־בֵּינוֹת/אֶל־בֵּין	„bis zwischen ... hinein"
	אֶל־תַּחַת	„bis unter"

8. Übungen

1) Konjugieren Sie die folgenden Verben im Perfekt:

גנב stehlen, דרשׁ suchen, לכד fangen, מלך König sein, שׁפט richten, שׁמר bewahren.

2) Bestimmungsübungen:

1 זָכַרְתְּ גְּנַבְתָּ דָּרְשׁוּ כָּרַתִּי כָּרַתִּ שָׁפְטוּ דָּלֲדְתָּ דְּרַשְׁתִּי מָלְכוּ כָּרָתוּ

2 גְּנַבְתִּי כָּרַתָּ שָׁמֶרוּ לְכַד

3) Vokalisieren Sie und bestimmen Sie folgende Formen nach Person, Geschlecht und Zahl, und übersetzen Sie mit deutschem Perfekt:

1 לכדנו דרכה דרשתי זכר שפטת כרת כרתנו כתבת שמרתי

4) Bestimmungsübungen zu den unregelmäßigen Nomina:

1 וּנְשֵׁי כִּימֵי מְמֵי מִימֵי מֵימֵי אָחִי אֶחָי אֲחִי אַנְשֵׁי אֲמָהוֹת בְּנֵי כְּפִי

2 וּבְנֵי לַבַּיִת עָרֵי רָאשֵׁינוּ פִּיו בַּיָמִים יָמָיו בִּתִּי בְּנוֹת בָּתָּיו בִּתָּה

3 בִּימֵיכֶם נְשֵׁי אֲחִיתָיו מֵרֹאשׁ בִּימֵי לְנָשָׁיו לִבְנֵי מִבַּיִת

4 בְּאִשְׁתּוֹ לַאֲחִיכֶם לְאָחִיךָ בְּיוֹמוֹ אִישֵׁךְ בֹּתֵּנוּ בָּתֵּינוּ

5) Übungen zu den Adjektiven und zur Steigerung. Übersetzen Sie:

1 (Gen 6,2) אֶת־בְּנוֹת־הָאָדָם כִּיᵃ טֹבֹת הֵנָּה

2 (Ex 2,2) טוֹב הוּא

3 (Ex 18,17) לֹא טוֹב הַדָּבָר

4 (Num 14,7) טוֹבָה הָאָרֶץ מְאֹד מְאֹד

5 (Dtn 3,25) אֶת־הָאָרֶץ הַטּוֹבָה

6 (Jer 32,39) לְטוֹב לָהֶם וְלִבְנֵיהֶם

7 (Hos 2,9) טוֹב לִי אָז מֵעַתָּה

8 (Jdc 18,26) חֲזָקִים הֵמָּה מִמֶּנּוּ

וַהֲדַד נַעַר קָטָן	(I Reg 11,17)	9
נֹחַ אִישׁ צַדִּיק	(Gen 6,9)	10
צַדִּיק אַתָּה מִמֶּנִּי	(I Sam 24,18)	11
צַדִּיקִים אַתֶּם	(II Reg 10,9)	12
וַאֲנָשִׁים צַדִּיקִים	(Ez 23,45)	13
אֵין צַדִּיק בָּאָרֶץ	(Koh 7,20)	14
כָּבֵד מִמֶּנִּי	(Num 11,14)	15
מֵאֶרֶץ רְחוֹקָה מְאֹד	(Jos 9,9)	16
הָעִיר הַזֹּאת קְרוֹבָה	(Gen 19,20)	17
קָרוֹב הַיּוֹם	(Ez 7,7)	18
קָרוֹב אַתָּה יְהוָה	(Ps 119,151)	19
טָמֵא הוּא לָכֶם	(Lev 11,4)	20
חָזָק הוּא מִמֶּנּוּ	(Num 13,31)	21
אֲחוֹתָהּ הַקְּטַנָּה	(Jdc 15,2)	22
וְדָוִד הוּא הַקָּטָן	(I Sam 17,14)	23

Erläuterung:

a Gen 6,2: כִּי „denn"

6) Übungen zum Perfekt. Übersetzen Sie:

לָמָּה גָנַבְתָּ אֶת־אֱלֹהָי׃	(Gen 31,30)	1
וְאוֹתִי לֹא זָכַרְתְּ	(Jes 57,11)	2

(Gen 15,18)   כָּרַת יְהוָה אֶת־אַבְרָם בְּרִית   3

(Dtn 5,2)   יְהוָה אֱלֹהֵינוּ כָּרַת עִמָּנוּ בְּרִית   4

(Jos 9,16)   כָּרְתוּ לָהֶם בְּרִית   5

(I Reg 8,21)   בְּרִית יְהוָה אֲשֶׁר כָּרַת עִם אֲבֹתֵינוּ   6

(Jdc 16,31)   שָׁפַט אֶת־יִשְׂרָאֵל   7

(II Reg 23,22)   שָׁפְטוּ אֶת־יִשְׂרָאֵל   8

(Jos 13,21)   מָלַךְ בְּחֶשְׁבּוֹן   9

(I Reg 1,11)   מָלַךְ אֲדֹנִיָּהוּ   10

7) Lektüreübung: I Sam 8,1-9: Das Volksbegehren für einen König

I Sam 8 gehört zu dem Komplex I Sam 8-12, in dem es um die Entstehung des Königtums in Israel geht. In I Sam 8; 10,17-27; 12 wird eine dezidiert ablehnende Hal-
tung eingenommen, während die Kapitel 9,1-10.16; 11 der Einführung eines Königs-
tums einigermaßen positiv gegenüber stehen.

1   וַיְהִי כַּאֲשֶׁר זָקֵן שְׁמוּאֵל וַיָּשֶׂם אֶת־בָּנָיו שֹׁפְטִים לְיִשְׂרָאֵל׃

2   וַיְהִי שֶׁם־בְּנוֹ הַבְּכוֹר יוֹאֵל וְשֵׁם מִשְׁנֵהוּ אֲבִיָּה שֹׁפְטִים בִּבְאֵר
    שָׁבַע׃

3   וְלֹא־הָלְכוּ בָנָיו בִּדְרָכוֹ (בִּדְרָכָיו) וַיִּטּוּ אַחֲרֵי הַבָּצַע
    וַיִּקְחוּ־שֹׁחַד וַיַּטּוּ מִשְׁפָּט׃

4   וַיִּתְקַבְּצוּ כֹּל זִקְנֵי יִשְׂרָאֵל וַיָּבֹאוּ אֶל־שְׁמוּאֵל הָרָמָתָה׃

5   וַיֹּאמְרוּ אֵלָיו הִנֵּה אַתָּה זָקַנְתָּ וּבָנֶיךָ לֹא הָלְכוּ בִּדְרָכֶיךָ
    עַתָּה שִׂימָה־לָּנוּ מֶלֶךְ לְשָׁפְטֵנוּ כְּכָל־הַגּוֹיִם׃

6   וַיֵּרַע הַדָּבָר בְּעֵינֵי שְׁמוּאֵל כַּאֲשֶׁר אָמְרוּ תְּנָה־לָּנוּ מֶלֶךְ
    לְשָׁפְטֵנוּ וַיִּתְפַּלֵּל שְׁמוּאֵל אֶל־יְהוָה׃

7   וַיֹּאמֶר יְהוָה אֶל־שְׁמוּאֵל שְׁמַע בְּקוֹל הָעָם לְכֹל אֲשֶׁר־יֹאמְרוּ
    אֵלֶיךָ כִּי לֹא אֹתְךָ מָאָסוּ כִּי־אֹתִי מָאֲסוּ מִמְּלֹךְ עֲלֵיהֶם׃

8   כְּכָל־הַמַּעֲשִׂים אֲשֶׁר־עָשׂוּ מִיּוֹם הַעֲלֹתִי אֹתָם מִמִּצְרַיִם וְעַד־הַיּוֹם
    הַזֶּה וַיַּעַזְבֻנִי וַיַּעַבְדוּ אֱלֹהִים אֲחֵרִים כֵּן הֵמָּה עֹשִׂים גַּם־לָךְ׃

9   וְעַתָּה שְׁמַע בְּקוֹלָם אַךְ כִּי־הָעֵד תָּעִיד בָּהֶם וְהִגַּדְתָּ לָהֶם מִשְׁפַּט
    הַמֶּלֶךְ אֲשֶׁר יִמְלֹךְ עֲלֵיהֶם׃

Lektion 9:
Imperfekt; Imperfekt consecutivum; Kohortativ; Jussiv; Imperativ; Adhortativ; Verneinung

1. Vokabeln

Verben:

(יִגְדַּל)	גדל	groß sein (גָּדוֹל 6)
(יִכְבַּד)	כָּבֵד	schwer sein (כָּבֵד 7)
(יִמְשֹׁל)	משׁל	herrschen
(יִסְפֹּר)	ספר	zählen (סֵפֶר 6; „Ziffer")
(יִפְקֹד)	פקד	beauftragen, besuchen
(יִצְדַּק)	צדק	gerecht sein (צֶדֶק 6)
(יִקְבֹּץ)	קבץ	sammeln („Kibbuz")
(יִקְדַּשׁ)	קדשׁ	heilig sein (קָדוֹשׁ 7)
(יִקְרַב)	קרב	nahe sein (קָרוֹב 8)
(יִרְכַּב)	רכב	reiten, fahren
(יִרְדֹּף)	רדף	verfolgen
(יִרְחַק)	רחק	fern sein
(יִשְׁכַּב)	שׁכב	sich niederlegen
(יִשְׁלַח)	שׁלח	senden
(יִשְׁמַע)	שׁמע	hören

Nomina:

אֱנוֹשׁ	Mensch
גַּן	Garten
חֲלוֹם	Traum
חֲמוֹר	Esel
כּוֹכָב	Stern
כֹּל	Gesamtheit
מִשְׁפָּט	Recht (שׁפט 8)
עֵדוּת	Zeugnis, Verordnung
צַדִּיק	ein Gerechter (צדק 9)
תַּלְמִיד	Schüler

Weitere Vokabeln:

גַּם   auch, sogar

כִּי   dass, denn, weil, wenn

Eigennamen:

גִּלְעָד   Gilead *(n.l.; n.terr.)*

דָּוִד   David *(n.pr.m.)*

חַנָּה   Hanna *(n.pr.f.)*

יִפְתָּח   Jephta *(n.pr.m.)*

שִׁמְשׁוֹן   Simson *(n.pr.m.)*

2. Die Konjugation des Imperfekts (Präformativkonjugation)

Da das Imperfekt in allen Personen mit Präformativen gebildet wird, spricht man auch von Präformativkonjugation. In einigen Personen werden zusätzlich noch Afformative angehängt. Das Imperfekt nimmt folgende Prä- und Afformative an:

	3.m.	XXX י		*3.m.*	י XXX ו
	3.f.	XXX ת		*3.f.*	ת XXX נה
Sg.	*2.m.*	XXX ת	*Pl.*	*2.m.*	ת XXX ו
	2.f.	ת XXX י		*2.f.*	ת XXX נה
	1.com.	XXX א		*1.com.*	XXX נ

X steht stellvertretend für den Radikal.

a) Die Konjugation des ō-Imperfekts:

Wegen des Vokals $\bar{o}$ < * u in der Stammsilbe spricht man vom ō-Imperfekt. Das Präformativ bildet mit dem 1. Radikal der Wurzel eine geschlossene Silbe.

	3.m.	יִכְתֹּב	*jik̲-tō̲b*	* jaktubu	er wird schreiben
	3.f.	תִּכְתֹּב	*tik̲-tō̲b*	* taktubu	sie wird schreiben
Sg.	*2.m.*	תִּכְתֹּב	*tik̲-tō̲b*	* taktubu	du wirst schreiben
	2.f.	תִּכְתְּבִי	*tik̲-t^e b̲ī*	* taktubīna	du wirst schreiben
	1.com.	אֶכְתֹּב	*ʾäk̲-tō̲b*	* ʾaktubu	ich werde schreiben
	3.m.	יִכְתְּבוּ	*jik̲-t^e b̲ū*	* jaktubūna	sie werden schreiben
	3.f.	תִּכְתֹּבְנָה	*tik̲-tō̲b-nā*	* taktubnā	sie werden schreiben
Pl.	*2.m.*	תִּכְתְּבוּ	*tik̲-t^e b̲ū*	* taktubūna	ihr werdet schreiben
	2.f.	תִּכְתֹּבְנָה	*tik̲-tō̲b-nā*	* taktubnā	ihr werdet schreiben
	1.com.	נִכְתֹּב	*nik̲-tō̲b*	* naktubu	wir werden schreiben

Bemerkungen:
- Die Form mit Asteriscus (*) bezeichnet die letzte Sprachstufe, aus der die Imperfektformen entstanden sind.
- Zur 3.Pl.f. und 2.Pl.f. gibt es folgende Schreibvariante: תִּכְתֹּבְן
- Bisweilen begegnet nach vokalischen Afformativen noch das sog. *Nun paragogicum* (2.Sg.f.; 3.Pl.m.; 2.Pl.m.). Es ist der Rest einer alten Endung, die freilich auf die Übersetzung der Verbform keinen Einfluss hat.

Vergleiche:

ohne Nun paragogicum	*mit Nun paragogicum*
תִּכְתְּבִי	תִּכְתְּבִין
יִכְתְּבוּ	יִכְתְּבוּן
תִּכְתְּבוּ	תִּכְתְּבוּן

Zur *Übersetzung des Imperfekts:* Stark vereinfachend gesagt: Im Hebräischen unterscheidet man grundsätzlich *zwei Zeitstufen*:
- die abgeschlossene Zeitstufe
- die unabgeschlossene Zeitstufe

Zu der *abgeschlossenen Zeitstufe* zählt u.a. das *Perfekt*: כָּתַב „er hat geschrieben". Das *Imperfekt* zählt zu der *unabgeschlossenen Zeitstufe*: יִכְתֹּב „er wird schreiben".

---

b) Die Konjugation des a-Imperfekts

Wegen des Vokals *a* in der Stammsilbe spricht man hier vom a-Imperfekt. Das Präformativ bildet mit dem 1. Radikal der Wurzel eine geschlossene Silbe.

	3.m.	יִגְדַּל	*jig-dal*	* jigdalu	er wird groß sein
	3.f.	תִּגְדַּל	*tig-dal*	* tigdalu	sie wird groß sein
Sg.	2.m.	תִּגְדַּל	*tig-dal*	* tigdalu	du wirst groß sein
	2.f.	תִּגְדְּלִי	*tig-dᵉlī*	* tigdalī	du wirst groß sein
	1.com.	אֶגְדַּל	*ʾäg-dal*	* ʾigdalu	ich werde groß sein
	3.m.	יִגְדְּלוּ	*jig-dᵉlū*	* jigdalū	sie werden groß sein
	3.f.	תִּגְדַּלְנָה	*tig-dal-nā*	* tigdalnā	sie werden groß sein
Pl.	2.m.	תִּגְדְּלוּ	*tig-dᵉlū*	* tigdalū	ihr werdet groß sein
	2.f.	תִּגְדַּלְנָה	*tig-dal-nā*	* tigdalnā	ihr werdet groß sein
	1.com.	נִגְדַּל	*nig-dal*	* nigdalu	wir werden groß sein

Bemerkungen:
- Ebenso wie bei den Verben mit ō-Imperfekt gibt es zur 3.Pl.f. und 2.Pl.f. folgende Schreibvariante: תִּגְדַּלְן

- Ebenso wie bei den Verben mit ō-Imperfekt begegnet nach vokalischen Afformativen noch das sog. *Nun paragogicum* (2.Sg.f.; 3.Pl.m.; 2.Pl.m.). Vergleiche:

ohne Nun paragogicum	*mit Nun paragogicum*
תִּגְדְּלִי	תִּגְדְּלִין
יִגְדְּלוּ	יִגְדְּלוּן
תִּגְדְּלוּ	תִּגְדְּלוּן

- Zur *Übersetzung*: יִגְדַּל „er wird groß sein/werden"
- Zu den Verben *mit a-Imperfekt gehören:*
  - alle Verben mit einem *Laryngal* als 2. *oder 3. Radikal*:

    יִשְׁמַע   *jiš-ma^c*   er wird hören

    יִרְחַק   *jir-ḥaq*   er wird fern sein

  - *Eigenschaftsverben*; viele *intransitive Verben*:

    יִגְדַּל   *jig-dal*   er wird groß sein

    יִכְבַּד   *jik̲-bad̲*   er wird schwer sein

    יִרְכַּב   *jir-kab̲*   er wird fahren

    יִשְׁכַּב   *jiš-kab̲*   er wird sich niederlegen

c)   Imperfekt consecutivum

Das *Imperfekt consecutivum* (oder *Waw-Imperfekt, Narrativ*) gilt als *eigene Zeitstufe*. Es wird durch die Voranstellung von · וַ vor die Imperfektform gebildet. Dieses · וַ *(Waw consecutivum)* ist – vielleicht – aus וְ-*copulativum* und dem Deiktikon * *han* entstanden: ·וַ < * וַן < * הַן + וְ

Das Imperfekt consecutivum/Narrativ drückt Handlungen aus, die als *zeitliche oder logische Folge* von unmittelbar zuvor genannten Handlungen betrachtet werden sollen. Am häufigsten wird das Imperfekt consecutivum als *erzählende Zeitstufe* verwendet.

Sg.	*3.m.*	וַיִּכְתֹּב	und er schrieb	*Pl.*	*3.m.*	וַיִּכְתְּבוּ	und sie schrieben
	3.f.	וַתִּכְתֹּב	und sie schrieb		*3.f.*	וַתִּכְתֹּבְנָה	und sie schrieben
	2.m.	וַתִּכְתֹּב	und du schriebst		*2.m.*	וַתִּכְתְּבוּ	und ihr schriebet
	2.f.	וַתִּכְתְּבִי	und du schriebst		*2.f.*	וַתִּכְתֹּבְנָה	und ihr schriebet
	1.com.	וָאֶכְתֹּב	und ich schrieb		*1.com.*	וַנִּכְתֹּב	und wir schrieben

Bemerkungen:
- In der 1.Sg.com. ist die Ersatzdehnung von *a > ā* zu beachten: וָאֶכְתֹּב; diese Person auch als Langform: וָאֶכְתְּבָה „und ich schrieb".
- Imperfekt consecutivum mit *a*:

  3.Sg.m.:   וַיִּגְדַּל   und er war/wurde groß

- Leicht verwechselbar sind:

וַיִּכְתֹּב > יִכְתֹּב + וְ· ‏   und er schrieb

וְיִכְתֹּב > יִכְתֹּב + וְ ‏   und er wird schreiben

3. Kohortativ und Jussiv

a) Der Kohortativ

Der Kohortativ (*„Langimperfekt"*) wird *nur von der 1.Sg. und Pl. Imperfekt* zum Ausdruck der *Selbstermunterung* („ich will...", „lasst uns...") oder des *Wunsches* durch Anhängung von *He cohortativum* הָ ‏ gebildet. Bisweilen wird der Kohortativ durch enklitisches נָא „bitte, doch" verstärkt.

1.Sg.com. Impf.:	אֶכְתֹּב	*Kohortativ Sg.:*	אֶכְתְּבָה	ich will schreiben
1.Pl.com. Impf.:	נִכְתֹּב	*Kohortativ Pl.:*	נִכְתְּבָה	wir wollen schreiben
1.Sg.com. Impf.:	אֶגְדַּל	*Kohortativ Sg.:*	אֶגְדְּלָה	ich will groß sein
1.Pl.com. Impf.:	נִגְדַּל	*Kohortativ Pl.:*	נִגְדְּלָה	wir wollen groß sein

II Sam 3,21:	וְאֶקְבְּצָה (קבץ)	und ich will sammeln
Ex 20,19:	וְנִשְׁמָעָה (שמע)	und wir wollen hören
I Sam 28,7:	וְאֶדְרְשָׁה (דרש)	und ich will suchen
Gen 26,28:	וְנִכְרְתָה בְרִית (כרת)	und wir wollen einen Bund schließen
Jes 55,3:	וְאֶכְרְתָה לָכֶם בְּרִית (כרת)	und ich will für euch einen Bund schließen
Ps 39,2:	אֶשְׁמְרָה (שמר)	ich will bewahren
Jer 3,25:	נִשְׁכְּבָה (שכב)	wir wollen uns niederlegen
Dtn 3,25:	אֶעְבְּרָה־נָּא (עבר)	ich will doch hindurchziehen

b) Der Jussiv

Der Jussiv (*„Kurzimperfekt"*) wird *nur von der 2./3.Sg. und Pl. Impf.* zum Ausdruck des *Befehls* und des *Wunsches* gebildet. Er unterscheidet sich beim Grundstamm des Starken Verbs nicht vom Imperfekt. Beim Jussiv handelt es sich um ein Kurzimperfekt: * jaktub.

3.Sg.m. Impf.:	יִכְתֹּב	* jaktubu	er wird schreiben
3.Sg.m. Jussiv:	יִכְתֹּב	* jaktub	er soll schreiben
3.Sg.m. Impf.:	יִהְיֶה	(היה)	er wird sein
3.Sg.m. Jussiv:	יְהִי	(היה)	er soll sein

Aufgrund der Identität von Imperfekt und Jussiv ist es oft zweifelhaft, ob der Autor die Jussiv- oder Imperfekt-Form beabsichtigt hat. Hier muss man auf den Kontext achten. Ein Hinweis auf den Jussiv ist enklitisches נָא „doch" sowie die Negation mit אַל.

Jer 27,18: יִפְגְּעוּ־נָא sie sollen doch bitten

Gen 22,12: אַל־תִּשְׁלַח   strecke nicht aus

4. Imperativ und Adhortativ

a) Der Imperativ

Der *Imperativ* des Grundstammes entspricht der 2. Person des Imperfekts, allerdings *ohne* Präformativ.

ō-Imperativ:					
2.Sg.m. Impf.:	תִּכְתֹּב	*Imperativ:*	כְּתֹב	* kutub	schreib!
2.Sg.f. Impf.:	תִּכְתְּבִי	*Imperativ:*	כְּתְבִי	* kutubī	schreib!
2.Pl.m. Impf.:	תִּכְתְּבוּ	*Imperativ:*	כְּתְבוּ	* kutubū	schreibt!
2.Pl.f. Impf.:	תִּכְתֹּבְנָה	*Imperativ:*	כְּתֹבְנָה	* kutubā (?)	schreibt!
a-Imperativ:					
2.Sg.m. Impf.:	תִּשְׁמַע	*Imperativ:*	שְׁמַע	* šamaᶜ	höre!
2.Sg.f. Impf.:	תִּשְׁמְעִי	*Imperativ:*	שְׁמְעִי	* šamaᶜī	höre!
2.Pl.m. Impf.:	תִּשְׁמְעוּ	*Imperativ:*	שְׁמְעוּ	* šamaᶜū	hört!
2.Pl.f. Impf.:	תִּשְׁמַעְנָה	*Imperativ:*	שְׁמַעְנָה	* šamaᶜā (?)	hört!

Der Imperativ kann nicht verneint werden. An die Stelle des verneinten Imperativs treten deshalb אַל + *Jussiv* (= der sog. *Vetitiv*): אַל־תִּכְתֹּב „schreib nicht!".

b) Der Adhortativ

Der *Adhortativ* bezeichnet die durch die Endung הָ verstärkte Form des Imperativs Sg.m. als höfliche Bitte. Als erster Vokal erscheint hier jedoch *å* bei den Verben mit ō-Imperativ כָּתְבָה und *i* bei den Verben mit a-Imperativ שְׁמְעָה.

ō-Imp. Sg.m.:	זְכֹר		erinnere dich!
Adhortativ:	זָכְרָה	*zåkrā*	erinnere dich bitte! (Neh 13,14)
ō-Imp. Sg.m.:	שְׁמֹר		bewahre!
Adhorativ:	שָׁמְרָה	*šåmrā*	bewahre bitte! (Ps 25,20)
ō-Imp. Sg.m.:	שְׁפֹט		richte!
Adhortativ:	שָׁפְטָה	*šåptā*	richte bitte! (Ps 82,8)
a-Imp. Sg.m.:	שְׁמַע		höre!
Adhortativ:	שְׁמְעָה	*simᶜā*	höre bitte! (Ps 39,13)
a-Imp. Sg.m.:	שְׁלַח		sende!
Adhortativ:	שִׁלְחָה	*šilhā*	sende bitte! (Gen 43,8)
a-Imp. Sg.m.:	שְׁכַב		lege dich!
Adhortativ:	שִׁכְבָה	*šikbā*	lege dich bitte! (Gen 39,7)

5. Verneinung

Im Hebräischen gibt es folgende Arten der Negation im Verbalsatz:

a) לֹא „nicht" (griech. οὐ)

לֹא ist die gewöhnliche Negation vor Perfekt und Imperfekt. Sie begegnet ganz selten in Wunschsätzen oder Nominalsätzen.

לֹא כָתַב   er hat nicht geschrieben

b) אַל „nicht" (griech. μή)

אַל ist die Negation des Jussivs und des Kohortativs.

אַל יִקְבֹּץ   er soll nicht sammeln

c) Vetitiv

Die *Verneinung des Imperativs* erfolgt durch אַל + 2.Sg./Pl. Jussiv *(= Vetitiv)*.

כְּתֹב   schreib!

אַל תִּכְתֹּב   schreib nicht!

d) menschliches und göttliches Gebot

לֹא + Imperfekt dient bei menschlichen und göttlichen Geboten zum Ausdruck der *nachdrücklichen Verneinung* (= Prohibitiv).

Ex 20,15   לֹא תִּגְנֹב   du sollst nicht (= auf keinen Fall) stehlen!

e) Das Imperfekt consecutivum kann nicht verneint werden, stattdessen steht לֹא + Perfekt.

6. Übungen

1) Konjugieren Sie die folgenden Verben

- im ō-Imperfekt, Imperativ und Adhortativ:

גנב stehlen, דרשׁ suchen, לכד fangen, שׁפט richten, משׁל herrschen, ספר zählen.

- im a-Imperfekt, Imperativ und Adhortativ:

כָּבֵד schwer sein, צדק gerecht sein, קדשׁ heilig sein, שׁכב sich niederlegen.

- im Imperfekt consecutivum:

שׁפט richten, שׁכב sich niederlegen.

2) Bestimmungsübungen zum Imperfekt und Imperfekt consecutivum:

1 יִמְשְׁלוּ וַיִּסְפֹּר אֶפְקֹד יִפְקְדוּ תִּקְבֹּץ נִרְדָּף־ תִּשְׁמְרוּ יִגְדַּל תִּכְבְּדִי

2 תִּצְדַּק־נָה וַיִּקְדְּשׁוּ וַתִּקְרְבוּ נִרְכַּב תִּשְׁמְעוּן וַיִּשְׁמַע יִשְׁכְּבוּן יִדְרְכוּן

3 תִּכְרֹת וַיִּכְתֹּב יִלְכְּדוּ

3) Bestimmungsübungen zum Kohortativ, Jussiv, Imperativ und Adhortativ:

1 מְשָׁל־ סִפְרוּ קְבֹץ אֶקְבְּצָה קְרַב קָרְבָה נִשְׁמְעָה שִׁמְעָה אֶדְרְשָׁה

2 שָׁמְרָה שָׁמְעוּ שִׁמְעִי שָׁכְבָה דְּרָשׁ־ נִכְרְתָה כָּרְתָה לִכְדוּ אֶשְׁמְרָה

3 שָׁפְטָה שִׁפְטוּ מָלְכָה אַל תִּשְׁלַח

4) Weitere Bestimmungsübungen:

1 סָפַרְתָּה רָדְפוּ יִגְדְּלוּ צָדְקָה קָדְשׁוּ קָרְבוּ קָרְבָה שָׁמַעְתָּ שָׁמֵעַ

2 שָׁכַבְתְּ תִּגְנְבוּ כָּרְתָ אֶשְׁמְרָה יִשְׁפְּטוּ הֲתִמְלֹךְ תִּמְלוֹךְ

5) Vokalisieren und bestimmen Sie folgende Formen nach Person, Geschlecht und Zahl und übersetzen Sie (oft mehrere Möglichkeiten):

1 ישכבו תרחק שכב וישמע ושמע תקרבו יקדש יצדקו

2 תכבדי אגדל תשמרו ימשלו

6) Übersetzen Sie:

1 (Ps 119,88)   וְאֶשְׁמְרָה עֵדוּת פִּיךָ:

2 (Gen 3,16)   וְהוּא יִמְשָׁל־בָּךְ:

3 (Gen 4,7)   וְאַתָּה תִּמְשָׁל־בּוֹ:

4 (Dtn 15,6)   וּבְךָ לֹא יִמְשֹׁלוּ:

5 (Jdc 8,22)   מְשָׁל־בָּנוּ גַּם־אַתָּה גַּם־בִּנְךָ גַּם בֶּן־בְּנֶךָ

לֹא־אֶמְשֹׁל אֲנִי בָּכֶם וְלֹא־יִמְשֹׁל בְּנִי בָּכֶם יְהוָה יִמְשֹׁל בָּכֶם:	(Jdc 8,23)	6
לֹא־מָשַׁלְתָּ בָּם	(Jes 63,19)	7
אַל־יִמְשְׁלוּ־בִי	(Ps 19,14)	8
וּסְפֹר הַכּוֹכָבִים	(Gen 15,5)	9
סָפַר אֶת־הָעָם	(II Sam 24,10)	10
וְאֶת־בָּתֵּי יְרוּשָׁלַ͏ִם סְפַרְתֶּם	(Jes 22,10)	11
וַיִּפְקֹד שִׁמְשׁוֹן אֶת־אִשְׁתּוֹ	(Jdc 15,1)	12
פָּקַד יְהוָה אֶת־חַנָּה	(I Sam 2,21)	13
וְלֹא פְקַדְתֶּם אֹתָם	(Jer 23,2)	14
וַיִּקְבֹּץ יִפְתָּח אֶת־כָּל־אַנְשֵׁי גִלְעָד	(Jdc 12,4)	15
רְדֹף אַחֲרֵי הָאֲנָשִׁים	(Gen 44,4)	16
וַיִּרְדְּפוּ אַחֲרָיו	(Jdc 1,6)	17
וְאֶרְדְּפָה אַחֲרֵי־דָוִד	(II Sam 17,1)	18
שִׁמְעוּ אֵלַי	(Jes 51,1)	19
נִרְדְּפָה ... אֶת־יְהוָה	(Hos 6,3)	20
אֶת־קֹלְךָ שָׁמַעְתִּי בַּגָּן	(Gen 3,10)	21
שְׁמַע בְּקֹלָהּ	(Gen 21,12)	22
הֲלוֹא אָמַרְתִּי אֲלֵיכֶם ... וְלֹא שְׁמַעְתֶּם	(Gen 42,22)	23
תִּשְׁמְעוּן אֵת הַמִּשְׁפָּטִים	(Dtn 7,12)	24

תִּצְדְּקְנָה מִמֵּךְ   (Ez 16,52)   25

וְנִשְׁכְּבָה עִמּוֹ   (Gen 19,32)   26

שִׁכְבָה עִמִּי   (Gen 39,12)   27

7) Lektüreübung: Ex 20,1-17: Der Dekalog

Ex 20 gehört zusammen mit Dtn 5 zu den bekanntesten Texten des Alten Testaments, da hier die Zehn Gebote vorgestellt werden. Es handelt sich dabei um die Zusammenstellung längerer und kürzerer sowie positiv und negativ formulierter Gebotsreihen, die alle eine sehr lange geschichtliche Entwicklung hinter sich haben. Die Gebotsreihen markieren in ihrer jetzigen Form die Grenzen des Zusammenlebens der Menschen untereinander sowie deren Umgang mit Gott.

1   וַיְדַבֵּר אֱלֹהִים אֵת כָּל־הַדְּבָרִים הָאֵלֶּה לֵאמֹר׃

2   אָנֹכִי יְהוָה אֱלֹהֶיךָ אֲשֶׁר הוֹצֵאתִיךָ מֵאֶרֶץ מִצְרַיִם מִבֵּית עֲבָדִים׃

3   לֹא יִהְיֶה־לְךָ אֱלֹהִים אֲחֵרִים עַל־פָּנָי׃

4   לֹא תַעֲשֶׂה־לְךָ פֶסֶל וְכָל־תְּמוּנָה אֲשֶׁר בַּשָּׁמַיִם מִמַּעַל וַאֲשֶׁר בָּאָרֶץ מִתָּחַת וַאֲשֶׁר בַּמַּיִם מִתַּחַת לָאָרֶץ׃

5   לֹא־תִשְׁתַּחֲוֶה לָהֶם וְלֹא תָעָבְדֵם כִּי אָנֹכִי יְהוָה אֱלֹהֶיךָ אֵל קַנָּא פֹּקֵד עֲוֹן אָבֹת עַל־בָּנִים עַל־שִׁלֵּשִׁים וְעַל־רִבֵּעִים לְשֹׂנְאָי׃

6   וְעֹשֶׂה חֶסֶד לַאֲלָפִים לְאֹהֲבַי וּלְשֹׁמְרֵי מִצְוֹתָי׃

7   לֹא תִשָּׂא אֶת־שֵׁם־יְהוָה אֱלֹהֶיךָ לַשָּׁוְא כִּי לֹא יְנַקֶּה יְהוָה אֵת אֲשֶׁר־יִשָּׂא אֶת־שְׁמוֹ לַשָּׁוְא׃

8   זָכוֹר אֶת־יוֹם הַשַּׁבָּת לְקַדְּשׁוֹ׃

9   שֵׁשֶׁת יָמִים תַּעֲבֹד וְעָשִׂיתָ כָּל־מְלַאכְתֶּךָ׃

10   וְיוֹם הַשְּׁבִיעִי שַׁבָּת לַיהוָה אֱלֹהֶיךָ לֹא־תַעֲשֶׂה כָל־מְלָאכָה אַתָּה וּבִנְךָ־וּבִתֶּךָ עַבְדְּךָ וַאֲמָתְךָ וּבְהֶמְתֶּךָ וְגֵרְךָ אֲשֶׁר בִּשְׁעָרֶיךָ׃

11   כִּי שֵׁשֶׁת־יָמִים עָשָׂה יְהוָה אֶת־הַשָּׁמַיִם וְאֶת־הָאָרֶץ אֶת־הַיָּם וְאֶת־כָּל־אֲשֶׁר־בָּם וַיָּנַח בַּיּוֹם הַשְּׁבִיעִי עַל־כֵּן בֵּרַךְ יְהוָה אֶת־יוֹם הַשַּׁבָּת וַיְקַדְּשֵׁהוּ׃

12   כַּבֵּד אֶת־אָבִיךָ וְאֶת־אִמֶּךָ לְמַעַן יַאֲרִכוּן יָמֶיךָ עַל הָאֲדָמָה אֲשֶׁר־יְהוָה אֱלֹהֶיךָ נֹתֵן לָךְ׃

13   לֹא תִּרְצָח׃

14   לֹא תִּנְאָף׃

15   לֹא תִּגְנֹב׃

16   לֹא־תַעֲנֶה בְרֵעֲךָ עֵד שָׁקֶר׃

17   לֹא תַחְמֹד בֵּית רֵעֶךָ לֹא־תַחְמֹד אֵשֶׁת רֵעֶךָ וְעַבְדּוֹ וַאֲמָתוֹ וְשׁוֹרוֹ

וַחֲמֹרוֹ וְכֹל אֲשֶׁר לְרֵעֶךָ:

8) Vokalisierungsübung. Vokalisieren und übersetzen Sie:

1   (Gen 3,17)   ולאדם אמר*ᵃ כי שמעת לקול אשתך

2   (Dtn 26,14)   שמעתי בקול יהוה אלהי

3   (I Sam 25,42)   ותרכב על־החמור

Erläuterungen:

a   אמר   „sagen"

Lektion 10:
Verbalsätze; Partizip; Perfekt consecutivum; Richtungsangabe

1. Vokabeln

Verben:

אָמַר	sagen
דבר	reden
זָקֵן	alt sein, altern
יָרֵא	fürchten, sich fürchten
ישׁב	wohnen, bleiben, sitzen (יֹשֵׁב 7)
למד	lernen (תַּלְמִיד 9)
קבר	begraben
קָטֹן	klein sein
קצר	ernten
קרא	rufen, nennen
שׁבת	aufhören, ruhen („Sabbat")
שׁלם	unversehrt sein (שָׁלוֹם 7)

Nomina:

אָדוֹן	Herr
דָּם	Blut
כֹּהֵן	Priester
מַלְאָךְ	Bote, Engel
נָבִיא/נְבִיאָה	Prophet/Prophetin
נֶפֶשׁ f.	Seele, Person

Weitere Vokabeln:

אֵיךְ	wie? wie!
אַךְ	gewiss, nur
הִנֵּה	siehe
לְמַעַן	damit, um willen

Eigennamen:

אֲבִימֶלֶךְ	Abimelech *(n.pr.m.)*
דְּבוֹרָה	Debora *(n.pr.f.)*
הָאֱמֹרִי	Amoriter *(n.g.)*
יוֹתָם	Jotham *(n.pr.m.)*
יִצְחָק	Isaak *(n.pr.m.)*
לַפִּידוֹת	Lappidoth *(n.pr.m.)*
מֹשֶׁה	Mose *(n.pr.m.)*
סִיחוֹן	Sihon *(n.pr.m.)*
עֲרוֹעֵר	Aroer *(n.l.)*
פְּלִשְׁתִּים	Philister *(n.g.)*

2. Verbalsätze

> Unter einem *Verbalsatz* versteht man einen *Satz mit finitem Verb.*

Die einfachste Form des Verbalsatzes ist: כָּתַב „er hat geschrieben", oder: יִכְתֹּב „er wird schreiben". Hier ist das *(pronominale) Subjekt im Verb eingeschlossen.*

Es ist die Funktion der Verbalsätze, *Handlungen* und *Vorgänge* zu beschreiben. Hierin liegt der wesentliche Unterschied zu den Nominalsätzen, die die Funktion haben, einen *Zustand* zu beschreiben.

Die *Wortfolge* im Verbalsatz ist meist: Prädikat (1) – Subjekt (2) – weitere Bestimmungen (3). Diese erklärt sich daraus, dass das Verb die einfachste Form des Verbalsatzes darstellt. Das Verb steht zudem deshalb voran, weil im Verbalsatz die Betonung auf dem vom Subjekt ausgehenden Tun liegt.

Gen 16,2:   וַיִּשְׁמַע אַבְרָם לְקוֹל שָׂרָי   Abram hörte auf Sarajs Stimme.

Gen 16,5:   יִשְׁפֹּט יְהוָה בֵּינִי וּבֵינֶיךָ   Jahwe richte zwischen mir und dir.

Das Subjekt kann jedoch auch *vor* dem Verb stehen, wenn ein *besonderer Nachdruck* auf ihm liegt. Man spricht dann von einem *„invertierten Verbalsatz".*

Gen 6,8:   וְנֹחַ מָצָא חֵן בְּעֵינֵי יְהוָה׃   Noah aber fand Gnade in den Augen des Herrn.

Zur Hervorhebung des im finiten Verb enthaltenen Subjektes dient die Vor- oder Nachstellung durch das entsprechende selbständige Personalpronomen.

Jdc 10,13:   וְאַתֶּם עֲזַבְתֶּם אוֹתִי   und ihr, ihr habt mich verlassen

Jes 38,10: אֲנִי אָמַרְתִּי ich, ich habe gesagt/gedacht

Die Voranstellung des Subjektes erklärt sich oft damit, dass kein neues Geschehen, sondern ein Zustand beschrieben werden soll. Diese Verbalsätze nähern sich stark dem Charakter von Nominalsätzen an. Ist das Prädikat ein Perfekt, so ist es meist mit Plusquamperfekt zu übersetzen.

Gen 16,1: וְשָׂרַי אֵשֶׁת אַבְרָם לֹא יָלְדָה לוֹ   Und Saraj, die Frau Abrams, hatte ihm keine Kinder geboren.

Gen 20,4: וַאֲבִימֶלֶךְ לֹא קָרַב אֵלֶיהָ   Aber Abimelech hatte sich ihr nicht genähert.

In der Regel kongruiert das Verb in Geschlecht und Zahl mit dem Subjekt. Es gibt jedoch auch die Möglichkeit, dass das voranstehende Verb im Singular steht, wenn es sich in gleicher Weise auf mehrere Subjekte bezieht.

Jer 43,4: וְלֹא־שָׁמַע יוֹחָנָן בֶּן־קָרֵחַ ... וְכָל־הָעָם בְּקוֹל יְהוָה
Und Jochanan, der Sohn des Kareach ... und das ganze Volk hörten nicht auf die Stimme Jahwes.

Die Erzählung wird gerne mit וַיְהִי „und es geschah" eröffnet. Es folgt dann meist eine Zeitbestimmung. In der Übersetzung kann וַיְהִי „und es geschah" weggelassen werden.

Gen 21,22: וַיְהִי בָּעֵת הַהִוא וַיֹּאמֶר אֲבִימֶלֶךְ   Zu jener Zeit sagte Abimelech...

Als Negationen des Verbalsatzes begegnen:
לֹא; אַל (Jussiv); בְּלִי und בַּל (meist in poetischen Texten).
Die Negation steht unmittelbar vor dem Verb.

	Nominalsatz	Verbalsatz
Kennzeichen	Satz *ohne* finites Verb.	Satz *mit* finitem Verb.
	Nomen bzw. entsprechendes Element (Adjektiv, Partizip, Zahlwort, Pronomen, Adverb) als Prädikat	
	Das Prädikat als *neu* zum Subjekt *hinzutretendes* Merkmal	Engste Verbindung von Subjekt und Prädikat *in* der finiten Verbform
Wortstellung	Subjekt – Prädikat	Verb (Prädikat) – Subjekt
	bei starker Betonung des Prädikats: Prädikat – Subjekt	invertierter Verbalsatz: Subjekt – Verb (Prädikat)

Funktion	Zustandsbeschreibung Identitäts-, Vorhandenseins- und Klassifizierungsaussage	Beschreibung von Handlungen und Vorgängen
Verneinung	אֵין/אַיִן	בְּלִי/בַּל/אַל/לֹא

3. Partizip

Das Partizip steht grammatikalisch zwischen Nomen und Verb („Mittelwort"). Es ist *der Form nach ein Nomen*, seine Verwandtschaft mit dem Verb zeigt sich in der *Darstellung des Ablaufs einer Handlung und eines Zustandes* (durativ). Hierin liegt der Unterschied zum Adjektiv, das eine Eigenschaft oder einen Zustand einfach feststellt.

Ptz. Aktiv: כֹּתֵב   * kātibu   Übersetzung: „schreibend"

Das $\bar{a}$ einer Drucksilbe wurde zu $\bar{o}$; $\bar{\imath}$ in offener Silbe zu $\bar{e}$.

Ptz. Passiv: כָּתוּב   * katūbu   Übersetzung: „geschrieben"

Wegfall des kurzen unbetonten Vokals am Wortende; wenn in einem Wort die vorletzte Silbe den Ton trug und die letzte Silbe einen kurzen Vokal hatte, so wurde dieser elidiert.

Die Vokale $\bar{o}$ (Ptz. Aktiv) und $\bar{u}$ (Ptz. Passiv) sind *unveränderlich*; $\bar{e}$ und $\bar{a}$ werden bei der Anhängung von (vokalischen) Endungen zu Schwa mobile reduziert. Die Flexionsendungen sind die gleichen wie bei den Nomina.

Partizip	*Maskulinum*		*Femininum*	
	st. abs.	*st. cs.*	*st. abs.*	*st. cs.*
Aktiv Sg.	כֹּתֵב	כֹּתֵב	כֹּתְבָה כֹּתֶבֶת	כֹּתְבַת כֹּתֶבֶת
Pl.	כֹּתְבִים	כֹּתְבֵי	כֹּתְבוֹת	כֹּתְבוֹת
Passiv Sg.	כָּתוּב	כְּתוּב	כְּתוּבָה	כְּתוּבַת
Pl.	כְּתוּבִים	כְּתוּבֵי	כְּתוּבוֹת	כְּתוּבוֹת

Bei כֹּתֶבֶת (Ptz. Aktiv Sg.f. st. abs. und cs.) spricht man vom *„segolierten Partizip"*. Es begegnet im Vergleich mit כֹּתְבָה und כֹּתֶבֶת sogar häufiger.

Gen 18,1:	וְהוּא יֹשֵׁב פֶּתַח־הָאֹהֶל	Und er saß gerade an der Tür des Zeltes.
Gen 14,12:	וְהוּא יֹשֵׁב בִּסְדֹם׃	Und er wohnte in Sodom.
Ex 11,5:	הַיֹּשֵׁב עַל־כִּסְאוֹ	... der auf seinem Thron sitzt...
Jos 24,15:	אַתֶּם יֹשְׁבִים בְּאַרְצָם	... ihr wohnt jetzt in ihrem Land
Jes 51,1:	שִׁמְעוּ אֵלַי רֹדְפֵי צֶדֶק	Hört mir zu, die ihr der Gerechtigkeit nachjagt.
Gen 30,33:	גָּנוּב הוּא אִתִּי׃	Gestohlen ist es, wenn es sich bei mir findet.
I Reg 2,45:	וְהַמֶּלֶךְ שְׁלֹמֹה בָּרוּךְ	Aber der König Salomo ist gesegnet.
Dtn 9,10:	כְּתֻבִים בְּאֶצְבַּע אֱלֹהִים	... mit dem Finger Gottes geschrieben.
Jos 8,31:	כַּכָּתוּב בְּסֵפֶר תּוֹרַת מֹשֶׁה	... wie geschrieben steht im Gesetzbuch des Mose.
Dan 9,13:	כַּאֲשֶׁר כָּתוּב בְּתוֹרַת מֹשֶׁה	Wie es geschrieben steht im Gesetz des Mose.

Zur Verwendung:

- attributiv:

Hier steht das Partizip immer *hinter* dem Substantiv und richtet sich in Genus, Numerus und Determination nach dem Substantiv:

I Reg 3,9:   לֵב שֹׁמֵעַ   ein hörendes Herz

- substantiviert:

Ex 11,5:	הַיֹּשֵׁב עַל־כִּסְאוֹ	der auf seinem Thron sitzt
Jos 8,31:	כַּכָּתוּב בְּסֵפֶר תּוֹרַת מֹשֶׁה	... wie geschrieben steht im Gesetzbuch des Mose.

- verbal:

Das Partizip kann ein Akkusativobjekt zu sich ziehen:

I Sam 18,29:	אֹיֵב אֶת־דָּוִד	„David befeindend" = ein Feind von David
Jdc 18,11:	חָגוּר כְּלֵי מִלְחָמָה	gegürtet mit Kriegswaffen

- nominal:

Das Partizip kann in einer Konstruktus-Verbindung stehen:

Ps 5,12:	אֹהֲבֵי שְׁמֶךָ	die, die deinen Namen lieben
Joel 1,8:	חֲגֻרַת־שַׂק	bekleidet mit einem Trauergewand

• Futurum instans:

In Verbindung mit der Partikel הִנֵּה „siehe" + Subjekt wird das Partizip zur *Ansage einer unmittelbar bevorstehenden Handlung oder Begebenheit* verwendet: als *Futurum instans*.

Num 24,14:　וְעַתָּה הִנְנִי הוֹלֵךְ לְעַמִּי　Und nun, siehe ich werde – so bald als möglich – zu meinem Volk gehen.

Jer 49,35:　הִנְנִי שֹׁבֵר אֶת־קֶשֶׁת עֵילָם　Siehe, ich werde den Bogen Elams zerbrechen.

Jer 32,3:　הִנְנִי נֹתֵן אֶת־הָעִיר הַזֹּאת　Siehe, ich werde diese Stadt ausliefern.

Ex 34,10:　הִנֵּה אָנֹכִי כֹּרֵת בְּרִית　Siehe, ich werde einen Bund schließen.

• Intransitive Verben mit *ē*- bzw. *ō*-Perfekt bilden das Partizip Qal nicht nach *ō-ē*, sondern als sog. *Verbaladjektiv*:

כָּבֵד　schwer

קָטֹן　klein

4. Perfekt consecutivum

Das Perfekt consecutivum ist wie das Imperfekt consecutivum ein *Folgetempus*. Es dient zum Ausdruck von *Handlungen* und *Zuständen*, die zum Vorhergehenden als dessen *zeitliche oder logische Folge* in Beziehung gesetzt werden sollen. Das Perfekt consecutivum besteht aus einem *Waw consecutivum* (וְ „und dann/also") und der Perfektform. Das Perfekt consecutivum kann als *Perfekt explicativum* verstanden werden.

	3.m.	וְכָתַב	und dann/also wird/soll er schreiben
	3.f.	וְכָתְבָה	und dann wird sie schreiben
Sg.	2.m.	וְכָתַבְתָּ	und dann wirst du schreiben
	2.f.	וְכָתַבְתְּ	und dann wirst du schreiben
	1.com.	וְכָתַבְתִּי	und dann werde ich schreiben
	3.com.	וְכָתְבוּ	und dann werden sie schreiben
Pl.	2.m.	וּכְתַבְתֶּם	und dann werdet ihr schreiben
	2.f.	וּכְתַבְתֶּן	und dann werdet ihr schreiben
	1.com.	וְכָתַבְנוּ	und dann werden wir schreiben

Bemerkungen:
- In der 2.Sg.m. und 1.Sg.com. ist die *Endbetonung* zu beachten.
- Die Vokalisation von Waw consecutivum entspricht derjenigen von Waw copulativum:　וְעָבַדְתֶּם　וּמָשַׁל

Zur Verwendung:

a) Das Perfekt consecutivum folgt auf ein im *Imperativ* und *Imperfekt* ausge-
   drücktes Geschehen:

   Ex 34,1: ... וְכָתַבְתִּי ... פְּסָל־לְךָ Haue dir [zwei steinerne Tafeln] zu ...,
   und dann werde ich (darauf) schreiben...

   Dtn 6,4f.: ... וְאָהַבְתָּ ... שְׁמַע יִשְׂרָאֵל Höre Israel ... und liebe...

   Jer 7,2: ... וְאָמַרְתָּ ... וְקָרָאתָ ... עֲמֹד Stell dich auf [im Tor] und predige ...
   und sprich...

b) Das Perfekt consecutivum bezeichnet andauernde und wiederholte Handlungen und Vorgänge (= *Iterativ*) in Vergangenheit (1) und Gegenwart (2):

   Gen 37,3 (1): ... וְעָשָׂה לוֹ ... וְיִשְׂרָאֵל אָהַב
   Israel liebte [Joseph] und fertigte für ihn an...

   I Sam 7,15f. (1): ... וְסָבַב ... וְהָלַךְ ... וַיִּשְׁפֹּט שְׁמוּאֵל
   Und Samuel richtete ... und ging ... und zog umher.

   Gen 2,24 (2): ... וְדָבַק בְּאִשְׁתּוֹ ... עַל־כֵּן יַעֲזָב־אִישׁ
   Deshalb verlässt ein Mann ... und folgt dann seiner Frau.

c) Das Perfekt consecutivum dient zum Ausdruck *zukünftiger Handlungen*:

   Hos 1,4: ... וּפָקַדְתִּי אֶת־דְּמֵי יִזְרְעֶאל Ich werde die Blutschuld von Jesreel
   heimsuchen...

d) Das Perfekt consecutivum folgt auf Sätze, die eine Bedingung enthalten
   (nach אִם „wenn ... dann"):

   Gen 18,26: ... וְנָשָׂאתִי ... אִם־אֶמְצָא Wenn ich finden werde ..., dann werde
   ich vergeben...

   Gen 34,17: וְאִם־לֹא תִשְׁמְעוּ ... וְלָקַחְנוּ ... וְהָלָכְנוּ:
   Und wenn ihr nicht hören werdet ..., dann werden wir
   nehmen ... und dann gehen.

   Jdc 4,20: ... וְאָמַרְתָּ ... אִם־אִישׁ יָבוֹא Wenn ein Mann kommt ..., dann sollst
   du sagen...

5. Richtungsangabe

Die Richtung kann auf folgende Weise zum Ausdruck gebracht werden:

a) mit der Präposition אֶל־ „in Richtung auf, zu, nach":

   Lev 9,8: אֶל־הַמִּזְבֵּחַ zu dem Altar

   Jos 8,1: אֶל־יְהוֹשֻׁעַ zu Josua

b) mit *He locale*:

Die immer unbetont angehängte Endung הָ ֫־ dient zur Bezeichnung der Richtung und des Zieles.

Gen 26,1:	גְּרָֽרָה	nach Gerar
Gen 35,6:	לֽוּזָה	nach Luz

c) *Akkusativus loci*:

Der Akkusativus loci wird gebildet durch die Verbindung eines Verbs der Bewegung mit einer adverbiellen Bestimmung des Ortes.

I Sam 13,8: וְלֹא־בָא שְׁמוּאֵל הַגִּלְגָּל   Und Samuel kam nicht *nach* Gilgal.

6. Übungen

1) Bestimmungsübungen zum Partizip:

1   קוֹבֵר קָבְרִים לְמוּדֵי שֶׁבֶת שְׁלֵמֵי מֹשְׁלָה קְבוּצִים רֹדְפֵי

2   שְׁלוּחָה שֹׁמֵעַ דְּרָכוֹת כָּרוּת שְׁמָרָה

2) Bestimmungsübungen zum Verb:

1   אֶקְבְּרָה קְצַרְתֶּם קָבְרוּ קֹצְרִים שָׁבָתָה לָמַדְתִּי שִׁכְבָה תִּצְדַּק קְנֵה

2   יִלְמְדוּן שְׁלַם שָׁמְעוּ שְׁלֵמֵי נִשְׁמְעָה שָׁלַחְנוּ שִׁמְעִי יִשְׁכָּבוּן

3   וַתִּרְחַק וְרָדַפְתִּי רֹכֶבֶת קָבְרָה וַיִּקְדְּשׁוּ אֶקְבְּצָה וְסָפַרְתָּ

3) Übersetzen Sie:

1   (Gen 14,12)   וְהוּא יֹשֵׁב בִּסְדֹם

2   (Gen 19,1)   וְלוֹט יֹשֵׁב בְּשַֽׁעַר־סְדֹם

3   (Gen 26,9)   וַיִּקְרָא אֲבִימֶלֶךְ לְיִצְחָק וַיֹּאמֶר' אַךְ הִנֵּה אִשְׁתְּךָ הִוא וְאֵיךְ אָמַרְתָּ אֲחֹתִי הִוא

4   (Ex 34,7)   פֹּקֵד עֲוֹן אָבוֹת עַל־בָּנִים וְעַל־בְּנֵי בָנִים

(Num 2,32)   5   אֵלֶּה פְּקוּדֵי בְנֵי יִשְׂרָאֵל לְבֵית אֲבֹתָם

(Num 13,19)   6   וּמָה הָאָרֶץ אֲשֶׁר־הוּא יֹשֵׁב בָּהּ הֲטוֹבָה הִוא אִם רָעָהᵇ

(Dtn 5,1)   7   וַיִּקְרָא מֹשֶׁה אֶל־כָּל־יִשְׂרָאֵל וַיֹּאמֶרᵃ אֲלֵהֶם שְׁמַע יִשְׂרָאֵל
אֶת־הַחֻקִּיםᶜ וְאֶת־הַמִּשְׁפָּטִים אֲשֶׁר אָנֹכִי דֹּבֵר בְּאָזְנֵיכֶםᵈ הַיּוֹם

(Dtn 28,61)   8   לֹא כָתוּב בְּסֵפֶר הַתּוֹרָה הַזֹּאת

(Jos 12,2)   9   ... סִיחוֹן מֶלֶךְ הָאֱמֹרִי הַיּוֹשֵׁב בְּחֶשְׁבּוֹן מֹשֵׁל מֵעֲרוֹעֵר

(Jdc 4,4)   10   וּדְבוֹרָה אִשָּׁה נְבִיאָה אֵשֶׁת לַפִּידוֹת הִיא שֹׁפְטָה אֶת־יִשְׂרָאֵל
בָּעֵת הַהִיא׃

(Jdc 14,4)   11   וּבָעֵת הַהִיא פְּלִשְׁתִּים מֹשְׁלִים בְּיִשְׂרָאֵל׃

(Jdc 15,11)   12   מֹשְׁלִים בָּנוּ פְּלִשְׁתִּים

(I Reg 13,31)   13   ... וּקְבַרְתֶּם אֹתִי בַּקֶּבֶרᵉ אֲשֶׁר אִישׁ הָאֱלֹהִים קָבוּר בּוֹ

(II Reg 15,5)   14   וְיוֹתָם בֶּן־הַמֶּלֶךְ עַל־הַבַּיִת שֹׁפֵט אֶת־עַם הָאָרֶץ׃

(II Reg 23,3)   15   ... אֶת־דִּבְרֵי הַבְּרִית הַזֹּאת הַכְּתֻבִים עַל־הַסֵּפֶר הַזֶּה

(Ez 29,19)   16   ... כֹּה אָמַר אֲדֹנָי יהוה הִנְנִי נֹתֵןᵍ לִנְבוּכַדְנֶאצַּרʰ מֶלֶךְ־בָּבֶלⁱ
אֶת־אֶרֶץ מִצְרָיִםʲ

(Ps 9,11)   17   וְיִבְטְחוּᵏ בְךָ יוֹדְעֵיˡ שְׁמֶךָ כִּיᵐ לֹא עָזַבְתָּ דֹרְשֶׁיךָ יְהוָה׃

(Ps 34,11)   18   וְדֹרְשֵׁי יְהוָה לֹא יַחְסְרוּᵒ כָל־טוֹב׃

(Prov 16,32)   19   טוֹב ... וּמֹשֵׁל בְּרוּחוֹ מִלֹּכֵד עִיר׃

Erläuterungen:

a	„und er sagte"	f	„so"
b	„schlecht"	g	Wurzel: „geben"
c	„die Satzungen"	h	„Nebukadnessar"
d	„in eure Ohren"	i	„Babel"
e	„Grab"	j	„Ägypten"

k	Wurzel: „vertrauen"
l	Wurzel: „kennen, wissen"
m	„denn"
n	Wurzel: „verlassen"
o	„sie werden Mangel haben"

4) Lektüreübung: Psalm 1: Seligpreisung für den Gesetzestreuen

Ps 1 ist das Eingangstor in das Buch der Psalmen. Er beginnt mit einer Seligpreisung – „Wohl dem, der...“ – für alle, die am Gesetz des Herrn Gefallen haben. Dieses erste Wort des Psalters gibt das Motto des ganzen Buches an. Ps 1 ist sehr von weisheitlichem Gedankengut geprägt: die Gottlosen und die Gerechten; die Spötter und Sünder; das Bild des Weges.

1 אַשְׁרֵי־הָאִישׁ אֲשֶׁר לֹא הָלַךְ בַּעֲצַת רְשָׁעִים וּבְדֶרֶךְ חַטָּאִים לֹא
עָמָד וּבְמוֹשַׁב לֵצִים לֹא יָשָׁב:

2 כִּי אִם בְּתוֹרַת יְהוָה חֶפְצוֹ וּבְתוֹרָתוֹ יֶהְגֶּה יוֹמָם וָלָיְלָה:

3 וְהָיָה כְּעֵץ שָׁתוּל עַל־פַּלְגֵי מָיִם אֲשֶׁר פִּרְיוֹ יִתֵּן בְּעִתּוֹ וְעָלֵהוּ
לֹא־יִבּוֹל וְכֹל אֲשֶׁר־יַעֲשֶׂה יַצְלִיחַ:

4 לֹא־כֵן הָרְשָׁעִים כִּי אִם־כַּמֹּץ אֲשֶׁר־תִּדְּפֶנּוּ רוּחַ:

5 עַל־כֵּן לֹא־יָקֻמוּ רְשָׁעִים בַּמִּשְׁפָּט וְחַטָּאִים בַּעֲדַת צַדִּיקִים:

6 כִּי־יוֹדֵעַ יְהוָה דֶּרֶךְ צַדִּיקִים וְדֶרֶךְ רְשָׁעִים תֹּאבֵד:

5) Vokalisierungsübung. Vokalisieren und übersetzen Sie:

(Gen 4,9) 1 ויאמר[a] יהוה אל קין[b] אי[c] הבל[d] אחיך ויאמר לא ידעתי השמר אחי אנכי:

(Ex 34,10) 2 ויאמר[a] הנה אנכי כרת ברית

(Dtn 7,9) 3 וידעת כי יהוה אלהיך הוא האלהים

(I Chr 29,12) 4 ואתה מושל בכל ובידך כח וגבורה[e]

(II Chr 34,31) 5 ויכרת את־הברית לפני יהוה

Erläuterungen:

a	וַיֹּאמֶר	„und er sagte“	d	הֶבֶל	„Abel“ *(n.pr.m.)*
b	קַיִן	„Kain“ *(n.pr.m.)*	e	גְבוּרָה	„Stärke, Kraft“
c	אֵי	„wo?“			

Lektion 11:
Infinitiv absolutus und constructus; Segolata;
Reflexivverhältnis

1. Vokabeln

Verben:

בָּחַר בְּ	wählen, erwählen
הָלַךְ	gehen
יָדַע	kennen, wissen
מָשַׁח	salben („Messias")
עָמַד	stehen
פָּתַח	öffnen
צָעַק	schreien
קָרַע	zerreißen
שָׁכַח	vergessen

Nomina:
• a-Segolata:

אֶבֶן	f.	Stein
אֶלֶף		tausend
דֶּרֶךְ		Weg, Lebenswandel (דרך 8)
חֶסֶד		Güte, Freundlichkeit
לֶחֶם		Brot
נַחַל		Bachtal
עֶצֶם		Gebein, Knochen; selbst
עֶרֶב		Abend
פַּעַם		Schritt; Mal
רֶגֶל		Fuß
שֶׁמֶן		Öl

• i-Segolata:

זֶבַח	Opfer
כֶּבֶשׂ	Lamm
קֶרֶב	Inneres, Mitte (קרב 9)
רֶכֶב	Wagen (רכב 9)

שֵׁבֶט   Stab, Stamm

שֶׁקֶר   Lüge, Betrug

• u-Segolata:

אֹהֶל   Zelt

אֹזֶן   Ohr

אֹרֶךְ   Länge

קֹדֶשׁ   Heiligkeit; Heiligtum (קדשׁ 9)

שֹׁרֶשׁ   Wurzel

רֹחַב   Weite

• bisher gelernte Nomina dieser Klasse:

עֶבֶד (6); סֵפֶר (6); מֶלֶךְ (6); כֶּסֶף (6); חֶרֶב (6); חֹדֶשׁ (6); הֶבֶל (6); אֶרֶץ (6);

נֶפֶשׁ (10); שַׁעַר (7); נַעַר (7); צֶדֶק (6); שֶׁמֶשׁ (6)

Weitere Vokabeln:

אוֹ   oder

אַחֵר   ein anderer

אִם   wenn, ob

וַיְהִי   und es war/wurde/geschah

כֹּה   so

לֵאמֹר   indem er sagte; folgendermaßen (אמר 10)

מְעִיל   Umhang, Mantel

מָלֵא   voll

צְעָקָה   Geschrei

קַנָּא   eifersüchtig

תְּפִלָּה   Gebet

Eigennamen:

אַבְרָהָם   Abraham *(n.pr.m.)*

חִזְקִיָּהוּ   Hiskia *(n.pr.m.)*

יְשַׁעְיָהוּ   Jesaja *(n.pr.m.)*

עֵשָׂו   Esau *(n.pr.m.)*

צִידֹנִים   Sidonier *(n.g.)*

2. Infinitiv absolutus und constructus

a) Infinitiv absolutus

Der Infinitiv absolutus hat folgende Vokalisation: כָּתוֹב/כָּתֹב. Er kann als „iso-lierter" Infinitiv bezeichnet werden, weil er *weder mit Suffixen, noch mit den Präpositionen* בְּ, כְּ, לְ, *noch mit dem Artikel* verbunden wird.

Verwendung:

• Der Inf.abs. steht unmittelbar vor oder nach einer Verbform derselben Wurzel zur Hervorhebung der Gewissheit oder Nachdrücklichkeit eines Geschehens *(figura etymologica)*. In der Übersetzung kann der Infinitiv mit „sicherlich, gewiss" o.ä. wiedergegeben werden:

Gen 37,8:   מָשׁוֹל תִּמְשֹׁל   Du wirst sicherlich herrschen.

Gen 20,18:   כִּי עָצֹר עָצַר יְהוָה   Denn Jahwe hat gewiss verschlossen...

Hi 13,17:   שִׁמְעוּ שָׁמוֹעַ   Hört aufmerksam zu!

• Der Inf.abs. steht vor oder nach dem Verb, um eine zur Haupthandlung *parallel laufende Begleithandlung* auszudrücken. Hier begegnen zwei koordinierte Infinitive, wobei ein Infinitiv das finite Verb aufnimmt:

I Sam 6,12:   הָלְכוּ הָלֹךְ וְגָעוֹ   *wörtlich:* „Sie (= die Kühe) gingen ein
          2.   1.   Gehen und Brüllen." = Sie gingen und
                brüllten dabei. = Beim Gehen brüllten sie.

Jes 19,22:   וְנָגַף יְהוָה ... נָגֹף וְרָפוֹא   Jahwe ... wird schlagen und dann heilen.
          2. 1.

Joel 2,26:   וַאֲכַלְתֶּם אָכוֹל וְשָׂבוֹעַ   Ihr sollt essen und dann satt werden.
          2.   1.

• Der Inf.abs. steht als *Stellvertreter des finiten Verbs*:

Jdc 7,19:   וַיִּתְקְעוּ בַּשּׁוֹפָרוֹת וְנָפוֹץ   Sie bliesen in die Posaunen und zerschlu-
                gen...

• Der Inf.abs. steht als *Stellvertreter eines nachdrücklichen Imperativs*:

Jer 2,2:   הָלֹךְ וְקָרָאתָ   Geh und predige!

Ex 20,8:   זָכוֹר אֶת־יוֹם הַשַּׁבָּת   Gedenke an den Sabbattag!

b) Infinitiv constructus

Der Infinitiv constructus hat die Vokalisation: כְּתֹוב/כְּתֹב < * kutub. Der Inf.cs. ist ein *nomen verbale* und kann im Unterschied zum Inf.abs. *sowohl mit Präpositionen als auch mit Suffixen* verbunden werden.

• Inf.cs. mit Präpositionen:

          בִּכְתֹב   mit Schwa medium
          כִּכְתֹב   mit Schwa medium
          לִכְתֹב   mit Schwa quieszens (!)
                (fester Silbenschluss)

• Inf.cs. mit Suffixen:

1.Sg.com.	כָּתְבֵנִי/כָּתְבִי	mein Schreiben + mich schreiben
2.Sg.m.	כָּתְבְךָ/כָּתְבְּךָ	dein Schreiben + dich schreiben

2.Sg.f.		כָּתְבֵךְ	dein Schreiben + dich schreiben
3.Sg.m.		כָּתְבוֹ	sein Schreiben + ihn schreiben
3.Sg.f.		כָּתְבָהּ	ihr Schreiben + sie schreiben
1.Pl.com.		כָּתְבֵנוּ	unser Schreiben + uns schreiben
2.Pl.m.		כָּתְבְכֶם	euer Schreiben + euch schreiben
3.Pl.m.		כָּתְבָם	ihr Schreiben + sie schreiben
	lies jeweils *kåt...*		

Da der Inf.cs. ein *nomen verbale* ist, kann das Suffix entweder den Akkusativ oder den Genetiv bezeichnen *(Genetivus objectivus und Genetivus subjectivus)*:

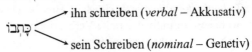

ihn schreiben (*verbal* – Akkusativ)

כָּתְבוֹ

sein Schreiben (*nominal* – Genetiv)

Ein Formunterschied findet sich nur beim Suffix 1.Sg.com.:

כָּתְבֵנִי   mich schreiben

כָּתְבִי   mein Schreiben

Verwendung:

• Der Infinitiv constructus steht *in Verbindung mit Präpositionen an Stelle eines Nebensatzes.*

Die Präposition לְ vor dem Inf.cs. drückt *Final- und Konsekutivsätze* aus („um zu“):

Jona 1,3:   לִבְרֹחַ תַּרְשִׁישָׁה   um nach Tarsis zu fliehen

Jes 59,7:   לִשְׁפֹּךְ דָּם נָקִי   um unschuldiges Blut zu vergießen

Die Präpositionen בְּ und כְּ vor dem Inf.cs. drücken *Temporalsätze* aus:

Die Präposition בְּ vor dem Inf.cs. drückt die *Gleichzeitigkeit* aus:

II Sam 5,4:   בְּמָלְכוֹ   als er König wurde

Ps 3,1:   בְּבָרְחוֹ   als er floh = auf seiner Flucht

Die Präposition כְּ vor dem Inf.cs. drückt die *unmittelbare Vorzeitigkeit* aus:

I Reg 15,29:   וַיְהִי כְמָלְכוֹ   als er König geworden war

• Der Infinitiv constructus kann als Nominativ *Subjekt des Satzes* sein (a), er kann als Genetiv *von einem status constructus abhängen* (b), und er kann als Akkusativ *unmittelbar von einem Verb regiert* werden (c).

ad a)

Jdc 9,2:   הַמְשֹׁל בָּכֶם שִׁבְעִים אִישׁ   Sollen 70 Männer über euch herrschen?

ad b)

Koh 3,4:   עֵת סְפוֹד וְעֵת רְקוֹד   eine Zeit des Klagens und eine Zeit des Tanzens

ad c)

Gen 37,8:   וַיּוֹסִפוּ עוֹד שְׂנֹא אֹתוֹ   Und sie hassten ihn noch mehr.

• Der Infinitiv constructus wird mit לְבִלְתִּי *verneint*:

Dtn 8,11:   לְבִלְתִּי שְׁמֹר מִצְוֹתָיו   seine Gebote nicht zu halten

3. Segolata

> Unter den *Segolata* versteht man eine große Gruppe von Nomina,
> deren *Doppelkonsonanz am Wortende durch Segol als Hilfsvokal
> aufgesprengt* wurde.

qatl	מֶלֶךְ	< * malk	a-Segolatum
qitl	סֵפֶר	< * sipr	i-Segolatum
qutl	קֹדֶשׁ	< * qudš	u-Segolatum

Je nach ursprünglichem Vokal unterteilt man die Segolata in *a-, i- und u-Segolata*. Die Segolata sind *auf der ersten Silbe betont*; deshalb wurde aus dem ursprünglichen *i* ein *ē* und aus *u* ein *ō*. Bei den a-Segolata wurde *a* an den Hilfsvokal *ä* angeglichen. Da die Laryngale lieber *a* als *ä* bei sich haben, ist bei Segolata
mit Laryngal der Hilfsvokal meist Patach:

נַעַר   Knabe

נַחַל   Bachtal

זֶרַע   Same

aber: לֶחֶם   Brot

Regeln:

1) Im Singular sind st.abs. und st.cs. *gleich*. Die Suffixe treten an die Grundform, d.h. der ursprüngliche Vokal begegnet wieder: *a, i,* oder *u* bzw. *å.*

Singular	*st.abs.*	*st.cs.*	*Sg. + Suffixe*	
מֶלֶךְ a-Segolatum * malk	מֶלֶךְ	מֶלֶךְ	מַלְכִּי מַלְכְּךָ מַלְכֵּךְ מַלְכּוֹ מַלְכָּהּ	מַלְכֵּנוּ מַלְכְּכֶם מַלְכְּכֶן מַלְכָּם מַלְכָּן
סֵפֶר i-Segolatum * sipr	סֵפֶר	סֵפֶר	סִפְרִי	

u-Segolatum * qudš קֹדֶשׁ	קֹדֶשׁ	קֹדֶשׁ	קָדְשִׁי

2) Im Plural erscheint die Grundform im st.cs. und in den Formen mit „schweren" Suffixen, d.h. 2./3.Pl.m./f. Im st.abs. und in den Formen mit „leichten" Suffixen (1./2./3.Sg. und 1.Pl.com.) erscheint die Vokalisation Schwa mobile und (Vorton-)Qamäs.

Plural	st.abs.	st.cs.	Plural + leichte Suffixe	Plural + schwere Suffixe
a-Segolatum * malk מֶלֶךְ	מְלָכִים	מַלְכֵי	מְלָכַי מְלָכֶיךָ מְלָכַיִךְ מְלָכָיו מְלָכֶיהָ מְלָכֵינוּ	מַלְכֵיכֶם מַלְכֵיהֶם מַלְכֵיהֶן
i-Segolatum * sipr סֵפֶר	סְפָרִים	סִפְרֵי	סְפָרַי	סִפְרֵיכֶם
u-Segolatum * qudš קֹדֶשׁ	קֳדָשִׁים = קָדָשִׁים	קָדְשֵׁי	קֳדָשַׁי	קָדְשֵׁיכֶם
Dual immer mit Grundvokal!				
אֹזֶן	אָזְנַיִם	אָזְנֵי	אָזְנַי	אָזְנֵיכֶם

Bemerkungen:

- Die beiden Segolata קֹדֶשׁ „Heiligkeit" und שֶׁרֶשׁ „Wurzel" haben im Pl. st.abs. und vor leichten Suffixen den reduzierten Vokal ֳ, der oft mit Qamäs und Meteg statt mit Chateph-Qamäs geschrieben wird: קָדָשִׁים.

- Beim Segolatum אֹהֶל „Zelt" hat sich im Plural *ō* erhalten:
  אֹהָלִים   אֹהָלָיו

- Plurale auf ־וֹת haben die femininen Segolata אֶרֶץ und נֶפֶשׁ:

אֶרֶץ	Pl. st.abs.:	אֲרָצוֹת
	Pl. st.cs.:	אַרְצוֹת
נֶפֶשׁ	Pl. st.abs.:	נְפָשׁוֹת
	Pl. st.cs.:	נַפְשׁוֹת

- Die Vokalisation der Segolata lässt sich auf folgende Weise leicht einprägen:

Formen mit Grundvokal:	*Formen mit Schwa mobile und (Vorton-)Qamäs:*
מַלְכִּי מַלְכֵי מַלְכֵיכֶם	מְלָכִים מְלָכַי

אָזְנַיִם

4. Reflexivverhältnis

Zum Ausdruck des Reflexivverhältnisses wird häufig לְ „für" bzw. כְ „wie" gebraucht. Hierbei entsprechen sich das Suffix der Präposition und das Subjekt in Genus und Numerus.

Gen 11,29:	וַיִּקַּח אַבְרָם וְנָחוֹר לָהֶם נָשִׁים	Da nahmen sich Abram und Nahor Frauen...
Gen 13,11:	וַיִּבְחַר־לוֹ לוֹט	Da erwählte sich Lot...
Ex 37,2:	וַיַּעַשׂ לוֹ	Und er machte sich...
Lev 19,18:	וְאָהַבְתָּ לְרֵעֲךָ כָּמוֹךָ	Du sollst deinen Nächsten lieben wie dich selbst.

5. Übungen

1) Bestimmungsübungen zum Infinitiv absolutus und constructus:

1 בְּכָתְבוֹ לְדָרְשֵׁנִי הַגְנֹב שָׁמֹר וְכָרוֹת לִדְרוֹשׁ לְשָׁמְרוֹ בְּכָרְתִי

2 בְּזָכְרֵנוּ לִמְשָׁל־ שָׁפֹט בִּכְתוֹב לְקָבְצִי בְּשָׁפְטֶךָ לְלָכְדָה בְּרָדְפָם

3 הַמְשֵׁל וּלְשָׁמְרָה קָבְרוֹ מִקְבֹּר וּבְשָׁכְבְּךָ בְּשִׁכְבָה

2) Übungen zu den Segolata:

1 מֵעָבְדֶךָ נַפְשִׁי לְדַרְכְּכֶם וּבְעָבְדֵיךָ נַפְשָׁם דְּרָכָיו בִּדְרָכֶיךָ אֲלָפִים

2 אֲבָנִים חַסְדֵּיךָ וּמִשַּׁמְנָה עַצְמִי מִלַּחְמוֹ נַחֲלֵי שְׁעָרֶיךָ בְּקִרְבִּי לַשֶּׁמֶשׁ

3 לְשִׁבְטֵיכֶם בְּקִרְבְּךָ אָהֳלוֹ בְּאָהֳלֵיךָ אָזְנְךָ לְאָהֳלָיו אָזְנָיו אָרְכּוֹ

4 בְּאָזְנֵינוּ בְּאָזְנִי שַׁעֲרֵי חַסְדְּכֶם מִדַּרְכֵּיהֶם

3) Vokalisierungsübungen zu den Segolata:

1 ועבדו נפשה ועבדיה דרכי דרכנו אבניו לחסדו לחמנו הנחלים

2 פעמים מקרבה לשבטיו אזנו בחדשו שרשם קדשו

4) Übersetzen Sie:

עֶבֶד אַבְרָהָם אָנֹכִי׃	(Gen 24,34)	1
וַיֹּאמֶרᵃ אִם־שָׁמוֹעַ תִּשְׁמַע לְקוֹל יְהוָה אֱלֹהֶיךָ	(Ex 15,26)	2
וְאָמְרוּⁱ אֶל־יוֹשֵׁב הָאָרֶץ הַזֹּאת שָׁמְעוּ כִּי־אַתָּה יְהוָה בְּקֶרֶב הָעָם הַזֶּה	(Num 14,14)	3
כִּי אֵל קַנָּא יְהוָה אֱלֹהֶיךָ בְּקִרְבֶּךָ	(Dtn 6,15)	4
וְהָיָהᵒ אִם־שָׁכֹחַ תִּשְׁכַּח אֶת־יְהוָה אֱלֹהֶיךָ וְהָלַכְתָּ אַחֲרֵי אֱלֹהִים אֲחֵרִים	(Dtn 8,19)	5
וְהָיָהᵒ אִם־שָׁמֹעַ תִּשְׁמְעוּ אֶל־מִצְוֹתַי אֲשֶׁר אָנֹכִי מְצַוֶּהᵈ אֶתְכֶם הַיּוֹם	(Dtn 11,13)	6
פָּתֹחַ תִּפְתַּח אֶת־יָדְךָ לְאָחִיךָ ... בְּאַרְצֶךָ׃	(Dtn 15,11)	7
כִּי בוֹ בָּחַר יְהוָה אֱלֹהֶיךָ מִכָּל־שְׁבָטֶיךָ	(Dtn 18,5)	8
הָלוֹךְ הָלְכוּ הָעֵצִים לִמְשֹׁחַ עֲלֵיהֶם מֶלֶךְ	(Jdc 9,8)	9
רֹאשׁ שִׁבְטֵי יִשְׂרָאֵל אָתָּה	(I Sam 15,17)	10
כִּי לֹא־יָדַע עַבְדְּךָ בְּכָל־זֹאת דָּבָר קָטֹן אוֹ גָדוֹל׃	(I Sam 22,15)	11
וְעַתָּה הִנֵּה יָדַעְתִּי כִּי מָלֹךְ תִּמְלוֹךְ	(I Sam 24,21)	12
כִּי אַתָּה יָדַעְתָּ כִּי אֵין בָּנוּ אִישׁ יֹדֵעַ לִכְרָת־עֵצִים כַּצִּדֹנִים׃	(I Reg 5,20)	13
וַיְהִי אַחֲרֵי קָבְרוֹ אֹתוֹ וַיֹּאמֶרᵃ אֶל־בָּנָיו לֵאמֹר	(I Reg 13,31)	14
וַיְהִי דְבַר־יְהוָה אֶל־יְשַׁעְיָהוּ לֵאמֹר׃ הָלוֹךְ וְאָמַרְתָּ אֶל־חִזְקִיָּהוּ כֹּה־אָמַר יְהוָה אֱלֹהֵי דָוִד אָבִיךָ שָׁמַעְתִּי אֶת־תְּפִלָּתֶךָ	(Jes 38,4f.)	15
וְאַתָּה יִשְׂרָאֵל עַבְדִּי	(Jes 41,8)	16
וְעַתָּה שְׁמַע יַעֲקֹב עַבְדִּי וְיִשְׂרָאֵל בָּחַרְתִּי בוֹ׃	(Jes 44,1)	17
זְכָר־אֵלֶּה יַעֲקֹב וְיִשְׂרָאֵל כִּי עַבְדִּי־אָתָּה	(Jes 44,21)	18

וְהָיָהᶜ אִם לָמֹד יִלְמְדוּ אֶת־דַּרְכֵי עַמִּי   (Jer 12,16)   19

כֹּה־אָמַר יְהוָה אֵלַי הָלֹךְ וְעָמַדְתָּ בְּשַׁעַר בְּנֵי הָעָם   (Jer 17,19)   20

זִכְרוּ תּוֹרַת מֹשֶׁה עַבְדִּי   (Mal 3,22)   21

וּכְשָׁמְעִי אֶת־הַדָּבָר הַזֶּה קָרַעְתִּי אֶת־בִּגְדִי וּמְעִילִי   (Esr 9,3)   22

Erläuterungen:

a   „und er sagte"   c   „es soll sein"
b   „und sie sagen"   d   „befehlend"

5) Übersetzen Sie I Sam 15,1f.: Sauls Sieg über Amalek

In I Sam 15 geht es um die Frage, ob Saul ein Mann nach dem Herzen Gottes ist. Die Antwort darauf ist negativ. Schon der Anfang des Kapitels zeigt, dass die Initiative für den Amalekiterkrieg nicht von Saul, sondern von Samuel und Gott ausgeht.

¹ וַיֹּאמֶרᵃ שְׁמוּאֵלᵇ אֶל־שָׁאוּלᶜ אֹתִי שָׁלַח יְהוָה לִמְשָׁחֲךָ לְמֶלֶךְ
עַל־עַמּוֹ עַל־יִשְׂרָאֵל וְעַתָּה שְׁמַע לְקוֹל דִּבְרֵי יְהוָה:

² כֹּה אָמַר יְהוָה צְבָאוֹת פָּקַדְתִּיᵈ אֵת אֲשֶׁר־עָשָׂהᵉ עֲמָלֵקᶠ לְיִשְׂרָאֵל
אֲשֶׁר־שָׂםᵍ לוֹ בַּדֶּרֶךְ בַּעֲלֹתוֹʰ מִמִּצְרָיִם:

Erläuterungen:

a   „und er sagte"   d   „ich habe geahndet"   g   „er ist entgegengetreten"
b   „Samuel"   e   „er hat getan"   h   „als er/es heraufzog"
c   „Saul"   f   „Amalek"

Übersetzen Sie Gen 22,10-12: Die Prüfung Abrahams

Die Perikope von der Prüfung Abrahams (Gen 22,1-19) zählt zu den bekanntesten Erzählungen des Alten Testaments. V.10-12 gehört zu der Szene, in der Abraham das Messer erhebt und der Engel ihm zuruft: „Strecke deine Hand nicht aus!" Sie ist der Höhepunkt der Erzählung.

¹⁰ וַיִּשְׁלַח אַבְרָהָם אֶת־יָדוֹ וַיִּקַּחᵃ אֶת־הַמַּאֲכֶלֶתᵇ לִשְׁחֹטᶜ אֶת־בְּנוֹ:

¹¹ וַיִּקְרָא אֵלָיו מַלְאַךְ יְהוָה מִן־הַשָּׁמַיִם וַיֹּאמֶר אַבְרָהָם אַבְרָהָם
וַיֹּאמֶר הִנֵּנִי:

¹² וַיֹּאמֶר אַל־תִּשְׁלַח יָדְךָ אֶל־הַנַּעַר וְאַל־תַּעַשׂᵈ לוֹ מְאוּמָהᵉ כִּי עַתָּה

יָדַ֫עְתִּי כִּי־יְרֵא אֱלֹהִים֙ אַתָּה וְלֹא חָשַׂ֫כְתָּ֒ אֶת־בִּנְךָ֣ אֶת־יְחִֽידְךָ֞
מִמֶּֽנִּי:

Erläuterungen:

a	„und er nahm"	d	„tue nicht"	g	„du hast vorenthalten"
b	„Messer"	e	„irgendwas"	h	„deinen einzigen"
c	„um zu schlachten"	f	„gottesfürchtig"		

6) Lektüreübung: I Sam 12,1-4: Samuels Rechenschaft

Die Abschiedsrede Samuels beschließt die Epoche der Richter. Samuel bittet um die
Bestätigung seiner tadellosen Amtsführung. Er lenkt zugleich den Blick auf die beginnende Königszeit und ermahnt das Volk und den König zu Jahwefurcht.

וַיֹּ֤אמֶר שְׁמוּאֵל֙ אֶל־כָּל־יִשְׂרָאֵ֔ל הִנֵּ֤ה שָׁמַ֫עְתִּי֙ בְקֹלְכֶ֔ם לְכֹ֥ל 1
אֲשֶׁר־אֲמַרְתֶּ֖ם לִ֑י וָאַמְלִ֥יךְ עֲלֵיכֶ֖ם מֶֽלֶךְ:

וְעַתָּ֞ה הִנֵּ֥ה הַמֶּ֣לֶךְ ׀ מִתְהַלֵּ֣ךְ לִפְנֵיכֶ֗ם וַאֲנִי֙ זָקַ֫נְתִּי וָשַׂ֫בְתִּי וּבָנַ֖י 2
הִנָּ֣ם אִתְּכֶ֑ם וַאֲנִי֙ הִתְהַלַּ֫כְתִּי לִפְנֵיכֶ֔ם מִנְּעֻרַ֖י עַד־הַיּ֥וֹם הַזֶּֽה:

הִנְנִ֣י עֲנ֣וּ בִ֣י נֶ֩גֶד֩ יְהוָ֨ה וְנֶ֜גֶד מְשִׁיח֗וֹ אֶת־שׁ֧וֹר ׀ מִ֣י לָקַ֗חְתִּי וַחֲמ֧וֹר 3
מִ֣י לָקַ֓חְתִּי וְאֶת־מִ֣י עָשַׁ֫קְתִּי אֶת־מִ֣י רַצּ֫וֹתִי וּמִיַּד־מִי֙ לָקַ֣חְתִּי כֹ֔פֶר
וְאַעְלִ֥ים עֵינַ֖י בּ֑וֹ וְאָשִׁ֖יב לָכֶֽם:

וַיֹּ֣אמְר֔וּ לֹ֥א עֲשַׁקְתָּ֖נוּ וְלֹ֣א רַצּוֹתָ֑נוּ וְלֹֽא־לָקַ֫חְתָּ מִיַּד־אִ֖ישׁ מְאֽוּמָה: 4

7) Vokalisierungsübung. Vokalisieren und übersetzen Sie:

בעת ההוא אמר יהוה אלי	(Dtn 10,1)	1
ודבורה ... היא שפטה את ישראל בעת ההיא:	(Jdc 4,4)	2
ירושלם העיר אשר בחרתי בה מכל שבטי ישראל:	(I Reg 11,32)	3
כי יודע יהוה דרך צדיקים	(Ps 1,6)	4
אלהים שופט צדיק	(Ps 7,12)	5

Lektion 12:
Nif'al; Segolata mediae Waw/Jod und tertiae Jod;
Relativ- oder Attributivsätze mit אֲשֶׁר

1. Vokabeln

Verben:

לחם	*Ni.* kämpfen
מלט	*Ni.* sich retten, entrinnen
פלא	*Ni.* wunderbar sein
שאר	*Ni.* übrigbleiben
שבע	*Ni.* schwören
זעק	rufen, schreien
מכר	verkaufen
שבר	zerbrechen
תפש	fassen, ergreifen

Nomina:
• Segolata mediae Jod/Waw:

אָוֶן	Mühe; Frevel, Sünde
אַיִל	Widder
זַיִת	Ölbaum
חַיִל	Kraft, Heer
יַיִן	Wein
מָוֶת	Tod
עַיִן	Auge; Quelle
עַיִר	junger Esel
תָּוֶךְ	Mitte

• Segolata tertiae Jod:

אֲרִי	Löwe
בְּכִי	Weinen
גְּדִי	Böckchen
חֲצִי	Hälfte, Mitte
כְּלִי	Gerät
לְחִי	Kinnbacken
פְּרִי	Frucht

צְבִי   Herrlichkeit, Stolz

שְׁבִי   Gefangenschaft

• bisher gelerntes Nomen dieser Klasse:

חֳלִי   Krankheit (6)

Weitere Vokabeln:

בֹּקֶר   Morgen

מַבּוּל   Flut

נָא   doch, gewiss *(Verstärkungspartikel)*

עוֹד   weiterhin, ferner, noch, wieder

Eigennamen:

אֵלִיָּהוּ   Elia *(n.pr.m.)*

אֶפְרַיִם   Ephraim *(n.g.; n.terr.)*

בָּבֶל   Babel *(n.l.)*

חֶבְרוֹן   Hebron *(n.l.)*

יְהוּדָה   Juda *(n.g.; n.terr.)*

יַעֲקֹב   Jakob *(n.pr.m.)*

2. Nifʿal

Das Verb lässt sich je nach Kontext *modifizieren*. So kann man etwa zu einem Verb reflexive oder passive Formen bilden, aber auch Intensiv- und Kausativ-Bildungen sind möglich. Diese Veränderungen am Verb bezeichnet man in der hebräischen Grammatik als *Stammesmodifikationen*:

fangen – gefangen werden   (passiv)

retten – sich retten   (reflexiv)

hören – hören lassen   (kausativ)

Bisher wurde der sog. *Grundstamm (= Qal)* in den Lektionen 8-11 behandelt. Der Grundstamm wird als „Qal" bezeichnet (< *qll* „leicht sein"), weil er ohne die Hinzufügung von Zusätzen gebildet wird.

Die weiteren sechs Stammesmodifikationen unterscheiden sich vom Grundstamm durch die Vokalisation sowie zusätzliche Vorsilben (Präformative). Allerdings gibt es keine Veränderungen bei den Grundelementen wie Afformativen und Präformativen zur Bezeichnung von Person, Numerus, Genus, Tempus und Modus.

Zu diesen Stammesmodifikationen zählt das Nifʿal, dessen Konjugation in dieser Lektion behandelt wird. Das Nifʿal wird abgekürzt als *Ni.* oder *ni* oder *N-Stamm*.

Regeln:

- Das Nif ͨal wird in allen Formen durch die *Voranstellung von Nun* gebildet.

נִ פְעַל

- Im Perfekt und Partizip verbindet sich das *Präformativ ni-* (< * *na*) mit dem ersten Radikal zu einer geschlossenen Silbe.

	Qal	Nif ͨal	Bedeutung: reflexiv und passiv	
Perfekt	כָּתַב	נִכְתַּב	er ist geschrieben worden	
	כָּתְבָה	נִכְתְּבָה	sie ist geschrieben worden	
	כָּתַבְתָּ	נִכְתַּבְתָּ	du hast dich geschrieben	Sg.
	כָּתַבְתְּ	נִכְתַּבְתְּ	du hast dich geschrieben	
	כָּתַבְתִּי	נִכְתַּבְתִּי	ich habe mich geschrieben	
	כָּתְבוּ	נִכְתְּבוּ	sie sind geschrieben worden	
	כְּתַבְתֶּם	נִכְתַּבְתֶּם	ihr habt euch geschrieben	Pl.
	כְּתַבְתֶּן	נִכְתַּבְתֶּן	ihr habt euch geschrieben	
	כָּתַבְנוּ	נִכְתַּבְנוּ	wir haben uns geschrieben	
Partizip	כֹּתֵב/כָּתוּב	נִכְתָּב	geschrieben	Sg.
	כֹּתְבָה/כְּתוּבָה	נִכְתָּבָה	geschrieben	
	כֹּתְבִים/כְּתוּבִים	נִכְתָּבִים	geschriebene	Pl.
	כֹּתְבוֹת/כְּתוּבוֹת	נִכְתָּבוֹת	geschriebene	

- Im Imperfekt, Imperativ und Infinitiv *assimiliert* sich das Nun an den folgenden Konsonanten, so dass *Formen mit verdoppeltem ersten Radikal* entstehen.

	Qal	Nif ͨal	Bedeutung: reflexiv und passiv	
Imperfekt	יִכְתֹּב	יִכָּתֵב	er wird geschrieben werden	
	תִּכְתֹּב	תִּכָּתֵב	sie wird geschrieben werden	
	תִּכְתֹּב	תִּכָּתֵב	du wirst dich schreiben	Sg.
	תִּכְתְּבִי	תִּכָּתְבִי	du wirst dich schreiben	
	אֶכְתֹּב	אֶכָּתֵב	ich werde mich schreiben	
	יִכְתְּבוּ	יִכָּתְבוּ	sie werden geschrieben werden	
	תִּכְתֹּבְנָה	תִּכָּתַבְנָה	sie werden geschrieben werden	Pl.
	תִּכְתְּבוּ	תִּכָּתְבוּ	ihr werdet euch schreiben	
	תִּכְתֹּבְנָה	תִּכָּתַבְנָה	ihr werdet euch schreiben	
	נִכְתֹּב	נִכָּתֵב	wir werden uns schreiben	
Kohortativ	אֶכְתְּבָה	אֶכָּתְבָה	ich will mich schreiben	

Imperativ	כְּתֹב	הִכָּתֵב	schreib dich!	Sg.
	כִּתְבִי	הִכָּתְבִי	schreib dich!	
	כִּתְבוּ	הִכָּתְבוּ	schreibt euch!	Pl.
	כְּתֹבְנָה	הִכָּתֵבְנָה	schreibt euch!	
Adhortativ	כָּתְבָה	הִכָּתְבָה	schreib dich doch/bestimmt	
Inf.cs.	כְּתֹב	הִכָּתֵב	geschrieben werden	
Inf.abs.	כָּתֹב	הִכָּתֵב	geschrieben werden/	
		(הִכָּתֹב/נִכְתֹּב)	sich schreiben	

• Bedeutung

Das Nifᶜal hat *reflexive und passive Bedeutung*:

Qal:		Nifᶜal:	
גנב	stehlen (8)	נִגְנַב	gestohlen werden
דרש	suchen (8)	נִדְרַשׁ	gesucht werden, sich suchen (= erfragen)
כרת	schneiden (8)	נִכְרַת	ausgerottet werden
לכד	fangen (8)	נִלְכַּד	gefangen werden
שׁכח	vergessen	נִשְׁכַּח	vergessen werden
שׁמר	bewahren (8)	נִשְׁמַר	sich hüten, behütet werden

Das Nifᶜal ist im Perfekt und Partizip durch die Voranstellung von *ni-* vor die Wurzel leicht erkennbar. Im Imperfekt, Imperativ und Infinitiv ist die Verdopplung des ersten Konsonanten der Wurzel *das* Kennzeichen.

Die *Eckformen* des Nifᶜal:	
3.Sg.m.Perf.:	נִכְתַּב
3.Sg.m.Impf.:	יִכָּתֵב
Imp. Sg.m.:	הִכָּתֵב
Inf.cs.:	הִכָּתֵב
Inf.abs.:	הִכָּתֵב
Ptz.:	נִכְתָּב

Sich überschneidende Formen im Qal und Nifᶜal:

Qal:			Nifᶜal:	
1.Pl.com. a-Impf.:	נִשְׁמַע	=	נִשְׁמַע	*3.Sg.m. Perf.*
Kohortativ Pl.:	נִכְתְּבָה	=	נִכְתְּבָה	*3.Sg.f. Perf.*
1.Pl.com. ō-Impf.:	נִכְתֹּב	=	נִכְתֹּב	*Inf.abs. Nebenform*

• *Zum Lexikon:*

Im Hebräischen des Alten Testaments ist nicht damit zu rechnen, dass alle Verben in allen Stammesmodifikationen belegt sind. Man muss eher vom Gegen-

teil ausgehen: Nur wenige Verben sind in allen Stammesmodifikationen belegt. *Alle* Verben, auch wenn sie nur in bestimmten Stammesmodifikationen belegt sind, werden im Lexikon unter der Wurzel angegeben. Das Verb לחם etwa hat sein Hauptvorkommen im Nifʿal. Es wird im Lexikon unter לחם zitiert, aber man lernt die Nifʿal-Bedeutung „kämpfen" (< * „handgemein werden").
Lerne: לחם *Ni.* „kämpfen".

3. Segolata mediae Waw/Jod und tertiae Jod

Zu den Segolata mediae Waw und tertiae Jod zählt eine kleinere Gruppe von Nomina, deren *Doppelkonsonanz am Wortende durch einen Hilfsvokal aufgesprengt oder durch Kontraktion aufgelöst* wurde. Hierzu zählen die Nomina mit Waw und Jod an zweiter bzw. Jod an dritter Stelle:

מָוֶת   < * mawt
זַיִת   < * zajt
פְּרִי   < * pirj < * parj

a) Segolata mediae Waw

Regel:

Im Sg.st.cs. und in allen anderen Formen tritt Kontraktion von $\bar{a}w$ zu $\bar{o}$ ein.			
	st.abs.	*st.cs.*	*Sg. + Suffix*
Singular	מָוֶת	מוֹת	מוֹתוֹ
	תָּוֶךְ	תּוֹךְ	תּוֹכִי
	אָוֶן	אוֹן	אוֹנִי
	st.abs.	*st.cs.*	*Pl. + Suffix*
Plural		מוֹתֵי	מֵתָיו
	אוֹנִים		

Bei einigen Nomina ist die Kontraktion bereits im Sg.st.abs. vollzogen worden:

שׁוֹט   Peitsche
יוֹם   Tag
צוֹם   Fasten

b) Segolata mediae Jod

Regeln:

1) Im Sg.st.cs., bei Suffixen und im Dual tritt *immer Kontraktion* von *aj* zu $\bar{e}$ ein.

	st.abs.	st.cs.	Sg. + Suffix
Singular	זַיִת	זֵית	זֵיתְךָ
	אַיִל	אֵיל	
	חַיִל	חֵיל	חֵילִי
	עַיִן	עֵין	עֵינִי
Dual:	עֵינַיִם	עֵינֵי	*Dual:* עֵינַי

2) Im Plural begegnen kontrahierte Formen, aber auch nach Analogie der a-Segolata gebildete zweisilbige Formen.

	st.abs.	st.cs.	Pl. + Suffix
Plural	זֵיתִים	זֵיתֵי	זֵיתֵיכֶם
	אֵילִים	אֵילֵי	
	חֵילִים	חֵילֵי	חֵילֵיהֶם
	עֵינוֹת	עֵינוֹת	

Bei einigen Nomina ist die Kontraktion bereits im Sg.st.abs. vollzogen worden:

חֵיק   Brust
חֵיל   (Vor-)Mauer

c) Segolata tertiae Jod

Mit Jod als drittem Radikal kommen *alle Nominaltypen* (a, i, u) vor:

פְּרִי   < * pirj < * parj
חֲצִי   < * hisj
חֳלִי   < * hulj

Regeln:

1) Singular st.abs./cs. sind gleich. Die Suffixe treten an die Grundform.

	st.abs.	st.cs.	Sg. + Suffix
Singular	פְּרִי	פְּרִי	פְּרִי
	חֲצִי	חֲצִי	חֶצְיוֹ
	חֳלִי	חֳלִי	חָלְיוֹ

2) Der Plural wird zweisilbig.

	st.abs.	st.cs.	Pl. + Suffix
Plural			
	חֳלָיִים		חֳלָיֵינוּ

4. Relativ- oder Attributivsätze mit אֲשֶׁר

Die Partikel אֲשֶׁר (Hilfsübersetzung: „von welchem gilt…") dient zur Einleitung von Sätzen, die ein Nomen in der Funktion eines Subjektes, Objektes oder in einem präpositionalen Ausdruck attributiv näher bestimmen. אֲשֶׁר ist *nicht deklinierbar*. Die Partikel steht in der Regel unmittelbar hinter dem Bezugswort. Etymologisch ist אֲשֶׁר vielleicht von einem Nomen mit der Bedeutung „Ort" abzuleiten (vgl. akkadisch *ašru* „Ort").

Gen 3,3:	הָעֵץ אֲשֶׁר בְּתוֹךְ־הַגָּן	Der Baum, („von welchem gilt" =) *der* in der Mitte des Gartens steht.
Gen 28,13:	הָאָרֶץ אֲשֶׁר אַתָּה שֹׁכֵב עָלֶיהָ	Das Land, („von welchem gilt" =) *auf dem* du gerade liegst.
Gen 2,11:	הַחֲוִילָה אֲשֶׁר שָׁם הַזָּהָב	Das Land Hawila, („von welchem gilt" =) *wo* es das Gold gibt.
Gen 45,4:	אֲנִי יוֹסֵף אֲחִיכֶם אֲשֶׁר מְכַרְתֶּם אֹתִי מִצְרָיְמָה:	Ich bin Joseph, euer Bruder, („von welchem gilt" =) *den* ihr nach Ägypten verkauft habt.
Gen 43,16:	וַיֹּאמֶר לַאֲשֶׁר עַל־בֵּיתוֹ	Er sagte zu dem, („von welchem gilt" =) *der* seinem Haus vorstand.
Ex 33,12:	וְאַתָּה לֹא הוֹדַעְתַּנִי אֵת אֲשֶׁר תִּשְׁלַח עִמִּי	Du hast mich nicht wissen lassen, („den, von welchem gilt" =) *wen* du mit mir senden wirst.

Erläuterungen zu den Beispielen:

Das einen Relativ- oder Attributsatz regierende Bezugswort ist meist determiniert (s. Gen 3,3; 28,13; 2,11), doch kann auch Indetermination begegnen.

Im Attributsatz kann durch pronominalen (s. Gen 28,13; 45,4) oder adverbiellen Rückverweis (s. Gen 2,11) auf das Bezugswort zurückverwiesen werden. Bei syntaktischer Eindeutigkeit fehlt der Rückbezug.

Zur Kennzeichnung des Dativs bzw. Akkusativs können לְ bzw. אֵת vor אֲשֶׁר treten (s. Gen 43,16; Ex 33,12).

Es besteht die Möglichkeit, Attributsätze ohne אֲשֶׁר einzuleiten (sog. *asyndetische Attributsätze*); das Bezugswort steht in der Regel im *st. cs.*

Hi 3,15:	שָׂרִים זָהָב לָהֶם	Fürsten, die Gold besaßen.
Jer 2,6:	בְּאֶרֶץ לֹא־עָבַר בָּהּ אִישׁ	im Land, in dem kein Mann herumzieht.

Asyndetische Attributsätze begegnen vor allem in der Poesie.

5. Übungen

1) Bestimmungsübungen zum Nif‘al:

1   נִלְחָמִים נִמְלְטָה נִשְׁאַרְתִּי לְהִמָּלֵט הַנִּשְׁאָרִים יִלָּחֵם הִשָּׁמֵר נִלְחַם

2   וַיִּשָּׁאֶר הַשֶּׁבַע נִמְכַּרְתֶּם נִלְכְּדָה נִלְחֲמוּ לְהִפָּתֵחַ יִמָּלְטוּ יִלָּכְדוּן

3   וְנִכְרַתָּ הִשָּׁמְרִי תִּשָּׁאַרְנָה וַיִּשָּׁבְעוּ תִּמָּכֵר הַנִּלְכָּד הִכָּרֵת נִרְדְּפֵנוּ

4   יִקָּבְרוּ נִשְׁמְרוּ וְנִקְרַב אֶקָּבֵר נִפְתְּחוּ

2) Vokalisierungsübungen zum Nif‘al:

1   יגנב נזכרים נדרשו הכרת ילכדו נשפטתי השמרו נכבדת

2   הקבצו נלחם השבעה ונקדשתי אשפטה נכרת ישמעו ויפתח

3   תלחם נשבעו השמר

3) Bestimmungsübungen zu den Segolata mediae Jod/Waw und tertiae Jod:

1   בְּכִי גְּדָיִים הַחֳלִי כְּכְלִי לֶחְיוֹ כַּצְבִי שְׁבָיִם בְּתֹכְכֶם מוֹתֵי יֵינָם

2   מִבֵּיתוֹ עֵינֵי חֵילֵיהֶם מִבְּכִי אֲרָיִים וַחֲלָיִים חֶצְיוֹ כֵּלִים פְּרָיִים

3   בְּתוֹכָהּ בְּמֹתָיו מֵאֵיל יֵינִי חֲיָלִים לְעֵינֵיכֶם חֶצְיֵנוּ כֵּלָיו וְהַלֳחָיִים

4   בְּתוֹכִי אֵילֵי וּבַיִן חֵילוֹ

4) Übersetzen Sie:

1   (Gen 2,23)   לְזֹאת יִקָּרֵא אִשָּׁה

2   (Gen 9,11)   וְלֹא־יִכָּרֵת כָּל־בָּשָׂר עוֹד מִמֵּי הַמַּבּוּל

3   (Gen 15,15)   וְאַתָּה תָּבוֹא אֶל־אֲבֹתֶיךָ בְּשָׁלוֹם תִּקָּבֵר בְּשֵׂיבָה טוֹבָה׃

4   (Gen 17,5)   וְלֹא־יִקָּרֵא עוֹד אֶת־שִׁמְךָ אַבְרָם וְהָיָה שִׁמְךָ אַבְרָהָם

וְעַתָּה הִשָּׁבְעָה לִּי בֵאלֹהִים	(Gen 21,23) 5
וַיֹּאמֶר אַבְרָהָם אָנֹכִי אִשָּׁבֵעַ:	(Gen 21,24) 6
וַיֹּאמֶר יַעֲקֹב הִשָּׁבְעָה לִּי כַּיּוֹם וַיִּשָּׁבַע לוֹ וַיִּמְכֹּר אֶת־בְּכֹרָתוֹ לְיַעֲקֹב:	(Gen 25,33) 7
הִקָּבְצוּ וְשִׁמְעוּ בְּנֵי יַעֲקֹב וְשִׁמְעוּ אֶל־יִשְׂרָאֵל אֲבִיכֶם:	(Gen 49,2) 8
כִּי־תִקְרַב אֶל־עִיר לְהִלָּחֵם עָלֶיהָ וְקָרָאתָ אֵלֶיהָ לְשָׁלוֹם:	(Dtn 20,10) 9
וְעַתָּה הִשָּׁבְעוּ־נָא לִי בַּיהוָה	(Jos 2,12) 10
כִּי נִקְבְּצוּ אֵלֵינוּ כָּל־מַלְכֵי הָאֱמֹרִי יֹשְׁבֵי הָהָר:	(Jos 10,6) 11
וַיִּלָּחֲמוּ בְנֵי־יְהוּדָה בִּירוּשָׁלַ͏ִם וַיִּלְכְּדוּ אוֹתָהּ	(Jdc 1,8) 12
מִן־שָׁמַיִם נִלְחָמוּ הַכּוֹכָבִים	(Jdc 5,20) 13
וַאֲבִימֶלֶךְ נִלְחָם בָּעִיר כֹּל הַיּוֹם הַהוּא וַיִּלְכֹּד אֶת־הָעִיר	(Jdc 9,45) 14
וַיִּקְבֹּץ יִפְתָּח אֶת־כָּל־אַנְשֵׁי גִלְעָד וַיִּלָּחֶם אֶת־אֶפְרָיִם	(Jdc 12,4) 15
וְעַתָּה הִשָּׁמֶר־נָא בַבֹּקֶר וְיָשַׁבְתָּ בַסֵּתֶר	(I Sam 19,2) 16
וַיָּמָת שְׁמוּאֵל וַיִּקָּבְצוּ כָל־יִשְׂרָאֵל וַיִּסְפְּדוּ־לוֹ	(I Sam 25,1) 17
וַיִּקָּבְצוּ פְלִשְׁתִּים ... וַיִּקְבֹּץ שָׁאוּל אֶת־כָּל־יִשְׂרָאֵל	(I Sam 28,4) 18
וַיֹּאמֶר אֵלִיָּהוּ לָהֶם תִּפְשׂוּ אֶת־נְבִיאֵי הַבַּעַל אִישׁ אַל־יִמָּלֵט מֵהֶם	(I Reg 18,40) 19
וְאָמַרְתָּ אֵלָיו הִשָּׁמֵר	(Jes 7,4) 20
וְחֵיל מֶלֶךְ־בָּבֶל נִלְחָמִים עַל־יְרוּשָׁלַ͏ִם וְעַל כָּל־עָרֵי יְהוּדָה	(Jer 34,7) 21
כֹּה אָמַר יְהוָה הִנָּתֹן תִּנָּתֵן הָעִיר הַזֹּאת בְּיַד חֵיל מֶלֶךְ־בָּבֶל	(Jer 38,3) 22

23   (Ez 36,36)   וְיָדְעוּ הַגּוֹיִם אֲשֶׁר יִשָּׁאֲרוּ סְבִיבוֹתֵיכֶם^m כִּי אֲנִי יְהוָה

24   (Hos 2,2)   וְנִקְבְּצוּ בְּנֵי־יְהוּדָה וּבְנֵי־יִשְׂרָאֵל יַחְדָּוⁱ

25   (Joel 3,5)   כֹּל אֲשֶׁר־יִקְרָא בְּשֵׁם יְהוָה יִמָּלֵט

26   (Ps 22,6)   אֵלֶיךָ זָעֲקוּ וְנִמְלָטוּ

27   (Ps 34,19)   קָרוֹב יְהוָה לְנִשְׁבְּרֵי לֵב

28   (Ps 89,4)   כָּרַתִּי בְרִית ... נִשְׁבַּעְתִּי לְדָוִד עַבְדִּי:

29   (Neh 4,14)   בִּמְקוֹם^o אֲשֶׁר תִּשְׁמְעוּ אֶת־קוֹל הַשּׁוֹפָר^p שָׁמָּה^q תִּקָּבְצוּ אֵלֵינוּ אֱלֹהֵינוּ יִלָּחֶם לָנוּ:

30   (I Chr 11,1)   וַיִּקָּבְצוּ כָל־יִשְׂרָאֵל אֶל־דָּוִיד חֶבְרוֹנָה לֵאמֹר

Erläuterungen:

a	„du wirst hingehen" (= sterben)	j	„und er starb"
b	„Alter"	k	„und sie klagten"
c	„und es soll sein"	l	„die Baalspropheten"
d	„und er sagte"	m	„eure umliegenden Gegenden"
e	„zuerst"	n	„zusammen"
f	„seine Erstgeburt"	o	„Ort" *(st.cs.)*
g	hier: „wenn"	p	„Schofar-Horn"
h	„du sollst rufen" (= antragen)	q	„dort"
i	„Versteck"		

5) Übersetzen Sie Jer 2,4-6a: Jahwes Treue und Israels Untreue

Jer 2,4-6a ist Teil des Abschnittes 2,2-13, in dem Jeremia mit einem großen Reichtum an Bildern die Kluft zwischen Jahwes Treue und Israels Untreue beschreibt. Jeremia beurteilt die Wüstenzeit Israels als die Zeit der idealen Gemeinschaft zwischen Jahwe und seinem Volk. Hierin liegt er auf gleicher Linie mit dem Propheten Hosea (ca. 750 – 725 v.Chr.).

4   שִׁמְעוּ דְבַר־^aיְהוָה בֵּית יַעֲקֹב וְכָל־מִשְׁפְּחוֹתⁱ בֵּית יִשְׂרָאֵל:

5   כֹּה אָמַר יְהוָה מַה־מָּצְאוּⁱ אֲבוֹתֵיכֶם בִּי עָוֶל^d כִּי רָחֲקוּ מֵעָלָי וַיֵּלְכוּⁱ אַחֲרֵי הַהֶבֶל וַיֶּהְבָּלוּ:

⁶ וְלֹא אָמְרוּ אַיֵּה יְהוָה הַמַּעֲלֶה' אֹתָנוּ מֵאֶרֶץ מִצְרָיִם

Erläuterungen:

a „das Wort von" *(st.cs.)*   d „Unrecht, Frevel"

b „die Sippen von" *(st.cs.)*   e „und sie gingen"

c „sie haben gefunden"   f „der uns geführt hat"

6) Lektüreübung: Jdc 9,7-15: Die Jothamfabel

Jdc 9,7-15 gehört zu den wenigen Beispielen der Gattung „Pflanzen-Fabel" im Alten Testament (vgl. noch II Reg 14,9). Die Fabel überträgt menschliche Verhältnisse auf solche zwischen Pflanzen und Tieren. Die Jothamfabel kritisiert anhand der Suche der Bäume die Wahl eines ungeeigneten Königs.

⁷ וַיַּגִּדוּ לְיוֹתָם וַיֵּלֶךְ וַיַּעֲמֹד בְּרֹאשׁ הַר־גְּרִזִים וַיִּשָּׂא קוֹלוֹ וַיִּקְרָא
וַיֹּאמֶר לָהֶם שִׁמְעוּ אֵלַי בַּעֲלֵי שְׁכֶם וְיִשְׁמַע אֲלֵיכֶם אֱלֹהִים:

⁸ הָלוֹךְ הָלְכוּ הָעֵצִים לִמְשֹׁחַ עֲלֵיהֶם מֶלֶךְ וַיֹּאמְרוּ לַזַּיִת מָלוֹכָה
(מָלְכָה) עָלֵינוּ:

⁹ וַיֹּאמֶר לָהֶם הַזַּיִת הֶחֳדַלְתִּי אֶת־דִּשְׁנִי אֲשֶׁר־בִּי יְכַבְּדוּ אֱלֹהִים
וַאֲנָשִׁים וְהָלַכְתִּי לָנוּעַ עַל־הָעֵצִים:

¹⁰ וַיֹּאמְרוּ הָעֵצִים לַתְּאֵנָה לְכִי־אַתְּ מָלְכִי עָלֵינוּ:

¹¹ וַתֹּאמֶר לָהֶם הַתְּאֵנָה הֶחֳדַלְתִּי אֶת־מָתְקִי וְאֶת־תְּנוּבָתִי הַטּוֹבָה
וְהָלַכְתִּי לָנוּעַ עַל־הָעֵצִים:

¹² וַיֹּאמְרוּ הָעֵצִים לַגָּפֶן לְכִי־אַתְּ מָלוֹכִי (מָלְכִי) עָלֵינוּ:

¹³ וַתֹּאמֶר לָהֶם הַגֶּפֶן הֶחֳדַלְתִּי אֶת־תִּירוֹשִׁי הַמְשַׂמֵּחַ אֱלֹהִים וַאֲנָשִׁים
וְהָלַכְתִּי לָנוּעַ עַל־הָעֵצִים:

¹⁴ וַיֹּאמְרוּ כָל־הָעֵצִים אֶל־הָאָטָד לֵךְ אַתָּה מְלָךְ־עָלֵינוּ:

¹⁵ וַיֹּאמֶר הָאָטָד אֶל־הָעֵצִים אִם בֶּאֱמֶת אַתֶּם מֹשְׁחִים אֹתִי לְמֶלֶךְ
עֲלֵיכֶם בֹּאוּ חֲסוּ בְצִלִּי וְאִם־אַיִן תֵּצֵא אֵשׁ מִן־הָאָטָד וְתֹאכַל
אֶת־אַרְזֵי הַלְּבָנוֹן:

Erläuterung:

Zu V. 8.12: lies die Klammerform (Qere)!

Lektion 13:
Dopplungsstamm: Pi^cel, Pu^cal, Hitpa^cel; Nomina mit zwei veränderlichen Vokalen; das Nomen כֹּל („Gesamtheit")

1. Vokabeln

Verben mit Pi^cel und Pu^cal:

בקשׁ	*Pi.* suchen
	Pu. gesucht werden
גדל	*Pi.* groß machen (גָּדוֹל 6)
	Pu. groß gezogen werden
הלל	*Pi.* jubeln, preisen („Halleluja")
	Pu. gepriesen werden
זמר	*Pi.* singen
כבד	*Pi.* ehren (כָּבֵד 7)
	Pu. geehrt sein
כבס	*Pi.* waschen
	Pu. gewaschen werden
כזב	*Pi.* lügen
כפר	*Pi.* Sühne schaffen
	Pu. gesühnt werden
למד	*Pi.* lehren (תַּלְמִיד 9)
	Pu. gelehrt werden
מלט	*Pi.* retten
ספר	*Pi.* erzählen (ספר *Qal* 9)
	Pu. erzählt werden
פלט	*Pi.* retten
שׁלם	*Pi.* vergelten, ersetzen (שָׁלוֹם 7)
	Pu. vergolten werden

Verben mit Hitpa^cel:

הלל	*Hitp.* sich rühmen („Halleluja")
יצב	*Hitp.* sich hinstellen

סתר	*Hitp.* sich verbergen
פלל	*Hitp.* beten (תְּפִלָּה 11)
צדק	*Hitp.* sich rechtfertigen (צֶדֶק 6)
קדש	*Hitp.* sich heiligen (קָדוֹשׁ 7)
שמר	*Hitp.* sich hüten

Nomina:

• Nomina mit zwei veränderlichen Vokalen:

זָכָר	männlich
זָקֵן	alt, Ältester (זָקֵן 10)
חָדָשׁ	neu
חָלָל	durchbohrt
חָמָס	Unrecht, Gewalttat
כָּנָף	Flügel
כָּתֵף	Schulter, Berghang
לֵבָב	Herz
מָטָר	Regen
נָהָר	Fluss, Strom
עָפָר	Staub
שָׁלָל	Beute

• bisher gelernte Nomina dieser Klasse:

כָּבֵד (7), רָעָב (7), עָנָן (6), דָּבָר (10), אָדָם (6)

Weitere Vokabeln:

אכל	essen
גְּבוּרָה	Stärke (גִּבּוֹר 7)
וַיֹּאמֶר	und er sagte (אמר 10)
חַיִּים	Leben
לֵאמֹר	folgendermaßen, indem er sagte (אמר 10)
עֶגְלָה	junge Kuh
רפא	heilen

Eigennamen:

אָמוֹץ	Amos *(n.pr.m.)*
אַשּׁוּר	Assur *(n.terr.)*
יָבֵישׁ	Jabesch *(n.l.)*
מִצְפָּה	Mispa *(n.l.)*
סַנְחֵרִב	Sanherib *(n.pr.m.)*
קִישׁ	Kisch *(n.pr.m.)*

2. Der Dopplungsstamm: Pi°el, Pu°al, Hitpa°el

Die drei Stammesmodifikationen Pi°el, Pu°al und Hitpa°el werden als *Dopplungs-stamm* zusammengefasst, weil bei ihnen *in allen Formen der mittlere Radikal verdoppelt* wird.

a) Pi°el

Gegenüber dem Qal zeigt das Pi°el folgende Veränderungen:

- Das Pi°el ist in allen Formen durch den *verdoppelten mittleren Konsonanten* gekennzeichnet.
- Das Perfekt hat in der geschärften ersten Silbe *–i* (< * *a*).

Perfekt	Qal	Pi °el	Bedeutung: faktitiv	
	כָּבֵד	כִּבֵּד	er hat geehrt	
	כָּבְדָה	כִּבְּדָה	sie hat geehrt	
	כָּבַדְתָּ	כִּבַּדְתָּ	du *(m.)* hast geehrt	Sg.
	כָּבַדְתְּ	כִּבַּדְתְּ	du *(f.)* hast geehrt	
	כָּבַדְתִּי	כִּבַּדְתִּי	ich habe geehrt	
	כָּבְדוּ	כִּבְּדוּ	sie haben geehrt	
	כְּבַדְתֶּם	כִּבַּדְתֶּם	ihr *(m.)* habt geehrt	
	כְּבַדְתֶּן	כִּבַּדְתֶּן	ihr *(f.)* habt geehrt	Pl.
	כָּבַדְנוּ	כִּבַּדְנוּ	wir haben geehrt	

- Im Imperativ, Infinitiv constructus und absolutus steht in der geschärften ersten Silbe *–a*.

Imperativ	Qal	Pi °el	Bedeutung: faktitiv	
	כְּבַד	כַּבֵּד	ehre	Sg.
	כִּבְדִי	כַּבְּדִי	ehre	
	כִּבְדוּ	כַּבְּדוּ	ehrt	Pl.
	כְּבַדְנָה	כַּבֵּדְנָה	ehrt	
Adhortativ	כָּבְדָה	כַּבְּדָה	ehre doch	
Inf. cs.	כְּבֹד	כַּבֵּד	ehren	
Inf. abs.	כָּבֹד	כַּבֵּד	ehren	

- Im Imperfekt, Kohortativ und Partizip wird der Vokal der Vorsilbe zu Schwa mobile reduziert (< * *a*).

	Qal	Pi ᶜel	Bedeutung: faktitiv	
Imperfekt	יְכַבֵּד	יְכַבֵּד	er wird ehren	
	תְּכַבֵּד	תְּכַבֵּד	sie wird ehren	
	תְּכַבֵּד	תְּכַבֵּד	du *(m.)* wirst ehren	Sg.
	תְּכַבְּדִי	תְּכַבְּדִי	du *(f.)* wirst ehren	
	אֲכַבֵּד	אֲכַבֵּד	ich werde ehren	
	יְכַבְּדוּ	יְכַבְּדוּ	sie *(m.)* werden ehren	
	תְּכַבֵּדְנָה	תְּכַבֵּדְנָה	sie *(f.)* werden ehren	
	תְּכַבְּדוּ	תְּכַבְּדוּ	ihr *(m.)* werdet ehren	Pl.
	תְּכַבֵּדְנָה	תְּכַבֵּדְנָה	ihr *(f.)* werdet ehren	
	נְכַבֵּד	נְכַבֵּד	wir werden ehren	
Kohortativ	אֲכַבְּדָה	אֲכַבְּדָה	ich will ehren	
Verbal-	כָּבֵד	מְכַבֵּד	ehrend *(m.)*	Sg.
adjektiv/	כְּבֵדָה	מְכַבֶּדֶת	ehrend *(f.)*	
Partizip	כְּבֵדִים	מְכַבְּדִים	ehrende *(m.)*	Pl.
	כְּבֵדוֹת	מְכַבְּדוֹת	ehrende *(f.)*	

• **Bedeutung**
Das Piᶜel hat gegenüber dem Qal *faktitiv-resultative* und *denominative Bedeutung*. Mit „*faktitiv-resultativ*" wird folgendes ausgesagt: Das Subjekt *bewirkt* am Objekt den von dem entsprechenden Adjektiv oder vom passiven Partizip Qal ausgesagten *Zustand*; im Deutschen läßt sich dies durch die Hinzufügung von „machen" in etwa ausdrücken: „jmdn. machen zu...".

שׁבר	Qal:	„zerbrechen"
	Qal Ptz.Pass.:	„gebrochen, zerbrochen"
	⟶ Piᶜel:	„zerbrochen machen" = „zerschmettern"
פתח	Qal:	„öffnen"
	Qal Ptz.Pass.:	„geöffnet"
	⟶ Piᶜel:	„geöffnet machen" = „lösen"
כָּבֵד	Qal:	„schwer sein"
	Adjektiv:	„schwer"
	⟶ Piᶜel:	„schwer machen" = „(jmdn.) ehren"

Qal:		Pi ᶜel:		
אבד	zugrunde gehen	אִבֵּד	zugrunde richten	*faktitiv-resultativ*
קדשׁ	heilig sein (9)	קִדֵּשׁ	heiligen	
גדל	groß sein (9)	גִּדֵּל	groß machen, erziehen	
למד	lernen (10)	לִמֵּד	lehren	
טמא	unrein sein (8)	טִמֵּא	verunreinigen	

שבר	zerbrechen (12)	שִׁבֵּר	zerschmettern	
פתח	öffnen (11)	פִּתַּח	lösen	
ספר	zählen (9)	סִפֵּר	aufzählen, erzählen	
הלך	gehen (11)	הִלֵּךְ	auf- und abgehen	
אֲלֻמָּה	Garbe	אִלֵּם	Garben binden	*denominativ*
קֵן	Nest	קִנֵּן	ein Nest bauen	

Weitere bisher gelernte Verben im Qal, die auch im Pi^cel belegt sind:

Qal:		*Pi^cel:*	
כָּבֵד	schwer sein (7)	כִּבֵּד	schwer machen = ehren
כתב	schreiben (8)	כִּתֵּב	schreiben
מָלֵא	voll sein (11)	מִלֵּא	erfüllen, anfüllen
צדק	gerecht sein (9)	צִדֵּק	als gerecht erscheinen lassen
קבר	begraben (10)	קִבֵּר	begraben
רדף	verfolgen (9)	רִדֵּף	nachlaufen, verfolgen
שלם	unversehrt sein (10)	שִׁלֵּם	ersetzen, vergelten

Das Pi^cel ist im Perfekt durch den Vokal *–i* unter dem ersten Radikal und im Imperfekt, Imperativ, Inf.cs. und abs. und Partizip durch den Vokal *–a* unter dem ersten Radikal der Wurzel leicht erkennbar.

Die *Eckformen* des Pi^cel:	
3.Sg.m.Perf.:	כִּבֵּד
3.Sg.m.Impf.:	יְכַבֵּד
Imp. Sg.m.:	כַּבֵּד
Inf.cs.:	כַּבֵּד
Inf.abs.:	כַּבֵּד
Ptz.:	מְכַבֵּד

Sich überschneidende Formen im Pi^cel:

Imperativ Sg.m.:	כַּבֵּד
Inf.cs.:	כַּבֵּד
Inf.abs.:	כַּבֵּד

- Besonderheiten:
  - In der 3.Sg.m.Perf.Pi. begegnen folgende Vokale in der Endsilbe:

-ē	*-a*	*-ä*
כִּבֵּד	לִמַּד	דִּבֶּר
		כִּבֶּס
		כִּפֶּר

- Vor Schwa mobile *kann* das Dagesch forte *wegfallen*:

בְּקֻשׁוּ   für   בִּקְּשׁוּ

וַיְכַבֵּד   für   וַיְּכַבֵּד

b) Pu°al

Gegenüber dem Qal zeigt das Pu°al folgende Veränderungen:

- Das Pu°al ist in allen Formen durch den verdoppelten mittleren Konsonanten gekennzeichnet.
- Das Pu°al hat in allen Formen in der geschärften Silbe ein *–u*.

	Qal	Pu°al	Bedeutung: Passiv zum Pi°el	
Perfekt	כָּבֵד	כֻּבַּד	er ist geehrt worden	
	כָּבְדָה	כֻּבְּדָה	sie ist geehrt worden	
	כָּבַדְתָּ	כֻּבַּדְתָּ	du *(m.)* bist geehrt worden	*Sg.*
	כָּבַדְתְּ	כֻּבַּדְתְּ	du *(f.)* bist geehrt worden	
	כָּבַדְתִּי	כֻּבַּדְתִּי	ich bin geehrt worden	
	כָּבְדוּ	כֻּבְּדוּ	sie sind geehrt worden	
	כְּבַדְתֶּם	כֻּבַּדְתֶּם	ihr *(m.)* seid geehrt worden	*Pl.*
	כְּבַדְתֶּן	כֻּבַּדְתֶּן	ihr *(f.)* seid geehrt worden	
	כָּבַדְנוּ	כֻּבַּדְנוּ	wir sind geehrt worden	
Imperfekt	יִכְבַּד	יְכֻבַּד	er wird geehrt werden	
	תִּכְבַּד	תְּכֻבַּד	sie wird geehrt werden	
	תִּכְבַּד	תְּכֻבַּד	du *(m.)* wirst geehrt werde	*Sg.*
	תִּכְבְּדִי	תְּכֻבְּדִי	du *(f.)* wirst geehrt werden	
	אֶכְבַּד	אֲכֻבַּד	ich werde geehrt werden	
	יִכְבְּדוּ	יְכֻבְּדוּ	sie *(m.)* werden geehrt werden	
	תִּכְבַּדְנָה	תְּכֻבַּדְנָה	sie *(f.)* werden geehrt werden	
	תִּכְבְּדוּ	תְּכֻבְּדוּ	ihr *(m.)* werdet geehrt werden	*Pl.*
	תִּכְבַּדְנָה	תְּכֻבַּדְנָה	ihr *(f.)* werdet geehrt werden	
	נִכְבַּד	נְכֻבַּד	wir werden geehrt werden	
Imperativ	כְּבַד		-	
Inf.cs.	כְּבֹד		-	
Inf.abs.	כָּבֹד	כֻּבֹּד	geehrt werden	
Partizip	כָּבוּד	מְכֻבָּד	geehrt werdend *(m.)*	
	כְּבוּדָה	מְכֻבָּדָה/מְכֻבֶּדֶת	geehrt werdend *(f.)*	*Sg.*

| | כְּבוּדִים | מְכֻבָּדִים | geehrt werdende *(m.)* | *Pl.* |
| | כְּבוּדוֹת | מְכֻבָּדוֹת | geehrt werdende *(f.)* | |

- Bedeutung

Das Puᶜal ist das *Passiv zum Piᶜel:*

בקש	בֻּקַּשׁ	gesucht werden
(9) כבד	כֻּבַּד	geehrt werden
כפר	כֻּפַּר	gesühnt werden
לבש	לֻבַּשׁ	bekleidet werden
(10) למד	לֻמַּד	belehrt werden
(9) ספר	סֻפַּר	erzählt werden
(9) קדשׁ	קֻדַּשׁ	geheiligt werden
(9) שׁלח	שֻׁלַּח	weggeschickt werden
(10) שׁלם	שֻׁלַּם	vergolten werden

Das Puᶜal ist in allen Formen durch den Vokal *–u* unter dem ersten Radikal der Wurzel leicht erkennbar.

Die *Eckformen* des Puᶜal:	
3.Sg.m.Perf.:	כֻּבַּד
3.Sg.m.Impf.:	יְכֻבַּד
Imp. Sg.m.:	
Inf.cs.:	
Inf.abs.:	כֻּבַּד
Ptz.:	מְכֻבָּד

- Besonderheiten:

  - Anstelle des Vokals *–u* begegnet auch Qamäs Chatuph:
    Ex 25,5:   מְאָדָּם   rot gefärbt

  - Leicht verwechselbar mit dem Puᶜal ist das sog. *passive Qal*, das sich bei einigen Verben noch erhalten hat.
    Passives Qal:

Perfekt:	(לקח) לֻקַּח	(שדד) שֻׁדַּד	(ילד) יֻלַּד
	er ist geholt worden	er ist verwüstet worden	er ist geboren worden
Imperfekt:	(לקח) יֻקַּח		(נתן) יֻתַּן
	er wird genommen werden		er wird gegeben werden

c) Hitpaᶜel

Gegenüber dem Qal zeigt das Hitpaᶜel folgende Veränderungen:

- Das Hitpaᶜel ist in allen Formen durch den verdoppelten mittleren Konsonanten gekennzeichnet.

- Das Hitpaᶜel ist durch das Präformativ *hit-* und den Vokal *–a* unter dem ersten Radikal der Wurzel gekennzeichnet. Im Imperfekt wird das *–h* des Präformativs *elidiert* und durch das Personenkennzeichen *ersetzt.* Im Partizip wird das *–h* durch *–m* ersetzt.

	Qal	*Hitpa ᶜel*	*Bedeutung: Reflexiv zum Pi ᶜel*	
Perfekt	כָּבֵד	הִתְכַּבֵּד	er hat sich geehrt	
	כָּבְדָה	הִתְכַּבְּדָה	sie hat sich geehrt	
	כָּבַדְתָּ	הִתְכַּבַּדְתָּ	du *(m.)* hast dich geehrt	*Sg.*
	כָּבַדְתְּ	הִתְכַּבַּדְתְּ	du *(f.)* hast dich geehrt	
	כָּבַדְתִּי	הִתְכַּבַּדְתִּי	ich habe mich geehrt	
	כָּבְדוּ	הִתְכַּבְּדוּ	sie haben sich geehrt	
	כְּבַדְתֶּם	הִתְכַּבַּדְתֶּם	ihr *(m.)* habt euch geehrt	*Pl.*
	כְּבַדְתֶּן	הִתְכַּבַּדְתֶּן	ihr *(f.)* habt euch geehrt	
	כָּבַדְנוּ	הִתְכַּבַּדְנוּ	wir haben uns geehrt	
Imperfekt	יִכְבַּד	יִתְכַּבֵּד	er wird sich ehren	
	תִּכְבַּד	תִּתְכַּבֵּד	sie wird sich ehren	
	תִּכְבַּד	תִּתְכַּבֵּד	du *(m.)* wirst dich ehren	*Sg.*
	תִּכְבְּדִי	תִּתְכַּבְּדִי	du *(f.)* wirst dich ehren	
	אֶכְבַּד	אֶתְכַּבֵּד	ich werde mich ehren	
	יִכְבְּדוּ	יִתְכַּבְּדוּ	sie *(m.)* werden sich ehren	
	תִּכְבַּדְנָה	תִּתְכַּבֵּדְנָה	sie *(f.)* werden sich ehren	
	תִּכְבְּדוּ	תִּתְכַּבְּדוּ	ihr *(m.)* werdet euch ehren	*Pl.*
	תִּכְבַּדְנָה	תִּתְכַּבֵּדְנָה	ihr *(f.)* werdet euch ehren	
	נִכְבַּד	נִתְכַּבֵּד	wir werden uns ehren	
Kohortativ	אֶכְבְּדָה	אֶתְכַּבְּדָה	ich will mich ehren	
Imperativ	כְּבַד	הִתְכַּבֵּד	ehre dich *(m.)*	*Sg.*
	כִּבְדִי	הִתְכַּבְּדִי	ehre dich *(f.)*	
	כִּבְדוּ	הִתְכַּבְּדוּ	ehrt euch *(m.)*	*Pl.*
	כְּבַדְנָה	הִתְכַּבֵּדְנָה	ehrt euch *(f.)*	
Adhortativ	כָּבְדָה	הִתְכַּבְּדָה	ehre dich doch	

Inf.cs.	כְּבֹד	הִתְכַּבֵּד	sich ehren	
Inf.abs.	כָּבֹד	הִתְכַּבֵּד	sich ehren	
Verbal-	כָּבֵד	מִתְכַּבֵּד	sich ehrend *(m.)*	*Sg.*
adjektiv/	כְּבֵדָה	מִתְכַּבְּדָה/מִתְכַּבֶּדֶת	sich ehrend *(f.)*	
Partizip	כְּבֵדִים	מִתְכַּבְּדִים	sich ehrende *(m.)*	*Pl.*
	כְּבֵדוֹת	מִתְכַּבְּדוֹת	sich ehrende *(f.)*	

• Bedeutung
Das Hitpaᶜel bildet die *reflexive Entsprechung zum Pi ᶜel*:

Piᶜel: Hitpaᶜel:

קַדֵּשׁ   heiligen   הִתְקַדֵּשׁ   sich heiligen

גַּדֵּל   groß machen   הִתְגַּדֵּל   sich groß/stolz zeigen

כַּבֵּד   ehren   הִתְכַּבֵּד   sich ehren/brüsten

Das Hitpaᶜel ist durch das charakteristische Präformativ *hit-* und den Vokal *–a*
unter dem ersten Radikal der Wurzel leicht erkennbar.

Die *Eckformen* des Hitpaᶜel:	
3.Sg.m.Perf.:	הִתְכַּבֵּד
3.Sg.m.Impf.:	יִתְכַּבֵּד
Imp. Sg.m.:	הִתְכַּבֵּד
Inf.cs.:	הִתְכַּבֵּד
Inf.abs.:	הִתְכַּבֵּד
Ptz.:	מִתְכַּבֵּד

Sich überschneidende Formen im Hitpaᶜel:

3.Sg.m. Perf.:	הִתְכַּבֵּד
Imp. Sg.m.:	הִתְכַּבֵּד
Inf.cs.:	הִתְכַּבֵּד
Inf.abs.:	הִתְכַּבֵּד
3.Pl.com. Perf.:	הִתְכַּבְּדוּ
Imp. Pl.m.:	הִתְכַּבְּדוּ
3.Sg.f. Perf.:	הִתְכַּבְּדָה
Adhortativ:	הִתְכַּבְּדָה

• Besonderheiten:
 - *Metathese vor Zischlauten (Sibilanten):* Beginnt das Verb mit einem der
   Zischlaute *s, ś, š, ṣ* (für *z* fehlen Beispiele), so tauscht das *t* des Hitpaᶜel mit
   dem Zischlaut die Stelle:

שָׁמַר   –   הִשְׁתַּמֵּר

סָתַר   –   הִסְתַּתֵּר

- Bei dem Konsonanten *ṣ* wird zusätzlich zur Metathese noch das *t* in das diesem verwandte *ṭ* verwandelt:

נִצְטַדֵּק   –   צדק

- *Assimilation vor Dentalen:* Beginnt das Verb mit einem der Dentale *d, ṭ, t*, so assimiliert das *t* des Präformativs:

דבר   –   מִתְדַּבֵּר   >   מִדַּבֵּר

טהר   –   מִתְטַהֵר   >   מִטַּהֵר

- Anstelle von *ē* begegnet auch *a* in der zweiten Stammsilbe:

יִתְהַלֵּךְ   וַיִּתְיַצַּב

- *Sehr selten* ist die Umwandlung des Hitpaᶜel in ein *passives Hotpa ᶜal*:

Lev 13,55f.:   הֻכַּבֵּס   gewaschen werden *(3.Sg.m. Perf.)*

Dtn 24,4:   הֻטַּמָּאָה   sich verunreinigen lassen *(3.Sg.f. Perf.)*

d) Die Eckformen des Dopplungsstammes: Piᶜel, Puᶜal, Hitpaᶜel

	Piᶜel	Puᶜal	Hitpaᶜel
3.Sg.m. Perfekt	כִּבֵּד	כֻּבַּד	הִתְכַּבֵּד
3.Sg.m. Imperfekt	יְכַבֵּד	יְכֻבַּד	יִתְכַּבֵּד
Imperativ Sg.m.	כַּבֵּד		הִתְכַּבֵּד
Infinitiv constructus	כַּבֵּד		הִתְכַּבֵּד
Infinitiv absolutus	כַּבֵּד	כֻּבֹּד	הִתְכַּבֵּד
Partizip	מְכַבֵּד	מְכֻבָּד	מִתְכַּבֵּד

3. Nomina mit zwei veränderlichen Vokalen

Zu den Nomina mit zwei veränderlichen Vokalen zählen Nomina und Adjektive mit der Vokalisation

$\bar{a} - \bar{a}$:   דָּבָר   Wort, Sache *(qatal-Bildung)*

$\bar{a} - \bar{e}$:   חָצֵר   Vorhof *(qatil-Bildung)*

Regeln:

1) Im Pl.st.abs. und in den Formen mit leichten singularischen und pluralischen Suffixen wird der erste Vokal zu *Schwa mobile* reduziert.

Sg.st.abs.	Pl.st.abs.	Sg. + leichte Suffixe	Pl. + leichte Suffixe
דָּבָר	דְּבָרִים	דְּבָרִי	דְּבָרַי
חָצֵר	חֲצֵרִים	חֲצֵרִי	חֲצֵרַי

2) Im Sg.st.cs. und in den Formen mit schweren singularischen Suffixen wird der erste Vokal zu *Schwa mobile* und der zweite Vokal zu *Patach* reduziert.

Sg.st.abs.	Sg.st.cs.	Sg. + schwere Suffixe
דָּבָר	דְּבַר	דְּבַרְכֶם
חָצֵר	חֲצַר	חֲצַרְכֶם

3) Im Pl.st.cs. und in den Formen mit schweren pluralischen Suffixen werden beide Vokale zu *Schwa mobile* reduziert, was zur Vokalisation mit *i* bzw. *a* bei Laryngalen und *Schwa medium* führt.

Sg.st.abs.	Pl.st.cs.	Pl. + schwere Suffixe
דָּבָר	דִּבְרֵי	דִּבְרֵיכֶם
חָצֵר	חַצְרֵי	חַצְרֵיכֶם

Besonderheiten:

-	נָהָר	doppelte Pluralbildung:	I	נְהָרִים	Pl.st.abs.
			II	נְהָרוֹת	Pl.st.abs.
-	כָּתֵף	Pluralbildung auf –ōt:		כְּתֵפוֹת	Pl.st.abs.
-	עָפָר	Pluralbildung auf –ōt:		עֲפָרוֹת	Pl.st.cs.
-	לֵבָב	Pluralbildung auf –ōt:		לְבָבוֹת	Pl.st.abs.

4. Die Übersetzung von כֹּל („Gesamtheit")

a) Vor nichtdeterminierten Nomina im Singular: *jeder, jede, jedes*

כָּל־יוֹם	jeder Tag
כָּל־אִישׁ	jedermann
כָּל־עַם	jedes Volk

b) Vor determinierten Nomina im Singular: *ganz*

כָּל־הָאָרֶץ	die ganze Erde
כָּל־הָעָם	das ganze Volk
כָּל־הַיּוֹם	der ganze Tag
מִצְרַיִם כֻּלָּהּ	Ägypten, seine Gesamtheit *(hier mit pronominalem Rück-verweis)*

c) Vor determinierten Nomina im Plural: *alle*

כָּל־הָאֲנָשִׁים   alle Männer

כָּל־הָאָדָם   alle Menschen

5. Übungen

1) Bestimmungsübungen zum Dopplungsstamm: Pi^cel, Pu^cal, Hitpa^cel

1   וְכֻבַּס בַּקְּשׁוּ תְּכַפֵּר שַׁלְמֵי וַיְסַפֵּר־ כֻּזַּב אֲכַפְּרָה יְזַמְּרוּ לְמֻדֹּת

2   יְכֻבַּד וְשִׁלַּמְתִּי סֻפַּר הִתְכַּבְּדִי זַמְּרוּ מְשֻׁלָּם וְאֶשְׁתַּמֵּר וְהַמְבַקְשִׁים

3   מְלַמְּדֵי סַפְּרוּ זַמְּרָה מְלֻמְּדֵי־ גֻּדַּל קֻבְּצָה פַּלְּטָה נִצְטַדָּק הַיִּשַׁלַּם

4   מְלַמֵּד מְשֻׁלָּמִים יְבַקֵּשׁ כֻּבַּסִי הִתְפַּלַּלְתִּי אֲכַבְּדָה מְלֻמְּדָה וַאֲפַלְּטָה

5   מְקֻבֶּצֶת יְגַדְּלוּ וִיזַמְּרוּ תִּסְתַּתֵּר וְהִתְגַּדַּלְתִּי

2) Vokalisierungsübungen zum Dopplungsstamm: Pi^cel, Pu^cal, Hitpa^cel

1   שלמו ויבקשו וישתמר יכפר מקבץ למד תפלט התהללו

2   מסתתר המקדש וקדשת תדברנה יטמאו הלכו מלבשים

3) Bestimmungsübungen zu den Nomina mit zwei veränderlichen Vokalen:

1   נְהָרוֹת וּבַדְּבָר נְהַר בִּדְבַר מִנְהַר דִּבְרֵיהֶם נַהֲרֹתָם כְּנָפַיִם כְּנָפָיו

2   וְזִקְנֵי לְבָבֵנוּ מְטַר כַּנְפֵי דִּבְרִי דְּבָרֵנוּ כְּנָפֶיךָ וַחֲמַס־ דְּבָרוֹ

3   הַזְּכָרִים מֵחֲמַס כַּמְטַר כִּדְבָרִים חֲמָסִים דְּבָרָיו לְבַבְכֶם הַזְּקֵנִים

4   מֵהַשָּׁלָל לְבָבִי וּשְׁלַל וּבִלְבָבוֹ זְקֵנֵינוּ לְבָבָם הֶעָנָן שְׁלָלוֹ

5   זְקֵנֶיךָ כַּעֲנָנִים וּשְׁלָלָם

4) Vokalisierungsübungen zu den Nomina mit zwei veränderlichen Vokalen:

1 עפרם דברי בלבבו ועפרך לזקניו וברעב

2 זקנינו עפרה וענן ושללם

5) Übersetzen Sie:

(Gen 20,17) 1 וַיִּתְפַּלֵּל אַבְרָהָם אֶל־הָאֱלֹהִים וַיִּרְפָּא אֱלֹהִים אֶת־אֲבִימֶלֶךְ וְאֶת־אִשְׁתּוֹ ... :

(Gen 24,30) 2 ... וּכְשָׁמְעוֹ אֶת־דִּבְרֵי רִבְקָה אֲחֹתוֹ לֵאמֹר כֹּה־דִּבֶּר אֵלַי הָאִישׁ ...

(Gen 37,16) 3 ... וַיֹּאמֶר אֶת־אַחַי אָנֹכִי מְבַקֵּשׁ

(Ex 17,7) 4 הֲיֵשׁ יְהוָה בְּקִרְבֵּנוּ אִם אָיִן :

(Num 23,26) 5 הֲלֹא דִּבַּרְתִּי אֵלֶיךָ לֵאמֹר כֹּל אֲשֶׁר־יְדַבֵּר יְהוָה אֹתוֹ אֶעֱשֶׂהˡ :

(Dtn 4,1) 6 וְעַתָּה יִשְׂרָאֵל שְׁמַע אֶל־הַחֻקִּיםˢ וְאֶל־הַמִּשְׁפָּטִים אֲשֶׁר אָנֹכִי מְלַמֵּד אֶתְכֶם ...

(Dtn 4,14) 7 וְאֹתִי צִוָּהˢ יְהוָה בָּעֵת הַהִוא לְלַמֵּד אֶתְכֶם חֻקִּיםˢ וּמִשְׁפָּטִים ...

(Dtn 4,29) 8 ... וּבִקַּשְׁתֶּם מִשָּׁםˢ אֶת־יְהוָה אֱלֹהֶיךָ ...

(Jdc 4,22) 9 וְאַרְאֶךָ‎ᶠ אֶת־הָאִישׁ אֲשֶׁר אַתָּה מְבַקֵּשׁ

(I Sam 10,20f.) 10 ... וַיִּלְכֵּד שֵׁבֶט בִּנְיָמִן : ... וַתִּלָּכֵד מִשְׁפַּחַת הַמַּטְרִי‎ᵘ וַיִּלָּכֵד שָׁאוּל בֶּן־קִישׁ

(II Reg 6,17) 11 וַיִּתְפַּלֵּל אֱלִישָׁע‎ʰ וַיֹּאמַר יְהוָה פְּקַח־נָא אֶת־עֵינָיו ... וַיִּפְקַח יְהוָה אֶת־עֵינֵי הַנַּעַר ...

(II Reg 19,15) 12 וַיִּתְפַּלֵּל חִזְקִיָּהוּ לִפְנֵי יְהוָה וַיֹּאמַר יְהוָה אֱלֹהֵי יִשְׂרָאֵל יֹשֵׁב הַכְּרֻבִים‎ˢ אַתָּה־הוּא הָאֱלֹהִים

(Jes 45,15) 13 אַתָּה אֵל מִסְתַּתֵּר

וְאֶמֶתʾ לֹא יְדַבֵּרוּ לִמְּדוּ לְשׁוֹנָם֙ דַּבֶּר־שֶׁקֶר	(Jer 9,4)	14
... עַד־יֹום אֲשֶׁר־נִלְכְּדָה יְרוּשָׁלָ͏ִם	(Jer 38,28)	15
גַּם־אַתְּ תִּלָּכֵדִי	(Jer 48,7)	16
אָמְרוּ נִלְכְּדָה בָבֶל	(Jer 50,2)	17
וּתְבֻקְשִׁי וְלֹא־תִמָּצְאִי עֹוד לְעֹולָםʾʾʾ נְאֻםʾʾʾ אֲדֹנָי יְהוִה׃	(Ez 26,21)	18
דְּבַר־יְהוָה אֲשֶׁר הָיָהʾ אֶל־הֹושֵׁעַʾ בֶּן־בְּאֵרִיʾ בִּימֵי עֻזִּיָּהʾ יֹותָםʾ	(Hos 1,1)	19
אָחָזʾ יְחִזְקִיָּהʾ מַלְכֵי יְהוּדָה וּבִימֵי יָרָבְעָםʾ בֶּן־יֹואָשׁʾ מֶלֶךְ		
יִשְׂרָאֵל׃		
... וּבִקְשׁוּ אֶת־יְהוָה אֱלֹהֵיהֶם וְאֵת דָּוִד מַלְכָּם	(Hos 3,5)	20
וְאֶפְרַיִם עֶגְלָה מְלֻמָּדָה	(Hos 10,11)	21
בַּיהוָה תִּתְהַלֵּל נַפְשִׁי יִשְׁמְעוּ עֲנָוִיםʾ וְיִשְׂמָחוּʾ׃	(Ps 34,3)	22
זַמְּרוּ אֱלֹהִים זַמֵּרוּ זַמְּרוּ לְמַלְכֵּנוּ זַמֵּרוּ׃	(Ps 47,7)	23
גָּדֹול יְהוָה וּמְהֻלָּל מְאֹד בְּעִיר אֱלֹהֵינוּ הַר־קָדְשֹׁו׃	(Ps 48,2)	24
הֲלֹא דָוִד מִסְתַּתֵּר עִמָּנוּ׃	(Ps 54,2)	25
וַיְבֻקַּשׁ הַדָּבָר וַיִּמָּצֵאʾ	(Esth 2,23)	26
וַיִּכְתֹּב מָרְדֳּכַיʾ אֶת־הַדְּבָרִים הָאֵלֶּה וַיִּשְׁלַח סְפָרִים	(Esth 9,20)	27
אֶל־כָּל־הַיְּהוּדִים		
וַנִּתְפַּלֵּל אֶל־אֱלֹהֵינוּ	(Neh 4,3)	28
וְיִתְפַּלְלוּ וִיבַקְשׁוּ פָנַיʾ	(II Chr 7,14)	29
וַתִּשְׁמַע עֲתַלְיָהוּʾʾ אֶת־קֹול הָעָם ... וְהַמְהַלְלִים אֶת־הַמֶּלֶךְ	(II Chr 23,12)	30

Erläuterungen:

a	„so"	l	„ihre Sprache"
b	„ich will tun"	m	„auf immer"
c	„die (Einzel)gesetze/vorschriften"	n	„Ausspruch"
d	„er hat beauftragt/befohlen"	o	„es erging"
e	„von dort"	p	„Elende"
f	„ich werde dir zeigen"	q	Wurzel שׂמח: „sich freuen"
g	„die Sippe Matri"	r	Wurzel מצא: „finden"
h	„Elisa" *(n.pr.m.)*	s	„Mordochai" *(n.pr.m.)*
i	Wurzel פקח: „öffnen"	t	„mein Angesicht"
j	„die Keruben"	u	„Athalja" *(n.pr.f.)*
k	„Wahrheit"	v	*Eigennamen (n.pr.m.)*

6) Übersetzen Sie Gen 31,53-32,4: Jakob und Laban

Der Abschnitt ist Teil der Erzählung von Jakobs Trennung von Laban: Vorbereitungen zur Flucht: V.1-16; die Flucht: V.17-25; der Vertrag mit Laban: V.26-32,1. Die Notiz über die Engel von Mahanaim (32,2f.) leitet über zur Erzählung von Jakobs Vorbereitungen für seine Begegnung mit Esau (32,4-22).

53 אֱלֹהֵי אַבְרָהָם וֵאלֹהֵי נָחוֹרᵃ יִשְׁפְּטוּ בֵינֵינוּ אֱלֹהֵי אֲבִיהֶם וַיִּשָּׁבַע
יַעֲקֹב בְּפַחַדᵇ אָבִיו יִצְחָק:

54 וַיִּזְבַּח יַעֲקֹב זֶבַח בָּהָר וַיִּקְרָא לְאֶחָיו לֶאֱכָל־לָחֶם וַיֹּאכְלוּ לֶחֶם
וַיָּלִינוּᶜ בָּהָר:

1 (32) וַיַּשְׁכֵּםᵈ לָבָן בַּבֹּקֶר וַיְנַשֵּׁקᵉ לְבָנָיו וְלִבְנוֹתָיו וַיְבָרֶךְᶠ אֶתְהֶם וַיֵּלֶךְᵍ
וַיָּשָׁבʰ לָבָן לִמְקֹמוֹⁱ:

2 וְיַעֲקֹב הָלַךְ לְדַרְכּוֹ וַיִּפְגְּעוּ־בוֹ מַלְאֲכֵי אֱלֹהִים:

3 וַיֹּאמֶר יַעֲקֹב כַּאֲשֶׁרᵏ רָאָםˡ מַחֲנֵהᵐ אֱלֹהִים זֶה וַיִּקְרָא שֵׁם־הַמָּקוֹם
הַהוּא מַחֲנָיִם:

4 וַיִּשְׁלַח יַעֲקֹב מַלְאָכִים לְפָנָיו אֶל־עֵשָׂו אָחִיו אַרְצָה שֵׂעִירⁿ שְׂדֵהᵒ
אֱדוֹם:

Erläuterungen:

a	„Nahor" *(n.pr.m.)*	i	מָקוֹם: „Ort, Platz"
b	„der Schrecken" *(hier: n.pr.)*	j	Wurzel פגע: „treffen, begegnen"
c	„und sie übernachteten"	k	כַּאֲשֶׁר: „als"
d	„und er machte sich früh auf"	l	„er hatte sie gesehen"
e	Wurzel נשׁק: „küssen"	m	„das Lager" *(hier: st.cs.)*
f	„und er segnete"	n	„Seir" *(n.terr.)*
g	„und er ging"	o	שָׂדֶה: „Gebiet"
h	„und er kam zurück"		

Übersetzen Sie Dtn 5,1-5: Die Mose-Rede

Die in Dtn 5,1 beginnende Mose-Rede lenkt den Blick auf die Gottesoffenbarung am Sinai. Es wird betont, dass dieser Bund nicht mit einer früheren, sondern mit der jetzigen Generation geschlossen wurde. In V.6ff. folgt dann der Dekalog.

1 וַיִּקְרָא מֹשֶׁה אֶל־כָּל־יִשְׂרָאֵל וַיֹּאמֶר אֲלֵהֶם שְׁמַע יִשְׂרָאֵל

אֶת־הַחֻקִּים[a] וְאֶת־הַמִּשְׁפָּטִים אֲשֶׁר אָנֹכִי דֹּבֵר בְּאָזְנֵיכֶם הַיּוֹם

וּלְמַדְתֶּם אֹתָם וּשְׁמַרְתֶּם לַעֲשֹׂתָם[b]:

2 יְהוָה אֱלֹהֵינוּ כָּרַת עִמָּנוּ בְּרִית בְּחֹרֵב[c]:

3 לֹא אֶת־אֲבֹתֵינוּ כָּרַת יְהוָה אֶת־הַבְּרִית הַזֹּאת כִּי אִתָּנוּ אֲנַחְנוּ

אֵלֶּה פֹה הַיּוֹם כֻּלָּנוּ חַיִּים:

4 פָּנִים[d] בְּפָנִים דִּבֶּר יְהוָה עִמָּכֶם בָּהָר מִתּוֹךְ הָאֵשׁ:

5 אָנֹכִי עֹמֵד בֵּין־יְהוָה וּבֵינֵיכֶם בָּעֵת הַהִוא לְהַגִּיד[e] לָכֶם

אֶת־דְּבַר יְהוָה כִּי יְרֵאתֶם[f] מִפְּנֵי[h] הָאֵשׁ וְלֹא־עֲלִיתֶם[g] בָּהָר לֵאמֹר:

Erläuterungen:

a „die Einzelvorschriften"   e „um mitzuteilen"
b „um sie zu tun/zu erfüllen"   f „ihr hattet Angst"
c „Horeb" (= „Sinai") *(n.l.)*   g „ihr seid hinaufgegangen"
d „Angesicht"   h „Angesicht von"

7) Lektüreübung: Psalm 2

Ps 2 gehört mit Ps 1 zum Proömium des Psalters (1,1-2,12). Er wird zur Gruppe der Königslieder gerechnet. Seine Botschaft liegt darin: das Aufbegehren der Völker und Könige gegen Gott und seinen Gesalbten ist angesichts der grenzenlosen Macht Gottes sinnlos.

1 לָמָּה רָגְשׁוּ גוֹיִם וּלְאֻמִּים יֶהְגּוּ־רִיק:

2 יִתְיַצְּבוּ מַלְכֵי־אֶרֶץ וְרוֹזְנִים נוֹסְדוּ־יָחַד עַל־יְהוָה וְעַל־מְשִׁיחוֹ:

3 נְנַתְּקָה אֶת־מוֹסְרוֹתֵימוֹ וְנַשְׁלִיכָה מִמֶּנּוּ עֲבֹתֵימוֹ:

4 יוֹשֵׁב בַּשָּׁמַיִם יִשְׂחָק אֲדֹנָי יִלְעַג־לָמוֹ:

5 אָז יְדַבֵּר אֵלֵימוֹ בְאַפּוֹ וּבַחֲרוֹנוֹ יְבַהֲלֵמוֹ:

6 וַאֲנִי נָסַכְתִּי מַלְכִּי עַל־צִיּוֹן הַר־קָדְשִׁי:

7 אֲסַפְּרָה אֶל חֹק יְהוָה אָמַר אֵלַי בְּנִי אַתָּה אֲנִי הַיּוֹם יְלִדְתִּיךָ:

8 שְׁאַל מִמֶּנִּי וְאֶתְּנָה גוֹיִם נַחֲלָתֶךָ וַאֲחֻזָּתְךָ אַפְסֵי־אָרֶץ:

9 תְּרֹעֵם בְּשֵׁבֶט בַּרְזֶל כִּכְלִי יוֹצֵר תְּנַפְּצֵם:

10 וְעַתָּה מְלָכִים הַשְׂכִּילוּ הִוָּסְרוּ שֹׁפְטֵי אָרֶץ:

עִבְדוּ אֶת־יְהוָה בְּיִרְאָה וְגִילוּ בִּרְעָדָה: ¹¹

נַשְּׁקוּ־בַר פֶּן־יֶאֱנַף וְתֹאבְדוּ דֶרֶךְ כִּי־יִבְעַר כִּמְעַט אַפּוֹ אַשְׁרֵי ¹²
כָּל־חוֹסֵי בוֹ:

8) Vokalisierungsübung. Vokalisieren und übersetzen Sie:

1	(Jdc 1,35)	ותכבד יד בית יוסף
2	(Ps 9,12)	זמרו ליהוה ישב ציון^a
3	(Ps 75,10)	אזמרה לאלהי יעקב:
4	(Ps 113,1)	הללו עבדי יהוה הללו את שם יהוה:
5	(Hi 42,8)	... וְאִיּוֹב^b עבדי יתפלל עליכם ...

Erläuterung:

a   „Zion" *(n.l.)*   b   „Hiob" *(n.pr.m.)*

Lektion 14:
Kausativstamm: Hif‘il, Hof‘al;
Nomina mit verdoppeltem Endkonsonanten; Gentilicia

1. Vokabeln

Verben mit Hif‘il und Hof‘al:

בדל	*Hi.*	trennen, sondern
סתר	*Hi.*	verbergen
קשׁב	*Hi.*	aufmerken
רחק	*Hi.*	entfernen, sich entfernen
	Qal	fern sein (9)
שׂכל	*Hi.*	Einsicht haben, Erfolg haben, Acht haben
שׁבת	*Hi.*	zum Aufhören bringen
	Qal	aufhören, ruhen (10)
שׁחת	*Hi.*	verderben, vernichten
	Ho.	missraten, verderbt sein
שׁכם	*Hi.*	früh aufstehen
שׁלך	*Hi.*	werfen
	Ho.	geworfen werden
שׁמד	*Hi.*	vertilgen

Nomina:
- Nomina mit verdoppeltem Endkonsonanten:

אֵם	Mutter
אַף	Nase, Zorn
גָּמָל	Kamel
חַי	lebendig
חֵן	Gnade, Gunst
חֹק	Gesetz, Satzung
יָם	Meer
כַּף	hohle Hand
לֵב	Herz (לֵבָב 13)
סֻכָּה	Laubhütte („Sukkot")
עֵז	Ziege

עֹז	Kraft, Stärke
פַּר	Jungstier
צַר	Feind, Not
צָרָה	Not („Zores")
קֵץ	Ende
רֹב	Menge
רָעָה	Unheil, Böses
שַׂר	Oberster
תְּהִלָּה	Ruhm, Lobgesang (הלל 13)
תְּפִלָּה	Gebet (פלל 13)

• bisher gelernte Nomina dieser Klasse:

עֵת (6), עַם (6), כֹּל (9), חַג (6), הַר (6), גַּן (9)

Weitere Vokabeln:

אֲדָמָה	Ackerboden (אָדָם 6)
אָכֵן	fürwahr
אָנַף	*Hitp.* zürnen
בֶּטֶן	Leib, Mutterleib
מִלְחָמָה	Kampf, Krieg (לחם 12)
מָקוֹם	Ort
פָּנִים	Angesicht
פֶּתַח	Tür, Öffnung (פתח 11)
קָצַף	*Hi.* zürnen
רֶחֶם	Mutterleib

Eigennamen:

חֹרֵב	Horeb *(n.l.)*
שָׁאוּל	Saul *(n.pr.m.)*

2. Der Kausativstamm: Hifʿil, Hofʿal

Die beiden Stammesmodifikationen Hifʿil und Hofʿal werden als *Kausativstamm* zusammengefasst.

a) Hifʿil

Gegenüber dem Qal zeigt das Hifʿil folgende Veränderungen:

• Das Perfekt hat das *Präformativ hi-* (< * *ha-*), das mit dem ersten Radikal der Wurzel eine geschlossene Silbe bildet. Der Vokal der Stammsilbe ist in der 3.Sg.m./f. und in der 3.Pl.com. *i*, in den restlichen Personen *a*.

- 3.Sg.m. Perf.: הִכְתִּיב < * *haktīb* < * *haktab*

	Qal	Hifʿil	Bedeutung: kausativ	
Perfekt	כָּתַב	הִכְתִּיב	er hat schreiben lassen	
	כָּתְבָה	הִכְתִּיבָה	sie hat schreiben lassen	
	כָּתַבְתָּ	הִכְתַּבְתָּ	du *(m.)* hast schreiben lassen	Sg.
	כָּתַבְתְּ	הִכְתַּבְתְּ	du *(f.)* hast schreiben lassen	
	כָּתַבְתִּי	הִכְתַּבְתִּי	ich habe schreiben lassen	
	כָּתְבוּ	הִכְתִּיבוּ	sie haben schreiben lassen	
	כְּתַבְתֶּם	הִכְתַּבְתֶּם	ihr *(m.)* habt schreiben lassen	Pl.
	כְּתַבְתֶּן	הִכְתַּבְתֶּן	ihr *(f.)* habt schreiben lassen	
	כָּתַבְנוּ	הִכְתַּבְנוּ	wir haben schreiben lassen	

- Im Imperfekt ist *a* unter den Präformativen *das* Kennzeichen. Es ist der Rest des ursprünglichen Präformativs * *ha*. Der Stammvokal lautet *ī*, jedoch *ē* vor der konsonantischen Endung *–nā* in der 2./3.Pl.f. und den endungslosen Formen des Jussiv und Imperfekt consecutivum.
- 3.Sg.m. Impf.: יַכְתִּיב < * *jᵉhaktīb*

	Qal	Hifʿil	Bedeutung: kausativ	
Imperfekt	יִכְתֹּב	יַכְתִּיב	er wird schreiben lassen	
	תִּכְתֹּב	תַּכְתִּיב	sie wird schreiben lassen	
	תִּכְתֹּב	תַּכְתִּיב	du *(m.)* wirst schreiben lassen	Sg.
	תִּכְתְּבִי	תַּכְתִּיבִי	du *(f.)* wirst schreiben lassen	
	אֶכְתֹּב	אַכְתִּיב	ich werde schreiben lassen	
	יִכְתְּבוּ	יַכְתִּיבוּ	sie *(m.)* werden schreiben lassen	
	תִּכְתֹּבְנָה	תַּכְתֵּבְנָה	sie *(f.)* werden schreiben lassen	
	תִּכְתְּבוּ	תַּכְתִּיבוּ	ihr *(m.)* werdet schreiben lassen	Pl.
	תִּכְתֹּבְנָה	תַּכְתֵּבְנָה	ihr *(f.)* werdet schreiben lassen	
	נִכְתֹּב	נַכְתִּיב	wir werden schreiben lassen	
Kohortativ	אֶכְתְּבָה	אַכְתִּיבָה	ich will schreiben lassen	
Jussiv	יִכְתֹּב	יַכְתֵּב	er soll schreiben lassen	
	תִּכְתֹּב	תַּכְתֵּב	sie soll schreiben lassen	
	תִּכְתֹּב	תַּכְתֵּב	du *(m.)* sollst schreiben lassen	Sg.
	תִּכְתְּבִי	תַּכְתִּיבִי	du *(f.)* sollst schreiben lassen	

	יַכְתִּבוּ	יִכְתְּבוּ	sie *(m.)* sollen schreiben lassen
	תַּכְתֵּבְנָה	תִּכְתֹּבְנָה	sie *(f.)* sollen schreiben lassen
	תַּכְתִּיבוּ	תִּכְתְּבוּ	ihr *(m.)* sollt schreiben lassen
	תַּכְתֵּבְנָה	תִּכְתֹּבְנָה	ihr *(f.)* sollt schreiben lassen
Imperfekt	וַיַּכְתֵּב	וַיִּכְתֹּב	und er ließ schreiben
consecu-	וַתַּכְתֵּב	וַתִּכְתֹּב	und sie ließ schreiben
tivum	וַתַּכְתֵּב	וַתִּכְתֹּב	und du *(m.)* ließest schreiben
	וַתַּכְתִּיבִי	וַתִּכְתְּבִי	und du *(f.)* ließest schreiben
	וָאַכְתֵּב *ᵃ*	וָאֶכְתֹּב	und ich ließ schreiben
	וַיַּכְתִּיבוּ	וַיִּכְתְּבוּ	und sie *(m.)* ließen schreiben
	וַתַּכְתֵּבְנָה	וַתִּכְתֹּבְנָה	und sie *(f.)* ließen schreiben
	וַתַּכְתִּיבוּ	וַתִּכְתְּבוּ	und ihr *(m.)* ließet schreiben
	וַתַּכְתֵּבְנָה	וַתִּכְתֹּבְנָה	und ihr *(f.)* ließet schreiben
	וַנַּכְתֵּב	וַנִּכְתֹּב	und wir ließen schreiben

a Bemerkung: 1.Sg.com. Impf.cons. auch וָאַכְתִּיבָה

- Im Imperativ, Infinitiv constructus und absolutus hat sich das ursprüngliche Präformativ * *ha* noch erhalten.

	Qal	*Hifᶜil*	*Bedeutung: kausativ*	
Imperativ	כְּתֹב	הַכְתֵּב	lass schreiben	*Sg.*
Adhortativ	כָּתְבָה	הַכְתִּיבָה	lass doch schreiben	
Inf.cs.	כְּתֹב	הַכְתִּיב	schreiben lassen	
Inf.abs.	כָּתֹב	הַכְתֵּב	schreiben lassen	

- Im Partizip ist ebenso wie im Imperfekt das *a* unter dem Präformativ מ *das* Kennzeichen.

Partizip				
	כֹּתֵב	מַכְתִּיב	schreiben lassend *(m.)*	
	כֹּתְבָה	מַכְתִּיבָה	schreiben lassend *(f.)*	*Sg.*
	כֹּתֶבֶת	מַכְתֶּבֶת	schreiben lassend *(f.)*	
	כֹּתְבִים	מַכְתִּיבִים	schreiben lassende *(m.)*	*Pl.*
	כֹּתְבוֹת	מַכְתִּיבוֹת	schreiben lassende *(f.)*	

- Bedeutung

Das Hifʿil hat im Vergleich mit dem Qal *kausative Bedeutung*. Das Subjekt *veranlasst* ein Objekt zu einer Handlung: „machen, daß...". Fehlt die Stammesmodifikation Qal, so ist die kausative Bedeutung nicht mehr erkennbar:

שָׁלַךְ Q. –

Hi. „werfen"

Die faktitive Bedeutung des *Piᶜel* und die kausative Bedeutung des *Hifᶜil* sind bisweilen schwer voneinander zu unterscheiden. Beim Hifᶜil ist auch die sog. „*innerlich*-kausative" Bedeutung greifbar: „einen Vorgang bei sich veranlassen":

רחק Q. „fern sein"

Hi. „entfernen, sich entfernen"

Qal:		*Hifᶜil:*	
דרך	treten (8)	הִדְרִיךְ	betreten lassen, betreten
זכר	gedenken, sich erinnern (8)	הִזְכִּיר	jdn. an etw. erinnern, mahnen, nennen
כרת	schneiden (8)	הִכְרִית	ausrotten
גדל	groß sein (9)	הִגְדִּיל	groß sein lassen, groß machen
קרב	nahe sein (9)	הִקְרִיב	etw. sich nähern lassen, herbeibringen
שמע	hören (9)	הִשְׁמִיעַ	jdn. etw. hören lassen, jdm. etw. verkündigen
צדק	gerecht sein (9)	הִצְדִּיק	gerecht machen
שבת	aufhören, ruhen (10)	הִשְׁבִּית	etw. ein Ende machen
שלם	unversehrt sein (10)	הִשְׁלִים	*(+ Akk.)* vollenden, ausführen
זעק	rufen, schreien (12)	הִזְעִיק	(das Heer) zusammenrufen

Das Hifᶜil ist im Perfekt durch die Vorsilbe *hi*-, im Imperfekt und Partizip durch den Vokal *a* unter den Präformativen und im Imperativ, Infinitiv constructus und absolutus durch die Vorsilbe *ha*- leicht erkennbar.

Die *Eckformen* des Hifᶜil:	
3.Sg.m.Perf.:	הִכְתִּיב
3.Sg.m.Impf.:	יַכְתִּיב
3.Sg.m.Jussiv:	יַכְתֵּב
3.Sg.m.Impf.cons.:	וַיַּכְתֵּב
Imp.Sg.m.:	הַכְתֵּב
Inf.cs.:	הַכְתִּיב
Inf.abs.:	הַכְתֵּב
Ptz.:	מַכְתִּיב

Sich überschneidende Formen im Hifᶜil:

Imperativ Sg.m.:	הַכְתֵּב
Inf.abs.:	הַכְתֵּב

- Bemerkung zum Infinitiv constructus:
  Beim Inf.cs. mit der Präposition לְ wird gelegentlich das He *elidiert*:

  לִכְתֹּב‎ > לְהַכְתִּיב‎ > לְ + הַכְתִּיב

  Amos 8,4: לַשְׁבִּית um ein Ende zu machen

b) Hofʿal

Gegenüber dem Qal zeigt das Hofʿal folgende Veränderungen:

- In allen Formen des Hofʿal steht *–å* in der ersten Silbe.
- Das Perfekt hat das Präformativ *hå-* (< * *hu*), das mit dem ersten Radikal der Wurzel eine geschlossene Silbe bildet. Der Vokal der Stammsilbe ist in allen Formen *–a*.

	Qal	*Hofᶜal*	*Bedeutung: Passiv zum Hifᶜil*	
Perfekt	כָּתַב	הָכְתַּב	er ist schreiben gelassen worden	
	כָּתְבָה	הָכְתְּבָה	sie ist schreiben gelassen worden	
	כָּתַבְתָּ	הָכְתַּבְתָּ	du *(m.)* bist schreiben gelassen worden	*Sg.*
	כָּתַבְתְּ	הָכְתַּבְתְּ	du *(f.)* bist schreiben gelassen worden	
	כָּתַבְתִּי	הָכְתַּבְתִּי	ich bin schreiben gelassen worden	
	כָּתְבוּ	הָכְתְּבוּ	sie sind schreiben gelassen worden	
	כְּתַבְתֶּם	הָכְתַּבְתֶּם	ihr *(m.)* seid schreiben gelassen worden	
	כְּתַבְתֶּן	הָכְתַּבְתֶּן	ihr *(f.)* seid schreiben gelassen worden	*Pl.*
	כָּתַבְנוּ	הָכְתַּבְנוּ	wir sind schreiben gelassen worden	

- Im Imperfekt und Infinitiv absolutus ist *å* in der ersten Silbe *das* Kennzeichen. Im Imperfekt ist He weggefallen. Der Stammvokal lautet *–a*, beim Partizip ist er jedoch *–ā*.

	Qal	*Hofᶜal*	*Bedeutung: Passiv zum Hifᶜil*	
Imperfekt	יִכְתֹּב	יָכְתַּב	er wird schreiben gelassen werden	
	תִּכְתֹּב	תָּכְתַּב	sie wird schreiben gelassen werden	
	תִּכְתֹּב	תָּכְתַּב	du *(m.)* wirst schreiben gelassen werden	*Sg.*
	תִּכְתְּבִי	תָּכְתְּבִי	du *(f.)* wirst schreiben gelassen werden	
	אֶכְתֹּב	אָכְתַּב	ich werde schreiben gelassen werden	

יִכְתְבוּ	יָכְתְבוּ	sie *(m.)* werden schreiben gelassen werden		
תִּכְתֹּבְנָה	תָּכְתֹּבְנָה	sie *(f.)* werden schreiben gelassen werden		
תִּכְתְבוּ	תָּכְתְבוּ	ihr *(m.)* werdet schreiben gelassen werden	*Pl.*
תִּכְתֹּבְנָה	תָּכְתֹּבְנָה	ihr *(f.)* werdet schreiben gelassen werden	
נִכְתֹּב	נָכְתַּב	wir werden schreiben gelassen werden	
Impf.cons.	וַיִּכְתֹּב	וַיָּכְתַּב	und er wurde schreiben gelassen	
Inf.abs.	כָּתֹב	הָכְתֵּב	schreiben gelassen werden	
Partizip	כֹּתֵב כָּתוּב	מָכְתָּב	schreiben gelassen werdend *(m.)*	*Sg.*

- Bedeutung
  Das Hofʿal ist das Passiv zum Hifʿil:

Hifʿil:

הִשְׁלִיךְ werfen

הִפְקִיד jdn. zur Aufsicht bestellen

הִשְׁחִית verderben

Hofʿal:

הָשְׁלַךְ geworfen werden

הָפְקַד bestellt sein über

הָשְׁחַת verderbt sein

Das Hofʿal ist in allen Formen durch den Vokal –å unter dem Radikal der Vorsilbe (הָ/ָ/מָ) leicht erkennbar.

Die *Eckformen* des Hofʿal:

3.Sg.m.Perf.:	הָכְתַּב
3.Sg.m.Impf.:	יָכְתַּב
3.Sg.m.Impf.cons.:	וַיָּכְתַּב
Imp. Sg.m.:	
Inf.cs.:	
Inf.abs.:	הָכְתַּב
Ptz.:	מָכְתָּב

- Besonderheiten:
  - Der Imp.Sg.m. und Inf.cs. sind im Hofʿal beim Starken Verb nicht belegt.
  - Das Hofʿal kommt beim Starken Verb *selten* vor: z.B. bei שׁלך „geworfen werden" und bei פקד „zur Aufsicht übergeben".
  - Zahlreiche Formen des Hofʿal von שׁלך haben anstelle von hå- die Vorsilbe *hu-*, z.B.: הֻשְׁלַךְ

c) Die Eckformen des Kausativstammes: Hif'il, Hof'al

	Hif'il	Hof'al
3.Sg.m. Perfekt	הִכְתִּיב	הָכְתַּב
3.Sg.m. Imperfekt	יַכְתִּיב	יָכְתַּב
3.Sg.m. Jussiv	יַכְתֵּב	
3.Sg.m. Impf.cons.	וַיַּכְתֵּב	וַיָּכְתַּב
Imperativ Sg.m.	הַכְתֵּב	
Infinitiv constructus	הַכְתִּיב	
Infinitiv absolutus	הַכְתֵּב	הָכְתֵּב
Partizip	מַכְתִּיב	מָכְתָּב

3. Nomina mit verdoppeltem Endkonsonanten

Zu den Nomina mit verdoppeltem Endkonsonanten zählen vor allem *einsilbige Nominalbildungen*. Hierbei kann man unterscheiden:

- Nominalbildungen nach *qall, qill, qull*:

  עַם   Volk $< *$ *^{c}amm*

  עֵת   Zeit $< *$ *^{c}itt*

  חֹק   Satzung $< *$ *ḥuqq*

- Nominalbildungen mit *assimiliertem zweitem Radikal n*:

  אַף   Nase, Zorn $< *$ *$^{\jmath}$app* $< *$ *$^{\jmath}$anp*

- zweisilbige Nominalbildungen, die den *Endkonsonanten sekundär verdoppeln*, um den ursprünglichen Vokal kurz zu erhalten:

  גָּמָל   Kamel

Regeln:

1) Im Sg.st.abs. und cs. entfällt die Verdopplung des Endkonsonanten. Im st.cs. wird *Qamäs zu Patach*, vor Linea Maqqeph werden *lange Vokale verkürzt*.		
Sg.st.abs.	*Sg.st.cs.*	
עַם	עַם	
עֵת	עֵת	
חֹק	חֹק	חָק־
אַף	אַף	
גָּמָל	גְּמַל	

2) In den Formen mit Endungen (Plural, Dual, Suffixe) wird der letzte Konsonant verdoppelt. Dadurch entstehen wieder die ursprünglichen kurzen Vokale *a, i, u.*

Pl.st.abs.	Pl.st.cs.	Sg. + Suffixe	Pl. + Suffixe
עַמִּים	עַמֵּי	עַמִּי	עַמָּיו
עִתִּים	עִתֵּי	עִתִּי	עִתּוֹתָי
חֻקִּים	חֻקֵּי	חֻקִּי	חֻקָּי
Dual אַפַּיִם	אַפֵּי	אַפּוֹ	אַפָּיו
גְּמַלִּים	גְּמַלֵּי	גְּמַלִּי	גְּמַלֵּיהֶם

3) Vor Laryngalen und Resch tritt meist Ersatzdehnung ein.

הַר	הָהָרָה	$a > \bar{a}$
צַר	צָרוֹת	$a > \bar{a}$
שַׂר	שָׂרִים	$a > \bar{a}$

Besonderheiten:

- doppelte Pluralbildung bei עֵת: עֵתּוֹת + עִתִּים
- Plurale auf ־וֹת:

  כַּפּוֹתָיו חֻקּוֹתָיו

- Bei den *qall*-Formen erscheint im Sg.st.abs. $\bar{a}$ oder *a*: חַג עַם

- Bei den *qull*-Formen erscheint in Formen mit Endungen auch Qameṣ Chatuph:

  עָזִּי *ᶜuzzī* + עֻזִּי *ᶜåzzī*

4. Gentilicia

> Unter einem *Gentilicium* versteht man ein von einem Eigennamen abgeleitetes *Herkunftsadjektiv*. Es beschreibt die Zugehörigkeit zu einem Stamm, einer Sippe oder einem Volk. Gentilicia gehören zur Gruppe der sog. *Denominativnomina*.

Die Gentilicia haben folgende Endungen:

Sg.m.	ִי	מִצְרִי	ein Ägypter
Sg.f.	ִית	מִצְרִית	eine Ägypterin
	ִיָּה	מִצְרִיָּה	
Pl.m.	ִים	מִצְרִים	Ägypter
Pl.f.	ִיּוֹת	מִצְרִיּוֹת	Ägypterinnen

Gen 10,15:	חִתִּי	hethitisch, Hethiter *(Sg.m.)* (חֵת) < * *ḥitt*)
Ruth 1,22:	הַמּוֹאֲבִיָּה	moabitisch, die Moabiterin *(Sg.f.)*
Gen 10,14:	פְּלִשְׁתִּים	philistäisch, Philister *(Pl.m.)*
Esth 5,13:	הַיְהוּדִי	der Judäer
II Reg 16,6:	הַיְהוּדִים	die Judäer *(Pl.m.)*
Ex 1,19:	הַמִּצְרִיֹּת	die Ägypterinnen
II Sam 17,25:	הַיִּשְׂרְאֵלִי	der Israelit

5. Übungen

1) Bestimmungsübungen zum Kausativstamm: Hifᶜil, Hofᶜal

1   הִבְדִּיל הַסְתֵּר הִבְדִּילוּ נָשְׁחִיתָה וְהִבְדִּילָה הִסְתַּרְתָּ מַקְשִׁיבִים מָשְׁחָת

2   וְהִבְדַּלְתָּ לְהַקְשִׁיב הִרְחִיקוּ הַמַּסְתִּיר וַיַּשְׁכֵּם מַבְדִּילִים הִסְתִּירוּ

3   וַיַּשְׁלֵךְ הִשְׁכִּילוּ הִשְׁבַּתִּי יַשְׂכִּילוּ לְהַשְׁמִיד לַסְתִּיר הַקְשִׁיבָה לְהַבְדִּיל

4   וַיַּשְׁמֵד תַּבְדִּיל הַרְחֵק וְיַסְתֵּר מְשֻׁלָּכִים אַסְתִּירָה נַקְשִׁיבָה וַיַּבְדֵּל

5   מֻשְׁלֶכֶת לְהַשְׂכִּיל לְמַשְׁחִית וְהִשְׁכַּמְתֶּם אַשְׂכִּילָה וְהַשְׁלֵךְ וַתַּשְׁלְכִי

6   וְהִשְׁמַדְתִּי תַּשְׁחֵת וְהִשְׁלְכוּ

2) Vokalisierungsübungen zum Kausativstamm: Hifᶜil, Hofᶜal

1   מקשיב הרחקת המשכיל להשחית תקשיב והשבתם משחיתים

2   ארחיק משכימי וישליכו השביתו השלכת ישלכו

3) Bestimmungsübungen zu den Nomina mit verdoppeltem Endkonsonanten:

1   וּלְאִמִּי לִבִּי עַזִּים הַכֹּל אִמֹּתֵינוּ לִבֵּךְ הָעֵת וּמִכָּל־ וּכְלִבְּךָ בְּאַפִּי

2   וּבְעָתִּים לִבּוֹת אַפַּיִם גְּנוֹתֵיכֶם כֻּלְּכֶם בְּעַתּוֹ עִתֹּתַי הָהָרָה חַיֵּי יָמָּה

3   חַגֵּה כַּפָּיו חֻקְתָיו כַּפּוֹ וּלְכָל־ עֻזִּי לְכֻלָּם עַמֵּנוּ כֻּלּוֹ וְעַמְמִים

4 צָרוֹתָיו שָׂרֵי עֻזְּכֶם גְּמַלִּים סֻכָּתוֹ תְּפִלָּתִי

4) Vokalisierungsübungen zu den Nomina mit verdoppeltem Endkonsonanten:

1 לבנו בעת לבו אפך הרים כלה כפיך

2 כלו עזי כלנו גמליהם תפלות

5) Bestimmungsübungen zu den Gentilicia:

1 בִּיהוּדִי הַמִּצְרִית הָאֲגָגִי הַגִּלְעָדִי חִתִּית הַיִּשְׂרְאֵלִית כְּרֵתִים

2 הַמְּדִינִית עִבְרִי הַמּוֹאֲבִיָּה עֲמָלֵקִי

6) Übersetzen Sie:

1 (Gen 1,4) וַיַּבְדֵּל אֱלֹהִים בֵּין הָאוֹר וּבֵין הַחֹשֶׁךְ[a]׃

2 (Gen 19,13) כִּי־מַשְׁחִתִים אֲנַחְנוּ אֶת־הַמָּקוֹם הַזֶּה

3 (Gen 19,14) ... כִּי מַשְׁחִית יְהוָה אֶת־הָעִיר ...

4 (Gen 20,8) וַיַּשְׁכֵּם אֲבִימֶלֶךְ בַּבֹּקֶר וַיִּקְרָא לְכָל־עֲבָדָיו וַיְדַבֵּר אֶת־כָּל־הַדְּבָרִים הָאֵלֶּה בְּאָזְנֵיהֶם

5 (Gen 22,12) וַיֹּאמֶר אַל־תִּשְׁלַח יָדְךָ אֶל־הַנַּעַר

6 (Dtn 4,5) ... לִמַּדְתִּי אֶתְכֶם חֻקִּים וּמִשְׁפָּטִים

7 (Dtn 4,26) הַשָּׁמֵד תִּשָּׁמֵדוּן׃

8 (Dtn 9,8) וּבְחֹרֵב הִקְצַפְתֶּם אֶת־יְהוָה וַיִּתְאַנַּף יְהוָה בָּכֶם לְהַשְׁמִיד אֶתְכֶם׃

9 (Dtn 10,8) ... בָּעֵת הַהִוא הִבְדִּיל יְהוָה אֶת־שֵׁבֶט הַלֵּוִי[b] ...

10 (Dtn 31,18) ... וְאָנֹכִי הַסְתֵּר אַסְתִּיר פָּנַי בַּיּוֹם הַהוּא עַל כָּל־הָרָעָה ...

11 (Jos 8,29) וַיֹּרִידוּ[a] אֶת־נִבְלָתוֹ[c] מִן־הָעֵץ וַיַּשְׁלִיכוּ אוֹתָהּ אֶל־פֶּתַח שַׁעַר הָעִיר

וַיַּשְׁכֵּם יְרֻבַּעַל הוּא גִדְעוֹןؙ וְכָל־הָעָם אֲשֶׁר אִתּוֹ (Jdc 7,1) 12

בַּיָּמִים הָהֵם אֵין מֶלֶךְ בְּיִשְׂרָאֵל וּבַיָּמִים הָהֵם שֵׁבֶט הַדָּנִיؙ (Jdc 18,1) 13
מְבַקֶּשׁ־לוֹ נַחֲלָהؙ לָשֶׁבֶתؙ

הֲלוֹא אָנֹכִי הַפְּלִשְׁתִּי וְאַתֶּם עֲבָדִים לְשָׁאוּל (I Sam 17,8) 14

וַיֹּאמֶר דָּוִד אֶל־אַבְנֵרؙ הֲלוֹא אִישׁ אַתָּה וּמִי כָמוֹךָ בְּיִשְׂרָאֵל (I Sam 26,15) 15
וְלָמָּה לֹא שָׁמַרְתָּ אֶל־אֲדֹנֶיךָ הַמֶּלֶךְ כִּי־בָאؙ אַחַדؙ הָעָם
לְהַשְׁחִית אֶת־הַמֶּלֶךְ אֲדֹנֶיךָ׃

וְהַמֶּלֶךְ שְׁלֹמֹה אָהַבؙ נָשִׁים נָכְרִיּוֹתؙ רַבּוֹתؙ וְאֶת־בַּת־פַּרְעֹה (I Reg 11,1) 16
מוֹאֲבִיּוֹת עַמֳּנִיּוֹת אֲדֹמִיֹּת צֵדְנִיֹּת חִתִּיֹּת׃

וַיֹּאמֶר אֶל־יְהוֹשָׁפָטؙ הֲתֵלֵךְؙ אִתִּי לַמִּלְחָמָה רָמֹת גִּלְעָדؙ וַיֹּאמֶר (I Reg 22,4) 17
יְהוֹשָׁפָט אֶל־מֶלֶךְ יִשְׂרָאֵל כָּמוֹנִי כָמוֹךָ כְּעַמִּי כְעַמֶּךָ כְּסוּסַי
כְסוּסֶיךָ׃

וְלֹא־אָבָהؙ יְהוָה לְהַשְׁחִית אֶת־יְהוּדָה לְמַעַןؙ דָּוִד עַבְדּוֹ (II Reg 8,19) 18

אָכֵן אַתָּה אֵל מִסְתַּתֵּר (Jes 45,15) 19

... לְבִלְתִּי הַשְׁחִית הַכֹּל׃ (Jes 65,8) 20

כֻּלָּם מַשְׁחִיתִים הֵמָּה׃ (Jer 6,28) 21

וָאֲדַבֵּר אֲלֵיכֶם הַשְׁכֵּם וְדַבֵּר וְלֹא שְׁמַעְתֶּם (Jer 7,13) 22

כִּי־כֹה אָמַר יְהוָה ... הַשְׁמִיעוּ הַלְלוּ וְאִמְרוּ (Jer 31,7) 23

... וְהִשְׁמַדְתִּי אֹתָהּ מֵעַל פְּנֵי הָאֲדָמָה אֶפֶס כִּיؙ לֹא הַשְׁמֵיד (Am 9,8) 24
אַשְׁמִיד אֶת־בֵּית יַעֲקֹב

וְיִבְטְחוּؙ בְךָ יוֹדְעֵי שְׁמֶךָ כִּי לֹא עָזַבְתָּؙ דֹרְשֶׁיךָ יְהוָה׃ (Ps 9,11) 25

עָלֶיךָ הָשְׁלַכְתִּי מֵרָחֶם מִבֶּטֶן אִמִּי אֵלִי אָתָּה׃ (Ps 22,11) 26

27 (Ps 22,25)   וְלֹא־הִסְתִּיר פָּנָיו מִמֶּנּוּ

28 (Prov 14,11)   בֵּית רְשָׁעִים יִשָּׁמֵד

29 (Dan 12,1)   וּבָעֵת הַהִיא יִמָּלֵט עַמְּךָ

30 (II Chr 15,5)   וּבָעִתִּים הָהֵם אֵין שָׁלוֹם

Erläuterungen:

a	„die Finsternis"	l	„er liebte"
b	„Levi"	m	*Adj. Pl.f. von* „fremd"
c	„und sie nahmen herunter"	n	*Adj. Pl.f. von* „viel"
d	„seinen Leichnam"	o	„Joschaphat" *(n.pr.m.)*
e	„Gideon" *(n.pr.m.)*	p	„willst du gehen"
f	„Dan"	q	„Ramot-Gilead" *(n.l.)*
g	„Erbteil, Erbland"	r	„er wollte nicht"
h	„um sich niederzulassen" *(Inf.cs.)*	s	„wegen"
i	„Abner" *(n.pr.m.)*	t	„aber"
j	„er ist gekommen"	u	„und sie werden vertrauen"
k	„einer" *(st.cs.)*	v	*hier:* „du verlässt nicht"

7) Übersetzen Sie Ps 105,3-10:

Ps 105 ist ein Hymnus, der an die großen Taten des Herrn erinnert: Abraham (V.6); Bund (V.8); Joseph (V.17); Ägypten (V.23); Mose (V.26); ägyptische Plagen (V.28ff.). Der Psalm möchte zum Vertrauen und Lob des heiligen Wortes Gottes aufrufen.

3   הִתְהַלְלוּ בְּשֵׁם קָדְשׁוֹ יִשְׂמַח[a] לֵב מְבַקְשֵׁי יְהוָה:

4   דִּרְשׁוּ יְהוָה וְעֻזּוֹ בַּקְּשׁוּ פָנָיו תָּמִיד[b]:

5   זִכְרוּ נִפְלְאוֹתָיו אֲשֶׁר־עָשָׂה[c] מֹפְתָיו[d] וּמִשְׁפְּטֵי־פִיו:

6   זֶרַע[f] אַבְרָהָם עַבְדּוֹ בְּנֵי יַעֲקֹב בְּחִירָיו[g]:

7   הוּא יְהוָה אֱלֹהֵינוּ בְּכָל־הָאָרֶץ מִשְׁפָּטָיו:

8   זָכַר לְעוֹלָם[h] בְּרִיתוֹ דָּבָר צִוָּה[j] לְאֶלֶף דּוֹר[j]:

9   אֲשֶׁר כָּרַת אֶת־אַבְרָהָם וּשְׁבוּעָתוֹ[k] לְיִשְׂחָק:

10   וַיַּעֲמִידֶהָ[l] לְיַעֲקֹב לְחֹק לְיִשְׂרָאֵל בְּרִית עוֹלָם:

Erläuterungen:

a	„es soll sich freuen"	g	„seine Erwählten"
b	„beständig"	h	„auf immer"

c	„seine Wundertaten"	i	„er hat befohlen"
d	„er hat gemacht"	j	„für tausend Geschlechter"
e	„seine Zeichen"	k	„sein Schwur"
f	„Nachkommenschaft"	l	„und er stellte ihn"

8) Vokalisierungsübung. Vokalisieren und übersetzen Sie:

1   (Gen 19,2)   ... וְהִשְׁכַּמְתֶּם וַהֲלַכְתֶּם לְדַרְכְּכֶם

2   (Ex 10,1)   כִּי־אֲנִי הִכְבַּדְתִּי אֶת־לִבּוֹ וְאֶת־לֵב עֲבָדָיו

3   (Lev 20,24)   אֲנִי יְהוָה אֱלֹהֵיכֶם אֲשֶׁר־הִבְדַּלְתִּי אֶתְכֶם מִן־הָעַמִּים:

4   (Dtn 10,8)   בָּעֵת הַהִוא הִבְדִּיל יְהוָה אֶת שֵׁבֶט הַלֵּוִי

5   (Ps 22,20)   וְאַתָּה יְהוָה אַל־תִּרְחָק

Lektion 15:
Das Starke Verb mit Objektsuffixen (Imperfekt); Nomina mit veränderlichem Qamäṣ in der Endsilbe; Die hebräischen Stammesmodifikationen: wichtige Kennzeichen

1. Vokabeln

Verben:

בטח	vertrauen
מצא	finden
נתן	geben, zulassen, machen zu
ספד	klagen
פקד	*Hi.* zur Aufsicht bestellen, beauftragen
שׂרף	verbrennen

Nomina:
- Nomina mit veränderlichem Qamäṣ in der Endsilbe:

אוֹצָר	Vorrat, Schatz
גּוֹרָל	Los, Losanteil, Geschick
הֵיכָל	Palast, Tempel
כִּכָּר	runde Scheibe; Talent *(ca. 34 kg)*; Gegend, Umkreis
מִדְבָּר	Wüste, Steppe
מוּסָר	Zucht, Züchtigung
מִזְרָח	Aufgang *(Sonne)*, Osten
מִסְפָּר	Zahl (ספר 9)
מִקְדָּשׁ	Heiligtum
מִשְׁכָּן	Wohnung
קָרְבָּן	Darbringung, Gabe (קרב 9)
שׁוֹפָר	Widderhorn, Schofar
שֻׁלְחָן	Tisch

- bisher gelernte Nomina dieser Klasse:

מִשְׁפָּט (9), מַלְאָךְ (10), יָד (6), דָּם (10)

Weitere Vokabeln:

בֶּ֫גֶד	Kleid
כֹּה	so
כִּי	dass, denn, weil, wenn
נְאֻם יְהוָה	Ausspruch des Herrn
עוֹלָם	ferne Zukunft
פַּ֫חַד	Schrecken
שָׁם	dort

Eigennamen:

אֲבִיָּם	Abijam *(n.pr.m.)*
אֲחַזְיָ֫הוּ	Ahasja *(n.pr.m.)*
אָסָא	Asa *(n.pr.m.)*
אַשְׁדּוֹד	Aschdod *(n.l.)*
בֶּן־הֲדַד	Benhadad *(n.pr.m.)*
בַּ֫עַל	Baal *(n.pr.m.)*
חָצוֹר	Hazor *(n.l.)*
יָבִין	Jabin *(n.pr.m.)*
יְהוֹאָחָז	Joahas *(n.pr.m.)*
יְהוֹשֻׁעַ	Josua *(n.pr.m.)*
יוֹאָשׁ	Joas *(n.pr.m.)*
יִרְמְיָ֫הוּ	Jeremia *(n.pr.m.)*
כְּנַ֫עַן	Kanaan *(n.terr.)*
שְׁמוּאֵל	Samuel *(n.pr.m.)*
שִׁמְעוֹן	Simeon *(n.pr.m.)*
שֹׁמְרוֹן	Samaria *(n.l.; n.terr.)*

2. Das Starke Verb mit Objektsuffixen

Die Verbindung eines Verbs mit einem pronominalen Akkusativobjekt kann mit der *nota accusativi* erfolgen:

כָּתַב אֹתוֹ	er hat ihn angeschrieben
שָׁפַט אֹתוֹ	er hat ihn gerichtet

Die weitaus häufigere Verbindung von Verb und Objekt ist die *Anhängung eines Objektsuffixes an das Verb*:

כְּתָבוֹ	er hat ihn angeschrieben
שְׁפָטוֹ	er hat ihn gerichtet

Dadurch ergeben sich *Vokalveränderungen*, die im folgenden dargestellt werden. Dabei ist folgendes zu beachten:

- *Die Anhängung eines Objektsuffixes an das Verb ist nur in den aktiven Stammesmodifikationen Qal, Pi ᶜel und Hifᶜil möglich.* Das Objektsuffix beim Verb im Nifᶜal, Puᶜal, Hitpaᶜel und Hofᶜal ist nicht möglich. Das passive und reflexive Verhältnis kann nicht mit einem Objektsuffix dargestellt werden.
- Bei der Anhängung eines Objektsuffixes an das Verb ist auf den *Auslaut des Verbs* zu achten. Bei konsonantisch endenden Formen ist ein *Bindevokal* notwendig, bei vokalisch endenden Formen ist dies überflüssig.
- Die 2.Pl.f. Perf. und die 2./3.Pl.f. Impf. sind mit Suffixen nicht belegt.

Übersicht über die Suffixe des Verbs:

	vokalisch endende Formen	konsonantisch endende Formen	
		Perfekt	Imperfekt
1.Sg.com.	נִי	נִ ַ	נִ ַ
2.Sg.m.	ךָ	ךָ ְ	ךָ ְ
2.Sg.f.	ךְ	ךְ ַ / ךְ ֵ	ךְ ַ
3.Sg.m.	הוּ/וֹ	הוּ ַ / וֹ	הוּ ַ
3.Sg.f.	הָ	הָ ַ	הָ ַ
1.Pl.com.	נוּ	נוּ ַ	נוּ ַ
2.Pl.m.	כֶם	כֶם ְ	כֶם ְ
2.Pl.f.			
3.Pl.m.	ם/הֶם	ם ְ / ָ	ם ַ
3.Pl.m.poet.	מוֹ		מוֹ ַ
3.Pl.f.	ן	ן ְ / ָ	

Der Bindevokal im Perfekt ist meist ein *a*-Laut, derjenige im Imperfekt ein *ē*-Laut.

a) Objektsuffixe am Imperfekt: Hifᶜil

Die einfachste Verbindung von Verb und Suffix findet sich im Imperfekt Hifᶜil. Hier ergeben sich keinerlei Vokalveränderungen.

3.Sg.m. Impf. Hifᶜil (konsonantisch endend) mit Objektsuffixen		
יַכְתִּיב	יַכְתִּיבֵנִי er wird mich schreiben lassen	*singularisch*
	יַכְתִּיבְךָ er wird dich *(m.)* schreiben lassen	
	יַכְתִּיבֵךְ er wird dich *(f.)* schreiben lassen	
	יַכְתִּיבֵהוּ er wird ihn schreiben lassen	
	יַכְתִּיבֶהָ er wird sie schreiben lassen	

	יַכְתִּיבֵנוּ	er wird uns schreiben lassen
	יַכְתִּיבְכֶם	er wird euch *(m.)* schreiben lassen
	יַכְתִּיבֵם	er wird sie *(m.)* schreiben lassen

pluralisch

In gleicher Weise wie bei der 3.Sg.m. Impf.Hi. werden die Objektsuffixe angehängt bei:

3.Sg.f.	תַּכְתִּיב	תַּכְתִּיבֵנִי
2.Sg.m.	תַּכְתִּיב	תַּכְתִּיבֵנִי
1.Sg.com.	אַכְתִּיב	אַכְתִּיבְךָ
1.Pl.com.	נַכְתִּיב	נַכְתִּיבְךָ

3.Pl.m. Impf. Hifʿil (vokalisch endend) mit Objektsuffixen

יַכְתִּיבוּ	=	יַכְתִּיבוּנִי	sie werden mich schreiben lassen
		יַכְתִּיבֵנִי	
		יַכְתִּיבוּךָ	sie werden dich *(m.)* schreiben lassen
		יַכְתִּיבוּךְ	sie werden dich *(f.)* schreiben lassen
		יַכְתִּיבוּהוּ	sie werden ihn schreiben lassen
		יַכְתִּיבוּהָ	sie werden sie schreiben lassen
		יַכְתִּיבוּנוּ	sie werden uns schreiben lassen
		יַכְתִּיבוּכֶם	sie werden euch *(m.)* schreiben lassen
		יַכְתִּיבוּם	sie werden sie *(m.)* schreiben lassen
		יַכְתִּיבוּן	sie werden sie *(f.)* schreiben lassen

singularisch / *pluralisch*

In gleicher Weise wie bei der 3.Pl.m. Impf.Hi. werden die Objektsuffixe angehängt bei:

2.Sg.f.	תַּכְתִּיבִי	תַּכְתִּיבִינִי
2.Pl.m.	תַּכְתִּיבוּ	תַּכְתִּיבוּנִי

b) Objektsuffixe am Imperfekt: Piʿel

Im Piʿel wird in den konsonantisch endenden Formen der Vokal der Endsilbe *ē/a/ä* zu *Schwa mobile* verkürzt.

3.Sg.m. Impf. Piʿel (konsonantisch endend) mit Objektsuffixen

יְכַבֵּד	יְכַבְּדֵנִי	er wird mich ehren
	יְכַבֶּדְךָ	er wird dich *(m.)* ehren
	יְכַבְּדֵךְ	er wird dich *(f.)* ehren
	יְכַבְּדֵהוּ	er wird ihn ehren
	יְכַבְּדָהּ	er wird sie ehren

singularisch

יְכַבְּדֵנוּ	er wird uns ehren	*pluralisch*
יְכַבֶּדְכֶם	er wird euch *(m.)* ehren	
יְכַבְּדֵם	er wird sie *(m.)* ehren	

In gleicher Weise wie bei der 3.Sg.m. Impf.Pi. werden die Objektsuffixe angehängt bei:

3.Sg.f.	תְּכַבֵּד	תְּכַבְּדֵנִי
2.Sg.m.	תְּכַבֵּד	תְּכַבְּדֵנִי
1.Sg.com.	אֲכַבֵּד	אֲכַבֶּדְךָ
1.Pl.com.	נְכַבֵּד	נְכַבֶּדְךָ

3.Pl.m. Impf. Pi^cel (vokalisch endend) mit Objektsuffixen

יְכַבְּדוּ			
	יְכַבְּדוּנִי	sie werden mich ehren	*singularisch*
=	יְכַבְּדֻנִי		
	יְכַבְּדוּךָ	sie werden dich *(m.)* ehren	
	יְכַבְּדוּךְ	sie werden dich *(f.)* ehren	
	יְכַבְּדוּהוּ	sie werden ihn ehren	
	יְכַבְּדוּהָ	sie werden sie ehren	
	יְכַבְּדוּנוּ	sie werden uns ehren	*pluralisch*
	יְכַבְּדוּכֶם	sie werden euch *(m.)* ehren	
	יְכַבְּדוּם	sie werden sie *(m.)* ehren	
	יְכַבְּדוּן	sie werden sie *(f.)* ehren	

In gleicher Weise wie bei der 3.Pl.m. Impf.Pi. werden die Objektsuffixe angehängt bei:

2.Sg.f.	תְּכַבְּדִי	תְּכַבְּדִינִי
2.Pl.m.	תְּכַבְּדוּ	תְּכַבְּדוּנִי

c) Objektsuffixe am Imperfekt: Qal

Im ō-Imperfekt Qal wird in den konsonantisch endenden Formen der lange Vokal ō zu *Schwa mobile* reduziert.

3.Sg.m. Impf. Qal (konsonantisch endend) mit Objektsuffixen			
יִכְתֹּב	יִכְתְּבֵנִי	er wird mich anschreiben	*singularisch*
	יִכְתָּבְךָ	er wird dich *(m.)* anschreiben	
	יִכְתְּבֵךְ	er wird dich *(f.)* anschreiben	
	יִכְתְּבֵהוּ	er wird ihn anschreiben	
	יִכְתְּבָהּ	er wird sie anschreiben	
= יִכְתְּבֶהָ			
	יִכְתְּבֵנוּ	er wird uns anschreiben	*pluralisch*
	יִכְתָּבְכֶם	er wird euch *(m.)* anschreiben	
	יִכְתְּבֵם	er wird sie *(m.)* anschreiben	

In gleicher Weise wie bei der 3.Sg.m. Impf. Qal werden die Objektsuffixe angehängt bei:

3.Sg.f.	תִּכְתֹּב	תִּכְתְּבֵנִי
2.Sg.m.	תִּכְתֹּב	תִּכְתְּבֵנִי
1.Sg.com.	אֶכְתֹּב	אֶכְתָּבְךָ
1.Pl.com.	נִכְתֹּב	נִכְתָּבְךָ

3.Pl.m. Impf. Qal (vokalisch endend) mit Objektsuffixen			
יִכְתְּבוּ	יִכְתְּבוּנִי	sie werden mich anschreiben	*singularisch*
	= יִכְתְּבֵנִי		
	יִכְתְּבוּךָ	sie werden dich *(m.)* anschreiben	
	יִכְתְּבוּךְ	sie werden dich *(f.)* anschreiben	
	יִכְתְּבוּהוּ	sie werden ihn anschreiben	
	יִכְתְּבוּהָ	sie werden sie anschreiben	
	יִכְתְּבוּנוּ	sie werden uns anschreiben	*pluralisch*
	יִכְתְּבוּכֶם	sie werden euch *(m.)* anschreiben	
	יִכְתְּבוּם	sie werden sie *(m.)* anschreiben	
	יִכְתְּבוּן	sie werden sie *(f.)* anschreiben	

In gleicher Weise wie bei der 3.Pl.m. Impf. Qal werden die Objektsuffixe angehängt bei:

2.Sg.f.	תִּכְתְּבִי	תִּכְתְּבִינִי
2.Pl.m.	תִּכְתְּבוּ	תִּכְתְּבוּנִי

Im *a*-Imperfekt Qal wird bei den konsonantisch endenden Formen *a* zu *ā* gedehnt. In den vokalisch endenden Formen erscheint Vortonqamäs.

3.Sg.m. Impf. Qal (konsonantisch endend) mit Objektsuffixen			
יִשְׁמַע	יִשְׁמְעֵנִי	er wird mich hören	*singularisch*
	יִשְׁמָעֲךָ	er wird dich *(m.)* hören	
	יִשְׁמָעֵךְ	er wird dich *(f.)* hören	
	יִשְׁמָעֵהוּ	er wird ihn hören	
	יִשְׁמָעֶהָ	er wird sie hören	
=	יִשְׁמָעָהּ		
	יִשְׁמָעֵנוּ	er wird uns hören	*pluralisch*
	יִשְׁמָעֲכֶם	er wird euch *(m.)* hören	
	יִשְׁמָעֵם	er wird sie *(m.)* hören	

In gleicher Weise wie bei der 3.Sg.m. Impf. Qal werden die Objektsuffixe angehängt bei:

3.Sg.f.	תִּשְׁמַע	תִּשְׁמְעֵנִי
2.Sg.m.	תִּשְׁמַע	תִּשְׁמְעֵנִי
1.Sg.com.	אֶשְׁמַע	אֶשְׁמָעֲךָ
1.Pl.com.	נִשְׁמַע	נִשְׁמָעֲךָ

3.Pl.m. Impf. Qal (vokalisch endend) mit Objektsuffixen			
יִשְׁמְעוּ	יִשְׁמָעוּנִי	sie werden mich hören	*singularisch*
	יִשְׁמָעוּךָ	sie werden dich *(m.)* hören	
	יִשְׁמָעוּךְ	sie werden dich *(f.)* hören	
	יִשְׁמָעוּהוּ	sie werden ihn hören	
	יִשְׁמָעוּהָ	sie werden sie hören	
	יִשְׁמָעוּנוּ	sie werden uns hören	*pluralisch*
	יִשְׁמָעוּם	sie werden sie *(m.)* hören	

In gleicher Weise wie bei der 3.Pl.m. Impf. Qal werden die Objektsuffixe angehängt bei:

2.Sg.f.	תִּשְׁמְעִי	תִּשְׁמָעִינִי
2.Pl.m.	תִּשְׁמְעוּ	תִּשְׁמָעוּנִי

d) Nun energicum

In den endungslosen Formen des Imperfekts wird der Bindevokal vor allem in
den Pausalformen gerne durch eine Bindesilbe, das sog. *Nun energicum*, ersetzt: ן ַ

/נָ֫. Auf diese Weise soll das Suffix phonetisch betont werden. Ein Bedeutungs-
unterschied zu den Formen ohne Nun energicum ist allerdings nicht erkennbar.
Das Nun energicum begegnet fast nur im Imperfekt und dort bei den Suffixen
1.Sg.com, 2.Sg.m. und 3.Sg.m./f.

1.Sg.com.:	נִּי ֶ	<	* נֶ֫נִי ֶ
	נִּי ֶ	<	* נֶ֫נִי ֶ
2.Sg.m.:	דְּ ֶ/ כָה	<	* נְךָ ֶ
3.Sg.m.:	נּוּ ֶ	<	* נְהוּ ֶ
3.Sg.f.:	נָּה ֶ	<	* נְהָ ֶ

יִכְתְּבֶ֫נִי   <   * יִכְתְּבֶנְנִי   יִכְתְּבֵ֫נִי

         ↑ Nun energicum ↑   Bindevokal

e) Tabelle zum Imperfekt mit Objektsuffixen

	Qal	Pi°el	Hif°il
3.Sg.m. Impf. + *Suffix 1.Sg.com.*	יִכְתְּבֵ֫נִי יִשְׁמָעֵ֫נִי	יְכַבְּדֵ֫נִי	יַכְתִּיבֵ֫נִי
3.Sg.m. Impf. + *Suffix 1.Sg.com. +* *Nun energicum*	יִכְתְּבֶ֫נִי יִשְׁמָעֶ֫נִי	יְכַבְּדֶ֫נִי	יַכְתִּיבֶ֫נִי
3.Pl.m. Impf. + *Suffix 1.Sg.com.*	יִכְתְּבוּ֫נִי יִשְׁמָעוּ֫נִי	יְכַבְּדוּ֫נִי	יַכְתִּיבוּ֫נִי

3. Nomina mit veränderlichem Qamäṣ in der Endsilbe

Zu den Nomina mit veränderlichem Vokal in der Endsilbe gehören
- zweisilbige Nomina mit $\bar{a}$ in der Endsilbe: מִשְׁפָּט
- einsilbige Nomina mit $\bar{a}$ in der Endsilbe: יָד

Regeln:

1) Im Sg./Pl.st.abs. und vor leichten Suffixen des Sg., Dual und Pl. bleibt der
   Vokal der Endsilbe erhalten.

Sg. st.abs.	Pl. st.abs.	Sg. + *leichte Suffixe*	Pl. + *leichte Suffixe*
מִשְׁפָּט	מִשְׁפָּטִים	מִשְׁפָּטִי	מִשְׁפָּטַי
יָד	יָדַ֫יִם	יָדִי	יָדַי

2) Im Sg.st.cs. und vor schweren Suffixen des Sg. wird $\bar{a}$ zu a verkürzt.

Sg. st.cs.	Sg. + *schwere Suffixe*
מִשְׁפַּט	מִשְׁפַּטְכֶם
יַד	

3) Im Pl./Dual st.cs. und vor schweren Suffixen des Pl. und Dual wird $\bar{a}$ zu Schwa mobile verkürzt.

Pl./Du. st.cs.	*Pl. + schwere Suffixe*
מִשְׁפְּטֵי יְדֵי	מִשְׁפְּטֵיכֶם

Besonderheiten:

- הֵיכָל	doppelte Pluralbildung	I	הֵיכְלֵי	Pl.st.cs.
		II	הֵיכָלוֹת	Pl.st.abs.
- גּוֹרָל	Pluralbildung auf –ōt		גּוֹרָלוֹת	Pl.st.abs.
- כִּכָּר	doppelte Pluralbildung	I	כִּכָּרִים	Pl.st.abs.
		II	כִּכָּרוֹת	Pl.st.cs.
- שֻׁלְחָן	Pluralbildung auf –ōt		שֻׁלְחָנוֹת	Pl.st.abs.

4. Die hebräischen Stammesmodifikationen: wichtige Kennzeichen (zur Repetition)

Grundstamm

Qal: Grundbedeutung des transitiven und intransitiven Verbs

Nifʿal: *Besonderheiten*
- Das Präformativ נ bildet mit dem ersten Radikal eine geschlossene Silbe mit Schwa quieszens.
- נ wird im Imperfekt durch Dagesch forte ersetzt (Assimilation)
- Imperativ und Infinitiv mit ה und Dagesch forte.

Vokalisation
- Perfekt: $i - a$
- Imperfekt/Imperativ/Infinitiv constructus: $i - \bar{a} - \bar{e}$

Bedeutungen
- reflexiv zum Qal: „sich *(Akk.)* schreiben"
- passiv zum Qal: „geschrieben werden"

Dopplungsstamm

Piʿel/Puʿal: *Besonderheiten*
- Verdopplung des mittleren Radikals
- Partizip mit מ
- im Imperfekt wird der Vokal des Präformativs zu Schwa bzw. Chateph-Laut

Vokalisation
- Perfekt: $i - \bar{e}/a/\ddot{a}$ (im Pi^{c}el)
            $u - a$ (im Pu^{c}al)
- Imperfekt: $^e - a - \bar{e}/a$ (im Pi^{c}el)
             $^e - u - a$ (im Pu^{c}al)

Bedeutungen
- faktitiv-resultativ und denominativ (Pi^{c}el)
- Passiv zum Pi^{c}el (Pu^{c}al)

Hitpa^{c}el: *Besonderheiten*
- Verdopplung des mittleren Radikals
- הִתְ־ vor dem Stamm
- Imperfekt: ־יִתְ
- Partizip: מִתְ־
- Metathese vor Zischlauten
- Assimilation vor Dentalen

Vokalisation
- Perfekt: $i - a - \bar{e}/a$
- Imperfekt: $i - a - e\bar{?}a$

Bedeutung
- reflexiv zum Pi^{c}el

Kausativstamm

Hif^{c}il: *Besonderheiten*
- Das Präformativ הַ bildet mit dem ersten Radikal eine geschlossene Silbe

Vokalisation
- Perfekt: $i - \bar{\iota}$
- Imperfekt: $a - \bar{\iota}$

Bedeutung
- kausativ zum Qal

Hof^{c}al: *Besonderheiten*
- Das Präformativ הַ/הָ bildet mit dem ersten Radikal eine geschlossene Silbe

Vokalisation
- Perfekt: $\mathring{a}/u - a$
- Imperfekt: $\mathring{a}/u - a$

Bedeutung
- Passiv zum Hif^{c}il

5. Übungen

1) Bestimmungsübungen zum Imperfekt mit Objektsuffixen:

1 אֲבַקְשֶׁנּוּ וַאֲגַדֶּלְנוּ אַדְרִיכֶם תִּדְרְשֶׁנּוּ יִזְכְּרוּךְ אֲכַבֶּדְךָ תְּבַקְשֶׁנָּה

2 וַיַּדְרִיכֶם תִּדְרְשֵׁנִי וְיִגְדְּלֵהוּ וַאֲכַבְּדֶהוּ וַיִּלְכְּדָהּ וְנִמְכְּרֶנּוּ וַיַּמְלִכֵהוּ

3 תְּלַמְּדֵנִי וַיְבַקְשֵׁהוּ וַיְסַפְּרָהּ תִּפְקְדֶנּוּ תַּמְשִׁילֵהוּ יִלְכְּדֶנָּה תִּקְבְּרֵם

4 וַיִּפְקְדֵם תְּבַקְשֵׁנוּ אֲלַמֶּדְכֶם

2) Vokalisierungsübungen zum Imperfekt mit Objektsuffixen:

1 ידריכני יזכרוני יכבדוך וילכדהו אלמדם וימכרם ויספרום

2 תפקדם ויקברהו יקבצנו

3) Bestimmungsübungen zu den Nomina mit veränderlichem Qamäṣ in der Endsilbe:

1 וּבַמִּדְבָּר בַּהֵיכָל גּוֹרָלֶךְ בְּכִכָּרַיִם לַמַּלְאָךְ מִקְדָּשִׁי שֻׁלְחַן קָרְבָּנָם

2 מִדְבָּרָהּ מִסְפָּרָם מֵהֵיכָלֶךְ גּוֹרָלוֹת כִּכָּרִים מַלְאָךְ מִקְדָּשִׁים שֻׁלְחָנוֹת

3 קָרְבָּן מִמִּדְבָּר מֵהֵיכָלוֹ כִּכְּרֵי מַלְאֲכֵי מִקְדָּשֶׁיךָ לְשֻׁלְחָנֶךְ מִקְדְּשֵׁיכֶם

4 מַלְאָכִים כִּכְּרוֹת הֵיכָלוֹת הֵיכְלֵי לְהֵיכְלֵיכֶם

4) Vokalisierungsübungen zu den Nomina mit veränderlichem Qamäṣ in der Endsilbe:

1 ידי במדבר אוצרות גורלי מלאכי מקדשים מקדשיכם

5) Übersetzen Sie:

1 (Gen 25,34) וְיַעֲקֹב נָתַן לְעֵשָׂו לֶחֶם

2 (Gen 39,4) וַיַּפְקִדֵהוּ עַל־בֵּיתוֹ וְכָל־יֶשׁ־לוֹ נָתַן בְּיָדוֹ:

3 (Gen 39,12) וַתִּתְפְּשֵׂהוּ בְּבִגְדוֹ לֵאמֹר שִׁכְבָה עִמִּי

4 (Ex 16,15) וַיֹּאמֶר מֹשֶׁה אֲלֵהֶם הוּא הַלֶּחֶם אֲשֶׁר נָתַן יְהוָה לָכֶם

5 (Jos 7,16) וַיַּשְׁכֵּם יְהוֹשֻׁעַ בַּבֹּקֶר וַיַּקְרֵב אֶת־יִשְׂרָאֵל לִשְׁבָטָיו וַיִּלָּכֵד
שֵׁבֶט יְהוּדָה:

6 (Jdc 1,3) וַיֹּאמֶר יְהוּדָה לְשִׁמְעוֹן אָחִיו ... וְנִלָּחֲמָה בַּכְּנַעֲנִי וְהָלַכְתִּי
גַם־אֲנִי אִתְּךָ בְּגוֹרָלֶךָ

7 (Jdc 4,2) וַיִּמְכְּרֵם יְהוָה בְּיַד יָבִין מֶלֶךְ־כְּנַעַן אֲשֶׁר מָלַךְ בְּחָצוֹר

8 (I Sam 1,19) ... וַיֵּדַעᵃ אֶלְקָנָה אֶת־חַנָּה אִשְׁתּוֹ וַיִּזְכְּרֶהָ יְהוָה:

9 (I Sam 3,3) ... וּשְׁמוּאֵל שֹׁכֵב בְּהֵיכַל יְהוָה אֲשֶׁר־שָׁם אֲרוֹן אֱלֹהִים:

10 (I Sam 5,6) וַתִּכְבַּד יַד־יְהוָה אֶל־הָאַשְׁדּוֹדִים

11 (I Sam 25,1) וַיָּמָתˡ שְׁמוּאֵל וַיִּקָּבְצוּ כָל־יִשְׂרָאֵל וַיִּסְפְּדוּ־לוֹ וַיִּקְבְּרֻהוּ בְּבֵיתוֹ

12 (II Sam 22,7) בַּצַּר־לִי אֶקְרָא יְהוָה וְאֶל־אֱלֹהַי אֶקְרָא

13 (I Reg 9,16) פַּרְעֹה מֶלֶךְ־מִצְרַיִם עָלָהˢ וַיִּלְכֹּד אֶת־גֶּזֶרᵈ וַיִּשְׂרְפָהᵉ בָּאֵשׁ
וְאֶת־הַכְּנַעֲנִי הַיֹּשֵׁב בָּעִיר הָרֵגˡ

14 (I Reg 15,8) וַיִּשְׁכַּב אָבִים עִם־אֲבֹתָיו וַיִּקְבְּרוּ אֹתוֹ בְּעִיר דָּוִד וַיִּמְלֹךְ אָסָא
בְּנוֹ תַּחְתָּיו:

15 (I Reg 15,18) ... וַיִּשְׁלָחֵם הַמֶּלֶךְ אָסָא אֶל־בֶּן־הֲדַד בֶּן־טַבְרִמֹּןᵉ בֶּן־חֶזְיוֹןˡ מֶלֶךְ
אֲרָםˢ הַיֹּשֵׁב בְּדַמֶּשֶׂקˡ לֵאמֹר:

16 (I Reg 18,40) וַיֹּאמֶר אֵלִיָּהוּ לָהֶם תִּפְשׂוּ אֶת־נְבִיאֵי הַבַּעַל אִישׁ אַל־יִמָּלֵט
מֵהֶם וַיִּתְפְּשׂוּם

17 (II Reg 13,9) וַיִּשְׁכַּב יְהוֹאָחָז עִם־אֲבֹתָיו וַיִּקְבְּרֻהוּ בְּשֹׁמְרוֹן וַיִּמְלֹךְ יוֹאָשׁ
בְּנוֹ תַּחְתָּיו:

... וַיִּלְחֶם בְּאַשְׁדּוֹד וַיִּלְכְּדֶהָ:	(Jes 20,1)	18
תְּבַקְשֵׁם וְלֹא תִמְצָאֵם	(Jes 41,12)	19
וְאֶדְרְכֵם בְּאַפִּי	(Jes 63,3)	20
וְאַתָּה לֹא תִמָּלֵט מִיָּדוֹ כִּי תָּפֹשׂ תִּתָּפֵשׂ וּבְיָדוֹ תִּנָּתֵן	(Jer 34,3)	21
... וְאַתָּה לֹא־תִמָּלֵט מִיָּדָם כִּי בְיַד מֶלֶךְ־בָּבֶל תִּתָּפֵשׂ וְאֶת־הָעִיר הַזֹּאת תִּשְׂרֹף בָּאֵשׁ:	(Jer 38,23)	22
אַל־תִּבְטְחוּ לָכֶם אֶל־דִּבְרֵי הַשֶּׁקֶר לֵאמֹר הֵיכַל יְהוָה הֵיכַל יְהוָה הֵיכַל יְהוָה הֵמָּה:	(Jer 7,4)	23
... כִּי מִקְדַּשׁ־מֶלֶךְ הוּא וּבֵית מַמְלָכָה[k] הוּא:	(Am 7,13)	24
מָה־אֱנוֹשׁ כִּי־תִזְכְּרֶנּוּ וּבֶן־אָדָם כִּי תִפְקְדֶנּוּ:	(Ps 8,5)	25
אָמַר נָבָל[l] בְּלִבּוֹ אֵין אֱלֹהִים:	(Ps 14,1)	26
וַיַּדְרִיכֵם בְּדֶרֶךְ יְשָׁרָה	(Ps 107,7)	27
... וַיִּשְׁלַח אִיּוֹב וַיְקַדְּשֵׁם וְהִשְׁכִּים בַּבֹּקֶר	(Hi 1,5)	28
וַיַּפְקִידֵם דָּוִיד הַמֶּלֶךְ עַל־הָראוּבֵנִי[m] וְהַגָּדִי[n] וַחֲצִי שֵׁבֶט הַמְנַשִּׁי[o] לְכָל־דְּבַר הָאֱלֹהִים וּדְבַר הַמֶּלֶךְ:	(I Chr 26,32)	29
וַיְבַקֵּשׁ אֶת־אֲחַזְיָהוּ וַיִּלְכְּדֻהוּ וְהוּא מִתְחַבֵּא[p] בְשֹׁמְרוֹן	(II Chr 22,9)	30

Erläuterungen:

a	„und er erkannte"		i	„Aram" *(n.l.)*
b	„und er starb"		j	„Damaskus" *(n.l.)*
c	„er zog hinauf"		k	„Königtum"
d	„Gezer" *(n.l.)*		l	„ein Tor, Törichter"
e	Wurzel שׂרף: „verbrennen"		m	„die Rubeniter" *(n.g.)*
f	„er tötete"		n	„die Gaditer" *(n.g.)*
g	„Tabrimon" *(n.pr.m.)*		o	„die Manassiter" *(n.g.)*
h	„Hezjon" *(n.pr.m.)*		p	חבא *Hitp.* „sich verstecken"

6) Übersetzen Sie Jer 30,1-5:

Jer 30,1-5 eröffnet den Block von Heilsworten an Juda-Israel in Kap. 30-35. In Jer 30f. geht es um die Ankündigung der Heimkehr aus dem Exil und eines glücklichen Lebens in der Heimat.

1 הַדָּבָר אֲשֶׁר הָיָה‎ᵃ אֶל־יִרְמְיָהוּ מֵאֵת יְהוָה לֵאמֹר:

2 כֹּה־אָמַר יְהוָה אֱלֹהֵי יִשְׂרָאֵל לֵאמֹר כְּתָב־לְךָ אֵת כָּל־הַדְּבָרִים
אֲשֶׁר־דִּבַּרְתִּי אֵלֶיךָ אֶל־סֵפֶר:

3 כִּי הִנֵּה יָמִים בָּאִים‎ᵇ נְאֻם־יְהוָה וְשַׁבְתִּי אֶת־שְׁבוּת‎ᶜ עַמִּי יִשְׂרָאֵל
וִיהוּדָה אָמַר יְהוָה וַהֲשִׁבֹתִים‎ᵈ אֶל־הָאָרֶץ אֲשֶׁר־נָתַתִּי‎ᵉ לַאֲבוֹתָם
וִירֵשׁוּהָ‎ᶠ:

4 וְאֵלֶּה הַדְּבָרִים אֲשֶׁר דִּבֶּר יְהוָה אֶל־יִשְׂרָאֵל וְאֶל־יְהוּדָה:

5 כִּי־כֹה אָמַר יְהוָה קוֹל חֲרָדָה‎ᵍ שָׁמָעְנוּ פַחַד וְאֵין שָׁלוֹם:

Erläuterungen:

a „es ist ergangen"

b „sie sind im Kommen"

c „ich werde wenden das Geschick"

d „ich werde sie zurückbringen"

e „ich habe gegeben"

f „und sie werden es besitzen"

g „Schrecken"

7) Lektüreübung: Psalm 23

Das Motto des Psalms findet sich in V.1b: „Der Herr ist mein Hirte." Der Beter nennt dankbar und vertrauensvoll all das, was der Herr für ihn tut. Angesichts der Bedrohung durch Feinde weiß der Beter die göttliche Fürsorge in besonderer Weise zu schätzen.

1 מִזְמוֹר לְדָוִד יְהוָה רֹעִי לֹא אֶחְסָר:

2 בִּנְאוֹת דֶּשֶׁא יַרְבִּיצֵנִי עַל־מֵי מְנֻחוֹת יְנַהֲלֵנִי:

3 נַפְשִׁי יְשׁוֹבֵב יַנְחֵנִי בְמַעְגְּלֵי־צֶדֶק לְמַעַן שְׁמוֹ:

4 גַּם כִּי־אֵלֵךְ בְּגֵיא צַלְמָוֶת לֹא־אִירָא רָע כִּי־אַתָּה עִמָּדִי שִׁבְטְךָ
וּמִשְׁעַנְתֶּךָ הֵמָּה יְנַחֲמֻנִי:

5 תַּעֲרֹךְ לְפָנַי שֻׁלְחָן נֶגֶד צֹרְרָי דִּשַּׁנְתָּ בַשֶּׁמֶן רֹאשִׁי כּוֹסִי רְוָיָה:

6 אַךְ טוֹב וָחֶסֶד יִרְדְּפוּנִי כָּל־יְמֵי חַיָּי וְשַׁבְתִּי בְּבֵית־יְהוָה
לְאֹרֶךְ יָמִים:

8) Vokalisierungsübung. Vokalisieren und übersetzen Sie:

וישכימו בבקר וישבעו איש לאחיו   (Gen 26,31)   1

וישליכהו ארצה   (Ex 4,3)   2

הקשיבו לקול שופר   (Jer 6,17)   3

וכרתי להם ברית שלום   (Ez 34,25)   4

כי טוב יהוה לעולם חסדו   (Ps 100,5)   5

Lektion 16:
Das Starke Verb mit Objektsuffixen (Perfekt);
Nomina mit veränderlichem Ṣere in der Endsilbe;
Konditionalsätze

1. Vokabeln

Verben:

בֵּרֵךְ	*Qal/Pi.* segnen
זבח	schlachten, opfern (זֶבַח 11)
חכם	weise sein/werden (חָכָם 6)
חלל	*Pi.* entweihen; *Hi.* anfangen
חפץ	Gefallen haben an
יסר	*Pi.* zurechtweisen, züchtigen
עבד	dienen, arbeiten (עֶבֶד 6)
עזב	verlassen
קטר	*Hi.* räuchern, opfern
שאל	fragen, bitten
שפך	vergießen, verschütten

Nomina:
• Nomina mit veränderlichem Ṣere in der Endsilbe:

אֹיֵב	Feind
אִלֵּם	stumm
כִּסֵּא	Thronstuhl, Sessel
מוֹעֵד	Zeitpunkt
מוֹקֵשׁ	Falle
מִזְבֵּחַ	Altar (זֶבַח 11)
סוֹפֵר	Erzähler (ספר 9)
עִוֵּר	blind
פִּסֵּחַ	lahm
שׁוֹפֵט	Richter (שפט 8)

• bisher gelerntes Nomen dieser Klasse:

כֹּהֵן (10)

Weitere Vokabeln:

אַשְׁרֵי	glücklich (Seligpreisung)

בִּי	bitte
גֶּבֶר	Mann
חִנָּם	umsonst, unentgeltlich (חֵן 14)
כַּאֲשֶׁר	wie, weil, wie wenn
לוּ	wenn; falls; gesetzt den Fall, dass
לוּלֵי	wenn nicht
מַמְלָכוּת	Königsmacht (מֶלֶךְ 8)
נַחֲלָה	Erbe, Besitz
פֹּה	hier
רַב	groß, zahlreich (רֹב 14)
שַׁבָּת	Sabbat (שׁבת 10/14)

Eigennamen:

אֲבִיגַל/אֲבִיגַיִל	Abigail *(n.pr.f.)*
בֵּית־אֵל	Bethel *(n.l.)*
גִּדְעוֹן	Gideon *(n.pr.m.)*
חֲנַנְיָה	Hananja *(n.pr.m.)*
מִצְרַיִם	Ägypten *(n.terr.)*
רָחֵל	Rahel *(n.pr.f.)*
שְׁלֹמֹה	Salomo *(n.pr.m.)*

2. Das Starke Verb mit Objektsuffixen: Perfekt

Im Unterschied zum Imperfekt ergeben sich beim Perfekt einschneidende Vokalisationsveränderungen. Hier empfiehlt sich folgende Einteilung:
- vokalisch endende Formen: 1.Sg.com., 3.Pl.com., 1.Pl.com.
- die maskulinen Formen: 3.Sg.m., 2.Sg.m.
- die femininen Formen: 3.Sg.f., 2.Sg.f.
- 2.Pl.m.

Da das Hifʿil von diesen Vokalisationsänderungen nur in einigen Formen betroffen ist, empfiehlt es sich, mit dieser Stammesmodifikation zu beginnen.

a) Objektsuffixe am Perfekt: Hifʿil

1.Sg.com. Perf. Hifʿil (vokalisch endend) mit Objektsuffixen			
הִכְתַּבְתִּי			
	הִכְתַּבְתִּיךָ	ich habe dich *(m.)* schreiben lassen	*singularisch*
	הִכְתַּבְתִּיךְ	ich habe dich *(f.)* schreiben lassen	
	הִכְתַּבְתִּיו	ich habe ihn schreiben lassen	
	הִכְתַּבְתִּיהָ	ich habe sie schreiben lassen	

	הִכְתַּבְתִּים	ich habe sie *(m.)* schreiben lassen	*pluralisch*

In gleicher Weise wie bei der 1.Sg.com. Perf.Hi. werden die Objektsuffixe angehängt bei:

3.Pl.com.   הִכְתִּיבוּ   הִכְתִּיבֻנִי

1.Pl.com.   הִכְתַּבְנוּ   הִכְתַּבְנוּךָ

3.Sg.m. Perf. Hif'il (konsonantisch endend) mit Objektsuffixen

הִכְתִּיב			
	הִכְתִּיבַנִי	er hat mich schreiben lassen	*singularisch*
	הִכְתִּיבְךָ	er hat dich *(m.)* schreiben lassen	
	הִכְתִּיבֵךְ	er hat dich *(f.)* schreiben lassen	
	הִכְתִּיבוֹ	er hat ihn schreiben lassen	
	הִכְתִּיבָהּ	er hat sie schreiben lassen	
	הִכְתִּיבָנוּ	er hat uns schreiben lassen	*pluralisch*
	הִכְתִּיבָם	er hat sie *(m.)* schreiben lassen	

2.Sg.m. Perf. Hif'il (vokalisch endend) mit Objektsuffixen
Beim Afformativ der 2.Sg.m. Perf. fällt in Verbindung mit Objektsuffixen der Vokal Qamäṣ weg, und an seine Stelle tritt der Bindevokal.

הִכְתַּבְתָּ			
	הִכְתַּבְתַּנִי	du hast mich schreiben lassen	*singularisch*
	הִכְתַּבְתּוֹ	du hast ihn schreiben lassen	
	הִכְתַּבְתָּהּ	du hast sie schreiben lassen	
	הִכְתַּבְתָּנוּ	du hast uns schreiben lassen	*pluralisch*
	הִכְתַּבְתָּם	du hast sie *(m.)* schreiben lassen	

3.Sg.f. Perf. Hif'il (vokalisch endend) mit Objektsuffixen
In der 3.Sg.f. Perf. tritt anstelle der Endung הָ die ältere Endung
–at auf.

הִכְתִּיבָה			
	הִכְתִּיבַתְנִי	sie hat mich schreiben lassen	*singularisch*
	הִכְתִּיבַתְךָ	sie hat dich *(m.)* schreiben lassen	
	הִכְתִּיבָתֶךְ	sie hat dich *(f.)* schreiben lassen	
	הִכְתִּיבַתְהוּ	sie hat ihn schreiben lassen	
	הִכְתִּיבַתָּה	sie hat sie schreiben lassen	
	הִכְתִּיבַתְנוּ	sie hat uns schreiben lassen	*pluralisch*
	הִכְתִּיבָתַם	sie hat sie *(m.)* schreiben lassen	

Bemerkungen:
- Mit Suffix der 3.Sg.m. auch: הִכְתִּיבַתּוּ
- Mit Suffix der 3.Sg.f. auch: הִכְתִּיבַתָּה
- Die Endung *–at* ist immer betont.
- Vor den Suffixen der 2.Sg.f. und 3.Pl.m. wird *a > ā*.

2.Sg.f. Perf. Hif^cil (konsonantisch endend) mit Objektsuffixen
In der 2.Sg.f. Perf. tritt anstelle der Endung תְּ die ältere Endung
–tī auf.

הִכְתַּבְתְּ			
	הִכְתַּבְתִּינִי	du hast mich schreiben lassen	*singularisch*
	הִכְתַּבְתִּיהוּ	du hast ihn schreiben lassen	
	הִכְתַּבְתִּים	du hast sie *(m.)* schreiben lassen	*pluralisch*

Bemerkungen:
- Die 2.Sg.f. Perf. ist nur mit den Suffixen der 1.Sg.com., der 3.Sg.m. und der 3.Pl.m. belegt.

2.Pl.m. Perf. Hif^cil (konsonantisch endend) mit Objektsuffixen
In der 2.Pl.m. Perf. tritt anstelle der Endung תֶּם die ältere Endung
–tū auf.

הֶכְתַבְתֶּם		הֶכְתַבְתּוּנִי	ihr habt mich schreiben lassen	
	=	הֶכְתַבְתַּנִי		*singularisch*
		הֶכְתַבְתּוּךָ	ihr habt dich *(m.)* schreiben lassen	
		הֶכְתַבְתּוּךְ	ihr habt dich *(f.)* schreiben lassen	
		הֶכְתַבְתּוּהוּ	ihr habt ihn schreiben lassen	
		הֶכְתַבְתּוּהָ	ihr habt sie schreiben lassen	
		הֶכְתַבְתּוּנוּ	ihr habt uns schreiben lassen	*pluralisch*
		הֶכְתַבְתּוּם	ihr habt sie *(m.)* schreiben lassen	

b) Objektsuffixe am Perfekt: Pi‘el

Da im Pi‘el mit Objektsuffixen mit Ausnahme der 3.Sg.m., wo der Vokal der
Endsilbe zu Schwa mobile verkürzt wird, *keine Veränderungen* beim Verb auf-
tauchen, genügt hier die tabellarische Aufstellung. Die Veränderungen bei den
Afformativen entsprechen denen im Hif‘il.

Pi‘el Perfekt mit Objektsuffixen		
1.Sg.com.	כִּבַּדְתִּי	כִּבַּדְתִּיךָ
3.Pl.com.	כִּבְּדוּ	כִּבְּדוּנִי
1.Pl.com.	כִּבַּדְנוּ	כִּבַּדְנוּךָ
3.Sg.m.	כִּבֵּד	כִּבְּדָנִי
2.Sg.m.	כִּבַּדְתָּ	כִּבַּדְתַּנִי
3.Sg.f.	כִּבְּדָה	כִּבְּדַתְנִי
2.Sg.f.	כִּבַּדְתְּ	כִּבַּדְתִּינִי
2.Pl.m.	כִּבַּדְתֶּם	כִּבַּדְתּוּנִי

c) Objektsuffixe am Perfekt: Qal

1.Sg.com. Perf. Qal (vokalisch endend) mit Objektsuffixen		
Der Vokal *ā* in der ersten Silbe wird zu Schwa mobile reduziert.		
כָּתַבְתִּי		
	כְּתַבְתִּיךָ	ich habe dich *(m.)* geschrieben
	כְּתַבְתִּיךְ	ich habe dich *(f.)* geschrieben
	כְּתַבְתִּיו	ich habe ihn geschrieben
	כְּתַבְתִּיהָ	ich habe sie geschrieben

singularisch

כְּתַבְתִּים	ich habe sie *(m.)* geschrieben	*pluralisch*

3.Pl.com. Perf. Qal (vokalisch endend) mit Objektsuffixen
Der Vokal $\bar{a}$ in der ersten Silbe wird zu Schwa mobile reduziert;
unter dem zweiten Radikal der Wurzel erscheint Vortonqamäṣ.

כָּתְבוּ	כְּתָבוּנִי	sie haben mich geschrieben	*singularisch*
	כְּתָבוּךָ	sie haben dich *(m.)* geschrieben	
	כְּתָבוּךְ	sie haben dich *(f.)* geschrieben	
	כְּתָבוּהוּ	sie haben ihn geschrieben	
	כְּתָבוּהָ	sie haben sie geschrieben	
	כְּתָבוּנוּ	sie haben uns geschrieben	*pluralisch*
	כְּתָבוּם	sie haben sie *(m.)* geschrieben	

1.Pl.com. Perf. Qal (vokalisch endend) mit Objektsuffixen
Der Vokal $\bar{a}$ in der ersten Silbe wird zu Schwa mobile reduziert.

כָּתַבְנוּ	כְּתַבְנוּךָ	wir haben dich *(m.)* geschrieben	*singularisch*
	כְּתַבְנוּךְ	wir haben dich *(f.)* geschrieben	
	כְּתַבְנוּהוּ	wir haben ihn geschrieben	
	כְּתַבְנוּהָ	wir haben sie geschrieben	
	כְּתַבְנוּם	wir haben sie *(m.)* geschrieben	*pluralisch*

3.Sg.m. Perf. Qal (konsonantisch endend) mit Objektsuffixen
Der Vokal $\bar{a}$ in der ersten Silbe wird zu Schwa mobile reduziert;
unter dem zweiten Radikal der Wurzel erscheint Vortonqamäṣ.

כָּתַב	כְּתָבַנִי	er hat mich geschrieben	*singularisch*
	כְּתָבְךָ	er hat dich *(m.)* geschrieben	
	כְּתָבֵךְ	er hat dich *(f.)* geschrieben	
	כְּתָבוֹ	er hat ihn geschrieben	
	כְּתָבָהּ	er hat sie geschrieben	

| | כְּתָבָנוּ | er hat uns geschrieben | *pluralisch* |
| | כְּתָבָם | er hat sie *(m.)* geschrieben | |

2.Sg.m. Perf. Qal (vokalisch endend) mit Objektsuffixen
Der Vokal $\bar{a}$ in der ersten Silbe wird zu Schwa mobile reduziert.
Der Vokal $\bar{a}$ des Afformativs entfällt; an seine Stelle tritt der Bindevokal.

כָּתַבְתָּ	כְּתַבְתַּנִי	du hast mich geschrieben	*singularisch*
	כְּתַבְתּוֹ	du hast ihn geschrieben	
	כְּתַבְתָּהּ	du hast sie geschrieben	
	כְּתַבְתָּנוּ	du hast uns geschrieben	*pluralisch*
	כְּתַבְתָּם	du hast sie *(m.)* geschrieben	

3.Sg.f. Perf. Qal (vokalisch endend) mit Objektsuffixen
Der Vokal $\bar{a}$ in der ersten Silbe wird zu Schwa mobile verkürzt.
Unter dem zweiten Radikal der Wurzel erscheint Vortonqamäs;
anstelle der Endung הָ tritt die ältere Endung *–at* auf.

כָּתְבָה	כְּתָבַתְנִי	sie hat mich geschrieben	*singularisch*
	כְּתָבַתְךָ	sie hat dich *(m.)* geschrieben	
	כְּתָבַתֶךְ	sie hat dich *(f.)* geschrieben	
	כְּתָבַתְהוּ	sie hat ihn geschrieben	
	כְּתָבַתָּה	sie hat sie geschrieben	
	כְּתָבַתְנוּ	sie hat uns geschrieben	*pluralisch*
	כְּתָבַתַם	sie hat sie *(m.)* geschrieben	

Bemerkung:
- Mit Suffix der 3.Sg.m. auch: כְּתָבַתּוּ

2.Sg.f. Perf. Qal (konsonantisch endend) mit Objektsuffixen
Der Vokal $\bar{a}$ in der ersten Silbe wird zu Schwa mobile verkürzt.
An die Stelle der Endung תְּ tritt die ältere Endung *–tī*.

| כָּתַבְתְּ | כְּתַבְתִּינִי | du hast mich geschrieben |
| | כְּתַבְתִּיהוּ | du hast ihn geschrieben |

		כְּתַבְתִּים	du hast sie *(m.)* geschrieben

2.Pl.m. Perf. Qal (konsonantisch endend) mit Objektsuffixen
Anstelle der Endung תֶּם tritt die ältere Endung *–tū* auf.

כְּתַבְתֶּם		כְּתַבְתּוּנִי	ihr habt mich geschrieben	
	=	כְּתַבְתֶּנִי		*singularisch*
		כְּתַבְתּוּךָ	ihr habt dich *(m.)* geschrieben	
		כְּתַבְתּוּךְ	ihr habt dich *(f.)* geschrieben	
		כְּתַבְתּוּהוּ	ihr habt ihn geschrieben	
		כְּתַבְתּוּהָ	ihr habt sie geschrieben	
		כְּתַבְתּוּנוּ	ihr habt uns geschrieben	*pluralisch*
		כְּתַבְתּוּם	ihr habt sie *(m.)* geschrieben	

d) Tabelle zum Perfekt mit Objektsuffixen (1.Sg.com. bzw. 2.Sg.m.)

	Qal	Pi^cel	Hif^cil
3.Sg.m.	כְּתָבַנִי	כִּבְּדַנִי	הִכְתִּיבַנִי
3.Sg.f.	כְּתָבַתְנִי	כִּבְּדַתְנִי	הִכְתִּיבַתְנִי
2.Sg.m.	כְּתַבְתַּנִי	כִּבַּדְתַּנִי	הִכְתַּבְתַּנִי
2.Sg.f.	כְּתַבְתִּינִי	כִּבַּדְתִּינִי	הִכְתַּבְתִּינִי
1.Sg.com.	כְּתַבְתִּיךָ	כִּבַּדְתִּיךָ	הִכְתַּבְתִּיךָ
3.Pl.com.	כְּתָבוּנִי	כִּבְּדוּנִי	הִכְתִּיבוּנִי
2.Pl.m.	כְּתַבְתּוּנִי	כִּבַּדְתּוּנִי	הִכְתַּבְתּוּנִי
1.Pl.com.	כְּתַבְנוּךָ	כִּבַּדְנוּךָ	הִכְתַּבְנוּךָ

Sich überschneidende Formen im Qal, Pi^cel und Hif^cil:
2.Sg.f. Perf. mit Suffix 3.Pl.m. = 1.Sg.com. Perf. mit Suffix 3.Pl.m.

Qal	Pi^cel	Hif^cil
כְּתַבְתִּים	כִּתַּבְתִּים	הִכְתַּבְתִּים
כְּתַבְתִּים	כִּתַּבְתִּים	הִכְתַּבְתִּים

3. Nomina mit veränderlichem Ṣere in der Endsilbe

Zu den Nomina mit veränderlichem Sere in der Endsilbe gehören
- zweisilbige Nomina mit *ē* in der Endsilbe (Nomina mit *Mem*-Präformativ; das aktive Partizip Qal; Adjektive mit verdoppeltem mittlerem Konsonanten zur Beschreibung körperlicher Gebrechen): שׁוֹפֵט
- einsilbige Nomina mit *ē* in der Endsilbe: עֵץ

Regeln:

---

1) Im Sg.st.abs./cs. bleibt der Vokal der Endsilbe $\bar{e}$ erhalten.

Sg.st.abs.	Sg.st.cs.
שׁוֹפֵט	שׁוֹפֵט
עֵץ	עֵץ

2) Im Sg. mit Suffixen und in allen Formen des Pl. wird der Vokal der Endsilbe $\bar{e}$ zu Schwa mobile bzw. Chateph-Vokal verkürzt.

Sg. + Suffixe	Pl.st.abs.	Pl. + Suffixe
שׁוֹפְטֵנוּ	שֹׁפְטִים	שֹׁפְטֶיךָ

3) In unbetont geschlossener Silbe wird der Vokal der Endsilbe $\bar{e}$ zu *ä* oder *i* verkürzt.

אֹיִבְךָ	dein Feind
יֶשְׁךָ	du bist da

4) Bei den einsilbigen Stämmen bleibt der Vokal der Endsilbe $\bar{e}$ teilweise als Vortonṣere erhalten.

עֵצָהּ	ihr Baum
עֵצָיו	seine Bäume

Besonderheiten:

- מִזְבֵּחַ   „Altar" hat als Sg.st.cs.:   מִזְבַּח
- מוֹקֵשׁ   „Falle" doppelte Pluralbildung   I   מֹקְשֵׁי   Pl.st.cs.
                                                                      II   וּמֹקְשׁוֹת   Pl.st.abs.
- מוֹעֵד   „Zeitpunkt" doppelte Pluralbildung   I   מוֹעֲדִים   Pl.st.abs.
                                                                      II   מוֹעֲדוֹת   Pl.st.abs.
- שֵׁם   „Name" Pluralbildung auf –$\bar{o}t$ שֵׁמוֹת   Pl.st.abs.

4. Bedingungssätze – Konditionalsätze

Das Verhältnis von Bedingung und Folge kann durch Konjunktionen im bedingenden Satz (a) und durch Nebeneinanderstellung zweier Sätze ohne Konjunktion *(asyndetisch)* zum Ausdruck gebracht werden (b). Der Bedingungssatz („wenn...") steht in der Regel *vor* dem Folgesatz.

ad a): Konditionalsätze mit Konjunktionen

Die Konjunktionen zur Einführung von Bedingungssätzen waren wohl ursprünglich *deiktische Interjektionen*. Als Konjunktionen zur Einführung von Konditionalsätzen dienen:

אִם   „wenn; falls; gesetzt den Fall, dass" – am häufigsten; zur Einführung *realer* Bedingungssätze.

אָם לֹא   „wenn nicht"

כִּי   „wenn; falls; gesetzt den Fall, dass" – nicht sehr häufig; zur Einführung *realer* Bedingungssätze

אֲשֶׁר   „wenn; falls; gesetzt den Fall, dass" – selten; zur Einführung *realer* Bedingungssätze

הֵן/הִנֵּה   „wenn; falls; gesetzt den Fall, dass" – selten, v.a. in jüngeren Texten; zur Einführung *realer* Bedingungssätze

לוּ/לוּא   „wenn" – zur Einführung *irrealer* Bedingungssätze; לוּ ist ursprünglich eine Wunschpartikel

לוּלֵי   „wenn nicht" (< * לוּ לֹא)

Gen 50,4: דַּבְּרוּ־נָא בְּאָזְנֵי פַרְעֹה לֵאמֹר: *Imp. verstärkt*	אִם־נָא מָצָאתִי חֵן בְּעֵינֵיכֶם *Perf. verstärkt*
Nachsatz *(Apodosis)* – Folge: „*dann* redet doch mit dem Pharao und sagt"	Vordersatz *(Protasis)* – Bedingung: „*Wenn* ich doch Gnade in euren Augen gefunden habe, –"
Prov 9,12: חָכַמְתָּ לָּךְ *Perf. als Präsens*	אִם־חָכַמְתָּ *Perf. als Präsens*
Nachsatz *(Apodosis)* – Folge: „*dann* bist du weise für dich selbst"	Vordersatz *(Protasis)* – Bedingung: „*Wenn* du weise bist, –"
Gen 34,17: וְלָקַחְנוּ אֶת־בִּתֵּנוּ וְהָלָכְנוּ: *Perf.cons.* *Perf.cons.*	וְאִם־לֹא תִשְׁמְעוּ אֵלֵינוּ לְהִמּוֹל *Impf. verneint*
Nachsatz *(Apodosis)* – Folge: „*dann* nehmen wir unsere Tochter und gehen"	Vordersatz *(Protasis)* – Bedingung: „*Wenn* ihr nicht auf uns hören wollt, euch beschneiden zu lassen, –"
Ex 21,2: שֵׁשׁ שָׁנִים יַעֲבֹד *Impf.*	כִּי תִקְנֶה עֶבֶד עִבְרִי *Impf. / „wenn"*
Nachsatz *(Apodosis)* – Folge: „*dann* soll er sechs Jahre dienen"	Vordersatz *(Protasis)* – Bedingung: „*Wenn* du einen hebräischen Skla-, ven erwirbst, –"

Dtn 11,26-28:

V.26:   „Siehe, ich lege euch heute vor den Segen und den Fluch:"
      (Nachsatz, Apodosis, Folge)

V.27: אֲשֶׁר תִּשְׁמְעוּ אֶל־מִצְוֹת יְהוָה אֱלֹהֵיכֶם... *„wenn"*	אֶת־הַבְּרָכָה
Vordersatz *(Protasis)* – Bedingung: „*wenn* ihr hört auf die Gebote des Herrn, eures Gottes"	Nachsatz *(Apodosis)* – Folge: „den Segen, –"

V.28: אִם־לֹא תִשְׁמְעוּ אֶל־מִצְוֹת יְהוָה אֱלֹהֵיכֶם	וְהַקְּלָלָה
„wenn nicht"	
Vordersatz *(Protasis)* – Bedingung:	Nachsatz *(Apodosis)* – Folge:
„wenn ihr nicht hört auf die Gebote des Herrn, eures Gottes"	„den Fluch, –"

Jos 2,18:

אֶת־תִּקְוַת חוּט הַשָּׁנִי הַזֶּה תִּקְשְׁרִי בַּחַלּוֹן	הִנֵּה אֲנַחְנוּ בָאִים בָּאָרֶץ
Impf.	*Ptz.* *„wenn"*
Nachsatz *(Apodosis)* – Folge:	Vordersatz *(Protasis)* – Bedingung:
„dann sollst du diese rote Schnur ins Fenster knüpfen."	*„Wenn* wir in das Land kommen, –"

Num 22,29:

כִּי עַתָּה הֲרַגְתִּיךְ׃	לוּ יֶשׁ־חֶרֶב בְּיָדִי
	Nominalsatz / „wenn" (Irrealis)
Nachsatz *(Apodosis)* – Folge:	Vordersatz *(Protasis)* – Bedingung:
„dann würde ich dich jetzt töten."	*„Wenn* ich ein Schwert in meiner Hand hätte, –"

Dtn 32,29:

יַשְׂכִּילוּ זֹאת	לוּ חָכְמוּ
Impf.	*Perf.* *„wenn" (Irrealis)*
Nachsatz *(Apodosis)* – Folge:	Vordersatz *(Protasis)* – Bedingung:
„würden sie dies verstehen"	*„Wenn* sie klug wären, –"

Gen 31,42:

כִּי עַתָּה רֵיקָם שִׁלַּחְתָּנִי	לוּלֵי אֱלֹהֵי אָבִי אֱלֹהֵי אַבְרָהָם ... הָיָה לִי
	„wenn nicht" (Irrealis)
Nachsatz *(Apodosis)* – Folge:	Vordersatz *(Protasis)* – Bedingung:
„dann hättest du mich mit leeren Händen ziehen lassen"	*„Wenn* nicht der Gott meines Vaters ... für mich gewesen wäre, –"

ad b): Asyndetische Konditionalsätze

Das Verhältnis von Bedingung und Folge kann auch durch die Nebeneinanderstellung zweier Sätze *ohne Konjunktion* (asyndetisch) ausgedrückt werden. Der Folgesatz kann dabei mit oder ohne Waw copulativum stehen.

Jdc 6,13:

וְלָמָה מְצָאַתְנוּ כָּל־זֹאת	וְיֵשׁ יְהוָה עִמָּנוּ
mit Waw copulativum	
Nachsatz *(Apodosis)* – Folge:	Vordersatz *(Protasis)* – Bedingung:
„warum hat uns *dann* all dies getroffen?"	*„Wenn* der Herr mit uns ist, –"

Ps 104,28:

יִשְׂבְּעוּן טוֹב׃	תִּפְתַּח יָדְךָ
ohne Waw copulativum	
Nachsatz *(Apodosis)* – Folge:	Vordersatz *(Protasis)* – Bedingung:

„*dann* werden sie gut gesättigt!" │ „*Wenn* du deine Hand auftust, –"

5. Übungen

1) Bestimmungsübungen zum Perfekt mit Objektsuffixen:

1 וְהִבְדִּילוֹ גְּנָבַתּוּ וּבִקַּשְׁתַּם הִדְרִיכָה וְכִבַּדְתּוֹ וּלְכָדָהּ הִבְדַּלְתָּם בִּקַשְׁתִּיו

2 גְּנָבַתַם וְכִפַּרְתָּהוּ הִדְרִיכֻהוּ לִמְּדוּם דְּרַשְׁתִּיךָ מִלְּטָנוּ מְכָרוּ הֲלַלְתִּיךְ

3 הִסְתִּירַנִי פְּקַדְתִּים זְכָרַתְנִי פְּתַחְתִּיךָ סְפָרָם מְכָרָם כְּבַדְתָּנִי לְמַדְתָּנִי

4 פְּקָדוּךָ הִמְלַכְתַּהוּ זְכָרַתִּיךָ וְקִבֶּצְךָ וּמְכָרוּם גְּנָבוּךְ

2) Vokalisierungsübungen zum Perfekt mit Objektsuffixen:

1 וקברתו וקדשתם והשכבתים והקריבו וקברום רדפוני

2 קדשוהו הקדשתיך והשבתים והקרבתם

3) Bestimmungsübungen zu den Nomina mit veränderlichem Sere in der Endsilbe:

1 הַמִּזְבֵּחָה סֹפְרֵי כִּסְאִי לַכֹּהֲנִים פְּסֵחִים מִזְבֵּחַ מִכְסְאוֹתָם וּבִשְׁמִי

2 סֹפְרִים כֹּהֲנֶיהָ שְׁמֵךָ כִּסְאוֹ מִמִּקְשֵׁי בְּשִׂמְחָם כֹּהֲנֵי אֹיְבוֹ עֲצֵי אֹיִבְךָ

3 מֵאֹיְבַי מֵעֲצֵי שְׁמֵנוּ מוֹעֲדֵנוּ וְשֹׁפְטֶיךָ הֵישְׁכֶם וּמוֹעֲדֵיכֶם יֵשְׁךָ הֲיֵשׁ

4 עוֹרוֹת לַמִּזְבֵּחַ לָעֵץ

4) Vokalisierungsübungen zu den Nomina mit veränderlichem Sere in der Endsilbe:

1 לעץ ושמו מזבחתיו עצה כהנינו ולכהן

2 אויביו שפטים אויבי שפטיהם

5) Übersetzen Sie:

1	(Gen 29,15)
2	(Gen 31,32)
3	(Gen 37,15f.)
4	(Gen 45,4)
5	(Gen 47,29f.)
6	(Lev 19,12)
7	(Lev 21,8)
8	(Dtn 21,14)
9	(Jdc 2,17)
10	(Jdc 4,20)
11	(Jdc 6,13)
12	(I Sam 1,20)
13	(I Sam 8,20)
14	(I Sam 8,21)
15	(I Sam 8,22)
16	(I Sam 15,28)

1 (Gen 29,15) וַיֹּאמֶר לָבָן לְיַעֲקֹב הֲכִי־אָחִי אַתָּה וַעֲבַדְתַּנִי חִנָּם

2 (Gen 31,32) וְלֹא יָדַע יַעֲקֹב כִּי רָחֵל גְּנָבָתַם׃

3 (Gen 37,15f.) וַיִּמְצָאֵהוּ אִישׁ ... וַיִּשְׁאָלֵהוּ הָאִישׁ לֵאמֹר מַה־תְּבַקֵּשׁ׃ וַיֹּאמֶר אֶת־אַחַי אָנֹכִי מְבַקֵּשׁ

4 (Gen 45,4) וַיֹּאמֶר אֲנִי יוֹסֵף אֲחִיכֶם אֲשֶׁר־מְכַרְתֶּם אֹתִי מִצְרָיְמָה׃

5 (Gen 47,29f.) אַל־נָא תִקְבְּרֵנִי בְּמִצְרָיִם׃ וְשָׁכַבְתִּי עִם־אֲבֹתַי

6 (Lev 19,12) וְלֹא־תִשָּׁבְעוּ בִשְׁמִי לַשָּׁקֶר וְחִלַּלְתָּ אֶת־שֵׁם אֱלֹהֶיךָ אֲנִי יְהוָה׃

7 (Lev 21,8) וְקִדַּשְׁתּוֹ כִּי־אֶת־לֶחֶם אֱלֹהֶיךָ הוּא מַקְרִיב קָדֹשׁ יִהְיֶה־לָּךְ כִּי קָדוֹשׁ אֲנִי יְהוָה מְקַדִּשְׁכֶם׃

8 (Dtn 21,14) אִם־לֹא חָפַצְתָּ בָּהּ וְשִׁלַּחְתָּהּ לְנַפְשָׁהּ וּמָכֹר לֹא־תִמְכְּרֶנָּה בַּכָּסֶף

9 (Jdc 2,17) וְגַם אֶל־שֹׁפְטֵיהֶם לֹא שָׁמֵעוּ כִּי זָנוּ אַחֲרֵי אֱלֹהִים אֲחֵרִים

10 (Jdc 4,20) וַיֹּאמֶר אֵלֶיהָ עֲמֹד פֶּתַח הָאֹהֶל וְהָיָה אִם־אִישׁ יָבוֹא וּשְׁאֵלֵךְ וְאָמַר הֲיֵשׁ־פֹּה אִישׁ וְאָמַרְתְּ אָיִן׃

11 (Jdc 6,13) וַיֹּאמֶר אֵלָיו גִּדְעוֹן בִּי אֲדֹנִי וְיֵשׁ יְהוָה עִמָּנוּ וְלָמָּה מְצָאַתְנוּ כָּל־זֹאת

12 (I Sam 1,20) וַתִּקְרָא אֶת־שְׁמוֹ שְׁמוּאֵל כִּי מֵיְהוָה שְׁאִלְתִּיו׃

13 (I Sam 8,20) וְהָיִינוּ גַם־אֲנַחְנוּ כְּכָל־הַגּוֹיִם וּשְׁפָטָנוּ מַלְכֵּנוּ וְיָצָא לְפָנֵינוּ וְנִלְחַם אֶת־מִלְחֲמֹתֵנוּ׃

14 (I Sam 8,21) וַיִּשְׁמַע שְׁמוּאֵל אֵת כָּל־דִּבְרֵי הָעָם וַיְדַבְּרֵם בְּאָזְנֵי יְהוָה׃

15 (I Sam 8,22) וַיֹּאמֶר יְהוָה אֶל־שְׁמוּאֵל שְׁמַע בְּקוֹלָם וְהִמְלַכְתָּ לָהֶם מֶלֶךְ וַיֹּאמֶר שְׁמוּאֵל אֶל־אַנְשֵׁי יִשְׂרָאֵל לְכוּ אִישׁ לְעִירוֹ׃

16 (I Sam 15,28) וַיֹּאמֶר אֵלָיו שְׁמוּאֵל קָרַע יְהוָה אֶת־מַמְלְכוּת יִשְׂרָאֵל מֵעָלֶיךָ הַיּוֹם וּנְתָנָהּ לְרֵעֲךָ הַטּוֹב מִמֶּךָּ׃

17 (I Sam 23,14) וַיְבַקְשֵׁהוּ שָׁאוּל כָּל־הַיָּמִים וְלֹא־נְתָנוֹ אֱלֹהִים בְּיָדוֹ:

18 (I Sam 25,32) וַיֹּאמֶר דָּוִד לַאֲבִיגַל בָּרוּךְ יְהוָה אֱלֹהֵי יִשְׂרָאֵל אֲשֶׁר שְׁלָחֵךְ הַיּוֹם הַזֶּה

19 (I Reg 8,53) כִּי־אַתָּה הִבְדַּלְתָּם לְךָ לְנַחֲלָה מִכֹּל עַמֵּי הָאָרֶץ כַּאֲשֶׁר דִּבַּרְתָּ בְּיַד מֹשֶׁה עַבְדֶּךָ

20 (Jer 17,22) וְקִדַּשְׁתֶּם אֶת־יוֹם הַשַּׁבָּת כַּאֲשֶׁר צִוִּיתִי[h] אֶת־אֲבוֹתֵיכֶם:

21 (Jer 28,15) וַיֹּאמֶר יִרְמְיָה הַנָּבִיא אֶל־חֲנַנְיָה הַנָּבִיא שְׁמַע־נָא חֲנַנְיָה לֹא־שְׁלָחֲךָ יְהוָה וְאַתָּה הִבְטַחְתָּ אֶת־הָעָם הַזֶּה עַל־שָׁקֶר:

22 (Jer 38,3) כֹּה אָמַר יְהוָה הִנָּתֹן תִּנָּתֵן הָעִיר הַזֹּאת בְּיַד חֵיל מֶלֶךְ־בָּבֶל וּלְכָדָהּ:

23 (Hos 2,9) וּבִקְשָׁתַם וְלֹא תִמְצָא

24 (Ps 22,2) אֵלִי אֵלִי לָמָה עֲזַבְתָּנִי

25 (Ps 22,4) וְאַתָּה קָדוֹשׁ יוֹשֵׁב תְּהִלּוֹת יִשְׂרָאֵל:

26 (Ps 22,5) בְּךָ בָּטְחוּ אֲבֹתֵינוּ בָּטְחוּ וַתְּפַלְּטֵמוֹ:

27 (Ps 22,6) אֵלֶיךָ זָעֲקוּ וְנִמְלָטוּ בְּךָ בָטְחוּ

28 (Ps 94,12) אַשְׁרֵי הַגֶּבֶר אֲשֶׁר תְּיַסְּרֶנּוּ ... וּמִתּוֹרָתְךָ תְלַמְּדֶנּוּ:

29 (II Chr 1,8) וַיֹּאמֶר שְׁלֹמֹה לֵאלֹהִים אַתָּה עָשִׂיתָ עִם־דָּוִיד אָבִי חֶסֶד גָּדוֹל וְהִמְלַכְתַּנִי תַּחְתָּיו:

30 (II Chr 1,9) עַתָּה יְהוָה אֱלֹהִים יֵאָמֵן דְּבָרְךָ עִם דָּוִיד אָבִי כִּי אַתָּה הִמְלַכְתַּנִי עַל־עַם רַב כַּעֲפַר הָאָרֶץ:

Erläuterungen:

a	„es soll sein"	f	„und er wird voranziehen"
b	*hier:* „sie folgten" (eigtl.: „untreu sein")	g	„geht!"
c	„und es soll sein"	h	„ich habe befohlen"
d	„er wird kommen"	i	„du hast geschaffen"
e	„und wir werden sein"	j	„er/es wird wahr werden"

6) Übersetzen Sie I Reg 13,1-4: Der Gottesmann aus Juda

Die beiden Königebücher thematisieren die Zeit vom Beginn des Königtums Salomos bis zum babylonischen Exil (ca. 950-538 v.Chr.). I Reg 13 gehört zum Abschnitt I Reg 12 – II Reg 17, in dem die Lossagung der Nordstämme vom Südreich und die Gründung eines eigenen Königtums in Nordisrael beschrieben werden. I Reg 13 erzählt von einem Gottesmann aus Juda, der ein Wort gegen den Altar von Bethel sprechen soll.

1 וְהִנֵּה אִישׁ אֱלֹהִים בָּא[a] מִיהוּדָה בִּדְבַר יְהוָה אֶל־בֵּית־אֵל
וְיָרָבְעָם[b] עֹמֵד עַל־הַמִּזְבֵּחַ לְהַקְטִיר:

2 וַיִּקְרָא עַל־הַמִּזְבֵּחַ בִּדְבַר יְהוָה וַיֹּאמֶר מִזְבֵּחַ מִזְבֵּחַ כֹּה אָמַר
יְהוָה הִנֵּה־בֵן נוֹלָד[c] לְבֵית־דָּוִד יֹאשִׁיָּהוּ[d] שְׁמוֹ וְזָבַח עָלֶיךָ
אֶת־כֹּהֲנֵי הַבָּמוֹת[e] הַמַּקְטִרִים עָלֶיךָ וְעַצְמוֹת אָדָם יִשְׂרְפוּ עָלֶיךָ:

3 וְנָתַן בַּיּוֹם הַהוּא מוֹפֵת[f] לֵאמֹר זֶה הַמּוֹפֵת אֲשֶׁר דִּבֶּר יְהוָה הִנֵּה
הַמִּזְבֵּחַ נִקְרָע וְנִשְׁפַּךְ הַדֶּשֶׁן[g] אֲשֶׁר־עָלָיו:

4 וַיְהִי כִשְׁמֹעַ הַמֶּלֶךְ אֶת־דְּבַר אִישׁ־הָאֱלֹהִים אֲשֶׁר קָרָא
עַל־הַמִּזְבֵּחַ בְּבֵית־אֵל וַיִּשְׁלַח יָרָבְעָם אֶת־יָדוֹ מֵעַל הַמִּזְבֵּחַ
לֵאמֹר תִּפְשֻׂהוּ וַתִּיבַשׁ[h] יָדוֹ אֲשֶׁר שָׁלַח עָלָיו ...

Erläuterungen:

a	„er ist gekommen"	e	„die Kulthöhen"
b	„Jerobeam" *(n.pr.m.)*	f	„Wunderzeichen"
c	„er wird geboren werden"	g	„die Asche"
d	„Josia" *(n.pr.m.)*	h	„und sie verdorrte"

7) Lektüreübung: II Reg 2,19-25: Elisas Wundertaten

Der Textabschnitt gehört zu den in I Reg 17 – II Reg 9 dokumentierten Elia- und Elisaerzählungen. Elia und Elisa gehören zu den ersten Propheten Israels. II Reg 2,19-25 berichtet von Wundertaten Elisas.

19 וַיֹּאמְרוּ אַנְשֵׁי הָעִיר אֶל־אֱלִישָׁע הִנֵּה־נָא מוֹשַׁב הָעִיר טוֹב כַּאֲשֶׁר
אֲדֹנִי רֹאֶה וְהַמַּיִם רָעִים וְהָאָרֶץ מְשַׁכָּלֶת:

20 וַיֹּאמֶר קְחוּ־לִי צְלֹחִית חֲדָשָׁה וְשִׂימוּ שָׁם מֶלַח וַיִּקְחוּ אֵלָיו:

21 וַיֵּצֵא אֶל־מוֹצָא הַמַּיִם וַיַּשְׁלֶךְ־שָׁם מֶלַח וַיֹּאמֶר כֹּה־אָמַר יְהוָה
רִפֵּאתִי לַמַּיִם הָאֵלֶּה לֹא־יִהְיֶה מִשָּׁם עוֹד מָוֶת וּמְשַׁכָּלֶת:

22 וַיֵּרָפוּ הַמַּיִם עַד הַיּוֹם הַזֶּה כִּדְבַר אֱלִישָׁע אֲשֶׁר דִּבֵּר:

23 וַיַּעַל מִשָּׁם בֵּית־אֵל וְהוּא עֹלֶה בַדֶּרֶךְ וּנְעָרִים קְטַנִּים יָצְאוּ

מִן־הָעִיר וַיִּתְקַלְּסוּ־בוֹ וַיֹּאמְרוּ לוֹ עֲלֵה קֵרֵחַ עֲלֵה קֵרֵחַ:

²⁴ וַיִּפֶן אַחֲרָיו וַיִּרְאֵם וַיְקַלְלֵם בְּשֵׁם יְהוָה וַתֵּצֶאנָה שְׁתַּיִם דֻּבִּים

מִן־הַיַּעַר וַתְּבַקַּעְנָה מֵהֶם אַרְבָּעִים וּשְׁנֵי יְלָדִים:

²⁵ וַיֵּלֶךְ מִשָּׁם אֶל־הַר הַכַּרְמֶל וּמִשָּׁם שָׁב שֹׁמְרוֹן:

8) Vokalisierungsübung. Vokalisieren und übersetzen Sie:

וָאֲצַוֶּה[a] את שפטיכם בעת ההוא לאמר שמע בין־אחיכם	(Dtn 1,16)	1
ושפטתם צדק בין איש ובין־אחיו ובין גרו:		
ישפט יהוה השפט היום בין בני ישראל ובין בני עמון:	(Jdc 11,27)	2
שמעו את הדבר הזה אשר דבר יהוה עליכם בני ישראל	(Am 3,1)	3
כי כה אמר יהוה לבית ישראל דרשוני	(Am 5,4)	4
הללוהו שמי השמים והמים אשר מעל השמים:	(Ps 148,4f.)	5
יהללו את־שם יהוה		

Erläuterung:

a   „und ich befahl"

Lektion 17:
Das Starke Verb mit Objektsuffixen (Imperativ und Infinitiv constructus);
Nomina mit veränderlichem Qamäṣ in der vorletzten Silbe;
Temporalsätze

1. Vokabeln

Verben:

יָלַד	gebären, zeugen
לָקַח	nehmen, fassen, ergreifen
מָלֵא	voll sein
	Ni. angefüllt sein, erfüllt werden (מָלֵא 11)
נָפַל	fallen
עָבַר	durchziehen, vorübergehen
שָׂמַח	sich freuen, fröhlich sein

Nomina:
• Nomina mit veränderlichem Qamäṣ:

בָּרוּךְ	gesegnet (ברך 16)
גָּבֹהַּ	hoch
הָמוֹן	Lärm, Menge
זִכָּרוֹן	Andenken (זכר 8)
טָהוֹר	rein
יָמִין	rechte Hand, rechte Seite
כָּבוֹד	Ehre, Herrlichkeit (כָּבֵד 7)
לָשׁוֹן	Zunge, Sprache
מָרוֹם	Höhe
מָשִׁיחַ	Gesalbter (משח 11)
נָשִׂיא	Fürst
סָבִיב	ringsum; Umgebung
צָפוֹן	Norden
קָדִים	Osten, Ostwind
רָצוֹן	Wohlgefallen
תָּמִים	vollständig, untadelig

• bisher gelernte Nomina dieser Klasse:

(16) אָדוֹן (6), גָּדוֹל (6), מָקוֹם (14), נָבִיא (10), עָוֹן (6), קָדוֹשׁ (7),

(12) קָרוֹב (8), רָחוֹק (7), שָׁלוֹם

Weitere Vokabeln:

אוּלַי	vielleicht
אוֹת	Zeichen, Wunder
בְּהֵמָה	Vieh, Tiere
בְּטֶרֶם	bevor, ehe
זֶרַע	Saat, Same; Nachkommenschaft, Geschlecht
יְשׁוּעָה	Hilfe, Heil
עוֹף	Vögel *(kollektiv)*
עֲנָוָה	Demut
תֵּבָה	Kasten; Arche

Eigennamen:

דָּן	Dan *(n.pr.m.)*
חִירָם	Hiram *(n.pr.m.)*
נֹחַ	Noah *(n.pr.m.)*

2. Das Starke Verb mit Objektsuffixen: Imperativ und Infinitiv constructus

a) Imperativ

Imp.Sg.m. Hifʿil (konsonantisch endend) mit Objektsuffixen			
הַכְתֵּב	הַכְתִּיבֵנִי	lass mich schreiben!	*singularisch*
Ausgangs-form:	הַכְתִּיבֵהוּ	lass ihn schreiben!	
הַכְתֵּיב	הַכְתִּיבֶהָ	lass sie schreiben!	
	הַכְתִּיבֵנוּ	lass uns schreiben!	*pluralisch*
	הַכְתִּיבֵם	lass sie *(m.)* schreiben!	

Imp.Pl.m. Hif'il (vokalisch endend) mit Objektsuffixen

הַכְתִּיבוּ	הַכְתִּיבֻנִי	lasst mich schreiben!	*singularisch*
	הַכְתִּיבֻוהוּ	lasst ihn schreiben!	
	הַכְתִּיבֻוהָ	lasst sie schreiben!	
	הַכְתִּיבֻונוּ	lasst uns schreiben!	*pluralisch*
	הַכְתִּיבֻום	lasst sie *(m.)* schreiben!	

Imp.Sg.m. Pi'el (konsonantisch endend) mit Objektsuffixen
Hier wird das Sere der Endsilbe in Verbindung mit Suffixen zu
Schwa mobile verkürzt.

כַּבֵּד	כַּבְּדֵנִי	ehre mich!	*singularisch*
	כַּבְּדֵהוּ	ehre ihn!	
	כַּבְּדֵהָ	ehre sie!	
	כַּבְּדֵנוּ	ehre uns!	*pluralisch*
	כַּבְּדֵם	ehre sie *(m.)*!	

Imp.Pl.m. Pi'el (vokalisch endend) mit Objektsuffixen

כַּבְּדוּ	כַּבְּדוּנִי	ehrt mich!	*singularisch*
	כַּבְּדוּהוּ	ehrt ihn!	
	כַּבְּדוּהָ	ehrt sie!	
	כַּבְּדוּנוּ	ehrt uns!	*pluralisch*
	כַּבְּדוּם	ehrt sie *(m.)*!	

ō-Imp.Sg.m. Qal	a-Imp.Sg.m. Qal	
Hier begegnet als Ausgangsform כְּתֹב *kåtb* < * *kutub* + Schwa medium	Hier wird *a* > *ā* (Vortonqamäs) gedehnt	
כְּתֹב כָּתְבֵנִי schreib mich an!	שְׁמַע שְׁמָעֵנִי höre mich an!	*singularisch*
כָּתְבֵהוּ schreib ihn an!	שְׁמָעֵהוּ höre ihn an!	
כָּתְבָהּ schreib sie an!	שְׁמָעָהּ höre sie an!	
כָּתְבֵנוּ schreib uns an!	שְׁמָעֵנוּ höre uns an!	*pluralisch*
כָּתְבֵם schreib sie *(m.)* an!	שְׁמָעֵם höre sie *(m.)* an!	

ō-Imp.Pl.m. Qal	a-Imp.Pl.m. Qal	
	Wie im Sg. wird *a* > *ā* gedehnt.	
כִּתְבוּ כָּתְבוּנִי schreibt mich an!	שִׁמְעוּ שְׁמָעוּנִי hört mir zu!	*singularisch*
כָּתְבוּהוּ schreibt ihn an!	שְׁמָעוּהוּ hört ihm zu!	
כָּתְבוּהָ schreibt sie an!	שְׁמָעוּהָ hört ihr zu!	
כָּתְבוּנוּ schreibt uns an!	שְׁמָעוּנוּ hört uns zu!	*pluralisch*
כָּתְבוּם schreibt sie *(m.)* an!	שְׁמָעוּם hört ihnen *(m.)* zu!	

Tabelle zum Imperativ mit Objektsuffixen (1.Sg.com.)

	Qal	Piᶜel	Hifᶜil
ō-Imp.Sg.m.	כָּתְבֵנִי	כַּבְּדֵנִי	הַכְתִּיבֵנִי
a-Imp.Sg.m.	שְׁמָעֵנִי		
ō-Imp.Pl.m.	כָּתְבוּנִי	כַּבְּדוּנִי	הַכְתִּיבוּנִי
a-Imp.Pl.m.	שְׁמָעוּנִי		

b) Infinitiv constructus mit Suffixen

	Qal	Nif'al	Pi'el	Hif'il
Inf.cs.	כְּתֹב	הִכָּתֵב	כַּבֵּד	הַכְתִּיב
singularisch	כָּתְבֵנִי/כָתְבִי	הִכָּתְבִי	כַּבְּדֵנִי/כַּבְּדִי	הַכְתִּיבֵנִי/הַכְתִּיבִי
	כָּתְבְּךָ/כָתְבֶךָ	הִכָּתֶבְךָ	כַּבֶּדְךָ	הַכְתִּיבְךָ
	כָּתְבֵךְ	הִכָּתֶבֵךְ	כַּבֵּדֵךְ	הַכְתִּיבֵךְ
	כָּתְבוֹ	הִכָּתְבוֹ	כַּבְּדוֹ	הַכְתִּיבוֹ
	כָּתְבָהּ	הִכָּתְבָהּ	כַּבְּדָהּ	הַכְתִּיבָהּ
pluralisch	כָּתְבֵנוּ	הִכָּתְבֵנוּ	כַּבְּדֵנוּ	הַכְתִּיבֵנוּ
	כָּתְבְכֶם	הִכָּתְבְכֶם	כַּבֶּדְכֶם	הַכְתִּיבְכֶם
	כָּתְבָם	הִכָּתְבָם	כַּבְּדָם	הַכְתִּיבָם

3. Nomina mit veränderlichem Qamäṣ in der vorletzten Silbe

Regel:

Der Vokal Qamäṣ (Vortonqamäṣ) wird außer im Sg.st.abs. überall zu Schwa mobile bzw. Chateph-Patach reduziert.		
Sg.st.abs.	*übrige Formen*	
נָבִיא	נְבִיאִים	Pl.st.abs.
	נְבִיאֵי	Pl.st.cs.
	נְבִיאֶיךָ	Pl. + Suff.2.Sg.m.
לָשׁוֹן	לְשׁוֹן	Sg.st.cs.
	לְשׁוֹנִי	Sg. + Suff.1.Sg.com.

Besonderheiten:

- זִכָּרוֹן „Andenken" hat als Sg.st.cs.: .... זִכְרוֹן
  - doppelte Pluralbildung I זִכְרֹנֵיכֶם
  - II הַזִּכְרֹנוֹת
- מָקוֹם „Ort" hat als Plural: .... מְקֹמוֹת
- עָוֹן „Sünde, Schuld" doppelte Pluralbildung I עֲוֹנֵינוּ
  - II עֲוֹנֹת

4. Temporalsätze

Das zeitliche Verhältnis zweier Handlungen kann durch Konjunktionen (a), durch die Nebeneinanderstellung zweier Sätze ohne Konjunktion (b) sowie durch Inf.cs. + Präposition (c) zum Ausdruck gebracht werden.

ad a): Temporalsätze mit Konjunktionen

Als Konjunktionen zur Einführung von Temporalsätzen dienen:

כַּאֲשֶׁר/כִּי/אִם	„als, nachdem, wenn"
עַד־כִּי/עַד־אִם/עַד/עַד אֲשֶׁר אִם/עַד אֲשֶׁר/עַד	„bis dass, solange als, solange bis"
בְּטֶרֶם	„ehe, bevor"
אַחַר/אַחֲרֵי אֲשֶׁר/אַחֲרֵי	„nachdem"
מֵאָז	„seitdem"

Beispiele:

Jdc 3,18:

וַיְשַׁלַּח אֶת־הָעָם │ וַיְהִי כַּאֲשֶׁר כִּלָּה לְהַקְרִיב אֶת־הַמִּנְחָה

Perf.   „*als, nachdem*"

„entließ er die Leute."   „Als er den Tribut übergeben hatte, –"

Jdc 1,28:

וַיָּשֶׂם אֶת־הַכְּנַעֲנִי לָמַס │ וַיְהִי כִּי־חָזַק יִשְׂרָאֵל

Perf.   „*als, nachdem*"

„machte es die Kanaanäer fron-   „Als Israel mächtig wurde, –"
pflichtig."

Jdc 6,3:

וְעָלָה מִדְיָן │ וְהָיָה אִם־זָרַע יִשְׂרָאֵל

„*als, wenn*"

„zog Midian herauf."   „Immer, wenn Israel gesät hatte, –"

Gen 28,15:

עַד אֲשֶׁר אִם־עָשִׂיתִי │ כִּי לֹא אֶעֱזָבְךָ

Perf.   „*bis dass*"

„bis dass ich erfüllt haben wer-   „Denn ich werde dich nicht verlassen,"
de..."

II Reg 6,32:

וְהוּא אָמַר │ בְּטֶרֶם יָבֹא הַמַּלְאָךְ אֵלָיו

Impf. als Vergangenheit   „*ehe, bevor*"

„hatte er gesagt"   „Bevor der Bote zu ihm kam, –"

Jos 7,8:

אַחֲרֵי אֲשֶׁר הָפַךְ יִשְׂרָאֵל עֹרֶף לִפְנֵי אֹיְבָיו: │ בִּי אֲדֹנָי מָה אֹמַר

„*nachdem*"

„nachdem Israel seinen Feinden   „Bitte, mein Herr, was soll ich sa-
den Rücken gekehrt hat?"   gen, –"

Gen 39,5: וַיְבָרֶךְ יְהוָה ... | וַיְהִי מֵאָז הִפְקִיד אֹתוֹ בְּבֵיתוֹ ...
Perf. „*seitdem*"

„segnete Jahwe..." | „Seitdem er ihn über sein Haus gesetzt hatte ..., –"

Die Beispiele zeigen, dass Temporalsätze der Vergangenheit oft durch וַיְהִי (3.Sg.m. Impf.cons. von היה „sein, werden") bzw. durch וְהָיָה (3.Sg.m. Perf.cons. von היה) eingeleitet werden.

ad b): Temporalsätze ohne Konjunktion

Beispiel:

Gen 7,6: וְהַמַּבּוּל הָיָה | וְנֹחַ בֶּן־שֵׁשׁ מֵאוֹת שָׁנָה

„als die Flut kam." | „Und Noah war 600 Jahre alt, –"

ad c): Inf.cs. + Präposition als Stellvertreter eines Temporalsatzes

Beispiel:

II Sam 11,16: וַיִּתֵּן אֶת־אוּרִיָּה | וַיְהִי בִּשְׁמוֹר יוֹאָב אֶל־הָעִיר
Inf.cs.

„stellte er Uria ..." | „Als Joab die Stadt belagerte, –"

5. Übungen

1) Bestimmungsübungen zum Imperativ und Inf.cs. mit Objektsuffixen:

1 בִּקְשַׁנִי בְּקָשׁוּנִי דְּרָשׁוּנִי גַּדְּלֵךְ הַלְלוּהוּ זָכְרֵנִי כְּהַזְכִּירוֹ כַּבְּדֵךְ

2 בְּכָרְתִי בְּקָשֵׁהוּ וּלְגַדְּלָם דָּרְשׁוֹ בְּכָתְבוֹ כַּבְּדֵנִי כָּתְבֵם כַּבְּדוּהוּ

3 בְּכַפֶּרְךָ לְלָכְדֵנִי לְדָרְשֵׁנִי הַכַּבֵּד וּלְכָדָהּ כַּבְּסֵנִי לְלַמְּדָם לְמָכְרָהּ

4 בְּכַפְּרִי לַמְּדֵנִי וּמַלְּטוּנִי לְבַקְשׁוֹ מְשָׁחֵהוּ שְׁפָטֵנִי

2) Vokalisierungsübungen zum Imperativ und Inf.cs. mit Objektsuffixen:

1 בתפשם לשפטנו ותפשוהו לשמרו שפטני כשמעם

2 להשמידני השליכהו לשלח והשכם

3) Bestimmungsübungen zu den Nomina mit veränderlichem Qamäṣ in der vorletzten Silbe:

1 צְפֹנָה רְצוֹן תְּמִימֵי הַשָּׁלוֹם שְׁלוֹמִים הֲמוֹן סְבִיבֹתַי זִכְרֹנֵיכֶם

2 עֵינֵינוּ שָׁלוֹם

4) Vokalisierungsübungen zu den Nomina mit veränderlichem Qamäṣ in der vorletzten Silbe:

1 מצפון ברצונך ולשונם המונה מקמות

5) Übersetzen Sie:

וַיְהִי כַּאֲשֶׁר הִקְרִיב לָבוֹאᵃ מִצְרָיְמָה וַיֹּאמֶר אֶל־שָׂרַי אִשְׁתּוֹ הִנֵּה־נָא יָדַעְתִּי כִּי אִשָּׁה יְפַת־מַרְאֶהᵇ אָתְּ:	(Gen 12,11)	1

| וַיְהִי כַּאֲשֶׁר שָׁמַע עֶבֶד אַבְרָהָם אֶת־דִּבְרֵיהֶם וַיִּשְׁתַּחוּᶜ אַרְצָה לַיהוָה: | (Gen 24,52) | 2 |

| וַיּוֹצֵאᵈ הָעֶבֶד כְּלֵי־כֶסֶף וּכְלֵי זָהָב וּבְגָדִים וַיִּתֵּן לְרִבְקָה וּמִגְדָּנֹתᵉ נָתַן לְאָחִיהָ וּלְאִמָּהּ: | (Gen 24,53) | 3 |

| וַיְהִי כַּאֲשֶׁר יָלְדָה רָחֵל אֶת־יוֹסֵף וַיֹּאמֶר יַעֲקֹב אֶל־לָבָן שַׁלְּחֵנִי וְאֵלְכָהᶠ אֶל־מְקוֹמִי וּלְאַרְצִי: | (Gen 30,25) | 4 |

| וַיִּשְׁמַע אֶת־דִּבְרֵי בְנֵי־לָבָן לֵאמֹר לָקַח יַעֲקֹב אֵת כָּל־אֲשֶׁר לְאָבִינוּ וּמֵאֲשֶׁר לְאָבִינוּ עָשָׂהᵍ אֵת כָּל־הַכָּבוֹדᵍ הַזֶּה: | (Gen 31,1) | 5 |

| וֵאלֹהֵי אֲבִיכֶם ... אָמַר אֵלַי לֵאמֹר הִשָּׁמֶר לְךָ מִדַּבֵּר עִם־יַעֲקֹב מִטּוֹב עַד־רָע: | (Gen 31,29) | 6 |

| וַיְהִי כִּי־זָעֲקוּ בְנֵי־יִשְׂרָאֵל אֶל־יְהוָה עַל אֹדוֹתᵏ מִדְיָן: וַיִּשְׁלַח יְהוָה אִישׁ נָבִיא אֶל־בְּנֵי יִשְׂרָאֵל וַיֹּאמֶר לָהֶם כֹּה־אָמַר יְהוָה אֱלֹהֵי יִשְׂרָאֵל אָנֹכִי הֶעֱלֵיתִיᴵ אֶתְכֶם מִמִּצְרַיִם וָאֹצִיאᵐ אֶתְכֶם מִבֵּית עֲבָדִים: | (Jdc 6,7f.) | 7 |

| בַּיָּמִים הָהֵם אֵין מֶלֶךְ בְּיִשְׂרָאֵל וּבַיָּמִים הָהֵם שֵׁבֶט הַדָּנִי מְבַקֶּשׁ־לוֹ נַחֲלָה לָשֶׁבֶתⁿ כִּי לֹא־נָפְלָהᵒ לּוֹ עַד־הַיּוֹם הַהוּא בְּתוֹךְ־שִׁבְטֵי יִשְׂרָאֵל בְּנַחֲלָה: | (Jdc 18,1) | 8 |

9   (II Reg 2,9f.)   וַיְהִי כְעָבְרָם וְאֵלִיָּהוּ אָמַר אֶל־אֱלִישָׁע שְׁאַל מָה אֶעֱשֶׂה‎ᵖ לָךְ
בְּטֶרֶם אֶלָּקַח מֵעִמָּךְ וַיֹּאמֶר אֱלִישָׁע וִיהִי־נָא‎ᵠ פִּי־שְׁנַיִם‎ʳ בְּרוּחֲךָ
אֵלָי:

10   (Zeph 2,3)   בַּקְּשׁוּ־צֶדֶק בַּקְּשׁוּ עֲנָוָה אוּלַי תִּסָּתְרוּ בְּיוֹם אַף־יְהוָה:

11   (Ps 4,6)   זִבְחוּ זִבְחֵי צֶדֶק וּבִטְחוּ אֶל־יְהוָה:

12   (Ps 5,3f.)   הַקְשִׁיבָה לְקוֹל שַׁוְעִי‎ˢ מַלְכִּי וֵאלֹהָי כִּי אֵלֶיךָ אֶתְפַּלָּל:
יְהוָה בֹּקֶר תִּשְׁמַע קוֹלִי

13   (Ps 90,2)   בְּטֶרֶם הָרִים יֻלָּדוּ ... וּמֵעוֹלָם עַד־עוֹלָם אַתָּה אֵל:

14   (Ps 106,4)   זָכְרֵנִי יְהוָה בִּרְצוֹן עַמֶּךָ פָּקְדֵנִי בִּישׁוּעָתֶךָ:

15   (Ruth 1,1)   וַיְהִי בִּימֵי שְׁפֹט הַשֹּׁפְטִים וַיְהִי רָעָב בָּאָרֶץ

Erläuterungen:

a	„zu kommen"	k	„wegen"
b	„schön an Aussehen"	l	„ich habe herausgeführt"
c	„und er verneigte sich"	m	„ich führte heraus"
d	„und er brachte heraus"	n	„um zu wohnen"
e	„und er gab"	o	„es war gefallen"
f	„Kostbarkeiten"	p	„ich werde tun"
g	„ich will gehen"	q	„es soll sein"
h	„er hat getan"	r	*hier:* „doppelter Anteil"
i	„die Ehre"	s	„mein Flehen"
j	„das Böse"		

6) Übersetzen Sie Gen 9,8-12: Der Bund mit Noah

Die Erzählung von Gottes Bund mit Noah steht am Ende der Sintflutberichte (Gen 6-8). Gottes Bund mit Noah dokumentiert den Entschluss Gottes, die Menschheit nicht mehr zu vernichten, „solange die Erde steht". Literarisch zählt Gen 9 zur sog. Priesterschrift (6.Jh. v.Chr.).

8   וַיֹּאמֶר אֱלֹהִים אֶל־נֹחַ וְאֶל־בָּנָיו אִתּוֹ לֵאמֹר:

9   וַאֲנִי הִנְנִי מֵקִים‎ᵃ אֶת־בְּרִיתִי אִתְּכֶם וְאֶת־זַרְעֲכֶם אַחֲרֵיכֶם:

10   וְאֵת כָּל־נֶפֶשׁ הַחַיָּה אֲשֶׁר אִתְּכֶם בָּעוֹף בַּבְּהֵמָה וּבְכָל־חַיַּת
הָאָרֶץ אִתְּכֶם מִכֹּל יֹצְאֵי הַתֵּבָה לְכֹל חַיַּת הָאָרֶץ:

וַהֲקִמֹתִי[b] אֶת־בְּרִיתִי אִתְּכֶם וְלֹא־יִכָּרֵת כָּל־בָּשָׂר עוֹד מִמֵּי   11
הַמַּבּוּל וְלֹא־יִהְיֶה[c] עוֹד מַבּוּל לְשַׁחֵת[d] הָאָרֶץ:

וַיֹּאמֶר אֱלֹהִים זֹאת אוֹת־הַבְּרִית אֲשֶׁר־אֲנִי נֹתֵן בֵּינִי וּבֵינֵיכֶם   12
וּבֵין כָּל־נֶפֶשׁ חַיָּה אֲשֶׁר אִתְּכֶם לְדֹרֹת עוֹלָם:

Erläuterungen:

a   „aufrichtend"   c   „es wird sein"

b   „ich werde aufrichten"   d   „um zu vernichten"

7) Vokalisierungsübung. Vokalisieren und übersetzen Sie:

וידבר יהוה אל משה לאמר: (Lev 19,1f.)   1

דבר אל כל עדת[a] בני ישראל ואמרת אלהם קדשים תהיו[b]

כי קדוש אני יהוה אלהיכם:

... וזכרתם את כל מצות יהוה   (Num 15,39)   2

לא תשמע אל דברי הנביא ההוא   (Dtn 13,4)   3

כי זרע ברוכי יהוה המה   (Jes 65,23)   4

וברוך שם כבודו לעולם וימלא כבודו את כל הארץ אמן   (Ps 72,19)   5

אמן:

Erläuterungen:

a   „Versammlung" *(Sg.st.cs.)*   b   „ihr sollt sein"

Lektion 18:
Verba primae laryngalis; Verba primae Aleph;
Nomina auf Segol He (הֶ ָ); Schwursätze

1. Vokabeln

Verben:
- Verba primae laryngalis mit ō-Imperfekt:

(יֶאֱסֹף)	אסף	sammeln, aufnehmen, wegnehmen
(יֶאְסֹר)	אסר	anbinden, fesseln
(יַהֲפֹךְ)	הפך	wenden, umstürzen
(יַהֲרֹג)	הרג	töten, schlagen
(יַחְשֹׁב)	חשב	anrechnen, halten für
(יַעְזֹר/יַעֲזָר־)	עזר	helfen, unterstützen
(יַעְרֹךְ)	ערך	ordnen, zurüsten

- Verba primae laryngalis mit a-Imperfekt und Hifᶜil:

(יֶאֱהַב)	אהב	lieben
(יֶחְדַּל)	חדל	aufhören
(יֶחֱזַק)	חזק	fest sein, stark sein (חָזָק 8)
		Hi. ergreifen
(יַחְפֹּץ/יַחְפִּץ)	חָפֵץ	Gefallen haben an
(הֶאֱזִין)	אזן	*Hi.* hinhören (אֹזֶן 11)
(הֶאֱמִין)	אמן	*Hi.* glauben („Amen")
(הֶחֱרִים)	חרם	*Hi.* bannen

- Bisher gelernte Verben dieser Klasse:

עמד (11), עזב (16), עבד (16), עבר (17)

- Verba primae Aleph:

(יֹאמַר)	אמר	sagen
(יֹאבֶה)	אבה	wollen
(יֹאפֶה)	אפה	backen
(יֹאחֵז/יֶאֱחֹז)	אחז	ergreifen
(יֹאכַל)	אכל	essen
(יֹאבַד)	אבד	zugrunde gehen

Nomina:
- Nomina auf Segol He:

יָפֶה	schön
מַחֲנֶה	Lager; Heer
מַטֶּה	Stab, Stamm
מַעֲשֶׂה	Tat, Werk, Arbeit
מַרְאֶה	Sehen; Aussehen, Erscheinung
מִשְׁתֶּה	Trinken; Gastmahl
נָוֶה	Weideplatz; Stätte
עָלֶה	Blätter
קָנֶה	(Schilf-)Rohr
קָצֶה	Ende, Rand
קָשֶׁה	hart
רֹעֶה	Hirte
שָׂדֶה	Feld, Grundstück

- bisher gelerntes Nomen dieser Klasse:

(6) מִקְנֶה

Weitere Vokabeln:

אַוָּה	Begehren, Verlangen
אָנָּה	ach, doch
בַּעֲבוּר	um ... willen; wegen
בְּרָכָה	Segen, Segensspruch (16 בָּרַךְ)
חַיָּה	(wildes) Tier
כִּי אִם	außer, sondern, jedoch
כֵּן	so, ebenso
לֵוִי	Levit
מַאֲכָל	Speise (13 אָכַל)
מָעוֹז	Zufluchtsort, Schutz
נָקִי	ledig, frei; unschuldig
פֶּן	dass nicht, damit nicht; sonst
פָּקַח	öffnen
רַק	nur, bloß *(Adv.)*
רָשָׁע	schuldig; Gottloser
שְׁנֵיהֶם	beide
תְּאֵנָה	Feigenbaum

Eigennamen:

אֱלִישָׁע	Elisa *(n.pr.m.)*
יִזְרְעֶאל	Jesreel *(n.l.)*
נָבוֹת	Naboth *(n.pr.m.)*

2. Verba primae laryngalis

Zu dieser Verbklasse gehören diejenigen Verben, die einen Laryngal an erster Stelle haben. Im Vergleich zum Starken Verb zeigen die Verba primae laryngalis folgende Abweichungen:

• Im Impf. Qal hat das Präformativ die Vokale Patach oder Segol. Handelt es sich um ein ō-Impf., ist der Präformativvokal meist Patach, bei a-Impf. meist Segol.

3.Sg.m. ō-Impf.:	יַעֲבֹד/יַחְשֹׁב	(יִכְתֹּב)
3.Sg.m. a-Impf.:	יֶאֱהַב	(יִשְׁמַע)

• Im Perf. und Partizip Ni. und im Perf. Hi. wird der Präformativvokal Chiräq zu Segol.

3.Sg.m. Perf.Ni.:	נֶעֱבַד	(נִכְתַּב)
Ptz. Sg.m. Ni.:	נֶעֱבָד	(נִכְתָּב)
3.Sg.m. Perf.Hi.:	הֶעֱבִיד	(הִכְתִּיב)

• Im Impf. Qal, Perf. Ni., Partizip Ni. und in allen Formen von Hi. und Ho. wird die erste geschlossene Silbe entweder beibehalten (sog. *harte Verbindung mit Schwa quieszens*; oft bei He und Chet) oder mit einem gleichlautenden Chateph-Vokal aufgesprengt (sog. *weiche Verbindung*).

	weiche Verbindung:	harte Verbindung:
3.Sg.m. Impf. Qal:	יַעֲבֹד	יַחְשֹׁב
3.Sg.m. Perf.Ni.:	נֶעֱבַד	נֶחְשַׁב
Ptz. Sg.m. Ni.:	נֶעֱבָד	נֶחְשָׁב
3.Sg.m. Perf.Hi.:	הֶעֱבִיד	הֶחְשִׁיב
3.Sg.m. Perf.Ho.:	הָעֳבַד	הָחְשַׁב

• Im Impf. Ni., Imp. Ni. und Inf.cs. Ni. tritt statt der Verdopplung des ersten Radikals *Ersatzdehnung* des Präformativvokals *i > ē* ein.

3.Sg.m. Impf.Ni.:	יֵעָבֵד	(יִכָּתֵב)
Imp. Sg.m. Ni.:	הֵעָבֵד	(הִכָּתֵב)
Inf.cs. Ni.:	הֵעָבֵד	(הִכָּתֵב)

• Erhält der zweite Radikal Schwa mobile, so wird der Chateph-Vokal durch den entsprechenden vollen Vokal (+ folgendes Schwa medium) ersetzt (nur bei weicher Verbindung).

2.Sg.f. Impf. Qal:	תַּעַבְדִי	(תִּכְתְּבִי)
3.Pl.m. Impf. Qal:	יַעַבְדוּ	(יִכְתְּבוּ)
2.Pl.m. Impf. Qal:	תַּעַבְדוּ	(תִּכְתְּבוּ)
3.Pl.com. Perf.Ni.:	נֶעֶבְדוּ	(נִכְתְּבוּ)

- Statt Schwa mobile erhält der erste Radikal der Wurzel Chateph-Patach. Ist der erste Radikal ein Aleph, so erhält er Chateph-Segol.

2.Pl.m. Perf. Qal:	עֲבַדְתֶּם	(כְּתַבְתֶּם)
Inf.cs. Qal:	עֲבֹד/אֱסֹף	(כְּתֹב)

- Der Dopplungsstamm Pi., Pu., Hitp. entspricht in seiner Formenbildung dem Starken Verb.

Besonderheiten:

Inf.cs. Qal von אהב *„lieben“* + לְ*:*	לְאַהֲבָה	
1.Sg.com. Impf.cons. אהב *„lieben“:*	וָאֹהַב	„und ich liebte“

3. Verba primae Aleph

Zu dieser Verbklasse zählen nur folgende Verben:

אמר	sagen
אבה	wollen
אפה	backen
אחז	ergreifen
אכל	essen
אבד	zugrunde gehen

Merksatz: „Er *sagte*, wir *wollen backen, ergreifen, essen* und *zugrunde gehen*.“

Im Vergleich zum Starken Verb zeigen die Verba primae Aleph folgende Abweichungen:

- Das Aleph verliert im Impf. Qal seinen Konsonantenwert und quiesziert zu ō.

יֹאמַר < * יֹאמַר < * יַאְמֻר   יַאְמֻר   (יִכְתֹּב)

- In der 1.Sg.com. Impf. Qal fällt ein Aleph in der Schrift aus.

אֹמַר   (אֶכְתֹּב)

- In den endungslosen Formen im Impf.cons. wird außer in der 1.Sg.com. und in Pausalformen der Ton zurückgezogen.

וַיֹּאמֶר   (וַיִּכְתֹּב)

- Der Inf.cs. von אמר + לְ lautet:

לֵאמֹר

- Alle Stammesmodifikationen außer Qal gehen nach Analogie der Verba primae laryngalis.

3.Sg.m. Perf.Ni.:	נֶאֱמַר	(נִכְתַּב)
3.Sg.m. Impf.Ni.:	יֵאָמֵר	(יִכָּתֵב)

Besonderheiten:

- אחז bildet im Impf. auch Formen ohne Quieszierung des Aleph nach Analogie der Verba primae laryngalis:

3.Sg.f./2.Sg.m. Impf. Qal:	תֶּאֱחֹז	(תִּכְתֹּב)
3.Sg.m. Impf.cons. Qal:	וַיֶּאֱחֹז	(וַיִּכְתֹּב)

- Sehr selten fällt das Aleph als erster Radikal auch in der Schrift aus:

2.Pl.m. Impf. Qal (II Sam 19,14):	תֹּמְרוּ	(תִּכְתְּבוּ)

4. Nomina auf Segol He (ֶה)

Die Nomina, die mit Segol He enden, waren ursprünglich Nomina auf Patach Jod (ַי). Diese Endung fiel weg und wurde durch Segol He ersetzt. Bei dem Nomen שָׂדֶה hat sich die ältere Form שָׂדַי / i.p. שָׂדָי noch an einigen poetischen Stellen erhalten: Dtn 32,13; Jes 56,9; Jer 4,17 u.ö.

Zu dieser Nominalklasse gehören:

• Nomina mit מַ- und מִ-Präformativ von Verbalwurzeln

מַטֶּה „Stab, Stamm"   מַחֲנֶה „Lager; Heer"   מִקְנֶה „(Vieh-)Besitz"

• die aktiven Partizipien der Verba tertiae infirmae

רֹעֶה „Hirte" *(wörtl.: „ein Weidender")*

Regeln:

1) Die Endung Segol He (ֶה) im Sg.m. st.abs. wird im Sg.m. st.cs. zu Ṣere He (ֵה).

Sg. st.abs.	*Sg. st.cs.*
מַעֲשֶׂה	מַעֲשֵׂה
רֹעֶה	רֹעֵה

2) In allen Formen außer im Sg.st.abs./cs. fällt Segol He bzw. Ṣere He ersatzlos weg. Die Suffixe und Nominalendungen treten an deren Stelle.

Sg. + Suffix	*Pl. st.abs.*	*Pl. st.cs.*
מַעֲשִׂי	מַעֲשִׂים	מַעֲשֵׂי
רֹעִי	רֹעִים	רֹעֵי

Besonderheiten:

- שָׂדֶה	doppelte Pluralbildung	I	שָׂדַי
		II	שָׂדוֹת
- מַחֲנֶה	doppelte Pluralbildung	I	מַחֲנֶיךָ
		II	מַחֲנוֹת

- מַטֶּה	doppelte Pluralbildung	I	מַטּוֹת
		II	בְּמַטָּיו
- נָוֶה	Nebenform im Pl.st.cs.:		נָאוֹת
- שָׂדֶה	Nebenform im Sg.st.abs. (ältere Form):		שָׂדַי

5. Schwursätze

Schwur- oder Beteuerungssätze können als bedingte Selbstverfluchung gedeutet werden. Sie sind in der Regel durch folgende Elemente erkennbar:

a) Schwurformeln (Beteuerungsformel)

חַי אָנִי	„so wahr ich lebe"
חַי יְהוָה	„so wahr Jahwe lebt"
חֵי פַּרְעֹה	„so wahr der Pharao lebt"
חֵי נַפְשְׁךָ	„so wahr du lebst"
חָלִילָה לִי	„fern sei es von mir"
שׁבע	*Ni.* „schwören"

b) Selbstverwünschungsformel

כֹּה יַעֲשֶׂה (לִי) אֱלֹהִים וְכֹה יֹסִיף „so und so möge mir Gott tun..."

c) Schwursatz

eingeleitet mit   אִם „wenn..." = „gewiss nicht" (!): *verneinender Schwursatz*
eingeleitet mit   אִם לֹא „wenn nicht" = „gewiss" (!):   *bejahender Schwursatz*
eingeleitet mit   כִּי „gewiss":   *bejahender Schwursatz*

Die Übersetzung von אִם mit „gewiss nicht" und אִם לֹא mit „gewiss" erklärt sich aus der Verbindung mit der oft wegfallenden Selbstverwünschungsformel:

„So und so möge mir der Herr tun, *wenn* ich das tue" =
ich werde es aber *bestimmt nicht* tun!
„So und so möge mir der Herr tun, *wenn* ich das *nicht* tue" =
ich werde es aber *bestimmt* tun!

In vielen Fällen fällt die Selbstverwünschung weg:

II Sam 12,5:

כִּי בֶן־מָוֶת הָאִישׁ הָעֹשֶׂה זֹּאת:	חַי־יְהוָה
„gewiss"	*Schwurformel*
„gewiss ist der Mann, der dies getan hat, ein Mann des Todes."	„so wahr Jahwe lebt, –"

I Sam 24,22:

וְאִם־תַּשְׁמִיד אֶת־שְׁמִי מִבֵּית אָבִי:	אִם־תַּכְרִית אֶת־זַרְעִי אַחֲרָי	וְעַתָּה הִשָּׁבְעָה לִּי בַּיהוָה
2. Schwursatz	*1. Schwursatz*	*Schwurformel*
„und du wirst gewiss nicht vertilgen meinen Namen aus dem Haus meines Vaters."	„du wirst gewiss nicht ausrotten meine Nachkommenschaft nach mir"	„Und jetzt, schwöre mir bei dem Herrn, "

I Sam 24,7:

אִם־אֶעֱשֶׂה אֶת־הַדָּבָר הַזֶּה לַאדֹנִי	חָלִילָה לִּי מֵיהוָה	וַיֹּאמֶר לַאֲנָשָׁיו
Schwursatz	*Schwurformel*	
„ich werde gewiss nicht meinem Herrn diese Sache antun..." *oder:* „nicht anzutun..."	„Davor soll mich der Herr bewahren, –"	„Und er sagte zu seinen Männern: –"

Mit Selbstverwünschungsformel:

II Sam 19,14:

כֹּה יַעֲשֶׂה־לִּי אֱלֹהִים וְכֹה יֹסִיף	וְלַעֲמָשָׂא תֹּמְרוּ הֲלֹא עַצְמִי וּבְשָׂרִי אָתָּה
Selbstverwünschung	
„Gott tue mir dies und das, –"	„Und zu Amasa sprecht: Bist du nicht von meinem Gebein und Fleisch?"

אִם־לֹא שַׂר־צָבָא תִּהְיֶה לְפָנַי

Schwursatz

„du wirst gewiss Oberster des Heeres vor mir sein." = „wenn du nicht Oberster sein sollst vor mir."

6. Übungen

1) Konjugieren Sie mündlich folgende Verben:

אָכַל Qal   אמן Hi.   אזן Hi.   עמד Qal

2) Bestimmungsübungen zu den Verba primae laryngalis:

1 יֵאָסְפֵנִי וַיֵּאָסֹר נֶהְפַּךְ אָסְרוּ יַהֲפֹךְ וַיַּהַרְגֵהוּ נֶחְשְׁבוּ וְנַעַבְרָה

2 וְנֶאֱסַפְתָּ יֵחָשֵׁב וְהַעֲבַרְתֶּם יֵאָסְפוּן וַיַּחְשְׁבֶהָ וַיַּעֲבָר־ עֲזַרְתִּיךָ הֵאָסְפוּ

3 לְעָזְרֵנוּ וַיַּעַרֹךְ הֶעֱרִיךְ וְיֶאֱהָבֵךְ מְאַהֲבַיִךְ יַעְזֹרוּ יֶחֱזְקוּ נֶאֱמָנִים

4 חִזְקֵנִי יֵאָמֵן הַאֲמִינוּ הֶחֱזַק הַאֲמִינוּ

3) Bestimmungsübungen zu den Verba primae Aleph:

1 תֹּאמְרִי תֹּאבֶה אֹכַל בְּאָמְרָם יֹאכַל יֹאחֵז יֹאבַד אֹחֲזָה נֹאבַד

2 וַתֹּאמַרְןָ יֹאכְלֵם לֵאמֹר יֹאמֵר יֵאָמֵר הָאוֹכֵל נֹאמַר יֵאָכְלוּ נֹאבְדָה

3 תֹּאבֵדוּן אֹמְרָה וַיֹּאחֵז תֹּאכְלֵנוּ וְנֹאכְלָה וַתֹּאבַדְנָה יֹאכְלֵהוּ אֹכְלָה

4 בְּאָמְרִי וַיֹּאמֶר וָאֹמַר אָכְלוּ תֹּמְרוּ

4) Vokalisierungsübungen zu den Verba primae Aleph und laryngalis:

1 העמיד אמר ויאמר ונאכל האזינו אחזה תאבדו

2 יאמין העמדתי ויאסף יעמד ויעמידה

5) Bestimmungsübungen zu den Nomina auf Segol He:

1 קָשֶׁה קְשִׁי מַעֲשָׂיו כַּמַּרְאֶה מִקְנֶה כְּמִשְׁתֶּה רֹעֶה רֹעִי רֹעֵי רֹעִי

2 שָׂדוֹת וְקָנֶה קֶשֶׁת מַעֲשֵׂי וּמִמַּרְאֶה מִשְׁתָּיו רֵעוֹת מִקְנֵנוּ שְׁדֹחֵינוּ

3 מִקְצֵה נָוֶה קָצֵהוּ שָׂדִי נָוֵהוּ בִּנְאוֹת יְפֵה יְפוֹת מִקְנֵי וִיפַת מַטֶּךָ

6) Vokalisierungsübungen zu den Nomina auf Segol He:

1 מחני יפה רעיך מראינו וקשי

7) Übersetzen Sie:

1 (Gen 18,3) וַיֹּאמַר אֲדֹנָי אִם־נָא מָצָאתִי חֵן בְּעֵינֶיךָ אַל־נָא תַעֲבֹר מֵעַל עַבְדֶּךָ:

2 (Dtn 12,15) רַק בְּכָל־אַוַּת נַפְשְׁךָ תִּזְבַּח וְאָכַלְתָּ בָשָׂר כְּבִרְכַּת יְהוָה אֱלֹהֶיךָ אֲשֶׁר נָתַן־לְךָ בְּכָל־שְׁעָרֶיךָ הַטָּמֵא וְהַטָּהוֹר יֹאכְלֶנּוּ

3 (Dtn 12,18) כִּי אִם־לִפְנֵי יְהוָה אֱלֹהֶיךָ תֹּאכְלֶנּוּ בַּמָּקוֹם אֲשֶׁר יִבְחַר יְהוָה אֱלֹהֶיךָ בּוֹ אַתָּה וּבִנְךָ וּבִתֶּךָ וְעַבְדְּךָ וַאֲמָתֶךָ וְהַלֵּוִי אֲשֶׁר בִּשְׁעָרֶיךָ וְשָׂמַחְתָּ לִפְנֵי יְהוָה אֱלֹהֶיךָ

4 (Jdc 5,31) כֵּן יֹאבְדוּ כָל־אוֹיְבֶיךָ יְהוָה

5 (Jdc 9,45) וַאֲבִימֶלֶךְ נִלְחָם בָּעִיר כֹּל הַיּוֹם הַהוּא וַיִּלְכֹּד אֶת־הָעִיר וְאֶת־הָעָם אֲשֶׁר־בָּהּ הָרָג

6 (I Reg 17,12) וַתֹּאמֶר חַי־יְהוָה אֱלֹהֶיךָ אִם־יֶשׁ־לִי מָעוֹגᵃ

7 (I Reg 18,10) חַי יְהוָה אֱלֹהֶיךָ אִם־יֶשׁ־גּוֹי וּמַמְלָכָה אֲשֶׁר לֹא־שָׁלַח אֲדֹנִי שָׁם לְבַקֶּשְׁךָ וְאָמְרוּ אָיִן וְהִשְׁבִּיעַ אֶת־הַמַּמְלָכָה וְאֶת־הַגּוֹי כִּי לֹא יִמְצָאֶכָה:

8 (I Reg 21,3) וַיֹּאמֶר נָבוֹת אֶל־אַחְאָב חָלִילָה לִּי מֵיהוָה מִתִּתִּיᵇ אֶת־נַחֲלַת אֲבֹתַי לָךְ:

9 (II Reg 2,2) וַיֹּאמֶר אֵלִיָּהוּ אֶל־אֱלִישָׁע שֵׁב־נָאᶜ פֹה כִּי יְהוָה שְׁלָחַנִי עַד־בֵּית־אֵל וַיֹּאמֶר אֱלִישָׁע חַי־יְהוָה וְחֵי־נַפְשְׁךָ אִם־אֶעֶזְבֶךָ וַיֵּרְדוּ בֵּית־אֵל:

10 (Jes 7,9) אִם לֹא תַאֲמִינוּ כִּי לֹא תֵאָמֵנוּ:

11 (Ez 18,23) הֶחָפֹץ אֶחְפֹּץ מוֹת רָשָׁע נְאֻם אֲדֹנָי יְהוָה הֲלוֹא בְּשׁוּבוֹ מִדְּרָכָיו וְחָיָה:

12 (Jon 1,14) וַיִּקְרְאוּ אֶל־יְהוָה וַיֹּאמְרוּ אָנָּה יְהוָה אַל־נָא נֹאבְדָה בְּנֶפֶשׁ הָאִישׁ הַזֶּה וְאַל־תִּתֵּן עָלֵינוּ דָּם נָקִיא כִּי־אַתָּה יְהוָה כַּאֲשֶׁר חָפַצְתָּ עָשִׂיתָ:

13 (Ps 27,8f.) אֶת־פָּנֶיךָ יְהוָה אֲבַקֵּשׁ:   אַל־תַּסְתֵּר פָּנֶיךָ מִמֶּנִּי

14 (Ps 27,10) כִּי־אָבִי וְאִמִּי עֲזָבוּנִי וַיהוָה יַאַסְפֵנִי:

15 (Ps 64,11) יִשְׂמַח צַדִּיק בַּיהוָה ... וְיִתְהַלְלוּ כָּל־יִשְׁרֵי־לֵב:

Erläuterungen:

a Text nicht ganz sicher; vielleicht ist מְאוּמָה „irgendetwas" zu lesen

b „als dass ich gebe"

c „setz dich!"

d „und sie zogen" g „du sollst nicht geben, anrechnen"
e „wenn er umkehrt" h „du handelst"
f „er wird leben"

8) Übersetzen Sie Gen 3,1-13: Die Schuld Adams und Evas

Gen 3 gehört zur biblischen Urgeschichte in Gen 1-11. Die *Schuld* Adams und Evas liegt in dem Ungehorsam gegen Gott (3,6), denn sie essen von der verbotenen Frucht. Als *Strafe* wird von Gott festgelegt: Die Schlange muss auf dem Bauch kriechen (3,14), die Frau unter Schmerzen gebären (3,16), der Mann mit Mühsal seine Arbeit verrichten (3,17). Der Mann und seine Frau werden aus dem Paradies vertrieben, aber sie werden nicht getötet!

1 וְהַנָּחָשׁ[a] הָיָה עָרוּם[b] מִכֹּל חַיַּת הַשָּׂדֶה אֲשֶׁר עָשָׂה[c] יְהוָה אֱלֹהִים וַיֹּאמֶר אֶל־הָאִשָּׁה [d]אַף כִּי[d]־אָמַר אֱלֹהִים לֹא תֹאכְלוּ מִכֹּל עֵץ הַגָּן:

2 וַתֹּאמֶר הָאִשָּׁה אֶל־הַנָּחָשׁ[a] מִפְּרִי עֵץ־הַגָּן נֹאכֵל:

3 וּמִפְּרִי הָעֵץ אֲשֶׁר בְּתוֹךְ־הַגָּן אָמַר אֱלֹהִים לֹא תֹאכְלוּ מִמֶּנּוּ וְלֹא תִגְּעוּ[i] בּוֹ פֶּן־תְּמֻתוּן[f]:

4 וַיֹּאמֶר הַנָּחָשׁ אֶל־הָאִשָּׁה לֹא־מוֹת תְּמֻתוּן:

5 כִּי יֹדֵעַ אֱלֹהִים כִּי בְּיוֹם אֲכָלְכֶם מִמֶּנּוּ וְנִפְקְחוּ עֵינֵיכֶם וִהְיִיתֶם[g] כֵּאלֹהִים יֹדְעֵי טוֹב וָרָע[h]:

6 וַתֵּרֶא[i] הָאִשָּׁה כִּי טוֹב הָעֵץ לְמַאֲכָל וְכִי תַאֲוָה[j]־הוּא לָעֵינַיִם וְנֶחְמָד[k] הָעֵץ לְהַשְׂכִּיל וַתִּקַּח[l] מִפִּרְיוֹ וַתֹּאכַל וַתִּתֵּן[m] גַּם־לְאִישָׁהּ עִמָּהּ וַיֹּאכַל:

7 וַתִּפָּקַחְנָה עֵינֵי שְׁנֵיהֶם וַיֵּדְעוּ[n] כִּי עֵירֻמִּם[o] הֵם וַיִּתְפְּרוּ[p] עֲלֵה תְאֵנָה וַיַּעֲשׂוּ[q] לָהֶם חֲגֹרֹת:

8 וַיִּשְׁמְעוּ אֶת־קוֹל יְהוָה אֱלֹהִים מִתְהַלֵּךְ בַּגָּן לְרוּחַ הַיּוֹם וַיִּתְחַבֵּא[s] הָאָדָם וְאִשְׁתּוֹ מִפְּנֵי יְהוָה אֱלֹהִים בְּתוֹךְ עֵץ הַגָּן:

9 וַיִּקְרָא יְהוָה אֱלֹהִים אֶל־הָאָדָם וַיֹּאמֶר לוֹ אַיֶּכָּה[t]:

10 וַיֹּאמֶר אֶת־קֹלְךָ שָׁמַעְתִּי בַּגָּן וָאִירָא[u] כִּי־עֵירֹם[o] אָנֹכִי וָאֵחָבֵא[s]:

11 וַיֹּאמֶר מִי הִגִּיד[v] לְךָ כִּי עֵירֹם[o] אָתָּה הֲמִן־הָעֵץ אֲשֶׁר צִוִּיתִיךָ[w] לְבִלְתִּי אֲכָל־מִמֶּנּוּ אָכָלְתָּ:

12 וַיֹּאמֶר הָאָדָם הָאִשָּׁה אֲשֶׁר נָתַתָּה[x] עִמָּדִי הִוא נָתְנָה־לִי מִן־הָעֵץ וָאֹכֵל:

13 וַיֹּאמֶר יְהוָה אֱלֹהִים לָאִשָּׁה מַה־זֹּאת עָשִׂית[y] וַתֹּאמֶר הָאִשָּׁה הַנָּחָשׁ[a] הִשִּׁיאַנִי[z] וָאֹכֵל:

Erläuterungen:

a	„die Schlange"	n	„und sie erkannten"
b	„listig, schlau"	o	„nackt"
c	„er hatte geschaffen"	p	„und sie flochten/machten"
d-d	*hier:* „Ist es so, dass...?"	q	„und sie machten"
e	„ihr sollt nicht berühren"	r	„Schurze"
f	„ihr werdet sterben"	s	חבא „sich verstecken"
g	„ihr werdet sein"	t	„wo bist du?"
h	„böse, schlecht"	u	„und ich fürchtete mich"
i	„und sie sah"	v	„er hat mitgeteilt"
j	„Begehren"	w	„ich habe dir befohlen"
k	„begehrenswert"	x	„du hast gegeben"
l	„und sie nahm"	y	„du hast getan"
m	„und sie gab"	z	„sie hat mich verführt"

9) Vokalisierungsübung. Vokalisieren und übersetzen Sie:

1   (Jdc 2,7)   ויעבדו העם את יהוה כל ימי יהושע וכל ימי הזקנים

2   (Jdc 9,54)   פן יאמרו לי אשה הרגתהו

3   (Ps 38,22)   אל תעזבני יהוה אלהי אל תרחק ממני:

4   (Ps 145,20)   שומר יהוה את כל אהביו ואת כל הרשעים ישמיד:

5   (Hi 9,16)   לא אאמין כי יאזין קולי:

Lektion 19:
Verba mediae laryngalis; feminine Nomina auf –īt und –ūt; Final- und Konsekutivsätze; Partikeln mit Suffixen

1. Vokabeln

Verben:
- Verba mediae laryngalis:

(יִבְחַן)	בחן	Qal	prüfen, auf die Probe stellen
(יְגָרֵשׁ)	גרשׁ	Pi.	vertreiben
(יְחָרֵף)	חרף	Pi.	schmähen, verhöhnen
(יִטְהַר)	טהר	Qal	rein sein
(יְטַהֵר)	טהר	Pi.	reinigen, für rein erklären
(יְמָאֵן)	מאן	Pi.	sich weigern
(יִמְאַס)	מאס	Qal	verschmähen, verabscheuen
(יְמַהֵר)	מהר	Pi.	eilen, beschleunigen
(יְנָאֵץ)	נאץ	Pi.	verachten
(יְנַחֵם)	נחם	Pi.	trösten
(יְרַחֵם)	רחם	Pi.	sich erbarmen (רֶחֶם 14)
(יְשָׁרֵת)	שרת	Pi.	dienen, bedienen

- Bisher gelernte Verben dieser Klasse:

שׁאל (16), רחק (14), זעק/צעק (11), ברך (16), בחר (11)

Nomina:
- Feminine Nomina auf –īt und –ūt:

אַחֲרִית	Zukunft; Ende; Nachkommenschaft (אחר 7)
דְּמוּת	Ähnlichkeit, Abbild
מַלְכוּת	Königsherrschaft, Königreich (מֶלֶך 6)
רֵאשִׁית	Anfang (רֹאשׁ 8)
שְׁאֵרִית	Rest (שאר 12)

- bisher gelerntes Nomen dieser Klasse:

עֵדוּת (9)

Weitere Vokabeln:

אֱמֶת	Treue; Wahrheit
הֵן	siehe

חַנּוּן   barmherzig, gnädig (חַן 14)

נָבָל   unverständig, gottlos

צלח   *Hi.* gelingen

Eigenname:

נוּן   Nun *(n.pr.m.)*

2. Verba mediae laryngalis

> Zu dieser Verbklasse gehören diejenigen Verben, die einen Laryn-
> gal oder ר als zweiten Radikal haben.

Im Vergleich zum Starken Verb zeigen die Verba mediae laryngalis folgende
Abweichungen:

- Statt Schwa mobile erhält der zweite Radikal der Wurzel Chateph-Patach.

    3.Pl.m. Impf. Qal: יִשְׁאֲלוּ   (יִכְתְּבוּ)

- Die Verba mediae laryngalis bilden a-Impf. und a-Imp. im Qal.

    3.Sg.m. Impf. Qal: יִשְׁאַל   (יִכְתֹּב)

    Imp. Sg.m. Qal: שְׁאַל   (כְּתֹב)

- Die Verdopplung des mittleren Radikals in den Dopplungsstämmen Pi., Pu.
und Hitp. kann wegen der Laryngalis nicht vollzogen werden. Deshalb tritt ein:

Ersatzdehnung von *i > ē, a > ā, u > ō;* immer vor ר, meist vor א und ע:

    3.Sg.m. Perf.Pi.:   בֵּרֵךְ   (כִּתֵּב)

    3.Sg.m. Perf.Pu.:   בֹּרַךְ   (כֻּתַּב)

    3.Sg.m. Perf.Hitp.:   הִתְבָּרֵךְ   (הִתְכַּתֵּב)

Virtuelle Verdopplung, d.h. kein Dagesch forte und keine Ersatzdehnung; immer vor ה und ח:

    3.Sg.m. Perf.Pi.:   מִהַר   (כִּתֵּב)

    3.Sg.m. Perf.Pu.:   נֻחַם   (כֻּתַּב)

    3.Sg.m. Perf.Hitp.:   הִתְנַחֵם   (הִתְכַּתֵּב)

- In der 3.Sg.m. Perf.Pi. begegnet folgende Vokalisation in der Endsilbe:

$\bar{e}$	a
שֵׁרֵת	בֵּרַךְ
חֵרֵף	גֵּרַשׁ
	מִהַר

3. Feminine Nomina auf –īt und –ūt

Regel:

Die Suffixe und Endungen werden ohne Veränderungen des Nomens angehängt.	
Sg. + Suffixe	*Pl. + Suffixe*
בְּרִיתִי אַחֲרִיתְךָ מַלְכוּתוֹ	עֵדְוֺתֶיךָ

Besonderheit:

- עֵדוּת   bildet den Plural mit   עֵדְוֺתֶיךָ

4. Final- und Konsekutivsätze

Die Aussage einer Absicht und Folge wird mit folgenden Konjunktionen ausgedrückt:

לְמַעַן אֲשֶׁר/לְמַעַן	„damit; mit Rücksicht auf"
בַּעֲבוּר	„für, damit, um zu"
כִּי	„dass"
אֲשֶׁר/אֲשֶׁר לֹא	„damit / damit nicht"
פֶּן־	„damit nicht / dass nicht"
לְבִלְתִּי	„um nicht" *(beim Inf.cs.)*

Ex 4,5:	לְמַעַן יַאֲמִינוּ כִּי	„damit sie glauben, dass"
Gen 18,19:	לְמַעַן אֲשֶׁר יְצַוֶּה אֶת־בָּנָיו	„damit er seinen Söhnen befehle"
I Sam 15,15:	לְמַעַן זְבֹחַ לַיהוָה	„um (sie) zu opfern für Jahwe"
Ps 105,45:	בַּעֲבוּר יִשְׁמְרוּ חֻקָּיו	„damit sie seine Gebote hielten"
Gen 11,7:		אֲשֶׁר לֹא יִשְׁמְעוּ אִישׁ שְׂפַת רֵעֵהוּ

„damit sie nicht verstehen die Sprache des anderen"

Jdc 9,54:	פֶּן־יֹאמְרוּ לִי	damit man nicht von mir sagt
Ex 14,5:		כִּי שִׁלַּחְנוּ אֶת־יִשְׂרָאֵל מֵעָבְדֵנוּ

„dass wir Israel ziehen lassen, so dass sie uns nicht mehr dienen"

5. Partikeln mit Suffixen

Neben den Existenzpartikeln יֵשׁ „es ist vorhanden" und אַיִן „es ist nicht vorhanden" werden noch andere Partikeln mit Suffixen versehen:

	עוֹד noch	הִנֵּה siehe	אַיֵּה wo?
1.Sg.com.	עוֹדִי/עוֹדֶנִּי	הִנְנִי/הִנֵּנִי	
2.Sg.m.	עוֹדְךָ	הִנְּךָ/הִנֶּךָּ/הִנְּכָה	אַיֶּכָּה
2.Sg.f.	עוֹדֵךְ	הִנָּךְ	
3.Sg.m.	עוֹדֶנּוּ	הִנּוֹ	אַיּוֹ
3.Sg.f.	עוֹדָהּ/עוֹדֶנָּה		
1.Pl.com.	עוֹדֵינוּ	הִנְנוּ/הִנֶּנּוּ	
2.Pl.m.		הִנְּכֶם	
3.Pl.m.	עוֹדָם	הִנָּם	אַיָּם

Gen 18,22:   וְאַבְרָהָם עוֹדֶנּוּ עֹמֵד לִפְנֵי יְהוָה

„Abraham aber blieb *noch* vor dem Herrn stehen."

Ps 104,33:   אֲזַמְּרָה לֵאלֹהַי בְּעוֹדִי

„Ich will singen für meinen Gott, *solange ich bin*."

Dtn 31,16:   וַיֹּאמֶר יְהוָה אֶל־מֹשֶׁה הִנְּךָ שֹׁכֵב עִם אֲבֹתֶיךָ

„Und der Herr sprach zu Mose: *Siehe*, wenn du dich nun zu deinen
Vätern legst..."

I Reg 14,19:   וְיֶתֶר דִּבְרֵי יָרָבְעָם ... הִנָּם כְּתוּבִים עַל־סֵפֶר דִּבְרֵי הַיָּמִים
לְמַלְכֵי יִשְׂרָאֵל:

„Was sonst noch von Jerobeam zu sagen ist... *Siehe*, es steht verzeichnet in der Chronik der Könige von Israel."

Gen 3,9:   וַיִּקְרָא יְהוָה אֱלֹהִים אֶל־הָאָדָם וַיֹּאמֶר לוֹ אַיֶּכָּה:

„Und Gott der Herr rief den Menschen und sagte zu ihm: *Wo bist du?*"

Ex 2,20:   וַיֹּאמֶר אֶל־בְּנֹתָיו וְאַיּוֹ

„Und er sagte zu seinen Töchtern: *Wo ist er denn?*"

6. Übungen

1) Konjugieren Sie mündlich folgende Verben:

רחם Pi.   נאץ Pi.   גרש Pi./Pu.   בחן Qal

2) Bestimmungsübungen zu den Verba mediae laryngalis:

1   אֶבְחָנְךָ וְגֵרַשְׁתִּיו חֵרֵף וְטִהֲרוֹ מָאַן מֵאֶסֶת כְּמַהֵר וְהִאֲצוּנִי וַיְנַחֵם

2   לְנַחֲמוֹ רַחֲמְתִּיךָ מְשָׁרֵת וּבָחַרְתָּ וְיִבְחֲרוּ וִישָׁרְתוּךָ יְרַחֵם נֶחָמָה

3 וְהַנָּחֵם מְנַאֲצֶיךָ מָאֲסוּ יְגָרֵשׁ חֵרְפוּ מְטֹהָרָה מַהֲרִי מְטַהֲרִים מֵאֲנוּ

4 נַחֲמוּ רְחֻמָה בַּחֲרוּ בָּחֲרוּ

3) Vokalisierungsübungen zu den Verba mediae laryngalis:

1 גרשו מנחם מהרה וימאן תנחמני ורחמום לגרשנו

4) Bestimmungsübungen zu den femininen Nomina auf –īt und ūt:

1 בְּרִיתְכֶם וְאַחֲרִיתֵךְ בִּדְמוּתוֹ וּבְמַלְכוּתִי מֵרֵאשִׁיתוֹ וּשְׁאֵרִיתָם עֵדְוֹתָיו

2 וּבְרִיתוֹ אַחֲרִיתָהּ לִשְׁאֵרִית אַחֲרִיתִי וּמַלְכוּתָהּ

5) Vokalisierungsübungen zu den femininen Nomina auf –īt und ūt:

1 בריתך אחריתנו כדמותנו מלכותם העדות בראשיתה

6) Bestimmungsübungen zu den Partikeln mit Suffixen:

1 אַיֵּכָּה הִנּוֹ עוֹדֶנָּה הִנָּם עוֹדֶנִי הִנְנִי אַיָּם הִנָּךְ עוֹדֶנּוּ

7) Übersetzen Sie:

1 (Gen 4,14) הֵן גֵּרַשְׁתָּ אֹתִי הַיּוֹם מֵעַל פְּנֵי הָאֲדָמָה וּמִפָּנֶיךָ אֶסָּתֵר

2 (Gen 18,6) וַיְמַהֵר אַבְרָהָם הָאֹהֱלָה אֶל־שָׂרָה

3 (Gen 24,27) וַיֹּאמֶר בָּרוּךְ יְהוָה אֱלֹהֵי אֲדֹנִי אַבְרָהָם אֲשֶׁר לֹא עָזַב חַסְדּוֹ וַאֲמִתּוֹ מֵעִם אֲדֹנִי

4 (Gen 27,20) וַיֹּאמֶר יִצְחָק אֶל־בְּנוֹ מַה־זֶּה מִהַרְתָּ לִמְצֹא בְּנִי

5 (Gen 39,4) וַיִּמְצָא יוֹסֵף חֵן בְּעֵינָיו וַיְשָׁרֶת אֹתוֹ וַיַּפְקִדֵהוּ עַל־בֵּיתוֹ וְכָל־יֶשׁ־לוֹ נָתַן בְּיָדוֹ:

6 (Ex 6,1) כִּי בְיָד חֲזָקָה יְשַׁלְּחֵם וּבְיָד חֲזָקָה יְגָרְשֵׁם מֵאַרְצוֹ:

7 (Dtn 15,4) כִּי־בָרֵךְ יְבָרֶכְךָ יְהוָה בָּאָרֶץ אֲשֶׁר יְהוָה אֱלֹהֶיךָ נֹתֵן־לְךָ נַחֲלָה

8   (Jos 1,1)   וַיֹּאמֶר יְהוָה אֶל־יְהוֹשֻׁעַ בִּן־נוּן מְשָׁרֵת מֹשֶׁה לֵאמֹר:

9   (Jdc 2,3)   וְגַם אָמַרְתִּי לֹא־אֲגָרֵשׁ אוֹתָם מִפְּנֵיכֶם

10   (Jdc 11,2)   וַיְגָרְשׁוּ אֶת־יִפְתָּח וַיֹּאמְרוּ לוֹ לֹא־תִנְחַל[a] בְּבֵית־אָבִינוּ כִּי
                  בֶן־אִשָּׁה אַחֶרֶת אָתָּה:

11   (Jes 40,1f.) נַחֲמוּ נַחֲמוּ עַמִּי יֹאמַר אֱלֹהֵיכֶם:
                  דַּבְּרוּ עַל־לֵב יְרוּשָׁלַ͏ִם וְקִרְאוּ אֵלֶיהָ

12   (Jes 66,13) כְּאִישׁ אֲשֶׁר אִמּוֹ תְּנַחֲמֶנּוּ כֵּן אָנֹכִי אֲנַחֶמְכֶם וּבִירוּשָׁלַ͏ִם תְּנֻחָמוּ:

13   (Ps 74,18)   זְכָר־זֹאת אוֹיֵב חֵרֵף יְהוָה וְעַם נָבָל נִאֲצוּ שְׁמֶךָ:

14   (Ps 116,4f.) וּבְשֵׁם־יְהוָה אֶקְרָא אָנָּה יְהוָה מַלְּטָה נַפְשִׁי:
                  חַנּוּן יְהוָה וְצַדִּיק וֵאלֹהֵינוּ מְרַחֵם:

15   (Ruth 3,10) וַיֹּאמֶר בְּרוּכָה אַתְּ לַיהוָה בִּתִּי

Erläuterung:

a   „du wirst nicht beerben"

8) Übersetzen Sie Gen 39,2-9: Die Versuchung Josephs

Diese Erzählung gehört zur Josephsgeschichte in Gen 37-50. Es geht dem Erzähler
darum, Joseph als einen klugen, bescheidenen und tüchtigen Menschen zu beschreiben, „mit dem Jahwe ist".

2   וַיְהִי[a] יְהוָה אֶת־יוֹסֵף וַיְהִי[a] אִישׁ מַצְלִיחַ וַיְהִי[a] בְּבֵית אֲדֹנָיו
     הַמִּצְרִי:

3   וַיַּרְא[b] אֲדֹנָיו כִּי יְהוָה אִתּוֹ וְכֹל אֲשֶׁר־הוּא עֹשֶׂה[c] יְהוָה מַצְלִיחַ
     בְּיָדוֹ:

4   וַיִּמְצָא יוֹסֵף חֵן בְּעֵינָיו וַיְשָׁרֶת אֹתוֹ וַיַּפְקִדֵהוּ עַל־בֵּיתוֹ
     וְכָל־יֶשׁ־לוֹ נָתַן בְּיָדוֹ:

5   וַיְהִי[a] מֵאָז[d] הִפְקִיד אֹתוֹ בְּבֵיתוֹ וְעַל כָּל־אֲשֶׁר יֶשׁ־לוֹ וַיְבָרֶךְ
     יְהוָה אֶת־בֵּית הַמִּצְרִי בִּגְלַל[d] יוֹסֵף וַיְהִי[a] בִּרְכַּת יְהוָה בְּכָל־אֲשֶׁר
     יֶשׁ־לוֹ בַּבַּיִת וּבַשָּׂדֶה:

6   וַיַּעֲזֹב כָּל־אֲשֶׁר־לוֹ בְּיַד־יוֹסֵף וְלֹא־יָדַע אִתּוֹ מְאוּמָה[f] כִּי
     אִם־הַלֶּחֶם אֲשֶׁר־הוּא אוֹכֵל וַיְהִי[a] יוֹסֵף יְפֵה־תֹאַר וִיפֵה מַרְאֶה[g]:

7 וַיְהִי‎ᵃ אַחַר הַדְּבָרִים הָאֵלֶּה וַתִּשָּׂא‎ʰ אֵשֶׁת־אֲדֹנָיו אֶת־עֵינֶיהָ
אֶל־יוֹסֵף וַתֹּאמֶר שִׁכְבָה עִמִּי:

8 וַיְמָאֵן וַיֹּאמֶר אֶל־אֵשֶׁת אֲדֹנָיו הֵן אֲדֹנִי לֹא־יָדַע אִתִּי
מַה־בַּבָּיִת וְכֹל אֲשֶׁר־יֶשׁ־לוֹ נָתַן בְּיָדִי:

9 אֵינֶנּוּ גָדוֹל בַּבַּיִת הַזֶּה מִמֶּנִּי וְלֹא־חָשַׂךְ‎ⁱ מִמֶּנִּי מְאוּמָה‎ᶠ כִּי
אִם־אוֹתָךְ בַּאֲשֶׁר אַתְּ־אִשְׁתּוֹ וְאֵיךְ אֶעֱשֶׂה‎ʲ הָרָעָה הַגְּדֹלָה הַזֹּאת
וְחָטָאתִי‎ᵏ לֵאלֹהִים:

Erläuterungen:

a	„und er war"	g	„Aussehen"
b	„und er sah"	h	„und sie erhob"
c	„tuend" *(Ptz.)*	i	„und er hat nicht vorenthalten"
d	„von da an, seitdem"	j	„ich will machen"
e	„wegen"	k	„ich werde/kann sündigen"
f	„irgendetwas"		

9) Vokalisierungsübung. Vokalisieren und übersetzen Sie:

1 (Dtn 18,5) כי בו בחר יהוה אלהיך מכל שבטיך לעמד לשרת בשם יהוה
הוא ובניו כל הימים:

2 (Jdc 11,8) ויאמרו זקני גלעד אל יפתח ... והלכת עמנו ונלחמת בבני עמון

3 (I Sam 12,8) ויזעקו אבותיכם אל יהוה וישלח יהוה את משה ואת אהרן

4 (Jes 41,9) ואמר לך עבדי אתה בחרתיך ולא מאסתיך:

5 (Hos 7,14) ולא זעקו אלי בלבם

Lektion 20:
Verba tertiae laryngalis; Verba tertiae Aleph; feminine Nomina mit veränderlichen Vokalen; Kausalsätze; Dativus ethicus

1. Vokabeln

Verben:
- Verba tertiae laryngalis:

(יִבְלַע)	בלע	verschlingen
(יִבְקַע)	בקע	spalten, teilen
(יִבְרַח)	ברח	entlaufen, fliehen
(יִגְבַּה)	גבה	hoch/erhaben sein (גָּבֹהַּ 17)
(יִזְרַע)	זרע	säen (זֶרַע 17)
(יִסְלַח)	סלח	vergeben *(nur von Gott!)*
(יִפְרַח)	פרח	sprossen, treiben
(יִרְצַח)	רצח	töten, morden

- Bisher gelernte Verben dieser Klasse:

שָׁלַח (9), קָרַע (11), צָלַח (19), פָּתַח (11), מָשַׁח (11), בָּטַח (15), שָׁמַע (9), שָׁכַח (11), שָׂבַע (12), שָׂמַח (11)

- Verba tertiae Aleph:

(יִבְרָא)	ברא	schaffen *(nur von Gott!)*
(יֵחָבֵא)	חבא	*Ni.* sich verstecken
(יֶחֱטָא)	חטא	sündigen, verfehlen
(יִפָּלֵא)	פלא	*Ni.* wunderbar sein
(יִצְמָא)	צמא	dürsten
(יְקַנֵּא)	קנא	*Pi.* eifersüchtig sein, sich ereifern (קַנָּא 11)
(יִרְפָּא)	רפא	heilen
(יִשְׂנָא)	שׂנא	hassen

- Bisher gelernte Verben dieser Klasse:

קָרָא (10), מָצָא (15), מָלֵא (17), טָמֵא (8)

Nomina:
- Feminine Nomina mit veränderlichen Vokalen:

אַלְמָנָה	Witwe
בְּרֵכָה	Teich

חֵמָה	Hitze, Erregung, Zorn
מַמְלָכָה	Königsherrschaft, Königswürde (מלך 8)
נְשָׁמָה	Wehen, Atem, Hauch
צְדָקָה	Gerechtigkeit (צדק 9)
שָׂפָה	Lippe, Sprache; Rand, Ufer
תּוֹעֵבָה	Abscheuliches, Abscheu

• bisher gelernte Nomina dieser Klasse:

(7) שְׁמָמָה (14), אֲדָמָה (18), בְּרָכָה (14), מִלְחָמָה (11), צְעָקָה

Weitere Vokabeln:

אָתוֹן	Eselin
בָּקָר	Rind *(kollektiv)*
גבר	stark sein (גִּבּוֹר 7)
וְהָיָה כִּי	und es wird sein, wenn
חָדָשׁ	neu
חשׂך	zurückhalten, schonen
יוֹנָה	Taube
כְּסִיל	Tor *(stultus)*
מְאוּמָה	irgendetwas
מָנוֹחַ	Ruheort
מִשְׁפָּחָה	Geschlecht, Sippe (,,Mischpoke")
נגע	schlagen, berühren
	Hi. gelangen
נֶגַע	Schlag, Plage
עֵד	Zeuge
פַּרְעֹה	Pharao
שִׁפְחָה	Sklavin
תֹּאַר	Form, Gestalt, Aussehen

Eigenname:

יְהוֹנָתָן	Jonathan *(n.pr.m.)*
שָׂרַי	Saraj *(n.pr.f.)*

2. Verba tertiae laryngalis

> Nur Verben mit ע, ח und ה als drittem Radikal gelten als *Verba tertiae laryngalis*. Die Verba tertiae Aleph und tertiae He bilden eigene Verbklassen.

Im Vergleich zum Starken Verb zeigen die Verba tertiae laryngalis folgende Abweichungen:

- Stehen die Laryngale ה, ח und ע am Ende des Wortes nach einem langen Vokal, der *nicht a/ā* ist (also *ā, ē, ī, ō, ū*), so dringt zwischen diesen und die Laryngalis ein Patach furtivum.

  Inf.cs.: שְׁלֹחַ (כְּתֹב)

  Inf.abs.: שָׁלֹחַ (כָּתֹב)

  Ptz.Akt. Qal: שֹׁלֵחַ (כֹּתֵב)

- Im Impf. und Imp. Qal wird Choläm unter dem Einfluss der Laryngalis durch Patach verdrängt.

  3.Sg.m. Impf. Qal: יִשְׁלַח (יִכְתֹּב)

  Imp. Sg.m. Qal: שְׁלַח (כְּתֹב)

- Beim segolierten Partizip wird Segol unter dem Einfluss der Laryngalis durch Patach verdrängt.

  Ptz.Sg.f. st.abs. Qal: שֹׁלַחַת (כֹּתֶבֶת)

- Vor ה, ח und ע steht meist Patach:

  3.Sg.m. Impf.Ni.: יִשָּׁלַח (יִכָּתֵב)

  3.Sg.m. Impf.Pi.: יְשַׁלַּח (יְכַתֵּב)

- In der 2.Sg.f. Perf. wird die doppelt geschlossene Silbe mit Patach aufgesprengt.

  Qal: שָׁלַחַתְּ (כָּתַבְתְּ)

  Ni.: נִשְׁלַחַתְּ (נִכְתַּבְתְּ)

3. Verba tertiae Aleph

> Verben mit Aleph als drittem Radikal gelten als Verba tertiae Aleph.

Im Vergleich zum Starken Verb zeigen die Verba tertiae Aleph folgende Abweichungen:

- Aleph quiesziert im Auslaut sowie vor den konsonantischen Afformativen des Perf., Impf. und Imp.
  Im Auslaut wird Patach zu Qamäs gedehnt.

  3.Sg.m. Perf. Qal: מָצָא (כָּתַב)

  3.Sg.m. Impf. Qal: יִמְצָא (יִשְׁמַע)

Im Perf. lautet der Vokal vor den konsonantischen Afformativen Qamäṣ (Perf. Qal transitiv) bzw. Ṣere (Perf. Qal intransitiv, Ni. – Ho.).

2.Sg.m. Perf. Qal:	מָצָאתָ	(כָּתַבְתָּ)
2.Sg.m. Perf. Qal:	מָלֵאתָ	(כָּבַדְתָּ)
2.Sg.m. Perf.Ni.:	נִמְצֵאתָ	(נִכְתַּבְתָּ)

Im Impf. lautet der Vokal vor den konsonantischen Afformativen Segol.

3.Pl.f. Impf. Qal:	תִּמְצֶאנָה	(תִּכְתֹּבְנָה)

• Keine Veränderungen ergeben sich vor vokalischen Afformativen.

3.Pl.com. Perf. Qal:	מָצְאוּ	(כָּתְבוּ)

4. Feminine Nomina mit veränderlichen Vokalen

Diese Nomina haben in der vorletzten Silbe ein *Vortonqamäṣ* bzw. *Vortonṣere*, die in bestimmten Fällen reduziert werden.

Regeln:

1) Im Sg./Pl.st.abs. bleiben Vortonqamäṣ bzw. Vortonṣere erhalten.	
Sg.st.abs.	*Pl.st.abs.*
צְדָקָה תּוֹעֵבָה	צְדָקוֹת תּוֹעֵבוֹת

2) Vortonqamäṣ und Vortonṣere werden in allen anderen Flexionsformen reduziert.			
Sg.st.cs.	*Sg. + Suffix*	*Pl.st.cs.*	*Pl. + Suffix*
צִדְקַת תּוֹעֲבַת	צִדְקָתִי	צִדְקוֹת תּוֹעֲבוֹת	צִדְקֹתֶיךָ תּוֹעֲבֹתֶיךָ

3) Geht Vortonqamäṣ oder Vortonṣere ein Schwa mobile voraus, so tritt in allen Formen außer Sg./Pl.st.abs. ein kurzes Chiräq bzw. bei Laryngalen ein Patach auf.			
	Sg.st.cs.		*Pl.st.cs.*
בְּרָכָה	בִּרְכַּת בִּרְכָתִי	בִּרְכוֹת	בִּרְכוֹת בִּרְכוֹתֵיכֶם

Besonderheiten:

- Bei בְּרֵכָה „Teich" bleibt Vortonṣere erhalten:
Sg.st.cs.: בְּרֵכַת

- שָׂפָה „Lippe, Sprache; Rand, Ufer" bildet den Dual abs. שְׂפָתַיִם, den Dual cs. שִׂפְתֵי.

5. Kausalsätze

Die Aussage einer Begründung wird mit folgenden Konjunktionen ausgedrückt:

כִּי	„weil"
יַעַן/יַעַן כִּי־/יַעַן אֲשֶׁר	„wegen dessen, dass"
עַל דִּבְרַת אֲשֶׁר־/עַל כִּי־/עַל אֲשֶׁר	„weil / darum, dass"
תַּחַת כִּי־/תַּחַת אֲשֶׁר־/עֵקֶב אֲשֶׁר־/עֵקֶב	„dafür, dass / weil"
בַּאֲשֶׁר	„dadurch, dass / weil"
מֵאֲשֶׁר	„weil"

Gen 3,14:

אָרוּר אַתָּה	כִּי עָשִׂיתָ זֹּאת	וַיֹּאמֶר יְהוָה אֱלֹהִים אֶל־הַנָּחָשׁ
„seist du verflucht."	*„Weil* du dies ge-tan hast, –"	„Und der Herr Gott sagte zu der Schlange: –"

Gen 22,18:

עֵקֶב אֲשֶׁר שָׁמַעְתָּ בְּקֹלִי:	וְהִתְבָּרֲכוּ בְזַרְעֲךָ כֹּל גּוֹיֵי הָאָרֶץ
„weil du meiner Stim-me gehorcht hast."	„Und durch dein Geschlecht sollen alle Völker auf Erden gesegnet werden, –"

Gen 39,9:

בַּאֲשֶׁר אַתְּ־אִשְׁתּוֹ	וְלֹא־חָשַׂךְ מִמֶּנִּי מְאוּמָה כִּי אִם־אוֹתָךְ
„weil du seine Frau bist."	„Er hat mir nichts vorenthalten außer dir, –"

Num 20,12:

יַעַן לֹא־הֶאֱמַנְתֶּם בִּי	וַיֹּאמֶר יְהוָה אֶל־מֹשֶׁה וְאֶל־אַהֲרֹן
„Weil ihr mir nicht ge-glaubt habt..."	„Der Herr aber sagte zu Mose und zu Aaron: –"

I Sam 15,23:

יַעַן מָאַסְתָּ אֶת־דְּבַר יְהוָה וַיִּמְאָסְךָ מִמֶּלֶךְ:

„Weil du das Wort des Herrn verworfen hast, hat er dich auch verworfen, dass du nicht mehr König seist."

Prov 1,29:

תַּחַת כִּי־שָׂנְאוּ דָעַת וְיִרְאַת יְהוָה לֹא בָחָרוּ:

„Weil sie die Erkenntnis hassten und die Furcht des Herrn nicht erwählten."

Jer 29,19:

תַּחַת אֲשֶׁר לֹא שָׁמְעוּ אֶל־דְּבָרַי

„Dafür, dass sie nicht auf meine Worte gehört haben."

6. Dativus ethicus

Der *Dativus ethicus* wird mit der Präposition לְ + Suffix gebildet. Er steht nach einer Verbform, um die Bedeutung einer Handlung für ein bestimmtes Subjekt zum Ausdruck zu bringen. Das Suffix richtet sich dabei in Genus und Numerus nach dem Subjekt. Der Dativus ethicus ist ein *Stilmittel zur Betonung* und kann in der Übersetzung mit „bestimmt", „doch" o.ä. wiedergegeben werden.

- beim Imperativ:

Gen 24,6:	הִשָּׁמֶר־לְךָ	hüte dich doch!
Gen 27,43:	בְּרַח־לְךָ	flieh bestimmt!
Jos 22,19:	עִבְרוּ לָכֶם	zieht doch hinüber!

- beim Impf.cons.:

Jes 36,9:	וַתִּבְטַח לְךָ	und du vertrautest

- beim Perf.cons.:

I Reg 17,3:	וּפָנִיתָ לְךָ	und du sollst dich – in deinem eigenen Interesse – wenden

7. Übungen

1) Konjugieren Sie mündlich folgende Verben:

צָמֵא Qal   רפא Ni.   קרע Qal   ברח Qal

2) Bestimmungsübungen zu den Verba tertiae laryngalis:

1   וּבְקָעֵהוּ   בָּרַחַת   מִבְטֹחַ   גֹּבַהּ   מַבְטִיחִי   הַבִּקְעָה   שְׁלָחֵנִי   שִׁלַּחְנִי   שָׁמַעַתְּ

2   הִשָּׁמַע   אַל־תִּשְׁכָּחִי   הָרֹצֵחַ   בִּבְרָחוֹ   בָּטְחֻנוּ   יַבְרִיחֵנוּ   פֹּרַחַת   בָּטֹחַ

3   וַיִּשְׁלְחֵם   כְּשָׁמְעָם   שְׁלַחְתִּיךָ   הַנִּרְצָחָה   תַּפְרִיחִי   שִׁלַּח   שְׁמָעוּנִי

4   וַיִּשְׁכָּחֵהוּ   שְׁלָחֵנִי   תִּשְׁכַּח

3) Bestimmungsübungen zu den Verba tertiae Aleph:

1   בְּרָאָהּ   וְחָטָאתָ   נִפְלָאֹת   בְּרָאתָם   אֲחַטֶּנָּה   (!)   יִפָּלֵא   וּבְרָאתוֹ   הַפְלֵא

2   רְפָאֵנִי   נֶחְבֵּאתָ   הֶחֱטִיא   קְרָאתִיךָ   וָאֶחָבֵא   מְצָאַתְנוּ   הַקֹּרְאִים   חָבְאוּ

3 מְצָאתִיהָ לִקְרֹא הַמִּתְחַבְּאִים מֹצְאוֹ נִקְרָא חָטָאנוּ מֹצֵאת וַיִּרְפָּאֵם

4 יֶחֱטָא אֶמְצָא רְפָאתִי (!) בְּרֹא בְּרָא וּשְׂנֵאָה

4) Vokalisierungsübungen zu den Verba tertiae laryngalis und tertiae Aleph:

1 אקראך משלחים שנאתי נבראו וחטאתם לחטא הרופא

2 לא תרצח שלחני

5) Bestimmungsübungen zu den femininen Nomina mit veränderlichen Vokalen:

1 בְּבִרְכָה מִנִּשְׁמַת צִדְקָתִי בְּבִרְכַּת וְנִשְׁמָתוֹ צִדְקָתֶךָ וּמִבִּרְכָתְךָ לְצִדְקָה

2 תּוֹעֵבוֹת וּבְצִדְקָתְךָ כְּתוֹעֵבַת מִצִּדְקָתוֹ תּוֹעֲבֹתַיִךְ צִדְקֹתֵינוּ אַדְמָתִי

3 מַמְלַכְתִּי מִלְחַמְתֶּךָ מַמְלְכוֹת מִלְחָמוֹת

6) Vokalisierungsübungen zu den femininen Nomina mit veränderlichen Vokalen:

1 ברכות ונשמתי ובחמה צדקת ממלכת

7) Übersetzen Sie:

(Gen 20,17) 1 וַיִּתְפַּלֵּל אַבְרָהָם אֶל־הָאֱלֹהִים וַיִּרְפָּא אֱלֹהִים אֶת־אֲבִימֶלֶךְ וְאֶת־אִשְׁתּוֹ וְאַמְהֹתָיו

(Gen 24,40) 2 וַיֹּאמֶר אֵלַי יְהוָה אֲשֶׁר־הִתְהַלַּכְתִּי לְפָנָיו יִשְׁלַח מַלְאָכוֹ אִתָּךְ וְהִצְלִיחַ דַּרְכֶּךָ וְלָקַחְתָּ אִשָּׁה לִבְנִי מִמִּשְׁפַּחְתִּי וּמִבֵּית אָבִי:

(Ex 10,16) 3 וַיְמַהֵר פַּרְעֹה לִקְרֹא לְמֹשֶׁה וּלְאַהֲרֹן[a] וַיֹּאמֶר חָטָאתִי לַיהוָה אֱלֹהֵיכֶם וְלָכֶם:

(Lev 26,43) 4 וְהָאָרֶץ תֵּעָזֵב מֵהֶם ... יַעַן וּבְיַעַן בְּמִשְׁפָּטַי מָאָסוּ וְאֶת־חֻקֹּתַי גָּעֲלָה[b] נַפְשָׁם:

(Jdc 2,20) 5 וַיִּחַר־אַף[c] יְהוָה בְּיִשְׂרָאֵל וַיֹּאמֶר יַעַן אֲשֶׁר עָבְרוּ הַגּוֹי הַזֶּה אֶת־בְּרִיתִי אֲשֶׁר צִוִּיתִי[d] אֶת־אֲבוֹתָם וְלֹא שָׁמְעוּ לְקוֹלִי:

וְאָנֹכִי לֹא־חָטָאתִי לָךְ וְאַתָּה עֹשֶׂה אִתִּי רָעָה לְהִלָּחֶם בִּי יִשְׁפֹּט	(Jdc 11,27f.)	6
יְהוָה הַשֹּׁפֵט הַיּוֹם בֵּין בְּנֵי יִשְׂרָאֵל וּבֵין בְּנֵי עַמּוֹן׳:		
וְלֹא שָׁמַע מֶלֶךְ בְּנֵי עַמּוֹן אֶל־דִּבְרֵי יִפְתָּח אֲשֶׁר שָׁלַח אֵלָיו:		
וַיְדַבֵּר יְהוֹנָתָן בְּדָוִד טוֹב אֶל־שָׁאוּל אָבִיו וַיֹּאמֶר אֵלָיו אַל־יֶחֱטָא	(I Sam 19,4)	7
הַמֶּלֶךְ בְּעַבְדּוֹ בְדָוִד כִּי לוֹא חָטָא לָךְ וְכִי מַעֲשָׂיו טוֹב־לְךָ מְאֹד:		
וַיֹּאמֶר יְהוָה לִשְׁלֹמֹה יַעַן אֲשֶׁר הָיְתָה־זֹּאת עִמָּךְ וְלֹא שָׁמַרְתָּ	(I Reg 11,11)	8
בְּרִיתִי וְחֻקֹּתַי אֲשֶׁר צִוִּיתִי עָלֶיךָ קָרֹעַ אֶקְרַע אֶת־הַמַּמְלָכָה		
מֵעָלֶיךָ וּנְתַתִּיהָ לְעַבְדֶּךָ:		
וַיֹּאמֶר אֲדֹנָי יַעַן כִּי נִגַּשׁ הָעָם הַזֶּה בְּפִיו וּבִשְׂפָתָיו כִּבְּדוּנִי	(Jes 29,13)	9
וְלִבּוֹ רִחַק מִמֶּנִּי ...		
אֲנִי יְהוָה קְדוֹשְׁכֶם בּוֹרֵא יִשְׂרָאֵל מַלְכְּכֶם:	(Jes 43,15)	10
רוּחַ אֲדֹנָי יְהוִה עָלָי יַעַן מָשַׁח יְהוָה אֹתִי	(Jes 61,1)	11
כִּי־הִנְנִי בוֹרֵא שָׁמַיִם וָאָרֶץ חֲדָשָׁה	(Jes 65,17)	12
מִזְמוֹר לְדָוִד בְּבָרְחוֹ מִפְּנֵי ׀ אַבְשָׁלוֹם בְּנוֹ:	(Ps 3,1)	13
כִּי כִגְבֹהַּ שָׁמַיִם עַל־הָאָרֶץ גָּבַר חַסְדּוֹ עַל־יְרֵאָיו:	(Ps 103,11)	14
בּוֹטֵחַ בְּלִבּוֹ הוּא כְּסִיל וְהוֹלֵךְ בְּחָכְמָה הוּא יִמָּלֵט:	(Prov 28,26)	15

Erläuterungen:

a	„Aaron" *(n.pr.m.)*
b	גָּעַל: „verabscheuen, überdrüssig sein"
c	„und es wurde zornig"
d	„ich habe befohlen"
e	„tuend" *(Ptz.)*

f	„Ammoniter" *(n.g.)*
g	„es ist geschehen"
h	„und ich werde es geben"
i	„es hat sich genähert"

8) Übersetzen Sie Gen 12,10-20: Abrahams Ägyptenzug

Die Geschichte erzählt den Zug Abrahams nach Ägypten wegen der schweren Hungersnot in Kanaan. In Ägypten ist er als der Machtlose dem Mächtigen ausgeliefert. Er ist vom Tod bedroht und kann sich nur durch eine List retten, indem er Sara als seine Schwester ausgibt. Eine Fortschreibung von Gen 12,10-20 findet sich in Gen 20,1-18; 26,1-11.

וַיְהִי רָעָב בָּאָרֶץ וַיֵּרֶד‎ᵃ אַבְרָם מִצְרַיְמָה לָגוּר‎ᵇ שָׁם כִּי־כָבֵד 10
הָרָעָב בָּאָרֶץ:

וַיְהִי כַּאֲשֶׁר הִקְרִיב לָבוֹא‎ᶜ מִצְרָיְמָה וַיֹּאמֶר אֶל־שָׂרַי אִשְׁתּוֹ 11
הִנֵּה־נָא יָדַעְתִּי כִּי אִשָּׁה יְפַת־מַרְאֶה אָתְּ:

וְהָיָה כִּי־יִרְאוּ‎ᵈ אֹתָךְ הַמִּצְרִים וְאָמְרוּ אִשְׁתּוֹ זֹאת וְהָרְגוּ אֹתִי 12
וְאֹתָךְ יְחַיּוּ‎ᵉ:

אִמְרִי־נָא אֲחֹתִי אָתְּ לְמַעַן יִיטַב‎ᶠ־לִי בַעֲבוּרֵךְ וְחָיְתָה‎ᵍ נַפְשִׁי 13
בִּגְלָלֵךְ‎ʰ:

וַיְהִי כְּבוֹא‎ⁱ אַבְרָם מִצְרָיְמָה וַיִּרְאוּ‎ʲ הַמִּצְרִים אֶת־הָאִשָּׁה כִּי־יָפָה 14
הִוא מְאֹד:

וַיִּרְאוּ אֹתָהּ שָׂרֵי פַרְעֹה וַיְהַלְלוּ אֹתָהּ אֶל־פַּרְעֹה וַתֻּקַּח‎ᵏ הָאִשָּׁה 15
בֵּית פַּרְעֹה:

וּלְאַבְרָם הֵיטִיב‎ˡ בַּעֲבוּרָהּ וַיְהִי־לוֹ צֹאן־וּבָקָר וַחֲמֹרִים וַעֲבָדִים 16
וּשְׁפָחֹת וַאֲתֹנֹת וּגְמַלִּים:

וַיְנַגַּע יְהוָה אֶת־פַּרְעֹה נְגָעִים גְּדֹלִים וְאֶת־בֵּיתוֹ עַל־דְּבַר 17
שָׂרַי אֵשֶׁת אַבְרָם:

וַיִּקְרָא פַרְעֹה לְאַבְרָם וַיֹּאמֶר מַה־זֹּאת עָשִׂיתָ‎ᵐ לִי לָמָּה 18
לֹא־הִגַּדְתָּ‎ⁿ לִּי כִּי אִשְׁתְּךָ הִוא:

לָמָה אָמַרְתָּ אֲחֹתִי הִוא וָאֶקַּח‎ᵒ אֹתָהּ לִי לְאִשָּׁה וְעַתָּה הִנֵּה 19
אִשְׁתְּךָ קַח וָלֵךְ‎ᵖ:

וַיְצַו‎ᵠ עָלָיו פַּרְעֹה אֲנָשִׁים וַיְשַׁלְּחוּ אֹתוֹ וְאֶת־אִשְׁתּוֹ 20
וְאֶת־כָּל־אֲשֶׁר־לוֹ:

Erläuterungen:

a	„und er zog hinunter"	j	„und sie sahen"
b	„als Fremder wohnen"	k	„sie wurde genommen"
c	„zu kommen"	l	„er ließ es gut gehen"
d	„sie werden sehen"	m	„du hast getan"
e	„sie werden am Leben lassen"	n	„du hast mitgeteilt"
f	„es wird gut sein"	o	„ich nahm"
g	„es wird leben"	p	„nimm sie und geh"
h	„wegen dir"	q	„und er befahl"
i	„als er gekommen war"		

9) Vokalisierungsübung. Vokalisieren und übersetzen Sie:

כי ידע אלהים כי ביום אכלכם ממנו ונפקחו עיניכם   (Gen 3,5)   1

(Gen 8,9)   2   וְלֹא מָצְאָה הַיּוֹנָה מָנוֹחַ לְכַף רַגְלָהּ

(Gen 39,9)   3   אֵינֶנּוּ גָדוֹל בַּבַּיִת הַזֶּה מִמֶּנִּי

(Ex 10,11)   4   כִּי אֹתָהּ אַתֶּם מְבַקְשִׁים וַיְגָרֶשׁ אֹתָם מֵאֵת פְּנֵי פַרְעֹה:

(I Sam 19,12)   5   וְהַמֶּלֶךְ דָּוִד שָׁלַח אֶל־צָדוֹקᵃ וְאֶל־אֶבְיָתָרᵇ הַכֹּהֲנִים לֵאמֹר דַּבְּרוּ
אֶל־זִקְנֵי יְהוּדָה לֵאמֹר

Erläuterungen:

a   „Zadok" *(n.pr.m.)*   b   „Äbjatar" *(n.pr.m.)*

Lektion 21:
Verba primae Nun; das Verb נתן „geben";
das Verb לקח „nehmen";
feminine Nomina mit segolierter Endung; Wunschsätze

1. Vokabeln

Verben:

- Verba primae Nun:

(נִבָּא)	נבא	Ni.	als Prophet auftreten (נָבִיא 10)
(הִבִּיט)	נבט	Hi.	aufblicken
(הִגִּיד)	נגד	Hi.	Nachricht geben, mitteilen
(יִגֹּף)	נגף		schlagen, stoßen
(יִגֹּשׁ)	נגשׁ		drängen, treiben
(יִדֹּר/וַיִּדַּר)	נדר		ein Gelübde ablegen
(נִצַּב)	נצב	Ni.	sich hinstellen
(הִצִּיל)	נצל	Hi.	entreißen, wegnehmen
(הִשִּׂיג)	נשׂג	Hi.	erreichen, einholen

- a/ē-Imperfekt Qal (Verba primae Nun):

(יִגַּשׁ)	נגשׁ	hinzutreten, sich nähern
(יִנְחַל)	נחל	Besitz erhalten, erben (נַחֲלָה 16)
(יִטַּע)	נטע	pflanzen
(יִסַּע)	נסע	aufbrechen, weiterziehen
(יִשָּׂא)	נשׂא	heben, aufheben
(יִשַּׁק)	נשׁק	küssen

- Bisher gelernte Verben dieser Klasse:

נתן (17) לקח (20), נגע (19), נחם (17), נפל (15), נתן (17)

Nomina:

- Feminine Nomina mit segolierter Endung:

דֶּלֶת	Tür
דַּעַת	Wissen (ידע 11)
מַחֲשֶׁבֶת	Gedanke (חשׁב 18)
מַצֵּבֶת	Mazzebe, Gedenkstein

מִשְׁמֶרֶת	Wache (שׁמר 8)
קְטֹרֶת	Räucherwerk (קטר 16)
תִּפְאֶרֶת	Zierde

Weitere Vokabeln:

אֵ֫בֶר	Flügel
כֶּ֫רֶם	Weinberg
לָכֵן	deshalb
נֶ֫גֶב	Süden; Negev
נֶ֫דֶר	Gelübde
קָהָל	Volksversammlung, Gemeinde
רַע / רָע	schlecht, minderwertig

Eigennamen:

אַהֲרֹן	Aaron *(n.pr.m.)*
בְּנֵי עַמּוֹן	Ammoniter *(n.g.)*
גְּרָר	Gerar *(n.l.)*

2. Verba primae Nun

Im Vergleich zum Starken Verb zeigen die Verba primae Nun folgende Abweichungen:

- Das Nun am Ende einer Silbe wird dem zweiten Radikal assimiliert, wo es mit dem Präformativ eine geschlossene Silbe bildet. Dies ist der Fall im Impf. Qal, Perf. und Ptz. Nifᶜal, im Hifᶜil und Hofᶜal.

3.Sg.m. Impf. Qal:	יִפֹּל	< *	יִנְפֹּל	(יִכְתֹּב)
3.Sg.m. Perf.Ni.:	נִגַּשׁ	< *	נִנְגַּשׁ	(נִכְתַּב)
Ptz.Ni. Sg.m. st.abs.:	נִגָּשׁ	< *	נִנְגָּשׁ	(נִכְתָּב)
3.Sg.m. Perf.Hi.:	הִגִּישׁ	< *	הִנְגִּישׁ	(הִכְתִּיב)
3.Sg.m. Perf.Ho.:	הֻגַּשׁ	< *	הֻנְגַּשׁ	(הָכְתַּב)

- Hat das Impf. Qal als Stammvokal *a* (intransitive Verben, Verba mediae und tertiae laryngalis), so werden der Imp. und der Inf.cs. meist unter ersatzlosem Wegfall des Nun gebildet *(„Apherese")*. Als Angleichung an das dreiradikalige Starke Verb wird der Inf. durch die Femininendung ת mit Segolierung erweitert. Der Inf.cs. Qal wird bei der Anhängung von Suffixen wie ein Segolatum behandelt.

3.Sg.m. Impf. Qal:	יִגַּשׁ	יִגַּע
Imp. Sg.m. Qal:	גַּשׁ	גַּע
Inf.cs. Qal:	גֶּ֫שֶׁת	גַּ֫עַת

Inf.cs. Qal + Suffix: גִּשְׁתִּי   גַּעְתִּי

- Die Assimilation des Nun unterbleibt meist
  - bei Pausalformen: יִנְצֹרוּ   „sie werden bewachen" (Dtn 33,9)
  - vor Laryngalen: יִנְחַל   „er wird erben" (Jes 57,13)

                          לֹא תִנְאָף   „du sollst nicht ehebrechen" (Ex 20,14)

    Ausnahme: נִחַם   „er hat bereut" (II Sam 13,39)

                        (< * נִנְחַם   *3.Sg.m. Perf.Ni.* von נחם)

  - Gelegentlich bilden Imp. und Inf.cs. Qal auch Formen ohne Apherese:

    Imp. Pl.m. Qal: נִטְעוּ   „pflanzt!" (II Reg 19,29)

    Inf.cs. Qal: נְטֹעַ   „pflanzen" (Jes 51,16)

    Imp. Sg.m.:   לְקַח   „nimm!" (Ex 29,1)

    Imp. Sg.f.:   לְקִחִי   „nimm!" (I Reg 20,33)

- Die Assimilation von Nun wird mit Dagesch forte angezeigt. Dagesch forte fällt gerne weg, wenn unter dem zu verdoppelnden Konsonanten Schwa mobile steht:

                       תְּטַמְּעִי   für   תִּטַּמְּעִי

                       וַיִּסְעוּ   für   וַיִּסְּעוּ

3. Das Verb נתן „geben, schenken"

Besonderheiten des Verbs נתן:

- Im Perfekt assimiliert sich der dritte Radikal dem konsonantischen Afformativ:

  2.Sg.m. Perf. Qal: נָתַתָּ   (כָּתַבְתָּ)

  2.Pl.m. Perf. Qal: נְתַתֶּם   (כְּתַבְתֶּם)

- Das Impf. Qal wird mit dem Stammvokal *ē* gebildet. Der erste Radikal assimiliert sich in allen Personen dem mittleren Konsonanten:

  3.Sg.m. Impf. Qal: יִתֵּן < * יִנְתֵּן   (יִכְתֹּב)

  1.Pl.com. Impf. Qal: נִתֵּן   (נִכְתֹּב)

- Imp. und Inf.cs. werden mit Apherese des Nun gebildet:

  Imp. Sg.m. Qal: תֵּן   (כְּתֹב)

  Adhortativ Qal: תְּנָה   (כָּתְבָה)

  Inf.cs. Qal: תֵּת < * תִּתְ < * תִּנְתְּ   (כְּתֹב)

  Inf.cs. Qal + Suffixe: תִּתִּי

                              תִּתּוֹ

                              תִּתָּם

- Die Eckformen von נתן im Qal, Ni., „Ho." = *hier:* passives Qal:

	Qal	Nifʿal	Hofʿal = Qal passiv
3.Sg.m. Perf.	נָתַן	נִתַּן	
3.Sg.m. Impf.	יִתֵּן	יִנָּתֵן	יֻתַּן
3.Sg.m. Impf.cons.	וַיִּתֵּן	וַיִּנָּתֵן	וַיֻּתַּן
Imp. Sg.m.	תֵּן		
Adhortativ	תְּנָה		
Inf.cs.	תֵּת/נְתֹן	הִנָּתֵן	
Inf.abs.	נָתֹן	הִנָּתֹן	
Ptz.Akt. Sg.m. st.abs.	נֹתֵן		
Ptz.Pass. Sg.m. st.abs.	נָתוּן	נִתָּן	

- Die Bedeutung von נתן:

Qal: „geben, anbieten, bringen, schenken"
Nifʿal: „gegeben werden"
„Hofʿal" = *passives Qal:* „gegeben werden"

Die Form יֻתַּן sieht aus wie ein Hofʿal, in Wirklichkeit aber wird sie als passives Qal angesehen.

4. Das Verb לקח „fassen, nehmen"

Das Verb לקח gehört zur Gruppe der Verba primae Nun und Verba tertiae laryngalis.
Besonderheiten des Verbs לקח:

- Im Impf. Qal assimiliert sich der erste Radikal in allen Personen dem mittleren Konsonanten:

3.Sg.m. Impf. Qal:	יִקַּח	(יִכְתֹּב)
3.Pl.m. Impf. Qal:	יִקְחוּ	(יִכְתְּבוּ)

- Imp. und Inf.cs. werden mit Apherese des Lamed gebildet:

Imp. Sg.m. Qal:	קַח	(כְּתֹב)
Adhortativ Qal:	קְחָה	(כָּתְבָה)
Inf.cs. Qal:	קַחַת	(כְּתֹב)
Inf.cs. Qal + Suffixe:	קַחְתִּי	
	לְקַחְתָּהּ	

- Die Eckformen von לקח im Qal, Ni., Ho. = Qal passiv, Hitp.:

	Qal	Qal passiv	Nif⁽c⁾al	Hof⁽c⁾al Qal pass.	Hitpa⁽c⁾el
3.Sg.m. Perf.	לָקַח	לֻקַּח	נִלְקַח		
3.Sg.m. Impf.	יִקַּח		יִלָּקַח	יִקַּח	
3.Sg.m. Impf.cons.	וַיִּקַּח				
Imp. Sg.m.	קַח				
Adhortativ	קְחָה				
Inf.cs.	קַחַת		הִלָּקַח		
Inf.abs.	לָקוֹחַ				
Ptz. Sg.m. st.abs.	לֹקֵחַ	לָקֻחַ			*Sg.f. st.cs.* מִתְלַקַּחַת

- Die Bedeutung von לקח:

Qal:	„fassen, ergreifen, nehmen"
Nif⁽c⁾al:	„hinweggenommen/entrückt werden"
Pu⁽c⁾al:	„genommen/entrückt werden"
Hof⁽c⁾al = passives Qal:	„genommen werden"
Hitpa⁽c⁾el:	„sich ergreifen"

Die Formen לֻקַּח/לָקֻחַ und יִקַּח sehen aus wie ein Pu⁽c⁾al bzw. Hof⁽c⁾al, tatsächlich aber werden sie als passives Qal behandelt.

5. Feminine Nomina mit segolierter Endung

Alle diese Nomina enden mit der Femininendung ת־. Die durch Anhängung von ת־ entstandene Doppelkonsonanz wird durch Segolierung aufgelöst. Dabei lassen sich drei Vokalisierungen unterscheiden:

$\bar{a} - \ddot{a}$ דֶּלֶת $\bar{o} - \ddot{a}$ קְטֹרֶת $a - a$ (bei ה, ח, ע) דַּעַת

Regeln:

1) Die Nomina dieser Klasse werden im Singular wie die maskulinen Segolata behandelt.	
Sg.st.abs./cs.	*Sg.st.cs. + Suffixe*
מִשְׁמֶרֶת	מִשְׁמַרְתִּי
דֶּלֶת	דַּלְתּוֹ

2) Im Pl./Du.st.abs. erscheint wie bei den maskulinen Segolata ein Vortonvokal.
Pl.st.abs.
מִשְׁמָרֹת
דְּלָתַיִם

3) Im Pl./Du.st.cs. und bei den pluralischen Suffixen wird der Vortonvokal reduziert.

Pl./Du.st.cs.		*Pl.st.cs. + Suffixe*
מִשְׁמְרוֹת		מִשְׁמְרוֹתָם
דַּלְתֵי	*(Dual)*	
דַּלְתוֹת	*(Plural)*	דַּלְתֹתָיו

6. Wunschsätze mit מִי יִתֵּן

Wunschsätze können außer durch Imperfekt, Kohortativ, Jussiv, Imperativ oder Perfekt consecutivum durch den mit מִי יִתֵּן „wer wird geben! / wer kann ermöglichen, dass!" eingeleiteten Ausruf ausgedrückt werden.

Dtn 28,67: בַּבֹּקֶר תֹּאמַר מִי־יִתֵּן עֶרֶב וּבָעֶרֶב תֹּאמַר מִי־יִתֵּן בֹּקֶר
„Am Morgen sagst du: *Könnte* es doch Abend sein, und am Abend sagst du: *Könnte* es doch Morgen sein!"

Jdc 9,29: וּמִי יִתֵּן אֶת־הָעָם הַזֶּה בְּיָדִי
„*Könnte* doch dieses Volk auf meiner Seite stehen!"

Jer 9,1: מִי־יִתְּנֵנִי בַמִּדְבָּר
„*Könnte* es doch für mich in der Wüste ... !"

Ps 14,7: מִי יִתֵּן מִצִּיּוֹן יְשׁוּעַת יִשְׂרָאֵל
„*Könnte doch* vom Zion Hilfe für Israel kommen!"

7. Übungen

1) Konjugieren Sie mündlich folgende Verben:

נסע Qal   נגשׁ Qal   נגד Hi.

2) Bestimmungsübungen zu den Verba primae Nun:

הַנָּבֵא תִּדֹּר וַיִּגַּשׁ וְאַגִּידָה גְּשָׁה הַבִּיטוּ בְּגִשְׁתָּם וַיִּגַּד נִבְאוּ 1

וַיִּסְעוּ מַגִּיד תִּטְּעִי וְנָסוֹעַ וַיֵּבְטְ וַתִּשַּׁק מַצִּיל יִתְנַבֵּא הַצַּלְתִּיךָ וַיִּדֹּר 2

הַפִּילָה תַּשִּׂיג וַיִּפְּלוּ הֻגַּד הַגֵּד יִנָּחֵם לָטַעַת לִנְטֹעַ וַתַּגֵּד־ מְנַחֲמֵי 3

3) Bestimmungsübungen zum Verb נתן:

1 וְנָתַן נִתַּן וּנְתָנָם נָתְתָה יִנְתֵּן וּנְתַנּוּךְ וּנְתַתִּיהוּ וּנְתַתִּיו יִתֵּן נָתְנוּ

2 נְתָנַּנִי נִתְּנִי נְתָנֶךָ נְתַתַּנִי בְּתִתְּךָ נְתָנוֹת נָתְנוּ תְּנוּ לָתֶת־ נִתְנוּ

3 אֶתְּנֶנָּה תְּנֵהוּ נָתַן תִּתֵּן אֶתְּנָה מִתָּתִי נִתְּנוּ תִּתְּנוּ תִּתְּנָה הַתִתֵּן הַתִּתְּנֵם

4) Vokalisierungsübungen zum Verb נתן:

1 נתן נתנו יתנו תתו תתני ואתן

5) Bestimmungsübungen zum Verb לקח:

1 נִלְקַח וְלָקַחְתָּ וְלָקַחַת לְקַחְתִּיךְ לְקַחְתֶּךָ לְקַחְתָּה לְקָחֶנּוּ וּלְקָחָהּ

2 וְנִקְחָה קְחִי לְקַחְתָּנוּ הִלָּקַח אֶקָּחֲךָ וּלְקַחְתִּים אֶקָּחָה תִּקָּחֶנּוּ

3 הַלְקִיחִים לְקָחָם נִקַּח מִקַּחַת לָקַח אֶלְקַח קָחֶנָּה לְקַחְתּוֹ הֵיָּקַח

4 וָאֶקָּחֵם בְּקַחְתֶּךָ לְקָחֵנִי וַיִּקָּחֵהוּ וַתִּקְחִי

6) Vokalisierungsübungen zum Verb לקח:

1 ויקחו ולקחו לקחת לקחי ותקח קחתי

7) Bestimmungsübungen zu den femininen Nomina mit segolierter Endung:

1 דַּלְתּוֹ וּבְדַעַת מַחְשְׁבוֹתֵינוּ לְדַעְתִּי מִשְׁמַרְתִּי וּקְטָרְתִּי מַחֲשַׁבְתּוֹ

2 תִּפְאַרְתּוֹ בִּדְלָתַיִם מַצֵּבָתָהּ מִדַּלְתִי בְּדַעְתּוֹ מִשְׁמַרְתְּךָ הַמַּחֲשָׁבֶת

3 מַחְשְׁבוֹתַי תִּפְאַרְתֵּנוּ מִמַּחְשְׁבֹתֵיכֶם מִשְׁמַרְתּוֹ תִּפְאַרְתָּם מִשְׁמָרוֹת

4 מַחְשְׁבוֹתָם דְּלָתוֹת דְּלָתַיִם

8) Vokalisierungsübungen zu den femininen Nomina mit segolierter Endung:

1 ומחשבתיך דלתי משמרתי ודעתם

9) Übersetzen Sie:

(Gen 12,18) 1   וַיִּקְרָא פַרְעֹה לְאַבְרָם וַיֹּאמֶר מַה־זֹּאת עָשִׂיתָ לִּי לָמָּה
לֹא־הִגַּדְתָּ לִּי כִּי אִשְׁתְּךָ הִוא:

(Gen 20,1f.) 2   וַיִּסַּע מִשָּׁם אַבְרָהָם אַרְצָה הַנֶּגֶב ...
וַיֹּאמֶר אַבְרָהָם אֶל־שָׂרָה אִשְׁתּוֹ אֲחֹתִי הִוא וַיִּשְׁלַח אֲבִימֶלֶךְ
מֶלֶךְ גְּרָר וַיִּקַּח אֶת־שָׂרָה:

(Gen 24,3) 3   וְאַשְׁבִּיעֲךָ בַּיהוָה אֱלֹהֵי הַשָּׁמַיִם וֵאלֹהֵי הָאָרֶץ אֲשֶׁר לֹא־תִקַּח
אִשָּׁה לִבְנִי מִבְּנוֹת הַכְּנַעֲנִי אֲשֶׁר אָנֹכִי יוֹשֵׁב בְּקִרְבּוֹ:

(Gen 27,25-27) 4   וַיֹּאמֶר הַגִּשָׁה לִּי וְאֹכְלָה מִצֵּיד בְּנִי לְמַעַן תְּבָרֶכְךָ נַפְשִׁי
וַיַּגֶּשׁ־לוֹ וַיֹּאכַל ...
וַיֹּאמֶר אֵלָיו יִצְחָק אָבִיו גְּשָׁה־נָּא וּשְׁקָה־לִּי בְּנִי:
וַיִּגַּשׁ וַיִּשַּׁק־לוֹ ...

(Gen 29,19) 5   וַיֹּאמֶר לָבָן טוֹב תִּתִּי אֹתָהּ לָךְ מִתִּתִּי אֹתָהּ לְאִישׁ אַחֵר

(Gen 32,1) 6   וַיַּשְׁכֵּם לָבָן בַּבֹּקֶר וַיְנַשֵּׁק לְבָנָיו וְלִבְנוֹתָיו וַיְבָרֶךְ אֶתְהֶם

(Gen 50,1) 7   וַיִּפֹּל יוֹסֵף עַל־פְּנֵי אָבִיו וַיֵּבְךְּ עָלָיו וַיִּשַּׁק־לוֹ:

(Num 20,12) 8   וַיֹּאמֶר יְהוָה אֶל־מֹשֶׁה וְאֶל־אַהֲרֹן יַעַן לֹא־הֶאֱמַנְתֶּם בִּי
לְהַקְדִּישֵׁנִי לְעֵינֵי בְּנֵי יִשְׂרָאֵל לָכֵן לֹא תָבִיאוּ אֶת־הַקָּהָל
הַזֶּה אֶל־הָאָרֶץ אֲשֶׁר־נָתַתִּי לָהֶם:

(Dtn 32,40) 9   כִּי־אֶשָּׂא אֶל־שָׁמַיִם יָדִי וְאָמַרְתִּי חַי אָנֹכִי לְעֹלָם:

(Jdc 11,30f.) 10   וַיִּדַּר יִפְתָּח נֶדֶר לַיהוָה וַיֹּאמַר אִם־נָתוֹן תִּתֵּן אֶת־בְּנֵי עַמּוֹן בְּיָדִי:
וְהָיָה ...

(I Sam 18,25) 11   וְשָׁאוּל חָשַׁב לְהַפִּיל אֶת־דָּוִד בְּיַד־פְּלִשְׁתִּים:

(II Sam 7,8) 12   וְעַתָּה כֹּה־תֹאמַר לְעַבְדִּי לְדָוִד כֹּה אָמַר יְהוָה צְבָאוֹת אֲנִי
לְקַחְתִּיךָ מִן־הַנָּוֶה מֵאַחַר הַצֹּאן

(Jes 59,7) 13   רַגְלֵיהֶם לָרַע יָרֻצוּ וִימַהֲרוּ לִשְׁפֹּךְ דָּם נָקִי מַחְשְׁבוֹתֵיהֶם
מַחְשְׁבוֹת אָוֶן

14   (Ps 55,7)   וָאֹמַר מִי־יִתֶּן־לִי אֵבֶר כַּיּוֹנָה

15   (II Chr 32,11)   יְהוָה אֱלֹהֵינוּ יַצִּילֵנוּ מִכַּף מֶלֶךְ אַשּׁוּר:

Erläuterungen:

a   „du hast getan"   d   „ihr werdet bringen"
b   צַיִד: „Wildbret, Jagdbeute"   e   „sie werden laufen"
c   „und er weinte"

10) Übersetzen Sie Gen 27,1-11: Die Erlistung des Segens

Die umfangreiche Erzählung von der Erlistung des Segens durch Jakob (Gen 27,1-45) steht im Kontext der Erzählreihe um die beiden Zwillingsbrüder Jakob und Esau (Gen 25,19-33,16). Inhaltlich geht es in Gen 27 um den Kampf um den Sterbesegen Isaaks. In diesem Kampf kommen Gottes Pläne zu ihrem Ziel.

1   וַיְהִי כִּי־זָקֵן יִצְחָק וַתִּכְהֶיןָ עֵינָיו מֵרְאֹתᵇ וַיִּקְרָא אֶת־עֵשָׂו בְּנוֹ
    הַגָּדֹל וַיֹּאמֶר אֵלָיו בְּנִי וַיֹּאמֶר אֵלָיו הִנֵּנִי:

2   וַיֹּאמֶר הִנֵּה־נָא זָקַנְתִּי לֹא יָדַעְתִּי יוֹם מוֹתִי:

3   וְעַתָּה שָׂא־נָא כֵלֶיךָ תֶּלְיְךָᵈ וְקַשְׁתֶּךָᵉ וְצֵא הַשָּׂדֶה וְצוּדָהᵍ לִי
    צַיְדָהʰ:

4   וַעֲשֵׂה־לִי מַטְעַמִּיםʲ כַּאֲשֶׁר אָהַבְתִּי וְהָבִיאָהᵏ לִי וְאֹכֵלָה בַּעֲבוּר
    תְּבָרֶכְךָ נַפְשִׁי בְּטֶרֶם אָמוּתʲ:

5   וְרִבְקָה שֹׁמַעַת בְּדַבֵּר יִצְחָק אֶל־עֵשָׂו בְּנוֹ וַיֵּלֶךְᵐ עֵשָׂו הַשָּׂדֶה
    לָצוּד צַיִדʰ לְהָבִיאⁿ:

6   וְרִבְקָה אָמְרָה אֶל־יַעֲקֹב בְּנָהּ לֵאמֹר הִנֵּה שָׁמַעְתִּי אֶת־אָבִיךָ
    מְדַבֵּר אֶל־עֵשָׂו אָחִיךָ לֵאמֹר:

7   הָבִיאָהᵒ לִי צַיִדʰ וַעֲשֵׂה־לִי מַטְעַמִּים וְאֹכֵלָה וַאֲבָרֶכְכָה לִפְנֵי
    יְהוָה לִפְנֵי מוֹתִי:

8   וְעַתָּה בְנִי שְׁמַע בְּקֹלִי לַאֲשֶׁר אֲנִי מְצַוָּהᵖ אֹתָךְ:

9   לֶךְ־נָא אֶל־הַצֹּאן וְקַח־לִי מִשָּׁם שְׁנֵי גְּדָיֵי עִזִּים טֹבִים וְאֶעֱשֶׂהˢ
    אֹתָם מַטְעַמִּים לְאָבִיךָ כַּאֲשֶׁר אָהֵב:

10 וְהֵבֵאתָ לְאָבִיךָ וְאָכָל בַּעֲבֻר אֲשֶׁר יְבָרֶכְךָ לִפְנֵי מוֹתוֹ:

11 וַיֹּאמֶר יַעֲקֹב אֶל־רִבְקָה אִמּוֹ הֵן עֵשָׂו אָחִי אִישׁ שָׂעִרᵘ וְאָנֹכִי
    אִישׁ חָלָקᵛ:

Erläuterungen:

a   „sie waren erloschen"   c   „dein Jagdzeug"
b   „so dass er nicht mehr sehen konnte"   d   „dein Köcher"

e „dein Bogen“
f „geh hinaus“
g „und jage“
h „Jagd, Jagdbeute“
i „und bereite zu“
j „Leckerbissen“
k „und bringe“
l „ich werde sterben“
m „und er ging“
n „um es zu bringen“
o „bringe bitte“
p „befehlend“ *(Ptz.)*
q „geh“
r „zwei“
s „ich will zubereiten“
t „du sollst bringen“
u „haarig“
v „glatt“

11) Übersetzen Sie Ps 147,1-7:

Der Psalm ist ein Hymnus; er wird von der Aufforderung „Lobt den Herrn“ umschlossen (V.1 + V.20; Stilfigur der „inclusio“). Das Thema „Schöpfung“ ist ein wesentliches Element des Psalms (V.4.5.8.9.14-18).

1 הַלְלוּ יָהּ כִּי־טוֹב זַמְּרָה אֱלֹהֵינוּ כִּי־נָעִים[a] נָאוָה[b] תְהִלָּה׃
2 בּוֹנֵה[c] יְרוּשָׁלַםִ יְהוָה נִדְחֵי[d] יִשְׂרָאֵל יְכַנֵּס[e]׃
3 הָרֹפֵא[f] לִשְׁבוּרֵי לֵב וּמְחַבֵּשׁ[g] לְעַצְּבוֹתָם[h]׃
4 מוֹנֶה[i] מִסְפָּר לַכּוֹכָבִים לְכֻלָּם שֵׁמוֹת יִקְרָא׃
5 גָּדוֹל אֲדוֹנֵינוּ וְרַב־כֹּחַ לִתְבוּנָתוֹ[j] אֵין מִסְפָּר׃
6 מְעוֹדֵד[k] עֲנָוִים[l] יְהוָה מַשְׁפִּיל[m] רְשָׁעִים עֲדֵי[n]־אָרֶץ׃
7 עֱנוּ[o] לַיהוָה בְּתוֹדָה[p] זַמְּרוּ לֵאלֹהֵינוּ בְכִנּוֹר[q]׃

Erläuterungen:

a „lieblich, freundlich“
b „schön, lieblich“
c „der Erbauer“ *(st.cs.)*
d נדח *Ni.* „versprengt werden“
e כנס „sammeln“
f רפא „heilen“
g חבשׁ „verbinden“
h עַצֶּבֶת *hier:* „Wunde“
i מנה „zählen“
j תְּבוּנָה „Einsicht, Geschicklichkeit“
k „aufhelfend“ *(Ptz.)*
l „Demütige“
m שׁפל *Qal* „niedrig sein“
n עַד = עֲדֵי
o „singt“
p „Dank“
q „Leier, Laute“

12) Vokalisierungsübung. Vokalisieren und übersetzen Sie:

1 (Dtn 30,18) הגדתי לכם היום כי אבד תאבדון

2 (I Sam 25,11)   ולקחתי את־לחמי ואת־מימי ... ונתתי לאנשים אשר לא ידעתי

3 (I Reg 18,30)   ויאמר אליהו לכל־העם גשו אלי ויגשו כל־העם אליו

4 (II Reg 19,29)   ונטעו כרמים נאכלו פרים:

5 (Jer 31,15)   עוד תטעי כרמים בהרי שמרון

Lektion 22:
Verba primae Jod/Waw; das Verb יָרֵא „sich fürchten"; das Verb יָכֹל „können, vermögen"; feminine Nomina auf Qamäṣ He von Segolata; die Präpositionen לְ und בְּ

1. Vokabeln

Verben:
* Verba primae Jod/Waw:

(יִבַשׁ/יִיבַשׁ)	יָבֵשׁ	trocken sein
(יִיטַב)	יטב	gut sein (טוֹב 8)
(יוּכַל)	יָכֹל	können, vermögen
(יִינַק)	ינק	Qal saugen
		Hi. säugen, stillen
	יסד	Qal gründen
(הוֹסִיף)	יסף	Qal/Hi. hinzufügen
(יִיעַף)	יָעֵף	müde werden
(יִיעַץ)	יעץ	raten
(יֵצֵא)	יצא	hinausgehen
(יִצֹק)	יצק	ausgießen, ausschütten
(יִצֹר/וַיִּיצֶר)	יצר	formen, bilden
(יֵרֵד)	ירד	hinabsteigen
(יִירַשׁ)	ירשׁ	in Besitz nehmen, beerben
(יִישַׁן)	יָשֵׁן	einschlafen, schlafen
(הוֹשִׁיעַ)	ישׁע	Hi. helfen, retten (יְשׁוּעָה 17)
(הוֹתִיר)	יתר	Hi. übrig lassen

* Bisher gelernte Verben dieser Klasse:
  יָשׁב (10), יָרֵא (10), ילד (17), ידע (11), הלך (11)

Nomina:
* Feminine Nomina auf Qamäṣ He von Segolata:

אָכְלָה	Speise, Nahrung (אכל 13)
חֶלְקָה	1. Glätte, Schmeichelei
	2. Feld

מַלְכָּה   Königin (מֶלֶךְ 6; מלך 8)

עֶזְרָה   Hilfe, Beistand (עזר 18)

קִרְיָה   Stadt, Ortschaft

• Bisher gelernte Nomina dieser Klasse:

נַחֲלָה (16), עֶגְלָה (13), שִׁפְחָה (20)

Weitere Vokabeln:

בְּתוּלָה	Jungfrau
גַּיְא	Tal
גֵּר	Fremder, Schutzbürger
חוֹל	Sand
יֶלֶד	Kind, Knabe (ילד 17)
מַחֲזֶה	Gesicht, Vision
עֲבֹדָה	Arbeit (עֶבֶד 6; עבד 16)
תִּקְוָה	Hoffnung

Eigennamen:

אֱלִיעֶזֶר	Elieser *(n.pr.m.)*
בְּאֵר שֶׁבַע	Beerseba *(n.l.)*
הָגָר	Hagar *(n.pr.f.)*

2. Verba primae Jod/Waw

Die Verba primae Jod/Waw zerfallen ihrem Ursprung nach in zwei Klassen:

• in Verben, die ursprünglich mit Waw anlauteten; dieses Waw wurde jedoch infolge eines Lautwechsels im Anlaut durch Jod ersetzt: ו > י:

ישׁב   *   >   ושׁב

ירד   *   >   ורד

• in Verben, die mit ursprünglichem Jod anlauteten („Jod originario"):

יטב   *   =   יטב

In den Lexika und Vokabelverzeichnissen werden beide Klassen vereint unter Jod aufgeführt.

a) Verba primae Jod

• Die Verba primae Jod bilden Impf. Qal durch Kontraktion des Präformativvokals *i* mit Jod zu Chiräq magnum. Der Vokal im Impf. Qal ist *a*.

יִיטַב   *   <   יַיְטַב $ij > \bar{\imath}$

• Im gesamten Hifʿil bleibt Jod erhalten und verschmilzt mit dem *a* des Präformativs zu Sere magnum:

3.Sg.m. Perf.Hi.:	הֵיטִיב	< * הֵיטִיב	*aj > ē*
3.Sg.m. Impf.Hi.:	יֵיטִיב	< * יֵיטִיב	
3.Sg.m. Impf.cons.Hi.:	וַיֵּיטֶב		
Imp. Sg.m. Hi.:	הֵיטֵב	< * הֵיטֵב	
Inf.cs. Hi.:	הֵיטִיב	< * הֵיטִיב	
Inf.abs. Hi.:	הֵיטֵב	< * הֵיטֵב	
Ptz.Hi. Sg.m.:	מֵיטִיב	< * מֵיטִיב	

- Im Nifʿal und Hofʿal folgen die Verba primae Jod der Bildeweise der Verba primae Waw.

- Sich überschneidende Formen im Hifʿil:

3.Sg.m. Perf.:	הֵיטִיב
Inf.cs.:	הֵיטִיב
3.Pl.com. Perf.:	הֵיטִיבוּ
Imp. Pl.m.:	הֵיטִיבוּ
Imp. Sg.m.:	הֵיטֵב
Inf.abs.:	הֵיטֵב

- Die Eckformen von יטב im Qal und Hi.:

	Qal	Hifʿil
3.Sg.m. Perf.	יָטַב	הֵיטִיב
3.Sg.m. Impf.	יִיטַב	יֵיטִיב
3.Sg.m. Impf.cons.	וַיִּיטַב	וַיֵּיטֶב
Imp. Sg.m.		הֵיטֵב
Inf.cs.		הֵיטִיב
Inf.abs.		הֵיטֵב
Ptz.		מֵיטִיב

Die Verba primae Jod sind im Hi. durch יְ vor dem zweiten Radikal erkennbar.

b) Verba primae Waw

- Im Impf., Imp. und Inf.cs. Qal zeigt diese Verbklasse eine doppelte Bildeweise:

1. Bildeweise:

Bei einer Sondergruppe von Verben tritt in diesen Formen Apherese des Jod ein. Dazu gehören die häufig vorkommenden Verben יֵשֵׁב, ירד, יָלֵד, יָדַע, יָצָא und הלך (< * וַלַך). Sie bilden den Inf.cs. Qal mit segolierter Endung. Im Impf. begegnet der unveränderliche Präformativvokal ē; der Stammvokal ē ist jedoch veränderbar.

Qal	3.Sg.m. Impf.	3.Sg.m./f. Impf.cons.	Imp. Sg.m. + Adhortativ	Inf.cs.	Inf.cs. + Suffix 1.Sg.com.
יָשַׁב	יֵשֵׁב	וַיֵּשֶׁב	שֵׁב/שְׁבָה	שֶׁבֶת	שִׁבְתִּי
יָרַד	יֵרֵד	וַיֵּרֶד	רֵד/רְדָה	רֶדֶת	רִדְתִּי
יָלַד	יֵלֵד	וַתֵּלֶד		לֶדֶת	לִדְתִּי
יָדַע	יֵדַע	וַיֵּדַע	דַּע	דַּעַת	דַּעְתִּי
יָצָא	יֵצֵא	וַיֵּצֵא	צֵא/צֵאָה	צֵאת	צֵאתִי
הָלַךְ	יֵלֵךְ	וַיֵּלֶךְ	לֵךְ/לְכָה	לֶכֶת	לֶכְתִּי

2. Bildeweise:

Bei den übrigen Verba primae Waw tritt im Impf., Imp. und Inf.cs. Qal an die Stelle des Waw ein Jod. Diese Gruppe von Verben ist im Vergleich mit der Sondergruppe klein. Dazu gehören u.a. die Verben יָעֵף, יָעַץ und יָשֵׁן.

Qal	3.Sg.m. Impf.	3.Sg.m. Impf.cons.	Imp. Sg.m. + Adhortativ	Inf.cs.
יָעֵף	יִיעַף			
יָעַץ	יִיעַץ			
יָשֵׁן	יִישַׁן	וַיִּישַׁן		יְשֹׁן
יָסַד				יְסֹד

- Die Verba primae Jod/Waw haben im Impf., Imp. und Inf. Ni. anstelle des Jod ein verdoppeltes Waw. Bei den Verba primae Waw wird somit im Ni. der ursprüngliche erste Konsonant Waw sichtbar.

　　　3.Sg.m. Impf.Ni.:　　יִוָּשֵׁב
　　　Imp. Sg.m. Ni.　　　　הִוָּשֵׁב
　　　Inf.cs. Ni.:　　　　　　הִוָּשֵׁב

- Die Verba primae Waw haben im Perf. und Ptz. Ni. und im gesamten Hi. ō:

3.Sg.m. Perf.Ni.:	נוֹשַׁב	< *	נַוְשַׁב	* aw > ō
Ptz.Ni. Sg.m. st.abs.:	נוֹשָׁב	< *	נַוְשָׁב	
3.Sg.m. Perf.Hi.:	הוֹשִׁיב	< *	הַוְשִׁיב	
3.Sg.m. Impf.Hi.:	יוֹשִׁיב	< *	יַוְשִׁיב	
3.Sg.m. Impf.cons.:	וַיּוֹשֵׁב			
Imp. Sg.m. Hi.:	הוֹשֵׁב	< *	הַוְשֵׁב	
Inf.cs. Hi.:	הוֹשִׁיב	< *	הַוְשִׁיב	
Inf.abs. Hi.:	הוֹשֵׁב	< *	הַוְשֵׁב	
Ptz.Hi. Sg.m.:	מוֹשִׁיב	< *	מַוְשִׁיב	

- Die Verba primae Jod/Waw haben im gesamten Ho. ū:

3.Sg.m. Perf.Ho.:	הוּשַׁב	< *	הֻוְשַׁב	* uw > ū
3.Sg.m. Impf.Ho.:	יוּשַׁב	< *	יֻוְשַׁב	

Ptz.Ho. Sg.m.:   מוּשַׁב   < * מֻוְשַׁב

- Sich überschneidende Formen im Hifʿil:

3.Sg.m. Perf.:	הוֹשִׁיב
Inf.cs.:	הוֹשִׁיב
3.Pl.com. Perf.:	הוֹשִׁיבוּ
Imp. Pl.m.:	הוֹשִׁיבוּ
Imp. Sg.m.:	הוֹשֵׁב
Inf.abs.:	הוֹשֵׁב
3.Sg.m. Jussiv:	יוֹשֵׁב
Ptz. Qal (!) Sg.m.:	יוֹשֵׁב

- Die Eckformen der Verba primae Waw im Qal, Hi. und Ho.:

	Qal		Hifʿil	Hofʿal
3.Sg.m. Perf	יָשֵׁן	יָשַׁב	הוֹשִׁיב	הוּשַׁב
3.Sg.m. Impf.	יִישַׁן	יֵשֵׁב	יוֹשִׁיב	יוּשַׁב
3.Sg.m. Impf.cons.	וַיִּישַׁן	וַיֵּשֶׁב	וַיּוֹשֶׁב	וַיּוּשַׁב
Imp. Sg.m.		שֵׁב	הוֹשֵׁב	
Inf.cs.	יְשֹׁן	שֶׁבֶת	הוֹשִׁיב	
Inf.abs.		יָשׁוֹב	הוֹשֵׁב	
Ptz.		יֹשֵׁב	מוֹשִׁיב	מוּשָׁב

Die Verba primae Waw der Sondergruppe sind im Impf. Qal am Sere unter den Präformativen und im Ni. und Hi. am וֹ *ō* vor dem zweiten Radikal erkennbar.

c) Besonderheiten

Eine kleine Gruppe von Verba primae Jod/Waw zeigt folgende Besonderheiten:

- Assimilation von Jod an den folgenden Konsonanten nach Analogie der Verba primae Nun bei:

יצק: יִצֹק   וַיִּצְקֶם

יצר: יִצְרֵהוּ   אֶצָּרְךָ

- Apherese im Inf.cs. Qal und Imp. Qal bei:

ירש: רֵשׁ   רֶשֶׁת

יצק: צַק/יְצֹק   צֶקֶת

3. Das Verb יָרֵא „sich fürchten"

Das Verb יָרֵא gehört zur Gruppe der Verba primae Jod, Verba mediae Resch und Verba tertiae Aleph.

• In der 3.Sg.m. Perf. Qal lautet die Vokalfolge $\bar{a} - \bar{e}$:

יָרֵא (כָּתַב)

• Aleph als dritter Konsonant quiesziert im Auslaut und vor konsonantischen Afformativen:

3.*Sg.m. Impf. Qal:* יִירָא (יִכְתֹּב)
2.*Pl.m. Perf. Qal:* יְרֵאתֶם (כְּתַבְתֶּם)

• Der Inf.cs. Qal ist in folgender Weise überliefert:

Jos 22,25: יִרֹא
I Sam 18,29: לֵרֹא
Dtn 10,12: לְיִרְאָה

• Die Eckformen von יָרֵא im Qal, Ni. und Pi.:

	Qal	Nif°al	Pi°el
3.*Sg.m. Perf.*	יָרֵא		
3.*Sg.m. Impf.*	יִירָא		
3.*Sg.m. Impf.cons.*	וַיִּירָא		
Imp. Sg.m.	יְרָא		
Adhortativ			
Inf.cs.	יִרְאָה		
Inf.abs.			
Ptz. Sg.m. st.abs. / Verbaladjektiv	יָרֵא	נוֹרָא	מְיָרֵא

• Die Bedeutung von יָרֵא:

Qal: „fürchten, sich fürchten"
Nif°al: „gefürchtet werden"
Pi°el: „in Furcht setzen"

4. Das Verb יָכֹל „können, vermögen"

Das Verb יָכֹל gehört zur Gruppe der Verba primae Waw.

• In der 3.Sg.m. Perf. Qal lautet die Vokalfolge $\bar{a} - \bar{o}$:

יָכֹל (כָּתַב)

• In den Perfektformen im Qal begegnet in der Stammsilbe $\bar{o}$:

יָכֹלְתִּי (כָּתַבְתִּי)

- Im Impf. Qal steht in Verbindung mit den Präformativen וֹ:

$$יוּכַל \qquad (יִכְתֹּב)$$

Vielleicht handelt es sich hier um ein Impf.Ho. mit Verlust der Kausativbedeutung: „er wird in die Lage versetzt werden" = „er wird können".

- Der Inf.cs. Qal wird mit segolierter Endung gebildet.

- Die Eckformen von יָכֹל im Qal:

	Qal
3.Sg.m. Perf.	יָכֹל
3.Sg.m. Impf.	יוּכַל
3.Sg.m. Impf.cons.	וַיּוּכַל
Imp. Sg.m.	
Adhortativ	
Inf.cs.	יְכֹלֶת
Inf.abs.	יָכֹל
Ptz. Sg.m. st.abs.	

- Die Bedeutung von יָכֹל:

Qal: „können, vermögen; besiegen"

5. Feminine Nomina auf Qamäṣ He von Segolata

Diese Nomina sind Feminina auf Qamäṣ He von maskulinen Segolata:

מַלְכָּה	von	מֶלֶךְ
אָכְלָה	von	אֹכֶל

Regeln:

1) Die Nomina dieser Klasse werden im Plural wie die maskulinen Segolata mit einem zweisilbigen Stamm gebildet. Der Pl.st.abs. hat Schwa mobile und Vortonqamäṣ.
Pl.st.abs.
נְחָלוֹת
שְׁפָחוֹת

2) Im Pl.st.cs. und in allen Suffixformen erscheinen der Stammvokal des Singular und Schwa medium.	
Pl.st.cs.	*Pl.st.cs. + Suffixe*
עֶגְלוֹת	שְׁפָחֹתֶיךָ
	שְׁפָחֹתָיו

6. Die Verwendung der Präpositionen לְ und בְּ

Das Verwendungsspektrum beider Präpositionen ist sehr weit. Es sollen hier nur wichtige Verwendungen genannt werden.

a) Die Präposition לְ

Die Grundbedeutung der Präposition לְ beschreibt die *Richtung nach etwas hin*. Als Hilfsübersetzung bietet sich „in Bezug auf" an, um so die Beziehung zwischen Personen und Sachen auszudrücken.

- *lokal:*

לְמַעְלָה	„nach oben hin" (Jes 7,11)
לְמַטָּה	„nach unten hin" (Jes 37,31)
לַמִּזְרָח	„nach Osten hin" (Neh 3,21)
לְאָחוֹר	„rückwärts" (Jer 7,24)
הָלַךְ לְ	„gehen nach" (Gen 30,25)
לְפֶתַח אָהֳלוֹ	„an der Tür seines Zeltes" (Num 11,10)

- *temporal:*

לְעֵת עֶרֶב	„zur Abendzeit" (Gen 8,11)
לַבֹּקֶר	„am Morgen" (Am 4,4)
לְיָמִים עוֹד שִׁבְעָה	„in noch sieben Tagen" (Gen 7,4)

- *modal:*

לָבֶטַח	„in Sicherheit" (Jdc 18,7)
לְפִי	„gemäß" (I Reg 17,1)
כָּאַרְבֶּה לָרֹב	„wie Heuschrecken an Menge" (Jdc 7,12)
אֶעֶשְׂךָ לְגוֹי גָּדוֹל	„ich mache dich zu einem großen Volk" (Gen 12,2)

- *dativisch:*

לוֹ הַיָּם	„ihm gehört das Meer" (Ps 95,5) *(Dativus possessoris)*
לֹא לָאָדָם דַּרְכּוֹ	„der Mensch verfügt nicht über seinen Weg" (Jer 10,23)

- *kausal:*

יִצְחַק־לִי	„er wird über mich lachen" (Gen 21,6)
בְּרוּכָה אַתְּ לַיהוָה	„gesegnet seist du von Jahwe" (Ruth 3,10)
מִזְמוֹר לְדָוִד	„ein Psalm Davids" (Ps 3,1) *(לְ auctoris)*

b) Die Präposition בְּ

Die Grundbedeutung der Präposition בְּ ist lokal, instrumental und modal. בְּ wird verwendet:

- *lokal:*   בָּאָרֶץ   „im Lande" (Gen 12,6)

	בְּפֶתַח שַׁעַר־	„am Toreingang" (Jer 26,10)
	בַּשָּׁמַיִם	„am Himmel" (Prov 30,19)
	בָּהָר	„auf dem Berg" (Ex 24,18)
	בַּקֹּשְׁרִים	„unter den Verschwörern" (II Sam 15,31)

| • *instrumental:* | בַּשֵּׁבֶט | „mit dem Stab" (Ex 21,20) |
| | בְּהוֹשֵׁעַ | „durch Hosea" (Hos 1,2) |

• *modal:*	בְּשָׁלוֹם	„in Frieden" (I Sam 29,7)
	בְּרָע	„in bösem Sinn" (Ps 73,8)
	בְּכֹחַ	„kräftig" (Ps 29,4)

• *temporal:*	בְּרֵאשִׁית	„im Anfang" (Gen 1,1)
	בְּשָׁלֹשׁ שָׁנִים	„binnen dreier Jahre" (Jes 16,14)
	בְּהִבָּרְאָם	„als sie erschaffen wurden" (Gen 2,4; mit *Inf.cs.*)

• *Einführung des Objekts bei Verben des Kontakts:*

אָחַז בְּ	ergreifen
חָזַק בְּ	*Hi.* anfassen
גָּעַר בְּ	schelten
דָּבַק בְּ	kleben an
אָמַן בְּ	*Hi.* glauben
בָּטַח בְּ	vertrauen
בָּחַר בְּ	erwählen
שָׂמַח בְּ	sich freuen über

• בְּ *essentiae (der Seinsweise/Erscheinungsform):*

בְּאֵל שַׁדַּי	„als El Schaddai" (Ex 6,3)
בְּטָמֵא	„als Unreiner" (Dtn 26,14)
בְּעֶזְרָתִי	„als meine Hilfe" = „mir zu Hilfe" (Ps 35,2)

• בְּ *pretii (des Preises/Wertes):*

בְּכֶסֶף	„für Silber" (Gen 23,9)
בְּאֶלֶף כֶּסֶף	„für tausend (Schekel) Silber" (Dtn 19,21)
שֵׁן בְּשֵׁן	„Zahn für Zahn" (Dtn 19,21)

7. Übungen

1) Konjugieren Sie mündlich folgende Verben:

יָרַד Qal   יָשַׁב Ni.   יָשַׁע Hi.   הָלַךְ Qal   יָטַב Hi.

2) Bestimmungsübungen zu den Verba primae Jod/Waw:

1 יִיבַשׁ יֵיטִיב יִינָקוּ הוֹבַשְׁתִּי מֵינֶקֶת יִסְפִּים וַיֵּיטְבוּ נוֹסֵף אִיעָצָה

2 מֵיטִיב אוֹסִיף נוֹעַץ יוֹנֵק יָעֵפוּ יָעַץ יִיעַף מֵנִקְתּוֹ יוֹעַצְתּוֹ צֵאתוֹ

3 הוֹסַפְתִּי יָצוֹא אֶצַּק וַיִּסֵּף יוֹצֵר אִירָשֶׁנָּה וַיִּועֵץ וַיֵּרֶד וַיִּישַׁן

4 וַיֵּצֵא לִישׁוֹן הוֹשִׁיעָה לְדַעְתּוֹ יוֹשִׁעֵנוּ אֵדְעָה אֵדְעָה לְכִתְּךָ וַיֵּלֶךְ וַיִּלֶךְ

3) Vokalisierungsübungen zu den Verba primae Jod/Waw:

1 הושיעני להיטיב כשבתו ויושע ישבו יצאתי היניקה נולד

4) Bestimmungsübungen zu den Verben יָרֵא und יָכֹל:

1 יָכְלוּ יָרְאָה וִירָא נִירָא אוֹכַל תִּירָאוּן יְרֵאִי אִירָאֶנּוּ וְיָכְלָתָ

2 יָרֵאתָ תּוֹכְלִי וַיִּירְאוּ יְרֵאָיו יְכָלְתִּיו יְרֵאוּךָ יְרָאוּךָ וְהַנּוֹרָא הֲיָכֹל

3 וַיִּירָאֵנִי נוֹרְאֹתֶיךָ יְרָאֶךָ נוּכַל מְיָרְאִים לְיִרְאָה יְרֵאתֶם הַאוּכַל

5) Vokalisierungsübungen zu den Verben יָרֵא und יָכֹל:

1 נוכל תיראי תוכלו ירא אל־תירא

6) Bestimmungsübungen zu den femininen Nomina auf Qamäṣ He von Segolata:

1 מַלְכַּת־ הַחֶלְקָה נַחֲלָתִי לַעֲגָלוֹת עֶזְרָתֵנוּ מִקְרְיָה שִׁפְחָתֶךָ שִׁפְחֹתֶיךָ

2 מַלְכוֹת חֶלְקַת נַחֲלַת עֶגְלַת עֶזְרָתִי שִׁפְחָתְךָ נַחֲלָתֵנוּ בְּעֶגְלָתִי

3 שִׁפְחָתוֹ בַּמַּלְכָּה נְחָלוֹת בְּעֶזְרָתֵךְ שִׁפְחָתָהּ

7) Vokalisierungsübungen zu den femininen Nomina auf Qamäs He von Segolata:

1   חלקתם   שפחתי   ושפחות   חלקתי   נחלתו

8) Übersetzen Sie:

(Gen 21,17)   1   וַיִּשְׁמַע אֱלֹהִים אֶת־קוֹל הַנַּעַר וַיִּקְרָא מַלְאַךְ אֱלֹהִים אֶל־הָגָר
מִן־הַשָּׁמַיִם וַיֹּאמֶר לָהּ מַה־לָּךְ הָגָר אַל־תִּירְאִי כִּי־שָׁמַע אֱלֹהִים
אֶל־קוֹל הַנַּעַר בַּאֲשֶׁר הוּא־שָׁם:

(Gen 30,24-26)   2   וַתִּקְרָא אֶת־שְׁמוֹ יוֹסֵף לֵאמֹר יֹסֵף יְהוָה לִי בֵּן אַחֵר:
וַיְהִי כַּאֲשֶׁר יָלְדָה רָחֵל אֶת־יוֹסֵף וַיֹּאמֶר יַעֲקֹב אֶל־לָבָן שַׁלְּחֵנִי
וְאֵלְכָה אֶל־מְקוֹמִי וּלְאַרְצִי:
תְּנָה אֶת־נָשַׁי וְאֶת־יְלָדַי אֲשֶׁר עָבַדְתִּי אֹתְךָ בָּהֵן וְאֵלֵכָה כִּי אַתָּה
יָדַעְתָּ אֶת־עֲבֹדָתִי אֲשֶׁר עֲבַדְתִּיךָ:

(Gen 32,13)   3   וְאַתָּה אָמַרְתָּ הֵיטֵב אֵיטִיב עִמָּךְ וְשַׂמְתִּי[a] אֶת־זַרְעֲךָ כְּחוֹל הַיָּם
אֲשֶׁר לֹא־יִסָּפֵר מֵרֹב:

(Gen 44,22)   4   וַנֹּאמֶר אֶל־אֲדֹנִי לֹא־יוּכַל הַנַּעַר לַעֲזֹב אֶת־אָבִיו וְעָזַב
אֶת־אָבִיו וָמֵת[b]:

(Gen 45,16)   5   וְהַקֹּל נִשְׁמַע בֵּית פַּרְעֹה לֵאמֹר בָּאוּ[c] אֲחֵי יוֹסֵף וַיִּיטַב בְּעֵינֵי
פַרְעֹה וּבְעֵינֵי עֲבָדָיו:

(Ex 2,7)   6   וַתֹּאמֶר אֲחֹתוֹ אֶל־בַּת פַּרְעֹה הַאֵלֵךְ וְקָרָאתִי לָךְ אִשָּׁה מֵינֶקֶת
מִן הָעִבְרִיֹּת וְתֵינִק לָךְ אֶת־הַיָּלֶד:

(Dtn 6,4-7)   7   שְׁמַע יִשְׂרָאֵל יְהוָה אֱלֹהֵינוּ יְהוָה אֶחָד:
וְאָהַבְתָּ אֵת יְהוָה אֱלֹהֶיךָ בְּכָל־לְבָבְךָ וּבְכָל־נַפְשְׁךָ וּבְכָל־מְאֹדֶךָ[d]:
וְהָיוּ[e] הַדְּבָרִים הָאֵלֶּה אֲשֶׁר אָנֹכִי מְצַוְּךָ[f] הַיּוֹם עַל־לְבָבֶךָ:
וְשִׁנַּנְתָּם[g] לְבָנֶיךָ וְדִבַּרְתָּ בָּם בְּשִׁבְתְּךָ בְּבֵיתֶךָ וּבְלֶכְתְּךָ בַדֶּרֶךְ
וּבְשָׁכְבְּךָ וּבְקוּמֶךָ[h]:

(Dtn 12,1)   8   אֵלֶּה הַחֻקִּים וְהַמִּשְׁפָּטִים אֲשֶׁר תִּשְׁמְרוּן לַעֲשׂוֹת[i] בָּאָרֶץ אֲשֶׁר נָתַן
יְהוָה אֱלֹהֵי אֲבֹתֶיךָ לְךָ לְרִשְׁתָּהּ כָּל־הַיָּמִים אֲשֶׁר־אַתֶּם חַיִּים
עַל־הָאֲדָמָה:

(Jdc 2,6)   9   וַיְשַׁלַּח יְהוֹשֻׁעַ אֶת־הָעָם וַיֵּלְכוּ בְנֵי־יִשְׂרָאֵל אִישׁ לְנַחֲלָתוֹ לָרֶשֶׁת אֶת־הָאָרֶץ:

(Jdc 10,13)   10   וְאַתֶּם עֲזַבְתֶּם אוֹתִי וַתַּעַבְדוּ אֱלֹהִים אֲחֵרִים לָכֵן לֹא־אוֹסִיף לְהוֹשִׁיעַ אֶתְכֶם:

(I Sam 3,6)   11   וַיֹּסֶף יְהוָה קְרֹא עוֹד שְׁמוּאֵל וַיָּקָם[k] שְׁמוּאֵל וַיֵּלֶךְ אֶל־עֵלִי וַיֹּאמֶר הִנְנִי כִּי קָרָאתָ לִּי וַיֹּאמֶר לֹא קָרָאתִי בְנִי שׁוּב[l] שְׁכָב:

(II Sam 17,11)   12   כִּי יָעַצְתִּי הֵאָסֹף יֵאָסֵף עָלֶיךָ כָל־יִשְׂרָאֵל מִדָּן וְעַד־בְּאֵר שֶׁבַע כַּחוֹל אֲשֶׁר־עַל־הַיָּם לָרֹב

(Jes 47,1)   13   רְדִי וּשְׁבִי עַל־עָפָר בְּתוּלַת בַּת־בָּבֶל שְׁבִי־לָאָרֶץ אֵין כִּסֵּא בַּת־כַּשְׂדִּים[m] כִּי לֹא תוֹסִיפִי יִקְרְאוּ־לָךְ

(Ez 37,11)   14   וַיֹּאמֶר אֵלַי בֶּן־אָדָם הָעֲצָמוֹת הָאֵלֶּה כָּל־בֵּית יִשְׂרָאֵל הֵמָּה הִנֵּה אֹמְרִים יָבְשׁוּ עַצְמוֹתֵינוּ וְאָבְדָה תִקְוָתֵנוּ

(Ps 23,4)   15   גַּם כִּי־אֵלֵךְ בְּגֵיא צַלְמָוֶת[n] לֹא־אִירָא רָע כִּי־אַתָּה עִמָּדִי שִׁבְטְךָ וּמִשְׁעַנְתֶּךָ[o] הֵמָּה יְנַחֲמֻנִי:

Erläuterungen:

a	„ich werde machen"	i	„wenn du aufstehst"
b	„dann wird er sterben"	j	„um (sie) zu tun"
c	„sie sind gekommen"	k	„und er stand auf"
d	„einer"	l	*hier:* „wiederum"
e	„und mit all deiner Kraft"	m	„Chaldäer" *(n.g.)*
f	„sie sollen sein"	n	„Finsternis"
g	„dir gebietend"	o	„und dein Stab"
h	„du sollst sie einschärfen"		

9) Übersetzen Sie Gen 15: Verheißung an Abraham

Gen 15 nimmt innerhalb der Abrahamerzählungen Kap. 12-25 eine zentrale Stellung ein, denn es geht um die Verheißung eines Sohnes für Abraham (V.4) sowie die feierliche Versicherung des Herrn, dass Abrahams Nachkommen das Land in Besitz nehmen werden (V.18). Von Abraham wird berichtet, dass er dem Herrn glaubte und dies ihm zur Gerechtigkeit angerechnet wurde (V.6).

[1]   אַחַר ׀ הַדְּבָרִים הָאֵלֶּה הָיָה[a] דְבַר־יְהוָה אֶל־אַבְרָם בַּמַּחֲזֶה

לֵאמֹר אַל־תִּירָא אַבְרָם אָנֹכִי מָגֵן לָךְ שְׂכָרְךָ הַרְבֵּה מְאֹד:

2 וַיֹּאמֶר אַבְרָם אֲדֹנָי יֱהוִה מַה־תִּתֶּן־לִי וְאָנֹכִי הוֹלֵךְ עֲרִירִי וּבֶן־מֶשֶׁק בֵּיתִי הוּא דַּמֶּשֶׂק אֱלִיעֶזֶר:

3 וַיֹּאמֶר אַבְרָם הֵן לִי לֹא נָתַתָּה זָרַע וְהִנֵּה בֶן־בֵּיתִי יוֹרֵשׁ אֹתִי:

4 וְהִנֵּה דְבַר־יְהוָה אֵלָיו לֵאמֹר לֹא יִירָשְׁךָ זֶה כִּי־אִם אֲשֶׁר יֵצֵא מִמֵּעֶיךָ הוּא יִירָשֶׁךָ:

5 וַיּוֹצֵא אֹתוֹ הַחוּצָה וַיֹּאמֶר הַבֶּט־נָא הַשָּׁמַיְמָה וּסְפֹר הַכּוֹכָבִים אִם־תּוּכַל לִסְפֹּר אֹתָם וַיֹּאמֶר לוֹ כֹּה יִהְיֶה זַרְעֶךָ:

6 וְהֶאֱמִן בַּיהוָה וַיַּחְשְׁבֶהָ לּוֹ צְדָקָה:

7 וַיֹּאמֶר אֵלָיו אֲנִי יְהוָה אֲשֶׁר הוֹצֵאתִיךָ מֵאוּר כַּשְׂדִּים לָתֶת לְךָ אֶת־הָאָרֶץ הַזֹּאת לְרִשְׁתָּהּ:

8 וַיֹּאמַר אֲדֹנָי יֱהוִה בַּמָּה אֵדַע כִּי אִירָשֶׁנָּה:

9 וַיֹּאמֶר אֵלָיו קְחָה לִי עֶגְלָה מְשֻׁלֶּשֶׁת וְעֵז מְשֻׁלֶּשֶׁת וְאַיִל מְשֻׁלָּשׁ וְתֹר וְגוֹזָל:

10 וַיִּקַּח־לוֹ אֶת־כָּל־אֵלֶּה וַיְבַתֵּר אֹתָם בַּתָּוֶךְ וַיִּתֵּן אִישׁ־בִּתְרוֹ לִקְרָאת רֵעֵהוּ וְאֶת־הַצִּפֹּר לֹא בָתָר:

11 וַיֵּרֶד הָעַיִט עַל־הַפְּגָרִים וַיַּשֵּׁב אֹתָם אַבְרָם:

12 וַיְהִי הַשֶּׁמֶשׁ לָבוֹא וְתַרְדֵּמָה נָפְלָה עַל־אַבְרָם וְהִנֵּה אֵימָה חֲשֵׁכָה גְדֹלָה נֹפֶלֶת עָלָיו:

13 וַיֹּאמֶר לְאַבְרָם יָדֹעַ תֵּדַע כִּי־גֵר יִהְיֶה זַרְעֲךָ בְּאֶרֶץ לֹא לָהֶם וַעֲבָדוּם וְעִנּוּ אֹתָם אַרְבַּע מֵאוֹת שָׁנָה:

14 וְגַם אֶת־הַגּוֹי אֲשֶׁר יַעֲבֹדוּ דָּן אָנֹכִי וְאַחֲרֵי־כֵן יֵצְאוּ בִּרְכֻשׁ גָּדוֹל:

15 וְאַתָּה תָּבוֹא אֶל־אֲבֹתֶיךָ בְּשָׁלוֹם תִּקָּבֵר בְּשֵׂיבָה טוֹבָה:

16 וְדוֹר רְבִיעִי יָשׁוּבוּ הֵנָּה כִּי לֹא־שָׁלֵם עֲוֹן הָאֱמֹרִי עַד־הֵנָּה:

17 וַיְהִי הַשֶּׁמֶשׁ בָּאָה וַעֲלָטָה הָיָה וְהִנֵּה תַנּוּר עָשָׁן וְלַפִּיד אֵשׁ אֲשֶׁר עָבַר בֵּין הַגְּזָרִים הָאֵלֶּה:

18 בַּיּוֹם הַהוּא כָּרַת יְהוָה אֶת־אַבְרָם בְּרִית לֵאמֹר לְזַרְעֲךָ נָתַתִּי אֶת־הָאָרֶץ הַזֹּאת מִנְּהַר מִצְרַיִם עַד־הַנָּהָר הַגָּדֹל נְהַר־פְּרָת:

19 אֶת־הַקֵּינִי וְאֶת־הַקְּנִזִּי וְאֵת הַקַּדְמֹנִי:

20 וְאֶת־הַחִתִּי וְאֶת־הַפְּרִזִּי וְאֶת־הָרְפָאִים:

21 וְאֶת־הָאֱמֹרִי וְאֶת־הַכְּנַעֲנִי וְאֶת־הַגִּרְגָּשִׁי וְאֶת־הַיְבוּסִי: ס

Erläuterungen:

a	*hier:* „es erging"	v	„Tiefschlaf"
b	„Schild" *(m.)*	w	„Schrecken"
c	„dein Lohn"	x	חֲשֵׁכָה *bleibt unübersetzt!*
d	„viel, zahlreich"	y	„es wird sein"

e	„kinderlos"	z	„sie werden unterdrücken"
f	„Besitz" (?)	α	„400 Jahre"
g	הוּא דַּמֶּשֶׂק *bleibt unübersetzt!*	β	„richtend"
h	„dein Inneres, dein Bauch"	γ	„Besitz, Habe"
i	„es wird sein"	δ	„du wirst gehen"
j	„Ur-Kasdim" *(n.l.)*	ε	„Alter"
k	„dreijährig"	ζ	„viertes"
l	„Taube"	η	„sie werden zurückkommen"
m	„junger Vogel"	ϑ	„hierher"
n	„und er zerschnitt"	ι	„friedlich, unversehrt"
o	„sein Teil"	κ	„sie war untergegangen"
p	„vor, gegenüber"	λ	„Finsternis"
q	„der Vogel"	μ	„Ofen"
r	„die Raubvögel" *(coll.)*	ν	„Rauch"
s	„die Leichname"	ξ	„Fackel"
t	„und er verscheuchte"	o	„die Hälften, Stücke"
u	„untergehen" *(Inf.cs.)*	π	„Strom" *(st.cs.)*

10) Vokalisierungsübung. Vokalisieren und übersetzen Sie:

ונאמר לא נוכל לרדת	(Gen 44,26)	1
ואמר לכם אתם תירשו את־אדמתם ואני אתננה לכם לרשת אתה	(Lev 20,24)	2
ויאמר לו יהוה שלום לך אל־תירא	(Jdc 6,23)	3
ותשב האשה ותינק את־בנה	(I Sam 1,23)	4
אצק רוחי על־זרעך	(Jes 44,3)	5

Lektion 23:
Verba tertiae infirmae; das Verb הָיָה „sein, werden";
das Verb חוה „sich niederwerfen, anbeten";
das Verb ראה „sehen";
einsilbige Nomina mit veränderlichem Vokal;
die Präpositionen מִן und כְּ

1. Vokabeln

Verben:
- Verba tertiae infirmae:

(יִבְכֶּה)	בכה	weinen (בְּכִי 12)
(יִבְנֶה)	בנה	bauen
(יִגְלֶה)	גלה	*Qal* entblößen, offenbaren
		Hi. ins Exil führen
(יִהְיֶה)	היה	sein, werden, geschehen
(יִשְׁתַּחֲוֶה)	חוה	*Hištaf°el* sich verneigen, anbeten
(יֶחֱזֶה)	חזה	schauen *(visionär)*
(יִחְיֶה)	חיה	leben (חַי 14)
(יֶחֱלֶה)	חלה	krank sein (חֳלִי 6)
(יַחֲנֶה)	חנה	sich lagern (מַחֲנֶה 18)
(יַעֲלֶה)	עלה	hinaufsteigen
(יַעֲנֶה)	ענה I	antworten
(יַעֲנֶה)	ענה II	gebeugt sein; *Pi.* demütigen
(יַעֲשֶׂה)	עשה	tun, machen (מַעֲשֶׂה 18)
(יִפְנֶה)	פנה	sich wenden (פָּנִים 14)
(יִפְרֶה)	פרה	fruchtbar sein (פְּרִי 12)
(יְצַוֶּה)	צוה	*Pi.* befehlen
(יְקַוֶּה)	קוה	*Pi.* hoffen, warten
(יִקְנֶה)	קנה	kaufen, erwerben, erschaffen (מִקְנֶה 6)
(יִרְאֶה)	ראה	*Qal* sehen
		Ni. erscheinen (מַרְאֶה 18)
(יִרְבֶּה)	רבה	viel sein/werden (רֹב 14)
(יִרְעֶה)	רעה	weiden (רֹעֶה 18)

שָׁקָה (יַשְׁקֶה)   *Hi.* trinken lassen, tränken

שָׁתָה (יִשְׁתֶּה)   trinken (18 מִשְׁתֶּה)

• Bisher gelernte Verben dieser Klasse:

אָפָה (18), אָבָה (18)

Weitere Vokabeln:

אֶחָד	eins *(st.cs.:* אַחַד*)*
אֶרֶז	Zeder
כחשׁ	*Pi.* lügen, leugnen
נֶגֶד	vor, gegenüber von
נָהָר	Fluss, Strom
עֻגָה	Brotfladen
עַל־כֵּן	deshalb
צחק	lachen

Eigennamen:

אֲבִיהוּ	Abihu *(n.pr.m.)*
בָּרָק	Barak *(n.pr.m.)*
יְרִיחוֹ	Jericho *(n.l.)*
יָעֵל	Jael *(n.pr.f.)*
יִשְׁמָעֵאל	Ismael *(n.pr.m.)*
לֵאָה	Lea *(n.pr.f.)*
נָדָב	Nadab *(n.pr.m.)*
סִיסְרָא	Sisera *(n.pr.m.)*

2. Verba tertiae infirmae

Die Verba tertiae infirmae sind ursprünglich Verba tertiae Jod/Waw. Anstelle von Jod und Waw erscheint jedoch ein He als Zeichen für den vokalischen Auslaut. Eine Ausnahme bildet das Ptz. Pass. Qal, bei dem sich das ursprüngliche Jod erhalten hat: גָּלוּי.

• Die Endungen dieser Verbklasse sind:

הָ   in 3.Sg.m. Perf. Qal – Hofᶜal (גָּלָה Qal)

ה   in 3.Sg.m./f.; 2.Sg.m.; 1.Sg./Pl.com. Impf. Qal – Hofᶜal und Ptz. Sg.m. st.abs. Qal – Hofᶜal (גָּלֶה; יִגְלֶה Qal)

ה   im Imp. Sg.m. Qal, Nifᶜal, Piᶜel, Hitpaᶜel, Hifᶜil (גְּלֵה Qal)

ה   im Inf.abs. Qal + Nifᶜal

ה   im Inf.abs. Piᶜel, Hitpaᶜel, Hifᶜil, Hofᶜal

 וֹת   im Inf.cs. Qal – Hofᶜal (גְּלוֹת Qal)

- Die konsonantischen Endungen werden im Perf., Impf. und Imp. an einen Bindevokal angehängt:
  - ־ִ im Perf. Qal, Pi‛el, Hitpa‛el, Hif‛il (aktive Stammesmodifikationen; גָּלִיתָ Qal)
  - ־ִ im Perf. Nif‛al, Pu‛al, Hof‛al (passive Stammesmodifikationen; נִגְלֵיתָ Ni.)
  - ־ֶי im Impf. Qal – Hof‛al und Imp. Pl.f. Qal, Ni., Pi., Hitp., Hi. (תִּגְלֶינָה / גְּלֶינָה Qal)

- Die vokalischen Endungen und Suffixe werden direkt an den zweiten Radikal angehängt:

גָּלוּ	3.Pl.com. Perf. Qal
יִגְלוּ	3.Pl.m. Impf. Qal
גְּלִי	Imp. Sg.f. Qal
גָּלַנִי	3.Sg.m. Perf. Qal + Suffix 1.Sg.com.

- Die 3.Sg.f. Perf. Qal – Ho. ist mit der ursprünglichen Endung *t* und der Endung –*ā* als feminine Form doppelt gekennzeichnet:

גָּלְתָה	3.Sg.f. Perf. Qal
נִגְלְתָה	3.Sg.f. Perf. Ni.

- Die 1.Sg./Pl.com. Impf. dient zugleich zum Ausdruck des Kohortativ:

  אֶגְלֶה ⟨ *1.Sg.com. Impf. Qal:* „ich werde aufdecken"
  Koh.Sg. Qal: „ich will aufdecken"

- Eine Besonderheit der Verba tertiae infirmae ist die Bildung von Kurzformen im Jussiv und im Impf.cons. mit Abwerfung der Endung ־ֶה *(Apokopie):*

  Qal
  יִגְלֶה: *יֶגֶל >   יִגֶל Jussiv;   וַיִּגֶל Impf.cons.

  Nif‛al
  יִגְלֶה: יִגָּל Jussiv;   וַיִּגָּל Impf.cons.

  Pi‛el:
  יְגַלֶה: יְגַל Jussiv;   וַיְגַל Impf.cons.

In den apokopierten Formen im Jussiv und Impf.cons. Pi‛el und Hitpa‛el ist noch der Wegfall von Dagesch forte im zweiten Radikal zu beachten.

Hif‛il:
  יַגְלֶה: *יַגֶל >   יֶגֶל Jussiv;   וַיֶּגֶל Impf.cons.

Zu beachten ist, dass bei einigen Verben die doppelt geschlossene Silbe im Jussiv und im Impf.cons. erhalten bleibt und der Präformativvokal *i > ē* wird:

  בכה: וַיֵּבְךְּ   *i > ē*   Impf.cons.

שַׁתה: וַיָּשֶׁת $i > \bar{e}$ Impf.cons.

         וְיָשֶׁת $i > \bar{e}$ Jussiv + וֹ

- Die Verba tertiae infirmae mit einem Laryngal als erstem oder zweitem Radikal werden entsprechend den Regeln der Laryngalverben gebildet.

         הֶעֱלָה   3.Sg.m. Perf.Hi.

         הַעֲלֵה   Imp. Sg.m. / Inf.abs. Hi.

         הַעֲלוֹת   Inf.cs. Hi.

         מַעֲלֶה   Ptz.Hi. Sg.m. st.abs.

In den Impf.-Formen ist die Identität zwischen Qal und Hif‛il zu beachten (ohne 1.Sg.com.):

               יַעֲלֶה   3.Sg.m. Impf. Qal./Hi.

aber: אֶעֱלֶה   1.Sg.com. Impf. Qal

               אַעֲלֶה   1.Sg.com. Impf. Hi.

- Die Endungen der Partizipien richten sich nach denen der Nomina auf Segol He.

         גֹּלֶה   Sg.m. st.abs. Qal

         גֹּלֵה   Sg.m. st.cs. Qal

         גֹּלִים   Pl.m. st.abs. Qal

         גֹּלֵי   Pl.m. st.cs. Qal

         גֹּלוֹת   Pl.f. st.abs./cs. Qal

3. Das Verb הָיָה „sein, werden"

Das Verb הָיָה zeigt einige Besonderheiten:

- Der Vokal des Präformativs im Impf. Qal ist trotz des Laryngals ה ein Chiräq:

$$יִהְיֶה$$

- In der 3.Sg.m./f.; 2.Sg.m. Jussiv/Impf.cons. Qal verschmilzt der zweite Konsonant Jod nach Analogie der Segolata tertiae Jod (* *pirj*) mit vorausgehendem Chiräq zu Chiräq magnum:

   יִהְיֶה   * יְהִי   >   יְהִי   וַיְהִי

   תִּהְיֶה   * תְּהִי   >   תְּהִי   וַתְּהִי

- Die Eckformen von הָיָה im Qal:

	Qal
3.Sg.m. Perf.	הָיָה
3.Sg.m. Impf.	יִהְיֶה
3.Sg.m. Jussiv	יְהִי

3.Sg.m. Impf.cons.	וַיְהִי
Imp. Sg.m.	הֱיֵה
Inf.cs.	הֱיוֹת
Inf.abs.	הָיוֹ/הָיֹה
Ptz. Sg.f.	הֹיָה

(לְ +) לִהְיוֹת

4. Das Verb חוה „sich beugen, sich niederwerfen, anbeten"

Das Verb חוה begegnet im Alten Testament nur in der in anderen semitischen Sprachen vorkommenden, im biblischen Hebräisch aber ungebräuchlichen Stammesmodifikation des *Hištaf ʿel* (reflexiv zum *Šaf ʿel* oder *Š-Kausativ*). Die Wurzel des Verbs ist חוה, wie die Imperative und Imperfekt Plural zeigen. In den älteren Wörterbüchern ging man noch von der Wurzel שחה *(Hitpa ʿel + Meta-these)* aus. Bei dieser Ableitung ist allerdings nicht das Vorkommen von ו als zweitem Radikal erklärbar.

• Die Eckformen von חוה im Hištafʿel:

	Hištafʿel
3.Sg.m. Perf.	הִשְׁתַּחֲוָה
3.Sg.m. Impf.	יִשְׁתַּחֲוֶה
3.Sg.m. Impf.cons.	וַיִּשְׁתַּחוּ
Imp. Sg.m.	הִשְׁתַּחֲוֵה
Inf.cs.	הִשְׁתַּחֲוֹת
Inf.abs.	
Ptz. Sg.m. st.abs.	מִשְׁתַּחֲוֶה

• Zu beachten sind:

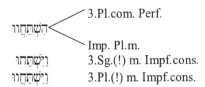

הִשְׁתַּחֲווּ	3.Pl.com. Perf. / Imp. Pl.m.
וַיִּשְׁתַּחוּ	3.Sg.(!) m. Impf.cons.
וַיִּשְׁתַּחֲווּ	3.Pl.(!) m. Impf.cons.

5. Das Verb רָאָה „sehen, betrachten" (Qal), „erscheinen" (Ni.)

Das Verb רָאָה gehört zur Gruppe der Verba mediae laryngalis, Verba tertiae infirmae; der Radikal ר wird wie ein Laryngal behandelt.

• Im Impf.cons. und Jussiv Qal quiesziert Aleph:

וַיַּרְא 3.Sg.m. Impf.cons. Qal

וַתֵּרֶא	3.Sg.f. Impf.cons. Qal
יֵרֶא	3.Sg.m. Jussiv Qal

Die Verbform וַיַּרְא kann sowohl 3.Sg.m. Impf.cons. Qal als auch 3.Sg.m. Impf.cons. Hi. sein!

• Die Eckformen von ראה im Qal, Ni., Hi.:

	Qal	Nif'al	Hif'il
3.Sg.m. Perf.	רָאָה	נִרְאָה	הֶרְאָה
3.Sg.m. Impf.	יִרְאֶה	יֵרָאֶה	יַרְאֶה
3.Sg.m. Jussiv	יֵרֶא	יֵרָא	יַרְא
3.Sg.m. Impf.cons.	וַיַּרְא	וַיֵּרָא	וַיַּרְא
Imp. Sg.m.	רְאֵה	הֵרָאֵה	הַרְאֵה
Inf.cs.	רְאוֹת	הֵרָאוֹת	הַרְאוֹת
Inf.abs.	רָאֹה/רָאוֹ	הֵרָאֹה	
Ptz.	רֹאֶה	נִרְאֶה	מַרְאֶה

• Die Verben רָאָה und יָרֵא im Vergleich

	Perfekt	רָאָה	יָרֵא
Singular	*3.m.*	רָאָה	יָרֵא
	3.f.	רָאֲתָה	יָרְאָה
	2.m.	רָאִיתָ	יָרֵאתָ
	2.f.	רָאִית	
	1.com.	רָאִיתִי	יָרֵאתִי
Plural	*3.com.*	רָאוּ	יָרְאוּ
	2.m.	רְאִיתֶם	יְרֵאתֶם
	2.f.	רְאִיתֶן	
	1.com	רָאִינוּ	יָרֵאנוּ

	Impf. / Impf.cons.	רָאָה	יָרֵא
Singular	*3.m.*	וַיַּרְא/יִרְאֶה	וַיִּרָא/וַיִּירָא/יִירָא
	3.f.	תִּרְאֶה	תִּירָא
	2.m.	תִּרְאֶה	תִּירָא
	2.f.	תִּרְאִי	תִּרְאִי/תִּירְאִי
	1.com.	אֶרְאֶה	אִירָא
Plural	*3.m.*	וַיִּרְאוּ/יִרְאוּ	וַיִּרְאוּ/וַיִּירְאוּ/יִירְאוּ
	3.f.	תִּרְאֶינָה	
	2.m.	תִּרְאוּ	תִּרְאוּ/תִּירְאוּ
	2.f.		
	1.com	נִרְאֶה	נִירָא

	רָאָה	יְרָא
Imp. Sg.m.	רְאֵה	יְרָא
Inf.cs.	רְאֹה/רְאוֹת	לִירְאָה/יְרֹא
Inf.abs.	רָאֹה	
Ptz. /	רֹאֶה	יָרֵא
Verbaladjektiv		

6. Einsilbige Nomina mit veränderlichen Vokalen

Zu dieser Nominalklasse zählen einsilbige Nomina mit dem Vokal Qamäṣ bzw.
Ṣere:

יָד

שֵׁם

Regeln:

1) Der Vokal Qamäṣ bzw. Ṣere erscheint im Sg.st.abs., vor leichten Suffixen
und im Du./Pl.st.abs. Beim Nomen שֵׁם wird Ṣere im Singular und Plural mit
Suffixen zu Schwa mobile reduziert.

Sg.st.abs.	*Sg. +* *leichte Suffixe*	*Pl.st.abs.*	*Pl. +* *leichte Suffixe*
יָד	יָדִי	יָדִים	יָדִי
עֵץ	עֵצוֹ	עֵצִים	עֵצֵינוּ
שֵׁם	שְׁמִי	שֵׁמוֹת	שְׁמֹתָם

2) Im Sg.st.cs. wird Qamäṣ zu Patach, Ṣere bleibt erhalten. Bei schweren Suffixen im Singular erscheint Segol oder Chiräq.

Sg.st.cs.	*Sg. + schwere Suffixe*
יַד	יֶדְכֶם
עֵץ	
שֵׁם	שְׁמְכֶם

3) Im Du./Pl.st.cs. und vor schweren Suffixen werden Qamäṣ und Ṣere zu
Schwa mobile reduziert.

Pl.st.cs.	*Pl. + schwere Suffixe*
יְדֵי	יְדֵיהֶם
עֲצֵי	
שְׁמוֹת	

7. Die Verwendung der Präpositionen מִן und כְּ

a) Die Präposition מִן

Die Präposition מִן ist die *Präposition der Trennung und des Abstands.*

* *lokal:*   מֵאֶרֶץ מִצְרַיִם   „aus dem Land Ägypten" (Ex 6,13)
                    צֵא מִן־הַתֵּבָה   „geh aus der Arche" (Gen 8,15)

* *temporal:*   מִנְּעָרַי   „seit meiner Jugend" (I Sam 12,2)
                    מִימֵי קֶדֶם   „seit den Tagen der Urzeit" (Jes 37,26)

* *kausal:*   מִפְּשָׁעֵינוּ   „wegen unserer Sünden" (Jes 53,5)
                    מִכֶּם   „wegen euch" (Ruth 1,13)

* *partitiv:*   מִזִּקְנֵי יִשְׂרָאֵל   „(einige) von den Ältesten Israels"
                                       (Ex 17,5)
                    וַיִּפֹּל מִן־הָעָם מֵעַבְדֵי דָוִד   „Es fielen einige aus dem Volk, einige
                                       von den Dienern Davids" (II Sam 11,17)

* *privativ:*   מֵאֵין יוֹשֵׁב   „ohne Einwohner" (Jes 5,9)
                    מִמּוּם   „ohne Makel" (Hi 11,15)
                    Inf.cs. + מִן   „sodass nicht"

* *komparativ:*   עָרוּם מִכֹּל   „listiger als alle" (Gen 3,1)
                    גָּבֹהַּ מִן   „größer als" (I Sam 9,2)

b) Die Präposition כְּ

Die Präposition כְּ ist die *Präposition des Vergleichs.*

* *vergleichend:*   כְּחָצִיר   „wie Gras" (Ps 90,5)
                    כְּצִיץ הַשָּׂדֶה   „wie die Blume des Feldes" (Jes 40,6)

* *messend:*   כַּחֲמֵשֶׁת אֲלָפִים אִישׁ   „etwa 5000 Mann" (Jos 8,12)
                    כַּחֲצוֹת הַלַּיְלָה   „etwa um Mitternacht" (Ex 11,4)

* *gleich-   וְאָהַבְתָּ לְרֵעֲךָ כָּמוֹךָ   „du sollst deinen Nächsten lieben wie dich
  setzend:*   selbst" (Lev 19,18)

* *temporal:*   כְּשָׁמְעִי   „als ich gehört hatte" (Neh 1,4)

8. Übungen

1) Konjugieren Sie mündlich folgende Verben:

צוה Pi.   שתה Qal   גלה Hi.   בנה Ni.

2) Bestimmungsübungen zu den Verba tertiae infirmae:

1 וַיֵּבְךְ יִבְנֶה חֲיִיתֶם וַיִּבֶן יֶחֱזוּ עָלְתָה חֹנִים עֲלוֹת עֲנֵנִי וַיַּחַנוּ

2 הֶעֱלִיתָנוּ עֲנֵנִי בָּכוֹ וַיַּעֲנוּ צִוִּיתָ וַיַּחַן וּפְרִיתֶם קַוּוּ הָעֹלִים וְיִפְרַךְ

3 וַיָּקֻמוּ וַיַּעַל צַו הַשֹּׁתִים עֲלֵה צִוִּיתִיךָ אֶשְׁתֶּה וַיִּבְכּוּ בָּנוּ בְּנוּ

3) Vokalisierungsübungen zu den Verba tertiae infirmae:

1 (Qal / Pi.) וּפְנִית (Pi.) אֲצַוֶּה, (Qal) לִשְׁתּוֹת, (Hi.) הִשְׁקִיתֶנוּ

2 (Qal) יִרְעוּ, (Hi.) הַרְבִּית

4) Bestimmungsübungen zu den Verben היה, חוה und ראה:

1 וְהָיִיתָ וְהִשְׁתַּחֲוָה רָאָה רָאוּ וְהָיִינוּ הֱיוֹתִי הַרְאֵיתָ וַיִּשְׁתַּחֲווּ

2 בִּהְיוֹתוֹ וַיְהִי וִיהִי אַרְאֶךָ וַתְּהִי וַיִּשְׁתַּחוּ אֶהְיֶה מִשְׁתַּחֲוֶה יֵרֶא יָרֵא

3 וַנִּהְי הַרְאֵנִי וּלְהִשְׁתַּחֲוֹת הֱיֵה רָאֹתְךָ מַרְאֶה תְּהִי הֱיֵי הִשְׁתַּחֲווּ

4 וָאֵרֶא נִהְיֶה הִשְׁתַּחֲוֵיתָ

5) Vokalisierungsübungen zu den Verben היה, חוה und ראה:

1 וַיִּהְיוּ וַיִּרָא תִּשְׁתַּחְוֶה הָיִיתִי יִרְאוּ מִשְׁתַּחֲוֶה

6) Bestimmungsübungen zu den einsilbigen Nomina mit veränderlichem Vokal:

1 בְּיָד בְּיַד וּבְשֵׁם וְעֵצֶיךָ דָּמָם פָּנָיו וִידֵי שְׁמוֹת דָּם לְפָנֵינוּ

2 דְּמֵיהֶם יֶשְׁנוֹ בְּעֵצוֹ בְּיֶדְכֶם יֵשְׁךָ יָדַיִם דְּמֵי וִידוֹת מִדָּם

7) Vokalisierungsübungen zu den einsilbigen Nomina mit veränderlichem Vokal:

1 שְׁמִי עֵצִי יָדַיִם שְׁמָהּ דְּמוֹ יְדֵיהֶם

8) Übersetzen Sie:

1 (Gen 17,6) וְהִפְרֵתִי אֹתְךָ בִּמְאֹד מְאֹד וּנְתַתִּיךָ לְגוֹיִם וּמְלָכִים מִמְּךָ יֵצֵאוּ:

2 (Gen 17,20) וּלְיִשְׁמָעֵאל שְׁמַעְתִּיךָ הִנֵּה בֵּרַכְתִּי אֹתוֹ וְהִפְרֵיתִי אֹתוֹ וְהִרְבֵּיתִי אֹתוֹ בִּמְאֹד מְאֹד

3 (Gen 24,51) הִנֵּה־רִבְקָה לְפָנֶיךָ קַח וָלֵךְ וּתְהִי אִשָּׁה לְבֶן־אֲדֹנֶיךָ כַּאֲשֶׁר דִּבֶּר יְהוָה:

4 (Gen 27,6) וְרִבְקָה אָמְרָה אֶל־יַעֲקֹב בְּנָהּ לֵאמֹר הִנֵּה שָׁמַעְתִּי אֶת־אָבִיךָ מְדַבֵּר אֶל־עֵשָׂו אָחִיךָ לֵאמֹר:

5 (Gen 27,8) וְעַתָּה בְנִי שְׁמַע בְּקֹלִי לַאֲשֶׁר אֲנִי מְצַוָּה אֹתָךְ:

6 (Gen 33,6f.) וַתִּגַּשְׁןָ הַשְּׁפָחוֹת הֵנָּה וְיַלְדֵיהֶן וַתִּשְׁתַּחֲוֶיןָ:
וַתִּגַּשׁ גַּם־לֵאָה וִילָדֶיהָ וַיִּשְׁתַּחֲווּ וְאַחַר נִגַּשׁ יוֹסֵף וְרָחֵל וַיִּשְׁתַּחֲווּ:

7 (Ex 7,6) וַיַּעַשׂ מֹשֶׁה וְאַהֲרֹן כַּאֲשֶׁר צִוָּה יְהוָה אֹתָם כֵּן עָשׂוּ:

8 (Ex 24,1-4) וְאֶל־מֹשֶׁה אָמַר עֲלֵה אֶל־יְהוָה אַתָּה וְאַהֲרֹן נָדָב וַאֲבִיהוּא
וְשִׁבְעִים מִזִּקְנֵי יִשְׂרָאֵל וְהִשְׁתַּחֲוִיתֶם מֵרָחֹק:
וְנִגַּשׁ מֹשֶׁה לְבַדּוֹ אֶל־יְהוָה וְהֵם לֹא יִגָּשׁוּ וְהָעָם לֹא יַעֲלוּ עִמּוֹ:
וַיָּבֹא מֹשֶׁה וַיְסַפֵּר לָעָם אֵת כָּל־דִּבְרֵי יְהוָה וְאֵת כָּל־הַמִּשְׁפָּטִים
וַיַּעַן כָּל־הָעָם קוֹל אֶחָד וַיֹּאמְרוּ כָּל־הַדְּבָרִים אֲשֶׁר־דִּבֶּר יְהוָה
נַעֲשֶׂה:
וַיִּכְתֹּב מֹשֶׁה אֵת כָּל־דִּבְרֵי יְהוָה וַיַּשְׁכֵּם בַּבֹּקֶר וַיִּבֶן מִזְבֵּחַ
תַּחַת הָהָר ...

9 (Jos 5,13) וַיְהִי בִּהְיוֹת יְהוֹשֻׁעַ בִּירִיחוֹ וַיִּשָּׂא עֵינָיו וַיַּרְא וְהִנֵּה־אִישׁ עֹמֵד
לְנֶגְדּוֹ וְחַרְבּוֹ שְׁלוּפָה בְּיָדוֹ וַיֵּלֶךְ יְהוֹשֻׁעַ אֵלָיו וַיֹּאמֶר לוֹ הֲלָנוּ
אַתָּה אִם לְצָרֵינוּ:

10 (Jdc 4,22) וְהִנֵּה בָרָק רֹדֵף אֶת־סִיסְרָא וַתֵּצֵא יָעֵל לִקְרָאתוֹ וַתֹּאמֶר לוֹ
לֵךְ וְאַרְאֶךָּ אֶת־הָאִישׁ אֲשֶׁר־אַתָּה מְבַקֵּשׁ

(Jdc 13,3f.)   11
וַיֵּרָא מַלְאַךְ־יְהֹוָה אֶל־הָאִשָּׁה וַיֹּאמֶר אֵלֶיהָ הִנֵּה־נָא אַתְּ עֲקָרָה[f]
וְלֹא יָלַדְתְּ וְהָרִית[g] וְיָלַדְתְּ בֵּן:
וְעַתָּה הִשָּׁמְרִי נָא וְאַל־תִּשְׁתִּי יַיִן וְשֵׁכָר[h] וְאַל־תֹּאכְלִי כָּל־טָמֵא:

(Jdc 20,23)   12
וַיַּעֲלוּ כָל־בְּנֵי יִשְׂרָאֵל וַיִּבְכּוּ לִפְנֵי־יְהֹוָה עַד־הָעֶרֶב וַיִּשְׁאֲלוּ
בַיהוָה לֵאמֹר הַאוֹסִיף לָגֶשֶׁת לַמִּלְחָמָה

(II Sam 7,7)   13
בְּכֹל אֲשֶׁר־הִתְהַלַּכְתִּי בְּכָל־בְּנֵי יִשְׂרָאֵל הֲדָבָר דִּבַּרְתִּי אֶת־אַחַד
שִׁבְטֵי יִשְׂרָאֵל אֲשֶׁר צִוִּיתִי לִרְעוֹת אֶת־עַמִּי אֶת־יִשְׂרָאֵל לֵאמֹר
לָמָּה לֹא־בְנִיתֶם לִי בֵּית אֲרָזִים:

(II Sam 7,27)   14
כִּי־אַתָּה יְהֹוָה צְבָאוֹת אֱלֹהֵי יִשְׂרָאֵל גָּלִיתָה אֶת־אֹזֶן עַבְדְּךָ
לֵאמֹר בַּיִת אֶבְנֶה־לָּךְ עַל־כֵּן מָצָא עַבְדְּךָ אֶת־לִבּוֹ לְהִתְפַּלֵּל
אֵלֶיךָ אֵת הַתְּפִלָּה הַזֹּאת:

(Jer 32,38f.)   15
וְהָיוּ לִי לְעָם וַאֲנִי אֶהְיֶה לָהֶם לֵאלֹהִים:
וְנָתַתִּי לָהֶם לֵב אֶחָד וְדֶרֶךְ אֶחָד לְיִרְאָה אוֹתִי כָּל־הַיָּמִים
לְטוֹב לָהֶם וְלִבְנֵיהֶם אַחֲרֵיהֶם:

(Ps 137,1)   16
עַל נַהֲרוֹת בָּבֶל שָׁם יָשַׁבְנוּ גַּם־בָּכִינוּ בְּזָכְרֵנוּ אֶת־צִיּוֹן:

Erläuterungen:

a	„siebzig"	e	„ihm entgegen"
b	„er allein"	f	„unfruchtbar"
c	„und er kam"	g	הרה: „schwanger werden"
d	„herausgezogen"	h	„Bier" (?)

9) Übersetzen Sie Gen 18,1-15: Die drei Männer bei Abraham

Die Geschichte erzählt, dass Gott Abraham auf die Probe stellte. Abraham erkannte
den Herrn zunächst nicht. Aber gerade weil er ihn nicht erkannte, hat sich Abraham
bewährt, indem er selbstlos die drei Männer als Gäste aufnahm und bewirtete.

1
וַיֵּרָא אֵלָיו יְהֹוָה בְּאֵלֹנֵי מַמְרֵא[a] וְהוּא יֹשֵׁב פֶּתַח־הָאֹהֶל כְּחֹם[b]
הַיּוֹם:

2
וַיִּשָּׂא עֵינָיו וַיַּרְא וְהִנֵּה שְׁלֹשָׁה[c] אֲנָשִׁים נִצָּבִים עָלָיו וַיַּרְא
וַיָּרָץ[d] לִקְרָאתָם[e] מִפֶּתַח הָאֹהֶל וַיִּשְׁתַּחוּ אָרְצָה:

3
וַיֹּאמַר אֲדֹנָי אִם־נָא מָצָאתִי חֵן בְּעֵינֶיךָ אַל־נָא תַעֲבֹר מֵעַל
עַבְדֶּךָ:

⁴ יֻקַּח־נָא מְעַט־מַיִם וְרַחֲצוּᶠ רַגְלֵיכֶם וְהִשָּׁעֲנוּᵍ תַּחַת הָעֵץ:

⁵ וְאֶקְחָה פַת־לֶחֶם וְסַעֲדוּⁱ לִבְּכֶם אַחַר תַּעֲבֹרוּ כִּי־עַל־כֵּן עֲבַרְתֶּם עַל־עַבְדְּכֶם וַיֹּאמְרוּ כֵּן תַּעֲשֶׂה כַּאֲשֶׁר דִּבַּרְתָּ:

⁶ וַיְמַהֵר אַבְרָהָם הָאֹהֱלָה אֶל־שָׂרָה וַיֹּאמֶר מַהֲרִיᵈ שְׁלֹשׁᶜ סְאִים קֶמַח סֹלֶתʲ לוּשִׁיᵏ וַעֲשִׂי עֻגוֹת:

⁷ וְאֶל־הַבָּקָר רָץᵈ אַבְרָהָם וַיִּקַּח בֶּן־בָּקָר רַךְᵐ וָטוֹב וַיִּתֵּן אֶל־הַנַּעַר וַיְמַהֵר לַעֲשׂוֹת אֹתוֹ:

⁸ וַיִּקַּח חֶמְאָהⁿ וְחָלָב וּבֶן־הַבָּקָר אֲשֶׁר עָשָׂה וַיִּתֵּן לִפְנֵיהֶם וְהוּא־עֹמֵד עֲלֵיהֶם תַּחַת הָעֵץ וַיֹּאכֵלוּ:

⁹ וַיֹּאמְרוּ אֵלָיו אַיֵּה שָׂרָה אִשְׁתֶּךָ וַיֹּאמֶר הִנֵּה בָאֹהֶל:

¹⁰ וַיֹּאמֶר שׁוֹב אָשׁוּבᵒ אֵלֶיךָ כָּעֵת חַיָּהᵖ וְהִנֵּה־בֵן לְשָׂרָה אִשְׁתֶּךָ וְשָׂרָה שֹׁמַעַת פֶּתַח הָאֹהֶל וְהוּא אַחֲרָיו:

¹¹ וְאַבְרָהָם וְשָׂרָה זְקֵנִים בָּאִים בַּיָּמִיםᵠ חָדַל לִהְיוֹת לְשָׂרָה אֹרַחʳ כַּנָּשִׁים:

¹² וַתִּצְחַק שָׂרָה בְּקִרְבָּה לֵאמֹר אַחֲרֵי בְלֹתִיˢ הָיְתָה־לִּי עֶדְנָהᵗ וַאדֹנִי זָקֵן:

¹³ וַיֹּאמֶר יְהוָה אֶל־אַבְרָהָם לָמָּה זֶּה צָחֲקָה שָׂרָה לֵאמֹר הַאַףᵘ אֻמְנָם אֵלֵד וַאֲנִי זָקַנְתִּי:

¹⁴ הֲיִפָּלֵא מֵיהוָה דָּבָר לַמּוֹעֵד אָשׁוּבᵛ אֵלֶיךָ כָּעֵת חַיָּה וּלְשָׂרָה בֵן:

¹⁵ וַתְּכַחֵשׁ שָׂרָה לֵאמֹר לֹא צָחַקְתִּי כִּי יָרֵאָה וַיֹּאמֶר לֹא כִּי צָחָקְתְּ:

Erläuterungen:

a	„Mamre" *(n.l.; bei Hebron)*	l	„er eilte"
b	„als heiß geworden war"	m	„zart"
c	„drei"	n	„Butter"
d	„er eilte"	o	„ich werde bestimmt zurückkommen"
e	„ihnen entgegen"	p	*hier:* „um diese Zeit"
f	„wascht"	q	„betagt"
g	„ruht euch aus"	r	„Weg"
h	„Bissen"	s	בלה „abgenutzt/verbraucht sein"
i	„stärkt"	t	„Liebeslust"
j	„drei Maß Feinmehl"	u	„Ist es so, dass"
k	„knete (es)"	v	„ich werde zurückkommen"

10) Vokalisierungsübung. Vokalisieren und übersetzen Sie:

ואשביעך ביהוה אלהי השמים ואלהי הארץ אשר לא־תקח   (Gen 24,3)   1
אשה לבני מבנות הכנעני אשר אנכי יושב בקרבו:

כִּי אֶל־אַרְצִי וְאֶל־מוֹלַדְתִּי תֵּלֵךְ וְלָקַחְתָּ אִשָּׁה לִבְנִי לְיִצְחָק:	(Gen 24,4)	2
וַיֹּאמֶר אֵלָיו הָעֶבֶד אוּלַי לֹא תֹאבֶה הָאִשָּׁה לָלֶכֶת אַחֲרַי אֶל־הָאָרֶץ הַזֹּאת	(Gen 24,5a)	3
יְהוָה אֱלֹהֵי הַשָּׁמַיִם אֲשֶׁר לְקָחַנִי מִבֵּית אָבִי וּמֵאֶרֶץ מוֹלַדְתִּי וַאֲשֶׁר דִּבֶּר־לִי וַאֲשֶׁר נִשְׁבַּע־לִי לֵאמֹר לְזַרְעֲךָ אֶתֵּן אֶת־הָאָרֶץ הַזֹּאת הוּא יִשְׁלַח מַלְאָכוֹ לְפָנֶיךָ וְלָקַחְתָּ אִשָּׁה לִבְנִי מִשָּׁם:	(Gen 24,7)	4
וַתֹּאמֶר שְׁתֵה אֲדֹנִי וַתְּמַהֵר וַתֹּרֶד כַּדָּהּ[a] עַל־יָדָהּ וַתַּשְׁקֵהוּ:	(Gen 24,18)	5

Erläuterung:

a   „ihren Krug"

Lektion 24:
Verba mediae *ū/ī/ō* („Hohle" Wurzeln); Zahlen;
die Präposition עַל

1. Vokabeln

Verben:

• Verba mediae *ū*:

(יָגוּר)	גּור	Fremdling sein (גֵּר 22)
(יִכּוֹן)	כּון	*Ni.* befestigt werden; fest sein
(יָמוּת)	מות	sterben (מֵת 12)
(יָנוּחַ)	נוּח	sich niederlassen; ruhen
(יָנוּס)	נוס	fliehen
(יָסוּר)	סור	weichen
(יָקוּם)	קום	aufstehen
(יָרוּם)	רום	sich erheben; erhaben sein
(יָרוּץ)	רוּץ	laufen
(יָשׁוּב)	שׁוּב	zurückkehren

• Verba mediae *ī*:

(יָבִין)	בִּין	verstehen
(יָגִיל)	גִּיל	sich freuen
(יָלִין)	לִין	übernachten
(יָרִיב)	רִיב	streiten
(יָשִׂים)	שִׂים	setzen, stellen, legen
(יָשִׁיר)	שִׁיר	singen (שִׁיר 7)
(יָשִׁית)	שִׁית	setzen, stellen, legen

• Verba mediae *ō*:

(יָאוֹר)	אוֹר	hell werden, leuchten (אוֹר 6)
(יָבוֹא)	בּוֹא	kommen, hineingehen
(יֵבוֹשׁ)	בּושׁ	sich schämen
(יִיטַב: יטב)	טוֹב	gut sein (טוֹב 8)

Weitere Vokabeln:

אֹיֵב	Feind

אֹרַח	Weg, Weise
בַּרְזֶל	Eisen
בשׂר	*Pi.* melden, verkünden
גאל	befreien, erlösen
גוע	umkommen, sterben
לַיְלָה	Nacht
מַגֵּפָה	Plage (נגף 21)
מְעַט	wenig, ein wenig
מִצְוָה	Befehl, Gebot (צוה 23)
נסה	*Pi.* auf die Probe stellen, prüfen
עֶלְיוֹן	oberer; höchster
עֳנִי	Leiden, Elend
שָׁמָּה	dort (שָׁם 15)

Eigennamen:

אַרְנוֹן	Arnon *(n.l.)*
חָפְנִי	Hophni *(n.pr.m.)*
יַבֹּק	Jabboq *(n.l.)*
מוֹאָב	Moab *(n.terr.)*
פִּינְחָס	Pinehas *(n.pr.m.)*

2. Verba mediae ū/ī/ō („Hohle" Wurzeln)

Zur Klasse der Verba mediae ū/ī/ō gehören zweiradikalige Verben, bei denen in manchen Formen ו *oder* י *als Vokalbuchstaben zwischen den beiden Radikalen* erscheinen. Sie werden deshalb auch etwas missverständlich als „hohle" Wurzeln bezeichnet. Verben wie חיה „leben", היה „sein" oder קוה „hoffen" zählen nicht zu dieser Klasse, da sie ein *konsonantisches* Waw oder Jod als mittleren Radikal haben.

In den Lexika und Vokabelverzeichnissen werden diese Verben immer im *Inf. cs. Qal als Leitform* aufgeführt:

קוּם	„aufstehen"	*mediae ū*
שִׂים	„setzen, stellen, legen"	*mediae ī*
בּוֹשׁ	„sich schämen"	*mediae ō*

a) Qal

• Die Verba mediae ū/ī/ō haben nur im Qal eine unterschiedliche Konjugation; in allen anderen Stammesmodifikationen werden sie gemeinsam konjugiert.

- Die Gemeinsamkeit dieser Verben besteht darin, dass vokalische Afformative unbetont angehängt werden.

- Die Verba mediae $ō$ haben in allen Formen des Qal $ō$ in der Stammsilbe. Im Impf. ist das Präformativ mit $ē$ vokalisiert:

  3.Sg.m. Perf.; Imp. Sg.m.; Inf.abs./cs.; Ptz.:   בּוֹשׁ
  3.Sg.m. Impf.:   יֵבוֹשׁ $< * jibāšu$

- In der 3.Pl.f./2.Pl.f. Impf. der Verba mediae $ū$ erscheint als Bindevokal $ā$.

- Die Verba mediae $ū/ī$ haben im Perf. und Ptz. a bzw. $ā$ in der Stammsilbe:

  3.Sg.m. Perf.:   קָם   שָׂם
  2.Sg.m. Perf.:   קַמְתָּ   שַׂמְתָּ
  Ptz. Sg.m.:   קָם   שָׂם

- Im Impf., Imp. und Inf.cs. haben die Verba mediae $ū$ den Vokal $ū$ und die Verba mediae $ī$ den Vokal $ī$ in der Stammsilbe. Das Präformativ ist mit $ā$ vokalisiert:

  3.Sg.m. Impf.:   יָשׁוּב $< * jašūbu$
             יָשִׂים $< * jasīmu$
  Imp. Sg.m.:   שׁוּב
           שִׂים
  Inf.cs.:   שׁוּב
          שִׂים

- Im Inf.abs. lautet der Stammvokal $ō$:

           שׁוֹב
           שׂוֹם

- In den endungslosen Formen des Jussivs und des Impf.cons. (außer 1.Sg.com.) erscheint bei den Verba mediae $ū$ $ō$ statt $ū$, bei den Verba mediae $ī$ $ē$ statt $ī$:

  3.Sg.m. Jussiv: יָשֹׁב
             יָשֵׂם
  3.Sg.m. Impf.cons.:   וַיָּשָׁב   *mit Tonzurückziehung*
               וַיָּשֶׂם   *mit Tonzurückziehung*

- Besonderheiten:
  Zu den Verba mediae $ō$ zählt das Verb בּוֹא, dessen Aleph am Wortende und vor konsonantischen Afformativen quiesziert. Im Perf. und Ptz. ist der Stammvokal $ā$, im Impf. hat das Präformativ $ā$ statt $ē$:

  3.Sg.m. Perf.:   בָּא
  3.Sg.m. Impf.:   יָבֹא
  Imp. Sg.m.; Inf.abs./cs.:   בּוֹא

Ptz.:   בָּא

Zu den Verba mediae *ū* zählt das Verb מוּת, das im Perf. (3.Sg./Pl.) und Ptz. mit *ē* vokalisiert ist. In der 2.Sg.m./1.Sg.com Perf. kontrahieren ת der Wurzel und ת des Afformativs:

3.Sg.m. Perf.; Ptz.:   מֵת

2.Sg.m. Perf.:   מַתָּה   < * מַתְתָּ

- Die Eckformen der Verba mediae *ū/ī/ō* Qal:

Qal	*ū*	*ī*	*ō*
3.Sg.m. Perf.	קָם	שָׂם	בּוֹשׁ
3.Sg.m. Impf.	יָקוּם	יָשִׂים	יֵבוֹשׁ
3.Sg.m. Jussiv	יָקֹם	יָשֵׂם	יֵבוֹשׁ
3.Sg.m. Impf.cons.	וַיָּקָם	וַיָּשֶׂם	וַיֵּבֹשׁ
Imp. Sg.m.	קוּם	שִׂים	בּוֹשׁ
Inf.cs.	קוּם	שִׂים	בּוֹשׁ
Inf.abs.	קוֹם	שׂוֹם	בּוֹשׁ
Ptz.	קָם	שָׂם	בּוֹשׁ

b) Nifʿal

- In den meisten Formen des Nifʿal ist der Stammvokal *ō*:

3.Sg.m. Perf.:   נָכוֹן

3.Sg.m. Impf.:   יִכּוֹן   < * *jinkōn*

Imp.; Inf.abs./cs.:   הִכּוֹן   < * *hinkōn*

- Im Perf.Ni. begegnet *ā* unter dem Nun, das in den Formen mit konsonantischen Afformativen (2./3.Sg./Pl.) zu Schwa mobile verkürzt wird:

3.Sg.m. Perf.:   נָכוֹן

2.Pl.m. Perf.:   נְכוֹנֹתֶם

- Die konsonantischen Afformative des Perf. werden mit dem betonten Bindevokal *ō* angehängt (*aber:* 2.Pl.m./f. Perf. *ō* unbetont!):

1.Pl.com. Perf.:   נְכוֹנֹנוּ

2.Pl.m. Perf.:   נְכוֹנֹתֶם

c) Hifʿil

- Im Hi. Perf., Impf., Imp. Sg.f., Imp. Pl.m., Inf.cs. und Ptz. ist der Vokal der Stammsilbe *ī*, im Jussiv, Imp. Sg.m., Imp. Pl.f. und Inf.abs. *ē*:

3.Sg.m. Perf.:   הֵקִים

3.Sg.m. Impf.:   יָקִים

Inf.cs.:   הָקִים

• Im Perf.Hi. begegnet $\bar{e}$ (< * i) unter dem Präformativ, das in den Formen mit konsonantischen Afformativen zu einem Chateph-Vokal verkürzt wird:

3.Sg.m. Perf.:	הֵקִים
2.Sg.m. Perf.:	הֲקִימֹתָ

• Im Impf.Hi. wird a unter dem Präformativ wegen der offenen Silbe zu $\bar{a}$ gedehnt:

3.Sg.m. Impf.:   יָקִים

• Die konsonantischen Afformative des Perf. werden mit dem betonten (*aber:* 2.Pl.m./f. Perf. unbetont!) Bindevokal $\bar{o}$ angehängt:

1.Pl.com. Perf.:	הֲקִימֹנוּ
2.Pl.m. Perf.:	הֲקִימֹתֶם

• Die konsonantischen Afformative des Impf. werden mit dem betonten Bindevokal $\bar{a}$ angehängt:

3.Pl.f. Impf.:   תְּקִימֶינָה

• In den endungslosen Formen des Jussivs und des Impf.cons. (außer 1.Sg.com.) erscheint $\bar{e}$ statt $\bar{\iota}$:

3.Sg.m. Jussiv:	יָקֵם	
3.Sg.m. Impf.cons.:	וַיָּקֶם	*mit Tonzurückziehung*

d) Hofᶜal

• Das Hofᶜal wird nach Analogie der Verba primae Waw gebildet:

3.Sg.m. Perf.:	הוּקַם
3.Sg.m. Impf.:	יוּקַם
Ptz. Sg.m.:	מוּקָם

e) Die Eckformen der Verba mediae $\bar{u}/\bar{\iota}/\bar{o}$ Ni., Hi., Ho.:

	Nifᶜal	Hifᶜil	Hofᶜal
3.Sg.m. Perf.	נָכוֹן	הֵקִים	הוּקַם
3.Sg.m. Impf.	יִכּוֹן	יָקִים	יוּקַם
3.Sg.m. Jussiv	יִכּוֹן	יָקֵם	
3.Sg.m. Impf.cons.	וַיִּכּוֹן	וַיָּקֶם	
Imp. Sg.m.	הִכּוֹן	הָקֵם	
Inf.cs.	הִכּוֹן	הָקִים	לְהוּקַם
Inf.abs.	הִכּוֹן	הָקֵם	
Ptz.	נָכוֹן	מֵקִים	מוּקָם

• Besonderheit:

נוּחַ bildet das Hifʿil doppelt:

Hi. I   הֵנִיחַ   „Ruhe verschaffen"

Hi. II   הִנִּיחַ   „niedersetzen, niederlegen" *(mit verdoppeltem er-*
                         stem Radikal und verkürztem Vokal)

f) Polel, Polal, Hitpolel

• Die Bildung von Piʿel, Puʿal und Hitpaʿel ist aufgrund des fehlenden dritten Radikals nicht möglich. Deshalb treten an ihre Stelle *Polel* (≙ Piʿel; aktive Bedeutung), *Polal* (≙ Puʿal; passive Bedeutung) und *Hitpolel* (≙ Hitpaʿel; reflexive Bedeutung). Das Kennzeichen dieser Stammesmodifikationen ist die *Wiederholung des letzten Radikals* mit der Vokalisation $\bar{o} - \bar{e}$ (Polel), $\bar{o} - a$ (Polal) und *hit-* + $\bar{o} - \bar{e}$ (Hitpolel):

	Polel	Polal	Hitpolel
3.Sg.m. Perf.	כּוֹנֵן	כּוֹנַן	הִתְכּוֹנֵן
3.Sg.m. Impf.	יְכוֹנֵן	יְכוֹנַן	יִתְכּוֹנֵן
Imp. Sg.m.	כּוֹנֵן		הִתְכּוֹנֵן
Inf.cs.	כּוֹנֵן		הִתְכּוֹנֵן
Ptz.	מְכוֹנֵן	מְכוֹנָן	מִתְכּוֹנֵן

• Besonderheiten:

Sehr viele Formen überschneiden sich im Polel und Polal:

z.B. *2.Sg.m. Perf. Polel / Polal:*   כּוֹנַנְתָּ

Sehr selten finden sich nach Analogie des Starken Verbs gebildete Formen:

3.Sg.m. Perf.Pi.:   קִיַּם   „er hat bestätigt" (קוּם)

Inf.cs. Pi.:   קַיַּם   „bestätigen"

3. Zahlen

Die *Besonderheit in der Bildung der Kardinalzahlen von 3-10* liegt darin, dass die maskulinen Nomina mit der „femininen" Form der Zahl verbunden werden und umgekehrt. Dabei diente die Endung ה ֶ ursprünglich dazu, „nomina unitatis" aus Kollektivbegriffen zu bilden. Diese Endung erweiterte schließlich ihre Funktion und wurde zur Bezeichnung des grammatischen Femininums. So lässt sich die *Inkongruenz bezüglich des Genus* erklären.

Die Zahl „eins" (אֶחָד) gilt als Adjektiv und wird deshalb wie ein Adjektiv verwendet. Die Zahl „zwei" (שְׁנַיִם) tritt als Abstraktum mit Dualendung auf. Bei den Zahlen „eins" und „zwei" ist die Wortform mit dem Genus des gezählten Wortes kongruent.

a) Die Zahlen von 1-10

Die Zahlen von 1-10 lauten:

	verbunden mit maskulinen Nomina:		verbunden mit femininen Nomina:	
	st.abs.	*st.cs.*	*st.abs.*	*st.cs.*
1	אֶחָד	אַחַד	אַחַת	אַחַת
2	שְׁנַיִם	שְׁנֵי	שְׁתַּיִם	שְׁתֵּי
3	שְׁלֹשָׁה	שְׁלֹשֶׁת	שָׁלֹשׁ	שְׁלֹשׁ
4	אַרְבָּעָה	אַרְבַּעַת	אַרְבַּע	אַרְבַּע
5	חֲמִשָּׁה	חֲמֵשֶׁת	חָמֵשׁ	חֲמֵשׁ
6	שִׁשָּׁה	שֵׁשֶׁת	שֵׁשׁ	שֵׁשׁ
7	שִׁבְעָה	שִׁבְעַת	שֶׁבַע	שֶׁבַע
8	שְׁמֹנָה	שְׁמֹנַת	שְׁמֹנֶה	שְׁמֹנֶה
9	תִּשְׁעָה	תִּשְׁעַת	תֵּשַׁע	תֵּשַׁע
10	עֲשָׂרָה	עֲשֶׂרֶת	עֶשֶׂר	עֶשֶׂר

b) Die Zahlen von 11-19

Die Zahlen von 11-19 bilden sich durch Zusammensetzung der Einer mit zwei Nebenformen von עֲשָׂרָה: עָשָׂר für das Maskulinum, עֶשְׂרֵה für das Femininum. Davor stehen die Einer beim Femininum im st.cs., beim Maskulinum (3-9) im st.abs.

	verbunden mit maskulinen Nomina:	verbunden mit femininen Nomina:
11	אַחַד עָשָׂר / עַשְׁתֵּי עָשָׂר	אַחַת עֶשְׂרֵה / עַשְׁתֵּי עֶשְׂרֵה
12	שְׁנֵי עָשָׂר / שְׁנֵים עָשָׂר	שְׁתֵּי עֶשְׂרֵה / שְׁתֵּים עֶשְׂרֵה
13	שְׁלֹשָׁה עָשָׂר	שְׁלֹשׁ עֶשְׂרֵה
14	אַרְבָּעָה עָשָׂר	אַרְבַּע עֶשְׂרֵה
15	חֲמִשָּׁה עָשָׂר	חֲמֵשׁ עֶשְׂרֵה
16	שִׁשָּׁה עָשָׂר	שֵׁשׁ עֶשְׂרֵה
17	שִׁבְעָה עָשָׂר	שְׁבַע עֶשְׂרֵה
18	שְׁמֹנָה עָשָׂר	שְׁמֹנֶה עֶשְׂרֵה
19	תִּשְׁעָה עָשָׂר	תְּשַׁע עֶשְׂרֵה

c) Die Zahlen von 20-99

Die Zehner werden mit Ausnahme von עֶשְׂרִים („zwanzig", Pl. von עֶשֶׂר „zehn") durch den Plural der Einer ausgedrückt. Diese Formen bilden keinen st.cs. Bei Verbindung von Zehnern und Einern werden die Einer vorangestellt.

20	עֶשְׂרִים	60	שִׁשִּׁים
30	שְׁלֹשִׁים	70	שִׁבְעִים
40	אַרְבָּעִים	80	שְׁמֹנִים
50	חֲמִשִּׁים	90	תִּשְׁעִים

Gen 11,12: חָמֵשׁ וּשְׁלֹשִׁים   fünfunddreißig / 35

d) Die Zahlen über 100

100	מֵאָה/מְאַת	1000	אֶלֶף
200	מָאתַיִם	2000	אַלְפַּיִם
300	שְׁלֹשׁ מֵאוֹת	3000	שְׁלֹשֶׁת אֲלָפִים
400	אַרְבַּע מֵאוֹת		
500	חֲמֵשׁ מֵאוֹת	10000	רְבָבָה

(= „unendlich viele"; die nicht mehr überschaubare Menge)

Die Zahlen über 100 stehen vor dem gezählten Gegenstand im st.abs. oder st.cs.:

מְאַת שָׁנָה / מֵאָה נְבִיאִים   100 Jahre / 100 Propheten

e) Die Syntax der Zahlen

Die Zahlen von 2-10 können als ursprüngliche Substantiva abstracta auf dreierlei Art und Weise mit dem zugehörigen Substantiv verbunden werden:

- Im st.cs. vor dem Substantiv:

     שְׁלֹשֶׁת יָמִים   drei Tage (eine Dreiheit von Tagen)

     שְׁנֵי אֲנָשִׁים   zwei Männer

- Im st.abs. vor dem Substantiv:

     שְׁלֹשָׁה בָנִים   drei Söhne (drei – nämlich Söhne)

     שְׁנַיִם אֲנָשִׁים   zwei Männer (zwei - nämlich Männer)

- Im st.abs. hinter dem Gezählten:

     בָּנוֹת שָׁלוֹשׁ   drei Töchter (Töchter – nämlich drei)

- Der gezählte Gegenstand steht i.d.R. im Plural. Nomina, die oft in Verbindung mit Zahlen begegnen, können auch im Singular stehen:

Gen 5,5:	תְּשַׁע מֵאוֹת שָׁנָה	900 Jahre
Gen 7,17:	אַרְבָּעִים יוֹם	40 Tage
Est 2,12:	שְׁנֵים עָשָׂר חֹדֶשׁ	zwölf Monate
II Sam 10,6:	אֶלֶף אִישׁ	1000 Männer

f) Die Ordinalzahlen

Die Ordinalzahlen von 2-10 werden von den Kardinalzahlen durch Anhängung von Chiräq magnum gebildet, vor dem sich meist noch ein zweites Chiräq magnum zwischen dem zweiten und dem dritten Stammkonsonanten einschiebt. Die Feminina haben die Endung ־ִית, seltener ־ִיָּה.

Die Ordinalzahlen von 1-10 lauten:

Maskulinum	Femininum	
רִאשׁוֹן	רִאשׁוֹנָה	der/die erste
שֵׁנִי	שֵׁנִית	der/die zweite
שְׁלִישִׁי	שְׁלִישִׁית	der/die dritte
רְבִיעִי	רְבִיעִית	der/die vierte
חֲמִישִׁי	חֲמִישִׁית	der/die fünfte
שִׁשִּׁי	שִׁשִּׁית	der/die sechste
שְׁבִיעִי	שְׁבִיעִית	der/die siebte
שְׁמִינִי	שְׁמִינִית	der/die achte
תְּשִׁיעִי	תְּשִׁיעִית	der/die neunte
עֲשִׂירִי	עֲשִׂירִית	der/die zehnte

Für die Ordinalzahlen über 10 sind keine besonderen Formen vorhanden. Sie werden durch die entsprechenden Kardinalzahlen vertreten:

Gen 7,11:   בְּשִׁבְעָה עָשָׂר יוֹם   am siebzehnten Tag
Dtn 1,3:   בְּאַרְבָּעִים שָׁנָה   im vierzigsten Jahr

g) Distributiva

Die Distributiva werden durch die Wiederholung der Kardinalzahl ausgedrückt:

Gen 7,15:   שְׁנַיִם שְׁנַיִם   je zwei
II Sam 21,20:   שֵׁשׁ וָשֵׁשׁ   je sechs

h) Multiplikativa

Die Multiplikativa werden durch das Nomen פַּעַם „Schritt, Mal" ausgedrückt:

Jos 6,3:   פַּעַם אַחַת   einmal
Ex 23,17:   שָׁלֹשׁ פְּעָמִים   dreimal

i) Bruchzahlen

Die Bruchzahlen werden wie die femininen Ordinalzahlen gebildet:

Lev 27,15:   חֲמִישִׁית   ein Fünftel
Lev 5,11:   עֲשִׂירִית   ein Zehntel

4. Die Präposition עַל

Die Grundbedeutung der Präposition עַל: „auf, über".

- *lokal:*
  „*auf*" (Frage: wo?)   עַל כִּסֵּא דָוִד   „auf dem Thron Davids" (I Reg 2,24)

עַל־חוֹמָה	„auf einer Mauer" (Am 7,7)
„über" הַשֶּׁמֶשׁ יָצָא עַל־הָאָרֶץ *(Frage: wo?)*	„die Sonne ist aufgegangen über dem Land" (Gen 19,23)
„an, bei" (Frage: wo?) עַל־עֵין הַמַּיִם	„an der Wasserquelle" (Gen 16,7)

„auf etwas zu, auf etwas hin, in"
Vor allem in jüngeren Texten des Alten Testaments werden אֶל־ und עַל in gleicher Weise verwendet:

עַל־פָּנָיו	„in sein Gesicht" (Hi 21,31)
עַל־מְקוֹמוֹ	„zu/an seinen Ort" (Ex 18,23)
דִּבֶּר עַל לֵב	„zu Herzen reden" (Hos 2,16)

• *adversativ („gegen"):*	קוּם עַל	„aufstehen gegen"
	חָנָה עַל	„lagern gegen, belagern"
	סָבַב עַל	„umzingeln"
• *kausal („wegen"):*	עַל־כֵּן	„deshalb"
	עַל־נַפְשֶׁךָ	„um deines Lebens willen"
• *adverbial:*	עַל־שֶׁקֶר	„lügenhaft"
	עַל־יֶתֶר	„reichlich"
• *übertragene Bedeutung:*	דִּבֶּר טוֹב עַל	„Gutes über jemanden sagen"
	הִתְפַּלֵּל עַל	„beten für jemanden" (Hi 42,8)
• *zusammengesetzte Präposition:*	מֵעַל	„von auf, von weg"

5. Übungen

1) Konjugieren Sie mündlich folgende Verben:

גּוּר	im Perf./Impf. Qal	כּוּן	im Impf. Ni.
גִּיל	im Imp. Qal	שִׁית	im Impf. Qal
סוּר	im Perf./Impf. Hi.		

2) Bestimmungsübungen zu den Verba mediae ū/ī/ō:

1 בָּא יָבֹא אֹרוּ וְיָשֹׁב נָכוֹן יָכוֹן יָשׁוּבוּן הָאִירָה וַתָּבֹא בָּאָה

2 יִתְכּוֹנֵן הֵשִׁיב יָאֵר הֵבֵאתָ בָּאת הֵכִינוּ מוּשָׁבִים מֵבִיא יָנִיחַ הִנִּיחַ

3 וַיָּנַח בָּאִי אֲשִׁימֶנּוּ וּמֵתוּ תָּשִׂים בְּשִׁבְתּוֹ וַיְבִיאֵהוּ בְּבָאוֹ אָמוּת תְּשִׂימוּ

4 אָשׁוּבָה הֲכִינוֹתִי הוּבָא אַבָּא וָמַתִּי יָגֵל וַיִּמְחֲהוּ אֶתְבּוֹנָן מִתְגּוֹרֵר

5 נָגִילָה הֲבִיאוּם יוּמְתוּ וְיָמָת שָׁבִים תְּשׁוֹבֵב

3) Vokalisierungsübungen zu den Verba mediae *ū/ī/ō*:

1 ויבן לנוס הניס ויבאו הסירותי והסירו וימת

4) Geben Sie die Bedeutung folgender Zahlen an:

1 כַּחֲמֵשֶׁת עָשָׂר אֶלֶף   מֵאָה וְעֶשְׂרִים אֶלֶף   אֶלֶף וּשְׁבַע־מֵאוֹת

2 אַרְבַּע מֵאוֹת אֶלֶף   שְׁמֹנַת עָשָׂר אֶלֶף   עֶשְׂרִים וַחֲמִשָּׁה אֶלֶף

3 שְׁלֹשׁ מֵאוֹת אֶלֶף   שְׁלֹשִׁים אֶלֶף   שֵׁשׁ מֵאוֹת שִׁשִּׁים וָשֵׁשׁ

4 עֶשְׂרִים וּשְׁנַיִם אֶלֶף וְשֵׁשׁ מֵאוֹת   עֶשְׂרִים וּשְׁנַיִם אֶלֶף וּשְׁלֹשִׁים וְאַרְבָּעָה

5 כְּאַרְבָּעִים אֶלֶף   עֶשְׂרִים וּשְׁנַיִם אֶלֶף וַעֲשֶׂרֶת אֲלָפִים

5) Notieren Sie die in den Sätzen 1-25 vorkommenden Zahlen:

1 וַיְחִי אָדָם שְׁלֹשִׁים וּמְאַת שָׁנָה

2 וַיִּהְיוּ כָּל־יְמֵי אָדָם אֲשֶׁר חַי תְּשַׁע מֵאוֹת שָׁנָה וּשְׁלֹשִׁים שָׁנָה וַיָּמֹת

3 וַיְחִי־שֵׁת חָמֵשׁ שָׁנִים וּמְאַת שָׁנָה

4 וַיִּהְיוּ כָּל־יְמֵי־שֵׁת שְׁתֵּים עֶשְׂרֵה שָׁנָה וּתְשַׁע מֵאוֹת שָׁנָה וַיָּמֹת

5 וַיְחִי אֱנוֹשׁ תִּשְׁעִים שָׁנָה

6 וַיִּהְיוּ כָּל־יְמֵי אֱנוֹשׁ חָמֵשׁ שָׁנִים וּתְשַׁע מֵאוֹת שָׁנָה וַיָּמֹת

7 וַיְחִי קֵינָן שִׁבְעִים שָׁנָה

8 וַיִּהְיוּ כָּל־יְמֵי קֵינָן עֶשֶׂר שָׁנִים וּתְשַׁע מֵאוֹת שָׁנָה וַיָּמֹת

9   וַיְחִי מַהֲלַלְאֵל חָמֵשׁ שָׁנִים וְשִׁשִּׁים שָׁנָה

10   וַיִּהְיוּ כָּל־יְמֵי מַהֲלַלְאֵל חָמֵשׁ וְתִשְׁעִים שָׁנָה וּשְׁמֹנֶה מֵאוֹת שָׁנָה וַיָּמֹת

11   וַיְחִי יֶרֶד שְׁתַּיִם וְשִׁשִּׁים שָׁנָה וּמְאַת שָׁנָה

12   וַיִּהְיוּ כָּל־יְמֵי־יֶרֶד שְׁתַּיִם וְשִׁשִּׁים שָׁנָה וּתְשַׁע מֵאוֹת שָׁנָה וַיָּמֹת

13   וַיְחִי כָּל־יְמֵי חֲנוֹךְ חָמֵשׁ וְשִׁשִּׁים שָׁנָה וּשְׁלֹשׁ מֵאוֹת שָׁנָה

14   וַיְחִי מְתוּשֶׁלַח שֶׁבַע וּשְׁמֹנִים שָׁנָה וּמְאַת שָׁנָה

15   וַיִּהְיוּ כָּל־יְמֵי מְתוּשֶׁלַח תֵּשַׁע וְשִׁשִּׁים שָׁנָה וּתְשַׁע מֵאוֹת שָׁנָה וַיָּמֹת

16   וַיְחִי־לֶמֶךְ שְׁתַּיִם וּשְׁמֹנִים שָׁנָה וּמְאַת שָׁנָה

17   וַיְחִי כָּל־יְמֵי־לֶמֶךְ שֶׁבַע וְשִׁבְעִים שָׁנָה וּשְׁבַע מֵאוֹת שָׁנָה וַיָּמֹת

18   וַיְחִי נֹחַ בֶּן־חֲמֵשׁ מֵאוֹת שָׁנָה

19   בִּשְׁנַת שֵׁשׁ מֵאוֹת שָׁנָה לְחַיֵּי נֹחַ בַּחֹדֶשׁ הַשֵּׁנִי בְּשִׁבְעָה־עָשָׂר יוֹם לַחֹדֶשׁ

20   וּבְאַרְבַּע עֶשְׂרֵה שָׁנָה בָּא כְדָרְלָעֹמֶר וְהַמְּלָכִים

21   וַיְהִי בְּאַרְבָּעִים שָׁנָה בְּעַשְׁתֵּי־עָשָׂר חֹדֶשׁ בְּאֶחָד לַחֹדֶשׁ

22   וַיְהִי בִשְׁלֹשִׁים וָשֶׁבַע שָׁנָה לְגָלוּת יְהוֹיָכִין מֶלֶךְ־יְהוּדָה בִּשְׁנֵים עָשָׂר חֹדֶשׁ בְּעֶשְׂרִים וְשִׁבְעָה לַחֹדֶשׁ

23   שְׁנַיִם שְׁנַיִם בָּאוּ אֶל־נֹחַ

24   וְעַתָּה קְחוּ לָכֶם שְׁנֵי עָשָׂר אִישׁ מִשִּׁבְטֵי יִשְׂרָאֵל אִישׁ־אֶחָד אִישׁ־אֶחָד לַשָּׁבֶט

25   וְנָשִׂיא אֶחָד נָשִׂיא אֶחָד

6)   Übersetzen Sie:

1   (Gen 6,17f.)   וַאֲנִי הִנְנִי מֵבִיא אֶת־הַמַּבּוּל מַיִם עַל־הָאָרֶץ לְשַׁחֵת כָּל־בָּשָׂר
אֲשֶׁר־בּוֹ רוּחַ חַיִּים מִתַּחַת הַשָּׁמָיִם כֹּל אֲשֶׁר־בָּאָרֶץ יִגְוָע:

וַהֲקִמֹתִי אֶת־בְּרִיתִי אִתָּךְ וּבָאתָ אֶל־הַתֵּבָה אַתָּה וּבָנֶיךָ וְאִשְׁתְּךָ
וּנְשֵׁי־בָנֶיךָ אִתָּךְ:

(Gen 14,22)   2   וַיֹּאמֶר אַבְרָם אֶל־מֶלֶךְ סְדֹם הֲרִימֹתִי יָדִי אֶל־יְהוָה אֵל עֶלְיוֹן
קֹנֵה שָׁמַיִם וָאָרֶץ:

(Gen 18,9-11)   3   וַיֹּאמְרוּ אֵלָיו אַיֵּה שָׂרָה אִשְׁתֶּךָ וַיֹּאמֶר הִנֵּה בָאֹהֶל:
וַיֹּאמֶר שׁוֹב אָשׁוּב אֵלֶיךָ כָּעֵת חַיָּה וְהִנֵּה־בֵן לְשָׂרָה אִשְׁתֶּךָ וְשָׂרָה
שֹׁמַעַת פֶּתַח הָאֹהֶל וְהוּא אַחֲרָיו:
וְאַבְרָהָם וְשָׂרָה זְקֵנִים בָּאִים בַּיָּמִים חָדַל לִהְיוֹת לְשָׂרָה אֹרַח
כַּנָּשִׁים:

(Gen 20,14)   4   וַיִּקַּח אֲבִימֶלֶךְ צֹאן וּבָקָר וַעֲבָדִים וּשְׁפָחֹת וַיִּתֵּן לְאַבְרָהָם
וַיָּשֶׁב לוֹ אֵת שָׂרָה אִשְׁתּוֹ:

(Gen 41,37-39)   5   וַיִּיטַב הַדָּבָר בְּעֵינֵי פַרְעֹה וּבְעֵינֵי כָּל־עֲבָדָיו:
וַיֹּאמֶר פַּרְעֹה אֶל־עֲבָדָיו הֲנִמְצָא כָזֶה אִישׁ אֲשֶׁר רוּחַ אֱלֹהִים בּוֹ:
וַיֹּאמֶר פַּרְעֹה אֶל־יוֹסֵף אַחֲרֵי הוֹדִיעַ אֱלֹהִים אוֹתְךָ אֶת־כָּל־זֹאת
אֵין־נָבוֹן וְחָכָם כָּמוֹךָ:

(Ex 17,2)   6   וַיָּרֶב הָעָם עִם־מֹשֶׁה וַיֹּאמְרוּ תְּנוּ־לָנוּ מַיִם וְנִשְׁתֶּה וַיֹּאמֶר לָהֶם
מֹשֶׁה מַה־תְּרִיבוּן עִמָּדִי מַה־תְּנַסּוּן אֶת־יְהוָה:

(Dtn 34,4f.)   7   וַיֹּאמֶר יְהוָה אֵלָיו זֹאת הָאָרֶץ אֲשֶׁר נִשְׁבַּעְתִּי לְאַבְרָהָם לְיִצְחָק
וּלְיַעֲקֹב לֵאמֹר לְזַרְעֲךָ אֶתְּנֶנָּה הֶרְאִיתִיךָ בְעֵינֶיךָ וְשָׁמָּה לֹא
תַעֲבֹר:
וַיָּמָת שָׁם מֹשֶׁה עֶבֶד־יְהוָה בְּאֶרֶץ מוֹאָב עַל־פִּי יְהוָה:

(Jdc 11,12f.)   8   וַיִּשְׁלַח יִפְתָּח מַלְאָכִים אֶל־מֶלֶךְ בְּנֵי־עַמּוֹן לֵאמֹר מַה־לִּי וָלָךְ
כִּי־בָאתָ אֵלַי לְהִלָּחֵם בְּאַרְצִי:
וַיֹּאמֶר מֶלֶךְ בְּנֵי־עַמּוֹן אֶל־מַלְאֲכֵי יִפְתָּח כִּי־לָקַח יִשְׂרָאֵל
אֶת־אַרְצִי בַּעֲלוֹתוֹ מִמִּצְרַיִם מֵאַרְנוֹן וְעַד־הַיַּבֹּק וְעַד־הַיַּרְדֵּן
וְעַתָּה הָשִׁיבָה אֶתְהֶן בְּשָׁלוֹם:

(I Sam 4,17)   9   וַיַּעַן הַמְבַשֵּׂר וַיֹּאמֶר נָס יִשְׂרָאֵל לִפְנֵי פְלִשְׁתִּים וְגַם מַגֵּפָה גְדוֹלָה
הָיְתָה בָעָם וְגַם־שְׁנֵי בָנֶיךָ מֵתוּ חָפְנִי וּפִינְחָס וַאֲרוֹן הָאֱלֹהִים
נִלְקָחָה:

(II Sam 12,19f.) 10   וַיַּרְא דָּוִד כִּי עֲבָדָיו מִתְלַחֲשִׁים וַיָּבֶן דָּוִד כִּי מֵת הַיָּלֶד וַיֹּאמֶר
דָּוִד אֶל־עֲבָדָיו הֲמֵת הַיֶּלֶד וַיֹּאמְרוּ מֵת:

וַיָּקָם דָּוִד מֵהָאָרֶץ וַיִּרְחַץ֯ וַיָּסֶךְ֯ וַיְחַלֵּף֯ שִׂמְלֹתָו֯ שִׂמְלָתוֹ וַיָּבֹא
בֵית־יְהוָה וַיִּשְׁתָּחוּ וַיָּבֹא אֶל־בֵּיתוֹ וַיִּשְׁאַל וַיָּשִׂימוּ לוֹ לֶחֶם וַיֹּאכַל:

(I Reg 11,34) 11   וְלֹא־אֶקַּח אֶת־כָּל־הַמַּמְלָכָה מִיָּדוֹ כִּי נָשִׂיא אֲשִׁתֶנּוּ כֹּל יְמֵי חַיָּיו
לְמַעַן דָּוִד עַבְדִּי אֲשֶׁר בָּחַרְתִּי אֹתוֹ אֲשֶׁר שָׁמַר מִצְוֹתַי וְחֻקֹּתָי:

(Jes 43,1) 12   וְעַתָּה כֹּה־אָמַר יְהוָה בֹּרַאֲךָ יַעֲקֹב וְיֹצֶרְךָ יִשְׂרָאֵל אַל־תִּירָא
כִּי גְאַלְתִּיךָ קָרָאתִי בְשִׁמְךָ לִי־אָתָּה:

(Ps 27,6) 13   וְעַתָּה יָרוּם רֹאשִׁי עַל אֹיְבַי סְבִיבוֹתַי וְאֶזְבְּחָה בְאָהֳלוֹ זִבְחֵי
תְרוּעָה֯ אָשִׁירָה וַאֲזַמְּרָה לַיהוָה:

(Ps 31,8f.) 14   אָגִילָה וְאֶשְׂמְחָה בְּחַסְדֶּךָ אֲשֶׁר רָאִיתָ אֶת־עָנְיִי יָדַעְתָּ בְּצָרוֹת
נַפְשִׁי:
וְלֹא הִסְגַּרְתַּנִי֯ בְּיַד־אוֹיֵב הֶעֱמַדְתָּ בַמֶּרְחָב֯ רַגְלָי:

(Ps 118,24) 15   זֶה־הַיּוֹם עָשָׂה יְהוָה נָגִילָה וְנִשְׂמְחָה בוֹ:

Erläuterungen:

a לחשׁ *Hitp.* „miteinander flüstern"	e שִׂמְלָה: „Mantel, Kleidung" *(hier*
b רחץ „waschen, eine Waschung	*Ketib; Qere:* שִׂמְלֹתָו)
vornehmen"	f „Lärm, Jubelgeschrei"
c סוּךְ II *Hi.* „sich salben"	g סגר *Hi.* „ausliefern"
d חלף I *Pi.* „wechseln"	h מֶרְחָב: „weiter Raum"

7) Übersetzen Sie Jdc 4,12-22: Der Sieg Deboras und Baraks über Sisera

In Jdc 4 wird der Sieg Deboras und Baraks über Sisera beschrieben. Der Sieg ver-
dankt sich nach Jdc 4 vor allem der Einzeltat Jaels, die den schlafenden Sisera mit
einem Zeltpflock tötet. Das Deboralied Jdc 5 bezieht sich auch auf diesen Krieg, allerdings unterscheiden sich Jdc 4 und 5 durch eine Reihe von Einzelangaben: teil-
nehmende Stämme, topographische Angaben, Tötung Siseras.

12   וַיַּגִּדוּ לְסִיסְרָא כִּי עָלָה בָּרָק בֶּן־אֲבִינֹעַם֯ הַר־תָּבוֹר֯:
13   וַיַּזְעֵק֯ סִיסְרָא אֶת־כָּל־רִכְבּוֹ תְּשַׁע מֵאוֹת רֶכֶב בַּרְזֶל
וְאֶת־כָּל־הָעָם אֲשֶׁר אִתּוֹ מֵחֲרֹשֶׁת הַגּוֹיִם֯ אֶל־נַחַל קִישׁוֹן֯:
14   וַתֹּאמֶר דְּבֹרָה אֶל־בָּרָק קוּם֯ כִּי זֶה הַיּוֹם אֲשֶׁר נָתַן יְהוָה
אֶת־סִיסְרָא בְּיָדֶךָ הֲלֹא יְהוָה יָצָא לְפָנֶיךָ וַיֵּרֶד בָּרָק מֵהַר
תָּבוֹר וַעֲשֶׂרֶת אֲלָפִים אִישׁ אַחֲרָיו:

וַיָּהָם יְהוָה אֶת־סִיסְרָא וְאֶת־כָּל־הָרֶכֶב וְאֶת־כָּל־הַמַּחֲנֶה ⁱ⁵

לְפִי־חֶרֶב לִפְנֵי בָרָק וַיֵּרֶד סִיסְרָא מֵעַל הַמֶּרְכָּבָה וַיָּנָס בְּרַגְלָיו:

וּבָרָק רָדַף אַחֲרֵי הָרֶכֶב וְאַחֲרֵי הַמַּחֲנֶה עַד חֲרֹשֶׁת הַגּוֹיִם ¹⁶

וַיִּפֹּל כָּל־מַחֲנֵה סִיסְרָא לְפִי־חֶרֶב לֹא נִשְׁאַר עַד־אֶחָד:

וְסִיסְרָא נָס בְּרַגְלָיו אֶל־אֹהֶל יָעֵל אֵשֶׁת חֶבֶר הַקֵּינִי כִּי שָׁלוֹם ¹⁷

בֵּין יָבִין מֶלֶךְ־חָצוֹר וּבֵין בֵּית חֶבֶר הַקֵּינִי:

וַתֵּצֵא יָעֵל לִקְרַאת סִיסְרָא וַתֹּאמֶר אֵלָיו סוּרָה אֲדֹנִי סוּרָה ¹⁸

אֵלַי אַל־תִּירָא וַיָּסַר אֵלֶיהָ הָאֹהֱלָה וַתְּכַסֵּהוּ בַּשְּׂמִיכָה:

וַיֹּאמֶר אֵלֶיהָ הַשְׁקִינִי־נָא מְעַט־מַיִם כִּי צָמֵאתִי וַתִּפְתַּח אֶת־נֹאוד ¹⁹

הֶחָלָב וַתַּשְׁקֵהוּ וַתְּכַסֵּהוּ:

וַיֹּאמֶר אֵלֶיהָ עֲמֹד פֶּתַח הָאֹהֶל וְהָיָה אִם־אִישׁ יָבוֹא וּשְׁאֵלֵךְ ²⁰

וְאָמַר הֲיֵשׁ־פֹּה אִישׁ וְאָמַרְתְּ אָיִן:

וַתִּקַּח יָעֵל אֵשֶׁת־חֶבֶר אֶת־יְתַד הָאֹהֶל וַתָּשֶׂם אֶת־הַמַּקֶּבֶת ²¹

בְּיָדָהּ וַתָּבוֹא אֵלָיו בַּלָּאט וַתִּתְקַע אֶת־הַיָּתֵד בְּרַקָּתוֹ וַתִּצְנַח

בָּאָרֶץ וְהוּא־נִרְדָּם וַיָּעַף וַיָּמֹת:

וְהִנֵּה בָרָק רֹדֵף אֶת־סִיסְרָא וַתֵּצֵא יָעֵל לִקְרָאתוֹ וַתֹּאמֶר לוֹ ²²

לֵךְ וְאַרְאֶךָּ אֶת־הָאִישׁ אֲשֶׁר־אַתָּה מְבַקֵּשׁ וַיָּבֹא אֵלֶיהָ וְהִנֵּה

סִיסְרָא נֹפֵל מֵת וְהַיָּתֵד בְּרַקָּתוֹ:

Erläuterungen:

a	„Abinoam" *(n.pr.m.)*	m	כסה *Pi.* „bedecken"
b	„Tabor" *(n.l.)*	n	שְׂמִיכָה: „Decke" (?)
c	זעק *Hi.* „aufbieten"	o	שקה *Hi.* „zu trinken geben"
d	„Haroseth-Gojim" *(n.l.)*	p	„Schlauch"
e	„Kischon" *(n.l.)*	q	יָתֵד: „Pflock"
f	„mach dich auf"	r	„Hammer"
g	הום: „in Verwirrung bringen"	s	„heimlich"
h	פֶּה *hier:* „Schärfe"	t	„schlagen"
i	„Streitwagen"	u	רַקָּה: „Schläfe"
j	„Heber" *(n.pr.m.)*	v	צנח *hier:* „eindringen"
k	„der Keniter" *(n.g.)*	w	רדם *Ni.* „tief schlafen"
l	„entgegen"	x	*lies* וַיָּעַף: „müde werden"

8) Übersetzen Sie I Sam 25,36-42: David, Nabal und Abigail

Die Erzählung von David, Nabal und Abigail gehört in den großen Komplex der Erzählungen von Davids Aufstieg (I Sam 16 – II Sam 5). Abigail ist Nabals Frau. Nabal ist ein reicher Viehzüchter, der sich weigert, sich von David erpressen zu lassen.

Als er aus dem Mund seiner Frau erfährt, dass David zur Rache entschlossen ist, wird er vom Schlag getroffen und stirbt. Nach dem Tod Nabals nimmt David Abigail als zweite Frau.

36 וַתָּבֹא אֲבִיגַיִל[a] ׀ אֶל־נָבָל[b] וְהִנֵּה־לֹו מִשְׁתֶּה בְּבֵיתֹו כְּמִשְׁתֵּה הַמֶּלֶךְ וְלֵב נָבָל טֹוב עָלָיו וְהוּא שִׁכֹּר[c] עַד־מְאֹד וְלֹא־הִגִּידָה לֹו דָּבָר קָטֹן וְגָדֹול עַד־אֹור הַבֹּקֶר:

37 וַיְהִי בַבֹּקֶר בְּצֵאת הַיַּיִן מִנָּבָל[b] וַתַּגֶּד־לֹו אִשְׁתֹּו אֶת־הַדְּבָרִים הָאֵלֶּה וַיָּמָת לִבֹּו בְּקִרְבֹּו וְהוּא הָיָה לְאָבֶן:

38 וַיְהִי כַּעֲשֶׂרֶת הַיָּמִים וַיִּגֹּף[d] יְהוָה אֶת־נָבָל[b] וַיָּמֹת:

39 וַיִּשְׁמַע דָּוִד כִּי מֵת נָבָל[b] וַיֹּאמֶר בָּרוּךְ יְהוָה אֲשֶׁר רָב אֶת־רִיב[e] חֶרְפָּתִי[f] מִיַּד נָבָל[b] וְאֶת־עַבְדֹּו חָשַׂךְ מֵרָעָה וְאֵת רָעַת נָבָל[b] הֵשִׁיב יְהוָה בְּרֹאשֹׁו וַיִּשְׁלַח דָּוִד וַיְדַבֵּר בַּאֲבִיגַיִל[a] לְקַחְתָּהּ לֹו לְאִשָּׁה:

40 וַיָּבֹאוּ עַבְדֵי דָוִד אֶל־אֲבִיגַיִל[a] הַכַּרְמֶלָה[g] וַיְדַבְּרוּ אֵלֶיהָ לֵאמֹר דָּוִד שְׁלָחָנוּ אֵלַיִךְ לְקַחְתֵּךְ לֹו לְאִשָּׁה:

41 וַתָּקָם וַתִּשְׁתַּחוּ אַפַּיִם אָרְצָה וַתֹּאמֶר הִנֵּה אֲמָתְךָ לְשִׁפְחָה לִרְחֹץ[h] רַגְלֵי עַבְדֵי אֲדֹנִי:

42 וַתְּמַהֵר וַתָּקָם אֲבִיגַיִל[a] וַתִּרְכַּב עַל־הַחֲמֹור וְחָמֵשׁ נַעֲרֹתֶיהָ הַהֹלְכֹות לְרַגְלָהּ וַתֵּלֶךְ אַחֲרֵי מַלְאֲכֵי דָוִד וַתְּהִי־לֹו לְאִשָּׁה:

Erläuterungen:

a	„Abigail" *(n.pr.f.)*	e	רִיב:	„Streit, Rechtsstreit"
b	„Nabal" *(n.pr.m.)*	f	חֶרְפָּה:	„Schmähung, Schmach"
c	„betrunken"	g		„Karmel" *(n.l.)*
d	נגף: „schlagen"	h	רחץ:	„waschen"

9) Übersetzen Sie I Reg 3,16-28: Salomos weises Urteil

Die Erzählung ist Bestandteil der Berichte über das Königtum Salomos (I Reg 3-11). Im Zentrum dieses Abschnittes stehen Kap. 6-8, die vom Tempelbau Salomos berichten. In I Reg 3,16-28 wird Salomo als der weise König schlechthin beschrieben (vgl. auch I Reg 5,9-11). Er findet in diesem schwierigen Rechtsfall *den* weisen Urteilsspruch.

16 אָז תָּבֹאנָה שְׁתַּיִם נָשִׁים זֹנֹות[a] אֶל־הַמֶּלֶךְ וַתַּעֲמֹדְנָה לְפָנָיו:

17 וַתֹּאמֶר הָאִשָּׁה הָאַחַת בִּי אֲדֹנִי אֲנִי וְהָאִשָּׁה הַזֹּאת יֹשְׁבֹת בְּבַיִת אֶחָד וָאֵלֵד עִמָּהּ בַּבָּיִת:

18 וַיְהִי בַּיֹּום הַשְּׁלִישִׁי לְלִדְתִּי וַתֵּלֶד גַּם־הָאִשָּׁה הַזֹּאת וַאֲנַחְנוּ יַחְדָּו[b]

אֵין־זָרᶜ אִתָּנוּ בַּבַּיִת זוּלָתִיᵈ שְׁתַּיִם־אֲנַחְנוּ בַּבָּיִת:

19 וַיָּמָת בֶּן־הָאִשָּׁה הַזֹּאת לָיְלָה אֲשֶׁר שָׁכְבָה עָלָיו:

20 וַתָּקָם בְּתוֹךְ הַלַּיְלָה וַתִּקַּח אֶת־בְּנִי מֵאֶצְלִיᵉ וַאֲמָתְךָ יְשֵׁנָהᶠ וַתַּשְׁכִּיבֵהוּ בְּחֵיקָהᵍ וְאֶת־בְּנָהּ הַמֵּת הִשְׁכִּיבָה בְחֵיקִי:

21 וָאָקֻם בַּבֹּקֶר לְהֵינִיק אֶת־בְּנִי וְהִנֵּה־מֵת וָאֶתְבּוֹנֵן אֵלָיו בַּבֹּקֶר וְהִנֵּה לֹא־הָיָה בְנִי אֲשֶׁר יָלָדְתִּי:

22 וַתֹּאמֶר הָאִשָּׁה הָאַחֶרֶת לֹא כִי בְּנִי הַחַי וּבְנֵךְ הַמֵּת וְזֹאת אֹמֶרֶת לֹא כִי בְּנֵךְ הַמֵּת וּבְנִי הֶחָי וַתְּדַבֵּרְנָה לִפְנֵי הַמֶּלֶךְ:

23 וַיֹּאמֶר הַמֶּלֶךְ זֹאת אֹמֶרֶת זֶה־בְּנִי הַחַי וּבְנֵךְ הַמֵּת וְזֹאת אֹמֶרֶת לֹא כִי בְּנֵךְ הַמֵּת וּבְנִי הֶחָי: פ

24 וַיֹּאמֶר הַמֶּלֶךְ קְחוּ לִי־חָרֶב וַיָּבִאוּ הַחֶרֶב לִפְנֵי הַמֶּלֶךְ:

25 וַיֹּאמֶר הַמֶּלֶךְ גִּזְרוּ� אֶת־הַיֶּלֶד הַחַי לִשְׁנָיִם וּתְנוּ אֶת־הַחֲצִי לְאַחַת וְאֶת־הַחֲצִי לְאֶחָת:

26 וַתֹּאמֶר הָאִשָּׁה אֲשֶׁר־בְּנָהּ הַחַי אֶל־הַמֶּלֶךְ כִּי־נִכְמְרוּⁱ רַחֲמֶיהָʲ עַל־בְּנָהּ וַתֹּאמֶר בִּי אֲדֹנִי תְּנוּ־לָהּ אֶת־הַיָּלוּד הַחַי וְהָמֵת אַל־תְּמִיתֻהוּ וְזֹאת אֹמֶרֶת גַּם־לִי גַם־לָךְ לֹא יִהְיֶה גְּזֹרוּ:

27 וַיַּעַן הַמֶּלֶךְ וַיֹּאמֶר תְּנוּ־לָהּ אֶת־הַיָּלוּד הַחַי וְהָמֵת לֹא תְמִיתֻהוּ הִיא אִמּוֹ:

28 וַיִּשְׁמְעוּ כָל־יִשְׂרָאֵל אֶת־הַמִּשְׁפָּט אֲשֶׁר שָׁפַט הַמֶּלֶךְ וַיִּרְאוּ מִפְּנֵי הַמֶּלֶךְ כִּי רָאוּ כִּי־חָכְמַת אֱלֹהִים בְּקִרְבּוֹ לַעֲשׂוֹת מִשְׁפָּט: ס

Erläuterungen:

a זֹנָה: „Dirne"
b „zusammen, miteinander"
c „Fremder"
d „außer"
e אֵצֶל: „Seite"

f יָשֵׁן: „schlafend"
g חֵיק: „Schoß"
h גזר: „zerschneiden"
i כמר *Ni.* „erregt sein"
j רַחֲמִים: „Mitgefühl, Erbarmen"

10) Vokalisierungsübung. Vokalisieren und übersetzen Sie:

1 (Gen 20,7)   ועתה השב אשת האיש כי נביא הוא

2 (I Sam 2,6)   יהוה ממית ומחיה מוריד שְׁאוֹלᵃ ויעל:

3 (Gen 7,15)   ויבאו אל־נֹחַ־הָתֵבה שנים שנים מכל־הבשר אשר־בו רוח חיים:

4 (Gen 32,13)   ואתה אמרת היטב איטיב עמך ושמתי את־זרעך כחול הים אשר לא־יספר מרב:

(Dtn 17,14)   5   כִּי־תָבֹא אֶל־הָאָרֶץ אֲשֶׁר יְהוָה אֱלֹהֶיךָ נֹתֵן לְךָ וִירִשְׁתָּהּ
וְיָשַׁבְתָּה בָּהּ וְאָמַרְתָּ אָשִׂימָה עָלַי מֶלֶךְ כְּכָל־הַגּוֹיִם

Erläuterungen:

a   „Unterwelt"   b   „Noah" *(n.pr.m.)*

Lektion 25:
Verba mediae geminatae; Modalverben;
ungewöhnliche Endungen

1. Vokabeln

Verben:

- Verba mediae geminatae:

(יָאֹר)	ארר	verfluchen
(יָחֹן)	חנן	gnädig/gütig sein (חַנּוּן 19; חֵן 14)
	חתת	mutlos/erschrocken sein
(יָמֹד)	מדד	messen
(יָסֹב)	סבב	herumgehen, umgeben (סָבִיב 17)
(יָפֵר Hi.)	פרר	Hi. brechen, zerstören
(יָצַר)	צרר	zusammenschnüren, eng sein (צָרָה 14)
(יֵקַל)	קלל	Qal klein/gering werden („Qal")
		Pi. verfluchen
	רבב	zahlreich werden (רֹב 14)
(יָרֹן)	רנן	jubeln, jauchzen
(יֵרַע)	רעע	schlecht/böse sein (רַע 21)
(יָשֹׁוד !)	שדד	gewalttätig sein, verwüsten
(יֵשֹׁם)	שמם	verödet sein (שְׁמָמָה 7)
(יֵתֹם)	תמם	vollständig/zu Ende sein (תָּמִים 17)

- Bisher gelernte Verben dieser Klasse:

חלל (16), הלל (13)

Weitere Vokabeln:

חֵלֶב	Fett; Bestes, Erlesenes (חָלָב 6)
חצה	teilen (חֲצִי 12)
טוּב	Schönheit, göttliche Herrlichkeit (טוֹב 8)
יַעַר	Dickicht, Wald
נִיחֹחַ	Beschwichtigung, Wohlgefallen, Behagen
נכה	Hi. schlagen
עוֹלָה	Brandopfer
עָצוּם	stark, mächtig, zahlreich
פִּתְאֹם	plötzlich, überraschend

רוּחַ	*Hi.* riechen, spüren, genießen
רוּעַ	*Hi.* schreien, jauchzen
רֵיחַ	Geruch; Dampf
רִנָּה	Jubel
שָׁנָה	Jahr

Eigennamen:

בֹּכִים	Bochim *(n.l.)*
בֹּעַז	Boas *(n.pr.m.)*
גִּלְגָּל	Gilgal *(n.l.)*
נָעֳמִי	Naemi *(n.pr.f.)*
רוּת	Ruth *(n.pr.f.)*
שֵׁת	Seth *(n.pr.m.)*

2. Verba mediae geminatae

Zu den Verba mediae geminatae zählen Verben mit gleichem zweitem und drittem Radikal. Von Hause aus sind es Verben mit geschärftem zweitem Radikal:

$$\text{סָבַב} \qquad < * \, sabb$$

Für diese Verbklasse sind drei Beobachtungen grundlegend:

1. Beobachtung: In einigen Formen findet sich eine Angleichung an das Starke Verb:

3.Sg.m. Perf. Qal: סָבַב

2. Beobachtung: In der Mehrzahl der Formen mit Endungen wird ein einsilbiger Stamm mit Verdopplung des mittleren Radikals gebildet:

2.Sg.m. Perf. Qal: סַבּוֹתָ

3. Beobachtung: In afformativlosen Formen entfällt die Verdopplung:

3.Sg.m. Impf. Qal: יָסֹב

- Ein zweisilbiger Stamm mit gleichem zweitem und drittem Radikal wird gebildet in:

3.Sg.m. Perf. Qal: סָבַב
3.Pl.com. Perf. Qal: סָבְבוּ
Inf.abs. Qal: סָבוֹב
Ptz. Qal: סֹבֵב/סָבוּב

und *in allen Formen des Dopplungsstammes (Pi./Pu./Hitp.) und des Poᶜel, Poᶜal, Hitpoᶜel*; in allen anderen Formen wird ein einsilbiger Stamm gebildet.

• Der einsilbige Stamm erhält meist den Vokal, der zwischen dem zweiten und dritten Radikal des Starken Verbs steht:

Perf. Qal/Ni., Impf. Qal/Ho.:

נְסַבּוֹתָ/סַבּוֹתָ
יָקֵל/יָסֹב
הוּסַב

Șere (< * *i*) im Inf.cs. Ni./Hi.:

הִסֵּב	Inf.cs. Ni.
הָסֵב	Inf.cs. Hi.

Choläm (< * *u*) im Inf.cs., Imp. und Impf. Qal:

סֹב	Inf.cs. Qal
סֹב	Imp. Sg.m. Qal
יָסֹב	3.Sg.m. *ō*-Impf. Qal
aber: יָקֵל	3.Sg.m. *a*-Impf. Qal

• In den Präformativen des Impf. Qal, Perf. Ni. und im gesamten Hi. und Ho. werden die kurzen Vokale wegen der offenen Silbe gedehnt:

3.Sg.m. Impf. Qal:	יָסֹב	< * *jasubb*	*a* > *ā*
3.Sg.m. Perf.Ni.:	נָסַב	< * *nasabb*	
3.Sg.m. Impf.Hi.:	יָסֵב	< * *jasibb*	
3.Sg.m. Impf. Qal (intransitiv):	יָקֵל	< * *jiqall*	*i* > *ē*
3.Sg.m. Perf.Hi.:	הֵסֵב	< * *hisibb*	
3.Sg.m. Perf.Ho.:	הוּסַב	< * *husabb*	*u* > *ū*

Je mehr Silben eine Wortform hat, um so eher werden diese langen Vokale zu Schwa mobile bzw. Chateph-Vokalen verkürzt.

• Die vokalischen Afformative werden unbetont angehängt. Die konsonantischen Afformative werden mit Hilfe von betonten Bindevokalen angehängt (außer 2.Pl.m. Perf.). Perfekt: וֹ; Impf./Imp.: יָ.

2.Sg.m. Perf. Qal:	סַבּוֹתָ
3.Pl.f. Impf. Qal:	תְּסֻבֶּינָה

• Anstelle des zweiten Radikals ist im Impf. Qal/Hi./Ho. oft wie im Aramäischen der erste Radikal verdoppelt (sog. *aramaisierende Formen*):

Qal:	יָסֹב	und	יִסֹּב
Hi.:	יָסֵב	und	יִסֵּב
Ho.:	יוּסַב	und	יִסַּב

• Das Ho. wird nach Analogie der Verba primae Waw gebildet:

3.Sg.m. Perf.Ho.:	הוּסַב
3.Sg.m. Impf.Ho.:	יוּסַב

3. Modalverben

Bei der Zusammenstellung zweier Verben kann das erste Verb als so g. *Modalverb* oder *relatives Verb* die allgemeine, das zweite Verb die speziellere Bedeutung der Handlung beschreiben. In der Übersetzung wird das Modalverb als Adverb übersetzt.

Als Modalverben dienen:

יֹסֵף	Qal/Hi.:	„hinzufügen, fortfahren"
	als Modalverb:	„nochmals, weiter"
כלה	Pi.:	„vollenden, aufhören"
	als Modalverb:	„zu Ende, ganz"
מהר	Pi.:	„sich beeilen"
	als Modalverb:	„schnell, rasch"
שׁוב	Qal:	„zurückkehren"
	als Modalverb:	„nochmals, wieder"
שׁכם	Hi.:	„sich früh aufmachen"
	als Modalverb:	„früh, eifrig"
רבה	Hi.:	„viel machen"
	als Modalverb:	„unablässig, ständig"

Gen 25,1:	וַיֹּסֶף אַבְרָהָם וַיִּקַּח אִשָּׁה	Und Abraham fügte hinzu und nahm eine Frau = Und Abraham nahm nochmals eine Frau.
Gen 24,15:	וַיְהִי־הוּא טֶרֶם כִּלָּה לְדַבֵּר	Noch bevor er aufgehört hatte zu reden = Noch bevor er zu Ende geredet hatte...
Ps 106,13:	מִהֲרוּ שָׁכְחוּ	Sie haben sich beeilt, sie haben vergessen = Sie haben schnell vergessen.
II Reg 1,11:	וַיָּשָׁב וַיִּשְׁלַח	Und er kehrte zurück und schickte = Und er [= der König] schickte nochmals.
Zeph 3,7:	הִשְׁכִּימוּ הִשְׁחִיתוּ	Sie machten sich früh auf, sie zerstörten = Sie zerstörten eifrig.
I Sam 2,3:	אַל־תַּרְבּוּ תְדַבְּרוּ	Ihr sollt nicht viel machen, ihr sollt (nicht) reden = Ihr sollt nicht unablässig reden.

4. Ungewöhnliche Endungen

Neben den häufigen regulären Endungen begegnen gelegentlich unter dem Einfluss verwandter Dialekte im Kontext poetischer Texte ungewöhnliche Endungen.

- יָן ֫ : maskuline Pluralendung im st.abs.; vor allem in jüngeren Texten des Alten Testaments als Aramaismus:

  לְקֵץ יָמִין   „am Ende der Tage" (Dan 12,13)

  מִלִּין 13x „Worte"

  מִלָּה   (Hiob)

  מִלִּים 10x „Worte"

- ִי ֫ : Chiräq compaginis: Verbindungs-$\bar{\imath}$

  meist in poetischen Texten bei Nomina (oft im st.cs.):

  Gen 49,11:   בְּנִי אֲתֹנוֹ   „das Füllen seiner Eselin"

  Ps 123,1:   הַיֹּשְׁבִי בַּשָּׁמָיִם   „der im Himmel wohnt"

- וֹ: Choläm compaginis: Verbindungs-$\bar{o}$

  Gen 1,24:   חַיְתוֹ־אֶרֶץ   „Getier der Erde"

- מוֹ: Possessivsuffix der 3.Pl.m.; in poetischen Texten anstelle von הֶם bzw. ם:

  Ps 2,3:   אֶת־מוֹסְרוֹתֵימוֹ   „ihre Fesseln"

5. Übungen

1) Konjugieren Sie mündlich folgende Verben:

   חנן   im Impf. Qal   סבב   im Imp./Inf.cs./abs. Hi.

   שׁמם   im Perf./Impf.Ni.   צרר   im Impf. Qal

2) Bestimmungsübungen zu den Verba mediae geminatae:

1 וּנְקַלֹּתִי יָרֹנּוּ הַחַתֹּת וְחַנֹּתִי סַבּוּנִי אֹרוּ חָנוּן סֹבִּי חָנֵּנִי אָאֹר חַנֵּנוּ

2 הֲרֵעֹתָ יוֹאַר וַיִּסַּב תְּחָנֵּם וַהֲשִׁמֹּתִי כֻּרְכָּם יְשֹׁדֵד תְּסוֹבְבֵךְ הֲסִבֹּתָ

3 וַיֵּסַב הִתְחַנָּנְתָּ הוּחַל יְחַן הַחֲלֶם וִיחֻנֶּךְ הֻחַלּוּ תַּמּוּ תֹּם וַיֵּצֶר

4 הֻתַּמּוּ הֲרֵעוּ

3) Vokalisierungsübungen zu den Verba mediae geminatae:

1   רבו   הפר   וימד   שדוד   החל

4) Übersetzen Sie:

(Gen 4,26)   1   וּלְשֵׁת גַּם־הוּא יֻלַּד־בֵּן וַיִּקְרָא אֶת־שְׁמוֹ אֱנוֹשׁ אָז הוּחַל לִקְרֹא
בְּשֵׁם יְהוָה:

(Gen 12,3)   2   וַאֲבָרֲכָה מְבָרְכֶיךָ וּמְקַלֶּלְךָ אָאֹר וְנִבְרְכוּ בְךָ כֹּל מִשְׁפְּחֹת
הָאֲדָמָה:

(Gen 21,12)   3   וַיֹּאמֶר אֱלֹהִים אֶל־אַבְרָהָם אַל־יֵרַע בְּעֵינֶיךָ עַל־הַנַּעַר
וְעַל־אֲמָתֶךָ כֹּל אֲשֶׁר תֹּאמַר אֵלֶיךָ שָׂרָה שְׁמַע בְּקֹלָהּ כִּי בְיִצְחָק
יִקָּרֵא לְךָ זָרַע:

(Gen 32,8)   4   וַיִּירָא יַעֲקֹב מְאֹד וַיֵּצֶר לוֹ וַיַּחַץ אֶת־הָעָם אֲשֶׁר־אִתּוֹ וְאֶת־הַצֹּאן
וְאֶת־הַבָּקָר וְהַגְּמַלִּים לִשְׁנֵי מַחֲנוֹת:

(Ex 33,19)   5   וַיֹּאמֶר אֲנִי אַעֲבִיר כָּל־טוּבִי עַל־פָּנֶיךָ וְקָרָאתִי בְשֵׁם יְהוָה לְפָנֶיךָ
וְחַנֹּתִי אֶת־אֲשֶׁר אָחֹן וְרִחַמְתִּי אֶת־אֲשֶׁר אֲרַחֵם:

(Lev 9,24)   6   וַתֵּצֵא אֵשׁ מִלִּפְנֵי יְהוָה וַתֹּאכַל עַל־הַמִּזְבֵּחַ אֶת־הָעֹלָה
וְאֶת־הַחֲלָבִים וַיַּרְא כָּל־הָעָם וַיָּרֹנּוּ וַיִּפְּלוּ עַל־פְּנֵיהֶם:

(Lev 26,31)   7   וְנָתַתִּי אֶת־עָרֵיכֶם חָרְבָּה וַהֲשִׁמּוֹתִי אֶת־מִקְדְּשֵׁיכֶם וְלֹא אָרִיחַ
בְּרֵיחַ נִיחֹחֲכֶם:

(Num 6,25)   8   יָאֵר יְהוָה פָּנָיו אֵלֶיךָ וִיחֻנֶּךָּ:

(Num 22,6)   9   וְעַתָּה לְכָה־נָּא אָרָה־לִּי אֶת־הָעָם הַזֶּה כִּי־עָצוּם הוּא מִמֶּנִּי אוּלַי
אוּכַל נַכֶּה־בּוֹ וַאֲגָרְשֶׁנּוּ מִן־הָאָרֶץ כִּי יָדַעְתִּי אֵת אֲשֶׁר־תְּבָרֵךְ
מְבֹרָךְ וַאֲשֶׁר תָּאֹר יוּאָר:

(Jdc 2,1)   10   וַיַּעַל מַלְאַךְ־יְהוָה מִן־הַגִּלְגָּל אֶל־הַבֹּכִים וַיֹּאמֶר אַעֲלֶה אֶתְכֶם
מִמִּצְרַיִם וָאָבִיא אֶתְכֶם אֶל־הָאָרֶץ אֲשֶׁר נִשְׁבַּעְתִּי לַאֲבֹתֵיכֶם
וָאֹמַר לֹא־אָפֵר בְּרִיתִי אִתְּכֶם לְעוֹלָם:

(Jes 44,23)   11   רָנּוּ שָׁמַיִם כִּי־עָשָׂה יְהוָה הָרִיעוּ תַּחְתִּיּוֹת[a] אָרֶץ פִּצְחוּ[b] הָרִים
רִנָּה יַעַר וְכָל־עֵץ בּוֹ כִּי גָאַל יְהוָה יַעֲקֹב וּבְיִשְׂרָאֵל יִתְפָּאָר[c]:

294   *Lektion 25*

רָנּוּ שָׁמַיִם וְגִילִי אָרֶץ וּפִצְחוּ הָרִים רִנָּה כִּי־נִחַם יְהוָה עַמּוֹ   (Jes 49,13)   12
וַעֲנִיָּו יְרַחֵם:

שֶׁבֶר עַל־שֶׁבֶר נִקְרָא כִּי שֻׁדְּדָה כָּל־הָאָרֶץ פִּתְאֹם שֻׁדְּדוּ אֹהָלַי   (Jer 4,20)   13
רֶגַע יְרִיעֹתָי:

יֵבֹשׁוּ רֹדְפַי וְאַל־אֵבֹשָׁה אָנִי יֵחַתּוּ הֵמָּה וְאַל־אֵחַתָּה אָנִי   (Jer 17,18)   14
הָבִיא עֲלֵיהֶם יוֹם רָעָה וּמִשְׁנֶה שִׁבָּרוֹן שָׁבְרֵם:

רָנִּי בַּת־צִיּוֹן הָרִיעוּ יִשְׂרָאֵל שִׂמְחִי וְעָלְזִי בְּכָל־לֵב בַּת יְרוּשָׁלָ͏ִם: (Zeph 3,14)   15

יֵבֹשׁוּ וְיַחְפְּרוּ יַחַד מְבַקְשֵׁי נַפְשִׁי לִסְפּוֹתָהּ יִסֹּגוּ אָחוֹר   (Ps 40,15-17a) 16
וְיִכָּלְמוּ חֲפֵצֵי רָעָתִי:
יָשֹׁמּוּ עַל־עֵקֶב בָּשְׁתָּם הָאֹמְרִים לִי הֶאָח הֶאָח:
יָשִׂישׂוּ וְיִשְׂמְחוּ בְּךָ כָּל־מְבַקְשֶׁיךָ

Erläuterungen:

a	תַּחְתִּי: „unterer; Tiefe"	k	חפר: „sich schämen, beschämt sein"
b	פצח: „fröhlich sein"	l	יַחַד: „zusammen, miteinander"
c	פאר *Hitp.* „sich verherrlichen"	m	ספה: „dahinschwinden"
d	עָנִי: „unglücklich, elend"	n	סוג *Ni.* „sich zurückziehen"
e	שֶׁבֶר: „Brechen, Zusammenbruch"	o	אָחוֹר: „hinten"
f	רֶגַע: „plötzlich"	p	כלם *Ni.* „zuschanden werden"
g	יְרִיעָה: „Zeltdecke"	q	עַל־עֵקֶב: „wegen"
h	מִשְׁנֶה: „zweiter; Doppeltes"	r	בֹּשֶׁת: „Schande"
i	שִׁבָּרוֹן: „Zusammenbruch"	s	אָח: „Ach! Wehe!"
j	עלז: „frohlocken, jubeln"	t	שׂושׂ/שׂישׂ: „sich freuen"

5) Übersetzen Sie I Sam 1,1-10: Elkana und Hanna

Der Textabschnitt gehört zur Jugendgeschichte Samuels in I Sam 1-3. Hier geht es um die Vorgeschichte der Geburt Samuels. Es wird erzählt, wie sehr Hanna unter ihrer Kinderlosigkeit leidet und von ihrer Widersacherin deshalb gepeinigt wird. I Sam 1 gehört zu der Gruppe von biblischen Geschichten, in denen einer kinderlos gebliebenen Frau ein Kind geschenkt wird.

וַיְהִי אִישׁ אָחַד מִן־הָרָמָתַיִם צוֹפִים מֵהַר אֶפְרָיִם וּשְׁמוֹ אֶלְקָנָה   1
בֶּן־יְרֹחָם בֶּן־אֱלִיהוּא בֶּן־תֹּחוּ בֶן־צוּף אֶפְרָתִי:
וְלוֹ שְׁתֵּי נָשִׁים שֵׁם אַחַת חַנָּה וְשֵׁם הַשֵּׁנִית פְּנִנָּה וַיְהִי לִפְנִנָּה   2

יְלָדִים וּלְחַנָּה אֵין יְלָדִים:

3 וְעָלָה הָאִישׁ הַהוּא מֵעִירוֹ מִיָּמִים יָמִימָה לְהִשְׁתַּחֲוֺת וְלִזְבֹּחַ
לַיהוָה צְבָאוֹת בְּשִׁלֹה וְשָׁם שְׁנֵי בְנֵי־עֵלִי חָפְנִי וּפִנְחָס כֹּהֲנִים
לַיהוָה:

4 וַיְהִי הַיּוֹם וַיִּזְבַּח אֶלְקָנָה וְנָתַן לִפְנִנָּה אִשְׁתּוֹ וּלְכָל־בָּנֶיהָ
וּבְנוֹתֶיהָ מָנוֹת:

5 וּלְחַנָּה יִתֵּן מָנָה אַחַת אַפָּיִם כִּי אֶת־חַנָּה אָהֵב וַיהוָה סָגַר
רַחְמָהּ:

6 וְכִעֲסַתָּה צָרָתָהּ גַּם־כַּעַס בַּעֲבוּר הַרְעִמָהּ כִּי־סָגַר יְהוָה
בְּעַד רַחְמָהּ:

7 וְכֵן יַעֲשֶׂה שָׁנָה בְשָׁנָה מִדֵּי עֲלֹתָהּ כֵּן תַּכְעִסֶנָּה בְּבֵית יְהוָה
וַתִּבְכֶּה וְלֹא תֹאכַל:

8 וַיֹּאמֶר לָהּ אֶלְקָנָה אִישָׁהּ חַנָּה לָמֶה תִבְכִּי וְלָמֶה לֹא תֹאכְלִי
וְלָמֶה יֵרַע לְבָבֵךְ הֲלוֹא אָנֹכִי טוֹב לָךְ מֵעֲשָׂרָה בָּנִים:

9 וַתָּקָם חַנָּה אַחֲרֵי אָכְלָה בְשִׁלֹה וְאַחֲרֵי שָׁתֹה וְעֵלִי הַכֹּהֵן
יֹשֵׁב עַל־הַכִּסֵּא עַל־מְזוּזַת הֵיכַל יְהוָה:

10 וְהִיא מָרַת נָפֶשׁ וַתִּתְפַּלֵּל עַל־יְהוָה וּבָכֹה תִבְכֶּה:

Erläuterungen:

a	„Ramathaim-Zophim" *(n.l.)*	j	סָגַר: „schließen, verschließen"
b	„Elkana" *(n.pr.m.)*	k	כָּעַס *Qal* „unmutig sein"; *Pi.* „zum
c	„Penina" *(n.pr.f.)*		Unmut reizen"; *Hi.* „kränken"
d	„Silo" *(n.l.)*	l	כַּעַס: „Unmut, Kränkung"
e	„Eli" *(n.pr.m.)*	m	בַּעֲבוּר: „damit, um zu"
f	„Hophni" *(n.pr.m.)*	n	רָעַם II *Hi. hier:* „kränken, zum Zorn
g	„Pinehas" *(n.pr.m.)*		reizen"
h	מָנָה *(Sg.):* „Teil, Anteil"	o	מִדֵּי: „sooft" (דֵּי „Bedarf" + מִן)
i	*hier:* „doppelt"	p	מְזוּזָה: „Türpfosten"
		q	מַר: „verbittert"

6) Übersetzen Sie Ruth 4,1-11: Boas und Ruth

Die weisheitliche Lehrerzählung trägt ihren Namen nach der Heldin, der Moabiterin
Ruth. Sie kehrt nach dem Tod ihres Mannes mit ihrer Schwiegermutter Naemi in deren Heimat Bethlehem zurück. Dort erweckt sie durch ihren Fleiß die Aufmerksam-
keit von Boas. Sie heiraten und bekommen einen Sohn, Obed, den Großvater Davids.

1 וּבֹעַז עָלָה הַשַּׁעַר וַיֵּשֶׁב שָׁם וְהִנֵּה הַגֹּאֵל‎ᵃ עֹבֵר אֲשֶׁר דִּבֶּר־בֹּעַז
   וַיֹּאמֶר סוּרָה שְׁבָה־פֹּה פְּלֹנִי אַלְמֹנִי‎ᵇ וַיָּסַר וַיֵּשֵׁב:

2 וַיִּקַּח עֲשָׂרָה אֲנָשִׁים מִזִּקְנֵי הָעִיר וַיֹּאמֶר שְׁבוּ־פֹה וַיֵּשֵׁבוּ:

3 וַיֹּאמֶר לַגֹּאֵל חֶלְקַת הַשָּׂדֶה אֲשֶׁר לְאָחִינוּ לֶאֱלִימֶלֶךְ‎ᶜ מָכְרָה‎ᵈ
   נָעֳמִי הַשָּׁבָה מִשְּׂדֵה מוֹאָב:

4 וַאֲנִי אָמַרְתִּי אֶגְלֶה אָזְנְךָ לֵאמֹר קְנֵה נֶגֶד הַיֹּשְׁבִים וְנֶגֶד זִקְנֵי
   עַמִּי אִם־תִּגְאַל גְּאָל וְאִם־לֹא יִגְאַל הַגִּידָה לִּי וְאֵדַע כִּי
   אֵין זוּלָתְךָ‎ᵉ לִגְאוֹל וְאָנֹכִי אַחֲרֶיךָ וַיֹּאמֶר אָנֹכִי אֶגְאָל:

5 וַיֹּאמֶר בֹּעַז בְּיוֹם־קְנוֹתְךָ הַשָּׂדֶה מִיַּד נָעֳמִי וּמֵאֵת‎ᶠ רוּת
   הַמּוֹאֲבִיָּה אֵשֶׁת־הַמֵּת קָנִיתָה לְהָקִים שֵׁם־הַמֵּת עַל־נַחֲלָתוֹ:

6 וַיֹּאמֶר הַגֹּאֵל לֹא אוּכַל לִגְאוֹל־לִי פֶּן־אַשְׁחִית אֶת־נַחֲלָתִי גְּאַל־לְךָ
   אַתָּה אֶת־גְּאֻלָּתִי‎ᵍ כִּי לֹא־אוּכַל לִגְאֹל:

7 וְזֹאת לְפָנִים‎ʰ בְּיִשְׂרָאֵל עַל־הַגְּאוּלָּה וְעַל־הַתְּמוּרָה‎ⁱ לְקַיֵּם‎ʲ כָּל־
   דָּבָר שָׁלַף‎ᵏ אִישׁ נַעֲלוֹ‎ˡ וְנָתַן לְרֵעֵהוּ וְזֹאת הַתְּעוּדָה‎ᵐ בְּיִשְׂרָאֵל:

8 וַיֹּאמֶר הַגֹּאֵל לְבֹעַז קְנֵה־לָךְ וַיִּשְׁלֹף נַעֲלוֹ:

9 וַיֹּאמֶר בֹּעַז לַזְּקֵנִים וְכָל־הָעָם עֵדִים אַתֶּם הַיּוֹם כִּי קָנִיתִי
   אֶת־כָּל־אֲשֶׁר לֶאֱלִימֶלֶךְ וְאֵת כָּל־אֲשֶׁר לְכִלְיוֹן וּמַחְלוֹן‎ⁿ מִיַּד
   נָעֳמִי:

10 וְגַם אֶת־רוּת הַמֹּאֲבִיָּה אֵשֶׁת מַחְלוֹן קָנִיתִי לִי לְאִשָּׁה לְהָקִים
   שֵׁם־הַמֵּת עַל־נַחֲלָתוֹ וְלֹא־יִכָּרֵת שֵׁם־הַמֵּת מֵעִם אֶחָיו וּמִשַּׁעַר
   מְקוֹמוֹ עֵדִים אַתֶּם הַיּוֹם:

11 וַיֹּאמְרוּ כָּל־הָעָם אֲשֶׁר־בַּשַּׁעַר וְהַזְּקֵנִים עֵדִים יִתֵּן יְהוָה אֶת־
   הָאִשָּׁה הַבָּאָה אֶל־בֵּיתֶךָ כְּרָחֵל וּכְלֵאָה אֲשֶׁר בָּנוּ שְׁתֵּיהֶם
   אֶת־בֵּית יִשְׂרָאֵל וַעֲשֵׂה־חַיִל בְּאֶפְרָתָה וּקְרָא־שֵׁם בְּבֵית לָחֶם‎ᵒ:

Erläuterungen:

a „der Löser": Er war verpflichtet, als nächster Verwandter die Frau eines ohne
   Sohn verstorbenen Mannes zu heiraten, um dem Toten Nachkommen und
   somit Erben zu verschaffen *(„Leviratsehe")*.

b „Du Soundso!": Anrede bei Unkenntnis des Namens.

c	„Elimelech" *(n.pr.m.)*	j	קוּם *Pi.* „bestätigen"
d	*Perf. declarativum:* „sie verkauft hiermit"	k	„ausziehen"
e	„außer dir"	l	נַעַל: „Sandale"
f	*lies:* אֵת	m	„Bestätigung"
g	גְּאֻלָּה: „Rückkaufsrecht"	n	„Kiljon und Machlon" *(n.pr.m.)*
h	„früher"	o	„Bethlehem" *(n.l.)*
i	תְּמוּרָה: „Tausch"		

7) Vokalisierungsübung. Vokalisieren und übersetzen Sie:

וסבתם את־העיר ... וביום השביעי תסבו את־העיר שבע פעמים	(Jos 6,3f.)	1
והוא יחל להושיע את־ישראל מיד פלשתים:	(Jdc 13,5)	2
חנני יהוה כי צר לי	(Ps 31,10)	3

Lektion 26:
Doppelt schwache Verben; ungewöhnliche Verbformen;
zur Verwendung der Tempora;
„Hohle" Wurzeln und Verba mediae geminatae im Vergleich;
Parallelismus membrorum

1. Vokabeln

Verben:
- doppelt schwache Verben:

(יוֹדֶה)	ידה	*Hi.*	preisen, bekennen
(יוֹרֶה)	ירה	*Hi.*	unterweisen, belehren („Thora")
(יִטֶּה)	נטה	*Qal*	ausstrecken, neigen
(יִנָּקֶה)	נקה	*Ni.*	unschuldig sein (נָקִי 18)

- Bisher gelernte Verben dieser Klasse:

נשא (21), נכה (25), נבא (21), אבה (18)

- weitere Verben:

אמל	*Pulal*	verwelken
גלל	*Qal*	rollen, wälzen
כול	*Qal*	erfassen
	Pilpel	versorgen
כרסם	*Pi.*	abfressen
מהה	*Hitpalel*	zögern
סחר	*Pealal*	heftig klopfen
רגל	*Tiphᶜal*	gehen lehren (רֶגֶל 11)
שעע	*Pilpel*	spielen
תרגם/מְתֻרְגָּם	*Ptz. Pass.*	übersetzt („Targum")

Weitere Vokabeln:

אֵיפָה	Epha *(Getreidemaß: ca. 22-45l)*
אֹכֶל	Speise, Nahrung (אכל 13)
אֶפֶס	Ende
דִּין	*Qal* Recht schaffen
חסה	*Qal* sich bergen, Zuflucht suchen
חֹשֶׁךְ	Finsternis

כָּלַם	*Hi.* schmähen, beschämen
כָּשַׁל	straucheln
לָקַט	*Qal/Pi.* sammeln, auflesen
מְעָרָה	Höhle
עָתַק	*Hi.* weiterziehen
פֹּעַל	Tat, Arbeit, Werk
צוּר	Fels
קֶשֶׁת	Bogen
רָעֵב	hungrig (רָעֵב 7)
שֹׂבַע	Sättigung, Fülle
שְׂעֹרָה	Gerste
שְׁאוֹל	Scheol, Totenwelt
שְׁכֶם	Nacken, Schulter, Rücken
שָׁלַל	herausziehen
שָׁלֵם	vollständig (שׁלם 10)
תֵּבֵל	Erdkreis

Eigennamen:

עֹבַדְיָהוּ	Obadjahu *(n.pr.m.)*

2. Doppelt schwache Verben

Zu dieser Gruppe zählen Verben, die *gleichzeitig zwei Verbklassen* angehören:

• Verba primae Nun und Verba tertiae Aleph:

נבא	*Ni.*	prophetisch reden
	Hitp.	sich als Prophet gebärden
נשׂא	*Qal*	heben, aufheben
	Ni.	sich erheben
	Pi.	tragen
	Hi.	zu tragen geben

• Verba primae Nun und Verba tertiae infirmae:

נכה	*Hi.*	schlagen
	Ho.	geschlagen werden
נטה	*Qal*	ausstrecken, neigen
	Hi.	ausstrecken, ausbreiten, neigen
נקה	*Ni.*	unschuldig sein
	Pi.	für unschuldig erklären

- Verba primae Jod/Waw und Verba tertiae infirmae:

     ידה   II   *Hi.*   preisen, bekennen
     ירה   III   *Hi.*   unterweisen, lehren

- Verba primae Aleph und Verba tertiae infirmae:

     אבה   *Qal*   wollen, willig sein

- Eckformen ausgewählter doppelt schwacher Verben:

| | נבא | | נשא | |
	Nifʿal	Hitpaʿel	Qal	Nifʿal
3.Sg.m. Perf.	נִבָּא		נָשָׂא	נִשָּׂא
3.Sg.m. Impf.	יִנָּבֵא	יִתְנַבֵּא	יִשָּׂא	יִנָּשֵׂא
3.Sg.m. Jussiv				
3.Sg.m. Impf.cons.			וַיִּשָּׂא	
Imp. Sg.m.	הִנָּבֵא		נְשָׂא/שָׂא	הִנָּשֵׂא
Inf.cs.	הִנָּבֵא	הִתְנַבּוֹת	נְשֹׂא/שְׂאֵת	הִנָּשֵׂא
Inf.abs.			נָשֹׂא	
Ptz.	נִבָּא	מִתְנַבֵּא	נֹשֵׂא	נִשָּׂא

| | נכה | | נטה | |
	Hifʿil	Hofʿal	Qal	Hifʿil
3.Sg.m. Perf.	הִכָּה	הֻכָּה	נָטָה	הִטָּה
3.Sg.m. Impf.	יַכֶּה		יִטֶּה	יַטֶּה
3.Sg.m. Jussiv	יַךְ		יֵט	יֵט
3.Sg.m. Impf.cons.	וַיַּךְ		וַיֵּט	וַיֵּט
Imp. Sg.m.	הַכֵּה/הַךְ		נְטֵה	הַטֵּה/הַט
Inf.cs.	הַכּוֹת		נְטוֹת	הַטּוֹת
Inf.abs.	הַכֵּה			
Ptz.	מַכֶּה	מֻכֶּה	נֹטֶה	מַטֶּה

| | נקה | | ידה | ירה | אבה |
	Nifʿal	Piʿel	Hifʿil	Hifʿil	Qal
3.Sg.m. Perf.	נִקָּה				אָבָה
3.Sg.m. Impf.	יִנָּקֶה	יְנַקֶּה	יוֹדֶה	יוֹרֶה	יֹאבֶה
3.Sg.m. Jussiv					
3.Sg.m. Impf.cons.					
Imp. Sg.m.					
Inf.cs.			הוֹדוֹת		
Inf.abs.	הִנָּקֵה	נַקֵּה			
Ptz.			מוֹדֶה	מוֹרֶה	

Bei den doppelt schwachen Verben bereiten vor allem die Formen mit *Apherese* bzw. *Apokopie*, d.h. Jussiv/Impf.cons./Imp./Inf.cs., Schwierigkeiten:

3.Sg.m. Jussiv Qal:	יֵט	(נטה)
3.Sg.m. Jussiv Hi.:	יַט	(נטה)
	יֵךְ	(נכה)
3.Sg.m. Impf.cons. Qal:	וַיֵּט	(נטה)
3.Sg.m. Impf.cons. Hi.:	וַיֵּט	(נטה)
	וַיֵּךְ	(נכה)
Imp. Sg.m. Qal:	שָׂא	(נשא)
Imp. Sg.m. Hi.:	הַךְ	(נכה)
	הַט	(נטה)
Inf.cs. Qal:	שְׂאֵת	(נשא)

Bei ידה ist die Form יְדוּ (3.Pl.m. Impf.Pi.; = יִּיְדוּ: Joel 4,3; Ob 11) zu beachten.

3. Ungewöhnliche Verbformen

• Bei den zweiradikaligen Wurzeln („Hohle" Wurzeln und Verba mediae geminatae) können sog. *reduplizierte Formen*, d.h. Formen mit wiederholten Radikalen, mit kurzen Vokalen begegnen:

כּוּל	„erfassen, versorgen":
כִּלְכֵּל	3.Sg.m. Perf. Pilpel
כִּלְכַּלְתִּי	1.Sg.com. Perf. Pilpel
יְכַלְכֵּל	3.Sg.m. Impf. Pilpel
כָּלְכְּלוּ	3.Pl.com. Perf. Polpal: „Sie sind versorgt worden [mit Lebensmitteln]" (I Reg 20,27)
שׁעע	„erfreuen, spielen":
שִׁעֲשַׁע	3.Sg.m. Perf. Pilpel
שִׁעֲשַׁעְתִּי	1.Sg.com. Perf. Pilpel
אֶשְׁתַּעֲשַׁע	1.Sg.com. Impf. Hitpalpel: „ich habe mich vergnügt"
גלל	„rollen, wälzen":
גִּלְגַּלְתִּיךָ	1.Sg.com. Perf. Pilpel + Suffix 2.Sg.m. (Jer 51,25)
הִתְגַּלְגָּלוּ	3.Pl.com. Perf. Hitpalpel: „sie haben sich gewälzt"

• Die Wortstämme mit vier Konsonanten gehören einer *sekundären Sprachbildung* an. Sie sind durch *Hinzufügung eines vierten Stammkonsonanten* gebildet:

רגל	„gehen lehren"
תִּרְגַּלְתִּי	1.Sg.com. Perf. Tiphᶜal: „ich habe gehen gelehrt" (Hos 11,3)

אָמַל   „verwelken"

אֻמְלְלָה   3.Sg.f. Perf. Pulal

4. Zur Verwendung der Tempora

Im Biblisch-Hebräischen werden *zwei Zeitstufen* unterschieden:
- die abgeschlossene Zeitstufe
- die unabgeschlossene Zeitstufe

Zur *abgeschlossenen* Zeitstufe werden *Perfekt* und *Imperfekt consecutivum* gezählt, zur *unabgeschlossenen* Zeitstufe rechnet man *Imperfekt* und *Perfekt consecutivum.* Diese grundlegende Unterscheidung kann jedoch insofern durchbrochen werden, als Perfekt, Perfekt consecutivum, Imperfekt und Imperfekt consecutivum sowohl zum Ausdruck der abgeschlossenen Zeitstufe als auch zum Ausdruck der unabgeschlossenen Zeitstufe verwendet werden können.

Die folgende Übersicht mitsamt den Beispielen mag die Verwendung der Tempora verdeutlichen. In der Althebraistik ist dieses Kapitel in besonderer Weise umstritten, so dass ein Forschungskonsens noch in weiter Ferne liegt. *Opinio communis* besteht allerdings darin, dass die *Verwendung der Tempora im Biblisch-Hebräischen weit offener* ist als etwa in der deutschen Sprache.

	abgeschlossene Zeitstufe	unabgeschlossene Zeitstufe	
	Vergangenheit:	Gegenwart:	Zukunft:
Perfekt	- abgeschlossene Handlung - tempus historicum - Plusquamperfekt nach כִּי/אֲשֶׁר/כַּאֲשֶׁר	- in die Gegenwart hineinreichende Handlungen (bei „Eigenschaftsverben" + יָדֵעַ) - sich wiederholende und allgemein gültige Tatsachen	- bei Zusicherungen (oft mit „Gott" als Subjekt) - „Perfekt propheticum"
Perfekt consecutivum	- andauernde oder wiederholte Handlungen (iterativ) in der Vergangenheit; nach Impf., Impf.cons., Perf., Inf., Ptz.	- andauernde oder wiederholte Handlungen (iterativ) in der Gegenwart; nach Impf., Ptz., Inf.abs.	- zukünftige Handlungen; nach Impf., Jussiv, Koh., Imp., Inf.

Imperfekt	- andauernde oder wiederholte Handlungen (iterativ) in der Vergangenheit; nach den Partikeln אָז „damals", טֶרֶם „noch nicht", בְּטֶרֶם „ehe", עַד „bis"	- andauernde Handlungen in der Gegenwart (iterativ) - jederzeit wiederholbare Handlungen - formelhafte Ausdrücke	- künftig eintretende Handlungen - modale Verwendung des Imperfekts (Wunsch, Möglichkeit)
Imperfekt consecutivum	- Erzähltempus (Narrativ)	- in Anknüpfung an Tempora, die gegenwärtige oder noch in die Gegenwart hineinragende Handlungen beschreiben	- in Anknüpfung an Impf. und Perf.cons. in zukünftiger Bedeutung

- Perfekt:

Gen 3,13: „Was *hast* du nur *getan*!" מַה־זֹּאת עָשִׂית

Gen 4,4: „Und Abel *brachte*..." וְהֶבֶל הֵבִיא

Gen 2,2: וַיְכַל אֱלֹהִים בַּיּוֹם הַשְּׁבִיעִי מְלַאכְתּוֹ אֲשֶׁר עָשָׂה
„Und Gott vollendete am siebten Tag sein Werk, das er *gemacht hatte*."

Jes 55,9: כִּי־גָבְהוּ שָׁמַיִם מֵאָרֶץ כֵּן גָּבְהוּ דְרָכַי מִדַּרְכֵיכֶם
„Denn so viel der Himmel *höher ist* als die Erde, so *sind* auch meine Wege *höher* als eure Wege..."

Gen 15,18: לְזַרְעֲךָ נָתַתִּי אֶת־הָאָרֶץ הַזֹּאת
„Deinen Nachkommen *werde* ich dieses Land *geben*."

Jes 9,1: הָעָם הַהֹלְכִים בַּחֹשֶׁךְ רָאוּ אוֹר גָּדוֹל
„Das Volk, das in der Finsternis geht, *wird* ein großes Licht *sehen*."

- Perfekt consecutivum und Imperfekt:

Gen 29,1-3:
1 וַיִּשָּׂא יַעֲקֹב רַגְלָיו וַיֵּלֶךְ אַרְצָה בְנֵי־קֶדֶם:
2 וַיַּרְא וְהִנֵּה בְאֵר בַּשָּׂדֶה וְהִנֵּה־שָׁם שְׁלֹשָׁה
עֶדְרֵי־צֹאן רֹבְצִים עָלֶיהָ כִּי מִן־הַבְּאֵר הַהִוא
יַשְׁקוּ הָעֲדָרִים וְהָאֶבֶן גְּדֹלָה עַל־פִּי הַבְּאֵר:
3 וְנֶאֶסְפוּ־שָׁמָּה כָל־הָעֲדָרִים וְגָלֲלוּ אֶת־הָאֶבֶן
מֵעַל פִּי הַבְּאֵר וְהִשְׁקוּ אֶת־הַצֹּאן וְהֵשִׁיבוּ
אֶת־הָאֶבֶן עַל־פִּי הַבְּאֵר לִמְקֹמָהּ:

¹ „Und Jakob machte sich auf den Weg und ging in das Land, das im Osten liegt,

² und sah sich um, und siehe, da war ein Brunnen auf dem Feld; und siehe, drei Herden Kleintiere lagerten dort, denn von dem Brunnen *pflegten* sie die Herden *zu tränken.* Und ein großer Stein lag auf der Öffnung des Brunnens.

³ Und sie *pflegten* dort alle Herden *zu versammeln* und den Stein von der Öffnung des Brunnens *zu wälzen* und die Kleintiere *zu tränken.* Dann *legten sie wie üblich* den Stein auf die Öffnung des Brunnens an seinen Ort *zurück.*"

Gen 2,6:   וְאֵד יַעֲלֶה מִן־הָאָרֶץ וְהִשְׁקָה אֶת־כָּל־פְּנֵי הָאֲדָמָה׃

„Und Ed-Wasser *stieg ständig* aus der Erde und *tränkte so* die ganze Oberfläche des Bodens."

- Imperfekt consecutivum:

Gen 22,4:   בַּיּוֹם הַשְּׁלִישִׁי וַיִּשָּׂא אַבְרָהָם אֶת־עֵינָיו וַיַּרְא אֶת־הַמָּקוֹם מֵרָחֹק׃

„Am dritten Tag *hob* Abraham seine Augen *auf* und *sah* die Stätte von ferne."

I Sam 2,6:   יְהֹוָה מֵמִית וּמְחַיֶּה מוֹרִיד שְׁאוֹל וַיָּעַל׃

„Der Herr tötet und macht lebendig, *führt* hinab zu den Toten und *wieder herauf.*"

5. „Hohle" Wurzeln, Verba primae Jod/Waw und Verba mediae geminatae im Vergleich

In diesen Verbklassen kommt es zu einer Reihe von *verwechselbaren Formen.* Dies wird mit Hilfe der Verben שׁוּב, יָשַׁב und סבב anhand ausgewählter Formen verdeutlicht:

	שׁוּב	סבב	יָשַׁב
3.Sg.m. Jussiv Qal	יָשֹׁב		
3.Sg.m. Impf./Jussiv Qal		יָסֹב	
Inf.abs. Qal			יָשֹׁב
Inf.abs. Qal	שֹׁב		
Imp. Sg.m. / Inf.cs. Qal		סֹב	
3.Sg.m. Impf.cons. Qal	וַיָּשָׁב	וַיָּסָב	
3.Sg.m. Impf.cons. Hi.	וַיָּשֶׁב	וַיָּסֶב	
3.Sg.m. Jussiv Hi.	יָשֵׁב		
3.Sg.m. Impf./Jussiv Hi.		יָסֵב	

Imp. Sg.m. / Inf.abs. Hi.	הָשֵׁב	הָסֵב	
Imp. Sg.m. / Inf.abs./cs. Hi.		הָסֵב	
3.Sg.m. Perf. Ho.	הוּשַׁב	הוּסַב	הוּשַׁב
3.Sg.m. Impf. Ho.	יוּשַׁב	יוּסַב	יוּשַׁב

6. Der Parallelismus membrorum

Das wichtigste Kennzeichen der hebräischen Poesie ist der *Parallelismus membrorum*. Mit dieser Stilform bringt der Dichter eine Sache unter zwei Aspekten, also in zwei Versstichen zum Ausdruck. Dabei geht es nicht um die Definition eines Begriffes, sondern vielmehr um das Beschreiben und Nachzeichnen einer Sache.

Der *Parallelismus membrorum* ist kein alleiniges Kennzeichen der israelitischen Literatur, sondern in allen Kulturen des Vorderen Orients greifbar. Er läßt sich in folgende Untergruppen einteilen:

a) Der synonyme Parallelismus membrorum

Hier wird der Gedanke der ersten Reihe in der zweiten mit anderen, aber *gleichbedeutenden* Worten wiederholt.

Ps 2,3: נְנַתְּקָה אֶת־מוֹסְרוֹתֵימוֹ וְנַשְׁלִיכָה מִמֶּנּוּ עֲבוֹתֵימוֹ:

           b'   a'   b   a

„Laßt uns ihre Seile abstreifen, laßt uns ihre Stricke von uns werfen!"

b) Der synthetische Parallelismus membrorum

Hier setzt die zweite Reihe den Gedanken der vorausgehenden fort oder fügt weitere Einzelheiten hinzu. Charakteristisch ist die Weiterführung des angeschlagenen Gedankens im Sinne einer *Steigerung*, *Generalisierung* oder *Spezialisierung*.

Ps 19,8: תּוֹרַת יְהוָה תְּמִימָה מְשִׁיבַת נָפֶשׁ

                    c   b   a

„Das Gesetz des Herrn ist vollkommen, es erquickt die Seele."

c) Der antithetische Parallelismus membrorum

Hier wird die Aussage der ersten Reihe durch die zweite, *gegensätzliche* betont und erläutert. Charakteristisch ist die Selbständigkeit beider Reihen. Jede Reihe ist in sich verständlich.

Ps 1,6:   כִּי־יוֹדֵעַ   יְהוָה   דֶּרֶךְ צַדִּיקִים   וְדֶרֶךְ רְשָׁעִים   תֹּאבֵד:

        e   d   ←→   c   b   a

> „Denn der Herr kennt den Weg der Gerechten,
> aber der Weg der Gottlosen geht zugrunde."

d) Der stufenartige oder klimaktische Parallelismus membrorum

Hier nimmt die zweite Reihe das *Leitwort* der ersten noch einmal auf, um dann den Gedanken zu Ende zu führen.

Ps 29,1f.:

בְּנֵי אֵלִים	לַיהוָה	הָבוּ	c	b	a
כָּבוֹד וָעֹז:	לַיהוָה	הָבוּ	d	b	a
כְּבוֹד שְׁמוֹ	לַיהוָה	הָבוּ	e	b	a
בְּהַדְרַת קֹדֶשׁ:	לַיהוָה	הִשְׁתַּחֲווּ	g	b	f

> „Gebt dem Herrn, ihr Göttersöhne,
> gebt dem Herrn Ehre und Ansehen,
> gebt dem Herrn die Ehre seines Namens,
> fallt vor dem Herrn nieder in heiligem Schmuck!"

e) Der Parallelismus versuum

Neben dem Parallelismus *membrorum*, d.h. der *Reihen*, gibt es auch einen solchen von zwei *Versen*, den Parallelismus *versuum*.

Ps 35,26a: יֵבֹשׁוּ וְיַחְפְּרוּ   יַחְדָּו   שְׂמֵחֵי רָעָתִי

Ps 35,27a: יָרֹנּוּ וְיִשְׂמְחוּ   חֲפֵצֵי צִדְקִי

> „Sie werden sich schämen und zuschanden werden –
> die, die sich an meinem Unglück freuen;
> sie werden jubeln und sich freuen –
> die, die an meiner Gerechtigkeit Freude haben..."

7. Übungen

1) Konjugieren Sie mündlich folgende Verben:

    נכה im Perf.Hi.   נטה im Perf. Qal   ידה im Impf.Hi.

2) Bestimmungsübungen zu den doppelt schwachen Verben:

1 שֶׁהִכָּה נָטִיתִי מוֹדִים יוֹרוּ הִכָּם נְטִיָּה הוֹדוּ וַיֶּרֶם הִכִּיתוּ לִנְטוֹת

2 אוֹדֶנּוּ לְשֵׂאת הִכֵּהוּ הִכָּהוּ הֵיוֹדְךָ שָׁאֵהוּ הַכּוֹתִי תֵּט וּמַתַּוְדֶּה נִשָּׂא

3 יַכְּכָה וַיֵּט וַיֵּט וָאָט תֵּט וַתֵּט וַתַּךְ יֶתֶּךְ נְשָׂאתַנִי הֵכֵיתִי

4 הִטּוּ הֹדֹת תֵּכוּ הַטִּי יוֹדוּךָ נְבָאוּ אַכֶּנּוּ הַט וְהוֹרֵיתִיךָ

5 נִקֵּיתִי וַנֵּךְ יַטֵּנּוּ הֹרֵנִי וּמַכֵּה נָטְתָה וַיֹּרֵנִי יִנָּקֶה

3) Vokalisierungsübungen zu den doppelt schwachen Verben:

1 הטו אודה הכום ויכו שא הנבא יאבו נקיתי נטו

4) Bestimmungsübungen zu Verben mit ungewöhnlicher Formbildung:

1 מְכַלְכֵּל הִתְגַּלְגְּלוּ יְכַרְסְמֶנָּה כַּלְכֵּל אֲמַלֵּל מְתַרְגֵּם לְכַלְכְּלֶךָ אֲמַלְלָה

2 מִתְמַהְמֵהַּ אֲכַלְכֵּל אֲמַלְלוּ הִתְמַהְמֵהָנוּ וַיְכַלְכֵּל שֶׁעֲשַׁעְתִּי לְהִתְמַהְמֵהַּ

3 וַיְכַלְכֵּלֶם הִשְׁתַּעְשְׁעוּ וַיִּתְמַהְמָהּ יְכַלְכְּלוּךְ סְחַרְחַר

5) Bestimmungsübungen zu Verben, Nomina, Präpositionen, Partikeln:

1 קְחָה רַחֲמָה וְרַחֲמֵךְ וְהִנָּם לֵךְ לָךְ לָךְ לְךָ לְכָה נְקַלָּה וְהִרְבְּךָ

2 בְּקֶרֶב־ בְּקֶרֶב לָקַחְתִּי לְקַחְתָּהּ לְקָחָהּ וּתְהִי וַתְּהִי וָאֵינֶנּוּ בְּצִדְקָתְךָ

3 צַדֵּקֶךָ מַצְדִּיקֵי שְׁנֵיהֶם שְׁנֵיהֶם עֹדֶנּוּ בִּשְׁמֶךָ אֲשִׂימְךָ רֵעִי רֵעַ

4 רֹעֶה רֵעַי רֵעִי

6) Übersetzen Sie:

1 (Gen 12,8) וַיַּעְתֵּק מִשָּׁם הָהָרָה מִקֶּדֶםᵃ לְבֵית־אֵל וַיֵּט אָהֳלֹה בֵּית־אֵל מִיָּם
וְהָעַי מִקֶּדֶםᵃ וַיִּבֶן שָׁם מִזְבֵּחַ לַיהוָה וַיִּקְרָא בְּשֵׁם יְהוָה:

2 (Ex 2,12) וַיִּפֶן כֹּה וָכֹה וַיַּרְא כִּי אֵין אִישׁ וַיַּךְ אֶת־הַמִּצְרִי וַיִּטְמְנֵהוּᵇ בַּחוֹל:

3 (Ex 4,15) וְדִבַּרְתָּ אֵלָיו וְשַׂמְתָּ אֶת־הַדְּבָרִים בְּפִיו וְאָנֹכִי אֶהְיֶה עִם־פִּיךָ
וְעִם־פִּיהוּ וְהוֹרֵיתִי אֶתְכֶם אֵת אֲשֶׁר תַּעֲשׂוּן:

4 (Ex 24,12) וַיֹּאמֶר יְהוָה אֶל־מֹשֶׁה עֲלֵה אֵלַי הָהָרָה וֶהְיֵה־שָׁם וְאֶתְּנָה לְךָ
אֶת־לֻחֹתᶜ הָאֶבֶן וְהַתּוֹרָה וְהַמִּצְוָה אֲשֶׁר כָּתַבְתִּי לְהוֹרֹתָם:

5 (Jdc 9,48) וַיַּעַל אֲבִימֶלֶךְ הַר־צַלְמוֹןᵈ הוּא וְכָל־הָעָם אֲשֶׁר־אִתּוֹ וַיִּקַּח
אֲבִימֶלֶךְ אֶת־הַקַּרְדֻּמּוֹתᵉ בְּיָדוֹ וַיִּכְרֹת שׂוֹכַתᶠ עֵצִים וַיִּשָּׂאֶהָ וַיָּשֶׂם
עַל־שִׁכְמוֹ וַיֹּאמֶר אֶל־הָעָם אֲשֶׁר־עִמּוֹ מָה רְאִיתֶם עָשִׂיתִי מַהֲרוּ
עֲשׂוּ כָמוֹנִי:

6 (I Reg 18,4) וַיְהִי בְּהַכְרִית אִיזֶבֶל אֵת נְבִיאֵי יְהוָה וַיִּקַּח עֹבַדְיָהוּ מֵאָה נְבִאִים
וַיַּחְבִּיאֵם חֲמִשִּׁים אִישׁ בַּמְּעָרָה וְכִלְכְּלָם לֶחֶם וָמָיִם:

7 (Jer 25,29) כִּי הִנֵּה בָעִיר אֲשֶׁר נִקְרָא־שְׁמִי עָלֶיהָ אָנֹכִי מֵחֵל לְהָרַע וְאַתֶּם
הִנָּקֵה תִנָּקוּ לֹא תִנָּקוּ כִּי חֶרֶב אֲנִי קֹרֵא עַל־כָּל־יֹשְׁבֵי הָאָרֶץ
נְאֻם יְהוָה צְבָאוֹת:

8 (Ps 17,6) אֲנִי־קְרָאתִיךָ כִי־תַעֲנֵנִי אֵל הַט אָזְנְךָ לִי שְׁמַע אִמְרָתִיᵍ:

9 (Ps 86,12) אוֹדְךָ אֲדֹנָי אֱלֹהַי בְּכָל־לְבָבִי וַאֲכַבְּדָה שִׁמְךָ לְעוֹלָם:

10 (Ps 118,28) אֵלִי אַתָּה וְאוֹדֶךָּ אֱלֹהַי אֲרוֹמְמֶךָּ:

11 (Ps 119,16) בְּחֻקֹּתֶיךָ אֶשְׁתַּעֲשָׁע לֹא אֶשְׁכַּח דְּבָרֶךָ:

12 (Ps 119,47) וְאֶשְׁתַּעֲשַׁע בְּמִצְוֺתֶיךָ אֲשֶׁר אָהָבְתִּי:

13 (Ps 119,70) טָפַשׁʰ כַּחֵלֶב לִבָּם אֲנִי תּוֹרָתְךָ שִׁעֲשָׁעְתִּי:

Erläuterungen:

a „östlich"
b שׁמן: „verscharren"
c לוּחַ: „Tafel, Brett"
d „Salmon" *(n.l.)*

e „Äxte"
f „Gebüsch" *(st.cs.)*
g „mein Wort"
h טפשׁ *hier:* „verstockt sein"

7) Übersetzen Sie Jona 3,1-10:

Das vier Kapitel umfassende Jonabuch ist eine Lehrerzählung zur Frage nach der
Buße und Umkehr der großen und nichtisraelitischen Stadt Ninive.

וַיְהִי דְבַר־יְהוָה אֶל־יוֹנָהª שֵׁנִית לֵאמֹר: 1

קוּם לֵךְ אֶל־נִינְוֵהᵇ הָעִיר הַגְּדוֹלָה וּקְרָאᶜ אֵלֶיהָ אֶת־הַקְּרִיאָהᵈ 2
אֲשֶׁר אָנֹכִי דֹּבֵר אֵלֶיךָ:

וַיָּקָם יוֹנָה וַיֵּלֶךְ אֶל־נִינְוֵה כִּדְבַר יְהוָה וְנִינְוֵה הָיְתָה עִיר־גְּדוֹלָה 3
לֵאלֹהִים מַהֲלַךְᵉ שְׁלֹשֶׁת יָמִים:

וַיָּחֶל יוֹנָה לָבוֹא בָעִיר מַהֲלַךְᵉ יוֹם אֶחָד וַיִּקְרָא וַיֹּאמַר עוֹד 4
אַרְבָּעִים יוֹם וְנִינְוֵה נֶהְפָּכֶת:

וַיַּאֲמִינוּ אַנְשֵׁי נִינְוֵה בֵּאלֹהִים וַיִּקְרְאוּ־צוֹםᶠ וַיִּלְבְּשׁוּᵍ שַׂקִּיםʰ 5
מִגְּדוֹלָם וְעַד־קְטַנָּם:

וַיִּגַּע הַדָּבָר אֶל־מֶלֶךְ נִינְוֵה וַיָּקָם מִכִּסְאוֹ וַיַּעֲבֵר אַדַּרְתּוֹ מֵעָלָיו 6
וַיְכַסᵏ שַׂקʰ וַיֵּשֶׁב עַל־הָאֵפֶרˡ:

וַיַּזְעֵק וַיֹּאמֶר בְּנִינְוֵה מִטַּעַםᵐ הַמֶּלֶךְ וּגְדֹלָיו לֵאמֹר הָאָדָם 7
וְהַבְּהֵמָה הַבָּקָר וְהַצֹּאן אַל־יִטְעֲמוּⁿ מְאוּמָה אַל־יִרְעוּ וּמַיִם
אַל־יִשְׁתּוּ:

וְיִתְכַּסּוּ שַׂקִּיםʰ הָאָדָם וְהַבְּהֵמָה וְיִקְרְאוּ אֶל־אֱלֹהִים בְּחָזְקָה 8
וְיָשֻׁבוּ אִישׁ מִדַּרְכּוֹ הָרָעָה וּמִן־הֶחָמָס אֲשֶׁר בְּכַפֵּיהֶם:

מִי־יוֹדֵעַ יָשׁוּב וְנִחַם הָאֱלֹהִים וְשָׁב מֵחֲרוֹןᵒ אַפּוֹ וְלֹא נֹאבֵד: 9

וַיַּרְא הָאֱלֹהִים אֶת־מַעֲשֵׂיהֶם כִּי־שָׁבוּ מִדַּרְכָּם הָרָעָה וַיִּנָּחֶם 10
הָאֱלֹהִים עַל־הָרָעָה אֲשֶׁר־דִּבֶּר לַעֲשׂוֹת־לָהֶם וְלֹא עָשָׂה:

Erläuterungen:

a	„Jona" (*n.pr.m.*)	i	lies: מֶלֶךְ
b	„Ninive" (*n.l.*)	j	אַדֶּרֶת: „Mantel"
c	lies: וּקְרָא	k	כסה: *hier:* „sich in etwas hüllen"
d	קְרִיאָה: „Verkündigung"	l	אֵפֶר: „Staub"
e	מַהֲלָךְ: „Weg, Reise"	m	טַעַם: „Edikt"
f	צוֹם: „Fasten"	n	טעם: „etwas kosten, genießen"
g	לבש: *Qal* „anziehen"	o	חָרוֹן: „Glut"
h	שַׂק: „(sehr einfacher) Schurz"		

8) Übersetzen Sie Ruth 2,11-18: Ruth und Boas

In Ruth 2,1-23 steht die Begegnung zwischen Ruth und Boas auf dem Gerstenfeld bei Bethlehem im Vordergrund. Das Gespräch zwischen Ruth und Boas in V.8-15a wird in V.4-7 und V.15b-16 von dem Gespräch zwischen Boas und den Erntenden umrahmt.

וַיַּעַן בֹּעַז וַיֹּאמֶר לָהּ הֻגֵּד הֻגַּד לִי כֹּל אֲשֶׁר־עָשִׂית אֶת־חֲמוֹתֵךְª 11

אַחֲרֵי מוֹת אִישֵׁךְ וַתַּעַזְבִי אָבִיךְ וְאִמֵּךְ וְאֶרֶץ מוֹלַדְתֵּךְᵇ וַתֵּלְכִי
אֶל־עַם אֲשֶׁר לֹא־יָדַעַתְּ תְּמוֹל שִׁלְשׁוֹםᶜ:

12 יְשַׁלֵּם יְהוָה פָּעֳלֵךְ וּתְהִי מַשְׂכֻּרְתֵּךְᵈ שְׁלֵמָה מֵעִם יְהוָה אֱלֹהֵי
    יִשְׂרָאֵל אֲשֶׁר־בָּאת לַחֲסוֹת תַּחַת־כְּנָפָיו:

13 וַתֹּאמֶר אֶמְצָא־חֵן בְּעֵינֶיךָ אֲדֹנִי כִּי נִחַמְתָּנִי וְכִי דִבַּרְתָּ עַל־לֵב
    שִׁפְחָתֶךָ וְאָנֹכִי לֹא אֶהְיֶה כְּאַחַת שִׁפְחֹתֶיךָ:

14 וַיֹּאמֶר לָה בֹעַז לְעֵת הָאֹכֶל גֹּשִׁי הֲלֹםᵉ וְאָכַלְתְּ מִן־הַלֶּחֶם
    וְטָבַלְתְּᶠ פִּתֵּךְᵍ בַּחֹמֶץʰ וַתֵּשֶׁב מִצַּדⁱ הַקּוֹצְרִים וַיִּצְבָּטʲ־לָה קָלִיᵏ
    וַתֹּאכַל וַתִּשְׂבַּע וַתֹּתַר:

15 וַתָּקָם לְלַקֵּט וַיְצַו בֹּעַז אֶת־נְעָרָיו לֵאמֹר גַּם בֵּין הָעֳמָרִיםˡ
    תְּלַקֵּט וְלֹא תַכְלִימוּהָ:

16 וְגַם שֹׁל־תָּשֹׁלּוּ לָה מִן־הַצְּבָתִיםᵐ וַעֲזַבְתֶּם וְלִקְּטָה וְלֹא
    תִגְעֲרוּⁿ־בָהּ:

17 וַתְּלַקֵּט בַּשָּׂדֶה עַד־הָעָרֶב וַתַּחְבֹּטᵒ אֵת אֲשֶׁר־לִקֵּטָה וַיְהִי כְּאֵיפָה
    שְׂעֹרִים:

18 וַתִּשָּׂא וַתָּבוֹא הָעִיר וַתֵּרֶא חֲמוֹתָהּᵃ אֵת אֲשֶׁר־לִקֵּטָה וַתּוֹצֵא
    וַתִּתֶּן־לָהּ אֵת אֲשֶׁר־הוֹתִרָה מִשָּׂבְעָהּ:

Erläuterungen:

a חָמוֹת: „Schwiegermutter"	i צַד: „Seite"
b מוֹלֶדֶת: „Nachkommenschaft"	j צבט: „reichen"
c תְּמוֹל שִׁלְשׁוֹם: „früher"	k קָלִי: „Röstkorn"
d מַשְׂכֹּרֶת: „Lohn"	l עֹמֶר: „(abgeschnittene) Ähren"
e „hierher, hier"	m צֶבֶת: „Ährenbündel"
f טבל: „eintauchen"	n גער: „schelten, bedrohen"
g פַּת: „Brocken, Bissen"	o חבט: „klopfen, ausklopfen"
h חֹמֶץ: „Essig"	

9) Übersetzen Sie I Sam 2,1-10: Das Lied der Hanna

Das Lied der Hanna gehört zur Gattung der Hymnen. Mit diesem Lied, das Hanna in
den Mund gelegt wird, wird die ganze darauf folgende Geschichte als Manifestation
der Weisheit Gottes herausgestellt (V.2f.).

1 וַתִּתְפַּלֵּל חַנָּה וַתֹּאמַר עָלַץᵃ לִבִּי בַּיהוָה רָמָה קַרְנִיᵇ בַּיהוָה
   רָחַבᶜ פִּי עַל־אוֹיְבַי כִּי שָׂמַחְתִּי בִּישׁוּעָתֶךָ:

2 אֵין־קָדוֹשׁ כַּיהוָה כִּי אֵין בִּלְתֶּךָᵈ וְאֵין צוּר כֵּאלֹהֵינוּ:

3 אַל־תַּרְבּוּ תְדַבְּרוּ גְּבֹהָה גְבֹהָהᵉ יֵצֵא עָתָקᶠ מִפִּיכֶם כִּי אֵל

דֵּעוֹת[g] יְהוָה וְלֹא[α] נִתְכְּנוּ[h] עֲלִלוֹת[i]׃
4 קֶשֶׁת גִּבֹּרִים חַתִּים[j] וְנִכְשָׁלִים אָזְרוּ[k] חָיִל׃
5 שְׂבֵעִים[l] בַּלֶּחֶם נִשְׂכָּרוּ[m] וּרְעֵבִים חָדֵלּוּ עַד־עֲקָרָה[n] יָלְדָה שִׁבְעָה
וְרַבַּת בָּנִים אֻמְלָלָה׃
6 יְהוָה מֵמִית וּמְחַיֶּה מוֹרִיד שְׁאוֹל וַיָּעַל׃
7 יְהוָה [o]מוֹרִשׁ וּמַעֲשִׁיר[o] מַשְׁפִּיל[p] אַף־מְרוֹמֵם׃
8 מֵקִים מֵעָפָר דָּל[q] מֵאַשְׁפֹּת[r] יָרִים אֶבְיוֹן[s] לְהוֹשִׁיב עִם־נְדִיבִים[t]
וְכִסֵּא כָבוֹד יַנְחִלֵם כִּי לַיהוָה מְצֻקֵי[u] אֶרֶץ וַיָּשֶׁת עֲלֵיהֶם תֵּבֵל׃
9 רַגְלֵי חֲסִידָו[v] יִשְׁמֹר וּרְשָׁעִים בַּחֹשֶׁךְ יִדָּמּוּ[w] כִּי־לֹא בְכֹחַ
יִגְבַּר־אִישׁ׃
10 יְהוָה יֵחַתּוּ מְרִיבָו[x] עָלָו[β] בַּשָּׁמַיִם יַרְעֵם[y] יְהוָה יָדִין אַפְסֵי־אָרֶץ
וְיִתֶּן־עֹז לְמַלְכּוֹ וְיָרֵם קֶרֶן מְשִׁיחוֹ׃ פ

Erläuterungen:

a עלץ *Qal* „frohlocken, sich freuen“
b קֶרֶן: „Horn“; *übertragen:* „Stärke“
c רחב *Qal* „sich öffnen“
d בִּלְתִּי: „außer, ohne“
e „Hohes“; *hier:* „Hochmütiges“
f „vorlaut, frech“
g דֵּעָה: „Wissen“
h תכן *Ni.* „geprüft werden“
i עֲלִילָה: „Tat, Handlung“
j חַת: „zerbrochen“
k אזר: „sich gürten“
l „Satte“
m שׂכר *Ni.* „sich um etwas bemühen“
n „unfruchtbar“

o ירשׁ *Hi.* hier: „arm machen“
עשׁר *Qal* „reich sein“
p שׁפל *Qal* „niedrig sein“
q „gering, hilflos“
r אַשְׁפֹּת: „Aschengrube“
s „arm, gering“
t נָדִיב: „der Edle“
u מָצוּק: „Säule“
v חָסִיד: „treu, fromm“
(Qere: חסידיו*)*
w דמם *Ni.* „umkommen“
x „seine Feinde“ *(Qere:* מריביו*)*
y רעם *Hi. hier:* „donnern lassen“
α *Qere:* ולו
β *Qere:* עליו

10) Übersetzen Sie Psalm 3: Jahwe als Schild des Beters

1 מִזְמוֹר[a] לְדָוִד בְּבָרְחוֹ מִפְּנֵי אַבְשָׁלוֹם[b] בְּנוֹ׃
2 יְהוָה מָה־רַבּוּ צָרָי   רַבִּים קָמִים עָלָי׃
3 רַבִּים אֹמְרִים לְנַפְשִׁי   אֵין יְשׁוּעָתָה לּוֹ בֵאלֹהִים   סֶלָה[c]׃
4 וְאַתָּה יְהוָה מָגֵן[d] בַּעֲדִי[e]   כְּבוֹדִי וּמֵרִים רֹאשִׁי׃
5 קוֹלִי אֶל־יְהוָה אֶקְרָא   וַיַּעֲנֵנִי מֵהַר קָדְשׁוֹ   סֶלָה[c]׃
6 אֲנִי שָׁכַבְתִּי וָאִישָׁנָה   הֱקִיצוֹתִי[f] כִּי יְהוָה יִסְמְכֵנִי[g]׃

לֹא־אִירָא מֵרִבְבוֹת עָם אֲשֶׁר סָבִיב שָׁתוּ עָלָי: 7

קוּמָה יְהוָה׀ הוֹשִׁיעֵנִי אֱלֹהַי   8

כִּי־הִכִּיתָ אֶת־כָּל־אֹיְבַי לֶחִי שִׁנֵּי‍ רְשָׁעִים שִׁבַּרְתָּ:

לַיהוָה הַיְשׁוּעָה עַל־עַמְּךָ בִרְכָתֶךָ סֶּלָה: 9

Erläuterungen:

a	מִזְמוֹר: „Psalm"		e	בְּעַד: „für, zugunsten von"
b	אַבְשָׁלוֹם: *n.pr.m.*		f	קִיץ: *Hi.* „aufwachen"
c	kultischer Zwischenruf: bleibt unübersetzt		g	סָמַךְ: *Qal* „jmdn. stützen"
d	מָגֵן: „(der) Schild"		h	שֵׁן: „Zahn"

Paradigmentabellen

I   Präpositionen mit Suffixen (Lektion 7)

		לְ	בְּ	כְּ	מִן	אֵת/אֶת־	אֵת	עִם	אֶל־
Sg.	1.com.	לִי	בִּי	כָּמוֹנִי	מִמֶּנִּי	אִתִּי	אֹתִי	עִמִּי	אֵלַי
	2.m.	לְךָ	בְּךָ	כָּמוֹךָ	מִמְּךָ	אִתְּךָ	אֹתְךָ	עִמְּךָ	אֵלֶיךָ
	2.m. i.p.	לָךְ	בָּךְ		מִמֶּךָּ	אִתָּךְ	אֹתָךְ	עִמָּךְ	
	2.f.	לָךְ	בָּךְ		מִמֵּךְ	אִתָּךְ	אֹתָךְ	עִמָּךְ	אֵלַיִךְ
	3.m.	לוֹ	בּוֹ	כָּמוֹהוּ	מִמֶּנּוּ	אִתּוֹ	אֹתוֹ	עִמּוֹ	אֵלָיו
	3.f.	לָהּ	בָּהּ	כָּמוֹהָ	מִמֶּנָּה	אִתָּהּ	אֹתָהּ	עִמָּהּ	אֵלֶיהָ
Pl.	1.com.	לָנוּ	בָּנוּ	כָּמוֹנוּ	מִמֶּנּוּ	אִתָּנוּ	אֹתָנוּ	עִמָּנוּ	אֵלֵינוּ
	2.m.	לָכֶם	בָּכֶם	כָּכֶם	מִכֶּם	אִתְּכֶם	אֶתְכֶם	עִמָּכֶם	אֲלֵיכֶם
	2.f.								אֲלֵיכֶן
	3.m.	לָהֶם	בָּהֶם	כָּהֶם	מֵהֶם	אִתָּם	אֹתָם	עִמָּם	אֲלֵיהֶם
	3.f.	לָהֶן	בָּהֶן	כָּהֵנָּה	מֵהֵנָּה	אִתְּהֶן	אֶתְהֶן		אֲלֵיהֶן

		עַל	עַד	לִפְנֵי	אַחֲרֵי	בֵּין	תַּחַת
Sg.	1.com.	עָלַי	עָדַי	לְפָנַי	אַחֲרַי	בֵּינִי	תַּחְתַּי
	2.m.	עָלֶיךָ	עָדֶיךָ	לְפָנֶיךָ	אַחֲרֶיךָ	בֵּינְךָ	תַּחְתֶּיךָ
	2.m. i.p.					בֵּינֶךָ	
	2.f.	עָלַיִךְ			אַחֲרַיִךְ	בֵּינֵךְ	
	3.m.	עָלָיו	עָדָיו	לְפָנָיו	אַחֲרָיו	בֵּינוֹ	תַּחְתָּיו
	3.f.	עָלֶיהָ	עָדֶיהָ	לְפָנֶיהָ	אַחֲרֶיהָ		תַּחְתֶּיהָ
Pl.	1.com.	עָלֵינוּ		לְפָנֵינוּ	אַחֲרֵינוּ	בֵּינֵינוּ	תַּחְתֵּינוּ
	2.m.	עֲלֵיכֶם	עֲדֵיכֶם	לִפְנֵיכֶם	אַחֲרֵיכֶם	בֵּינֵיכֶם	תַּחְתֵּיכֶם
	2.f.	עֲלֵיכֶן					
	3.m.	עֲלֵיהֶם		לִפְנֵיהֶם	אַחֲרֵיהֶם	בֵּינֵיהֶם	תַּחְתָּם/תַּחְתֵּיהֶם
	3.f.	עֲלֵיהֶן			אַחֲרֵיהֶן		תַּחְתֵּיהֶן

II Das selbständige Personalpronomen (Lektion 6)

	Kontextform:		Pausalform:		Übersetzung:
1.Sg.com.	אָנֹכִי	אֲנִי	אָנֹכִי	אָנִי	ich
2.Sg.m.	אַתָּה		אָתָּה		du *(m.)*
2.Sg.f.	אַתְּ		אָתְּ		du *(f.)*
3.Sg.m.	הוּא				er
3.Sg.f.	הִיא	(הוּא)			sie
1.Pl.com.	אֲנַחְנוּ	נַחְנוּ	אֲנַחְנוּ	נָחְנוּ	wir
2.Pl.m.	אַתֶּם				ihr *(m.)*
2.Pl.f.	אַתֵּן	אַתֵּנָה			ihr *(f.)*
3.Pl.m.	הֵם	הֵמָּה			sie *(m.)*
3.Pl.f.	הֵנָּה				sie *(f.)*

III/1 Das unveränderliche Nomen mit Suffixen (Lektion 7)

Maskulinum:		*Sg.*	*Pl.*	*Femininum:*		*Sg.*	*Pl.*
st.abs.		סוּס	סוּסִים	*st.abs.*		תּוֹרָה	תּוֹרוֹת
st.cs.		סוּס	סוּסֵי	*st.cs.*		תּוֹרַת	תּוֹרוֹת
	1.com.	סוּסִי	סוּסַי		*1.com.*	תּוֹרָתִי	תּוֹרוֹתַי
	2.m.	סוּסְךָ	סוּסֶיךָ		*2.m.*	תּוֹרָתְךָ	תּוֹרוֹתֶיךָ
Sg.	*2.f.*	סוּסֵךְ	סוּסַיִךְ	*Sg.*	*2.f.*	תּוֹרָתֵךְ	תּוֹרוֹתַיִךְ
	3.m.	סוּסוֹ	סוּסָיו		*3.m.*	תּוֹרָתוֹ	תּוֹרוֹתָיו
	3.f.	סוּסָהּ	סוּסֶיהָ		*3.f.*	תּוֹרָתָהּ	תּוֹרוֹתֶיהָ
	1.com.	סוּסֵנוּ	סוּסֵינוּ		*1.com.*	תּוֹרָתֵנוּ	תּוֹרוֹתֵינוּ
	2.m.	סוּסְכֶם	סוּסֵיכֶם		*2.m.*	תּוֹרַתְכֶם	תּוֹרוֹתֵיכֶם
Pl.	*2.f.*	סוּסְכֶן	סוּסֵיכֶן	*Pl.*	*2.f.*	תּוֹרַתְכֶן	תּוֹרוֹתֵיכֶן
	3.m.	סוּסָם	סוּסֵיהֶם		*3.m.*	תּוֹרָתָם	תּוֹרוֹתֵיהֶם
	3.f.	סוּסָן	סוּסֵיהֶן		*3.f.*	תּוֹרָתָן	תּוֹרוֹתֵיהֶן

III/2   Unregelmäßige Nomina (Lektion 8)

Sg. st.abs.	אָב	אָח	אָחוֹת	אִישׁ	אִשָּׁה	אָמָה	בַּיִת	בֵּן
Sg. st.cs.	אֲבִי	אֲחִי	אֲחוֹת	אִישׁ	אֵשֶׁת		בֵּית	בֶּן־/בֶּן־
Suffix 1.Sg.com.	אָבִי	אָחִי	אֲחוֹתִי	אִישִׁי	אִשְׁתִּי	אֲמָתִי	בֵּיתִי	בְּנִי
Pl. st.abs.	אָבוֹת	אַחִים		אֲנָשִׁים	נָשִׁים	אֲמָהוֹת	בָּתִּים	בָּנִים
Pl. st.cs.	אֲבוֹת	אֲחֵי		אַנְשֵׁי	נְשֵׁי	אַמְהוֹת	בָּתֵּי	בְּנֵי
Suffix 1.Sg.com.	אֲבוֹתַי	אַחַי	אַחְיֹתַי	אֲנָשַׁי	נָשַׁי	אַמְהוֹתֶיךָ	בָּתֶּיךָ	בָּנַי

Sg. st.abs.	בַּת	יוֹם		עִיר	פֶּה	רֹאשׁ
Sg. st.cs.	בַּת	יוֹם		עִיר	פִּי	רֹאשׁ
Suffix 1.Sg.com.	בִּתִּי	יוֹמְךָ		עִירִי	פִּי	רֹאשִׁי
Pl. st.abs.	בָּנוֹת	יָמִים	מַיִם	עָרִים	פִּים	רָאשִׁים
Pl. st.cs.	בְּנוֹת	יְמֵי	מֵי/מֵימֵי	עָרֵי		רָאשֵׁי
Suffix 1.Sg.com.	בְּנוֹתַי	יָמַי	מֵימַי	עָרַי		רָאשָׁיו

III/3   Segolata (Lektionen 11-12)

a-Segolata				i-Segolata			
מֶלֶךְ König				סֵפֶר Buch			
st.abs.	st.cs.	leichte Suffixe	schwere Suffixe	st.abs.	st.cs.	leichte Suffixe	schwere Suffixe
Sg. מֶלֶךְ	מֶלֶךְ	מַלְכִּי	מַלְכְּכֶם	*Sg.* סֵפֶר	סֵפֶר	סִפְרִי	סִפְרְכֶם
Pl. מְלָכִים	מַלְכֵי	מְלָכַי	מַלְכֵיכֶם	*Pl.* סְפָרִים	סִפְרֵי	סְפָרַי	סִפְרֵיכֶם

u-Segolata				Segolata mediae Waw			
קֹדֶשׁ Heiligtum				אָוֶן Schuld			
st.abs.	st.cs.	leichte Suffixe	schwere Suffixe	st.abs.	st.cs.	leichte Suffixe	schwere Suffixe
Sg. קֹדֶשׁ	קֹדֶשׁ	קָדְשִׁי	קָדְשְׁכֶם	*Sg.* אָוֶן	אוֹן	אוֹנִי	אוֹנְכֶם
Pl. קֳדָשִׁים	קָדְשֵׁי	קָדָשַׁי	קָדְשֵׁיכֶם	*Pl.* אוֹנִים	אוֹנַי	אוֹנַי	אוֹנֵיכֶם

Segolata mediae Jod				Segolata tertiae Jod			
זַיִת Ölbaum				פְּרִי Frucht חֳלִי Krankheit			
st.abs.	st.cs.	leichte Suffixe	schwere Suffixe	st.abs.	st.cs.	leichte Suffixe	schwere Suffixe
Sg. זַיִת	זֵית	זֵיתִי	זֵיתְכֶם	*Sg.* פְּרִי	פְּרִי	פִּרְיִי	פֶּרְיְכֶם
Pl. זֵיתִים	זֵיתֵי	זֵיתַי	זֵיתֵיכֶם	*Pl.* חֳלָיִים	חֳלָיֵי	חֳלָיַי	חֳלָיֵיכֶם

III/4 Nomina mit zwei veränderlichen Vokalen (Lektion 13)

דָּבָר Wort, Sache				חָצֵר Vorhof			
st.abs.	st.cs.	leichte Suffixe	schwere Suffixe	st.abs.	st.cs.	leichte Suffixe	schwere Suffixe
Sg. דָּבָר	דְּבַר	דְּבָרִי	דְּבַרְכֶם	*Sg.* חָצֵר	חֲצַר	חֲצֵרִי	
Pl. דְּבָרִים	דִּבְרֵי	דְּבָרַי	דִּבְרֵיכֶם	*Pl.* חֲצֵרִים	חַצְרֵי	חֲצֵרַי	חַצְרֵיכֶם

III/5 Nomina mit veränderlichem Vokal in der vorletzten Silbe (Lektion 17)

פָּקִיד Aufseher			
st.abs.	st.cs.	leichte Suffixe	schwere Suffixe
Sg. פָּקִיד	פְּקִיד	פְּקִידִי	פְּקִידְכֶם
Pl. פְּקִידִים	פְּקִידֵי	פְּקִידַי	פְּקִידֵיכֶם

III/6 Nomina mit verdoppeltem Endkonsonanten (Lektion 14)

עַם Volk < *'amm				עֵת Zeit < *'itt			
st.abs.	st.cs.	leichte Suffixe	schwere Suffixe	st.abs.	st.cs.	leichte Suffixe	schwere Suffixe
Sg. עַם	עַם	עַמִּי	עַמְּכֶם	*Sg.* עֵת	עֵת	עִתּוֹ	עִתָּם
Pl. עַמִּים	עַמֵּי	עַמֶּיךָ		*Pl.* עִתִּים		עִתֶּיךָ	

חֹק Satzung < *ḥuqq			
st.abs.	st.cs.	leichte Suffixe	schwere Suffixe
Sg. חֹק	חָק	חֻקִּי	חָקְכֶם
Pl. חֻקִּים	חֻקֵּי	חֻקַּי	

mit drei Radikalen				mit Ersatzdehnung: a > ā			
גָּמָל Kamel				שַׂר Fürst			
st.abs.	st.cs.	leichte Suffixe	schwere Suffixe	st.abs.	st.cs.	leichte Suffixe	schwere Suffixe
Sg. גָּמָל	גְּמַל	גְּמַלִּי	גְּמַלְּכֶם	*Sg.* שַׂר	שַׂר	שָׂרִי	שַׂרְכֶם*
Pl. גְּמַלִּים	גְּמַלֵּי	גְּמַלַּי	גְּמַלֵּיכֶם	*Pl.* שָׂרִים	שָׂרֵי	שָׂרַי	שָׂרֵיכֶם

* nur in Dan 10,21

III/7 Nomina mit veränderlichem Qamäṣ und Ṣere in der Endsilbe (Lektionen 15-16)

מִשְׁפָּט i-ā Recht, Gericht			
st.abs.	st.cs.	leichte Suffixe	schwere Suffixe
Sg. מִשְׁפָּט	מִשְׁפַּט	מִשְׁפָּטִי	מִשְׁפַּטְכֶם
Pl. מִשְׁפָּטִים	מִשְׁפְּטֵי	מִשְׁפָּטַי	מִשְׁפְּטֵיכֶם

מַלְאָךְ a-ā Bote			
st.abs.	st.cs.	leichte Suffixe	schwere Suffixe
Sg. מַלְאָךְ	מַלְאַךְ	מַלְאָכִי	מַלְאַכְכֶם
Pl. מַלְאָכִים	מַלְאֲכֵי	מַלְאָכַי	מַלְאֲכֵיכֶם

מִזְבֵּחַ i-ē Altar			
st.abs.	st.cs.	leichte Suffixe	schwere Suffixe
Sg. מִזְבֵּחַ	מִזְבַּח	מִזְבְּחִי	מִזְבַּחֲכֶם
Pl. מִזְבְּחוֹת	מִזְבְּחוֹת	מִזְבְּחוֹתַי	מִזְבְּחוֹתֵיכֶם

III/8 Nomina auf הֶ < *tertiae Jod (Lektion 18)

מַעֲשֶׂה Tat, Werk			
st.abs.	st.cs.	leichte Suffixe	schwere Suffixe
Sg. מַעֲשֶׂה	מַעֲשֵׂה	מַעֲשִׂי	מַעֲשְׂכֶם
Pl. מַעֲשִׂים	מַעֲשֵׂי	מַעֲשַׂי	מַעֲשֵׂיכֶם

III/9 Feminine Nomina auf -īt und ūt (Lektion 19)

רֵאשִׁית Anfang			מַלְכוּת Königtum		
st.abs.	st.cs.	leichte Suffixe	st.abs.	st.cs.	leichte Suffixe
Sg. רֵאשִׁית	רֵאשִׁית	רֵאשִׁיתְךָ	*Sg.* מַלְכוּת	מַלְכוּת	מַלְכוּתִי
Pl.			*Pl.* מַלְכֻיּוֹת		עֵדְוֹתָיו*

* Pl. zu עֵדוּת Mahnung, Gebot

III/10 Feminine Nomina mit veränderlichen Vokalen (Lektion 20)

צְדָקָה Gerechtigkeit			
st.abs.	st.cs.	leichte Suffixe	schwere Suffixe
Sg. צְדָקָה	צִדְקַת	צִדְקָתִי	צִדְקַתְכֶם
Pl. צְדָקוֹת	צִדְקוֹת	צִדְקוֹתַי	צִדְקוֹתֵיכֶם

עֵצָה Rat			
st.abs.	st.cs.	leichte Suffixe	schwere Suffixe
Sg. עֵצָה	עֲצַת	עֲצָתִי	עֲצַתְכֶם
Pl. עֵצוֹת	עֲצוֹת	עֲצוֹתַי	עֲצוֹתֵיכֶם

III/11 Feminine Nomina mit segolierter Endung (Lektion 21)

מִשְׁמֶרֶת Wache, Dienst			
st.abs.	st.cs.	leichte Suffixe	schwere Suffixe
Sg. מִשְׁמֶרֶת	מִשְׁמֶרֶת	מִשְׁמַרְתִּי	מִשְׁמַרְתְּכֶם
Pl. מִשְׁמָרוֹת	מִשְׁמְרוֹת		מִשְׁמְרוֹתֵיכֶם

III/12 Feminine Nomina auf הָ von Segolata (Lektion 22)

מַלְכָּה Königin			
st.abs.	st.cs.	leichte Suffixe	schwere Suffixe
Sg. מַלְכָּה	מַלְכַּת	מַלְכָּתִי	מַלְכַּתְכֶם
Pl. מַלְכוֹת	מַלְכוֹת	מַלְכוֹתִי	מַלְכוֹתֵיכֶם

III/13 Einsilbige Nomina mit veränderlichem Vokal (Lektion 23)

דָּם Blut				שֵׁם Name			
st.abs.	st.cs.	leichte Suffixe	schwere Suffixe	st.abs.	st.cs.	leichte Suffixe	schwere Suffixe
Sg. דָּם	דַּם	דְּמִי	דְּמְכֶם	שֵׁם	שֵׁם	שְׁמִי	שְׁמְכֶם
Pl. דָּמִים	דְּמֵי	דָּמַי	דְּמֵיכֶם	שֵׁמוֹת	שְׁמוֹת	שְׁמוֹתַי	שְׁמוֹתֵיכֶם

IV/1   Starkes Verb (Lektionen 8-14)

		Qal I	II	Nif'al	Pi'el	Pu'al
Perfekt	Sg. 3. m.	כָּתַב	כָּבֵד	נִכְתַּב	כִּתֵּב	כֻּתַּב
	3. f.	כָּתְבָה	כָּבְדָה	נִכְתְּבָה	כִּתְּבָה	כֻּתְּבָה
	2. m.	כָּתַבְתָּ	כָּבַדְתָּ	נִכְתַּבְתָּ	כִּתַּבְתָּ	כֻּתַּבְתָּ
	2. f.	כָּתַבְתְּ	כָּבַדְתְּ	נִכְתַּבְתְּ	כִּתַּבְתְּ	כֻּתַּבְתְּ
	1. c.	כָּתַבְתִּי	כָּבַדְתִּי	נִכְתַּבְתִּי	כִּתַּבְתִּי	כֻּתַּבְתִּי
	Pl. 3. c.	כָּתְבוּ	כָּבְדוּ	נִכְתְּבוּ	כִּתְּבוּ	כֻּתְּבוּ
	2. m.	כְּתַבְתֶּם	כְּבַדְתֶּם	נִכְתַּבְתֶּם	כִּתַּבְתֶּם	כֻּתַּבְתֶּם
	2. f.	כְּתַבְתֶּן	כְּבַדְתֶּן	נִכְתַּבְתֶּן	כִּתַּבְתֶּן	כֻּתַּבְתֶּן
	1. c.	כָּתַבְנוּ	כָּבַדְנוּ	נִכְתַּבְנוּ	כִּתַּבְנוּ	כֻּתַּבְנוּ
Imperfekt	Sg. 3. m.	יִכְתֹּב	יִכְבַּד	יִכָּתֵב	יְכַתֵּב	יְכֻתַּב
	3. f.	תִּכְתֹּב	תִּכְבַּד	תִּכָּתֵב	תְּכַתֵּב	תְּכֻתַּב
	2. m.	תִּכְתֹּב	תִּכְבַּד	תִּכָּתֵב	תְּכַתֵּב	תְּכֻתַּב
	2. f.	תִּכְתְּבִי	תִּכְבְּדִי	תִּכָּתְבִי	תְּכַתְּבִי	תְּכֻתְּבִי
	1. c.	אֶכְתֹּב	אֶכְבַּד	אֶכָּתֵב	אֲכַתֵּב	אֲכֻתַּב
	Pl. 3. m.	יִכְתְּבוּ	יִכְבְּדוּ	יִכָּתְבוּ	יְכַתְּבוּ	יְכֻתְּבוּ
	3. f.	תִּכְתֹּבְנָה	תִּכְבַּדְנָה	תִּכָּתַבְנָה	תְּכַתֵּבְנָה	תְּכֻתַּבְנָה
	2. m.	תִּכְתְּבוּ	תִּכְבְּדוּ	תִּכָּתְבוּ	תְּכַתְּבוּ	תְּכֻתְּבוּ
	2. f.	תִּכְתֹּבְנָה	תִּכְבַּדְנָה	תִּכָּתַבְנָה	תְּכַתֵּבְנָה	תְּכֻתַּבְנָה
	1. c.	נִכְתֹּב	נִכְבַּד	נִכָּתֵב	נְכַתֵּב	נְכֻתַּב
Kohortativ	Sg.	אֶכְתְּבָה	אֶכְבְּדָה	אֶכָּתְבָה	אֲכַתְּבָה	
Jussiv	Sg. 3. m.					
Waw-Imperfekt		וַיִּכְתֹּב	וַיִּכְבַּד	וַיִּכָּתֵב	וַיְכַתֵּב	וַיְכֻתַּב
Imperativ	Sg. m.	כְּתֹב	כְּבַד	הִכָּתֵב	כַּתֵּב	
	f.	כִּתְבִי	כִּבְדִי	הִכָּתְבִי	כַּתְּבִי	
	Pl. m.	כִּתְבוּ	כִּבְדוּ	הִכָּתְבוּ	כַּתְּבוּ	
	f.	כְּתֹבְנָה	כְּבַדְנָה	הִכָּתַבְנָה	כַּתֵּבְנָה	
Infinitiv	cs.	כְּתֹב	כְּבֹד	הִכָּתֵב	כַּתֵּב	
	abs.	כָּתוֹב	כָּבוֹד	הִכָּתֹב	כַּתֵּב	כֻּתֹּב
Partizip		כֹּתֵב / כָּתוּב	כָּבֵד	נִכְתָּב	מְכַתֵּב	מְכֻתָּב

			Hitpaʻel	Hifʻil	Hofʻal
Perfekt	Sg.	3. m.	הִתְכַּתֵּב	הִכְתִּיב	הָכְתַּב
		3. f.	הִתְכַּתְּבָה	הִכְתִּיבָה	הָכְתְּבָה
		2. m.	הִתְכַּתַּבְתָּ	הִכְתַּבְתָּ	הָכְתַּבְתָּ
		2. f.	הִתְכַּתַּבְתְּ	הִכְתַּבְתְּ	הָכְתַּבְתְּ
		1. c.	הִתְכַּתַּבְתִּי	הִכְתַּבְתִּי	הָכְתַּבְתִּי
	Pl.	3. c.	הִתְכַּתְּבוּ	הִכְתִּיבוּ	הָכְתְּבוּ
		2. m.	הִתְכַּתַּבְתֶּם	הִכְתַּבְתֶּם	הָכְתַּבְתֶּם
		2. f.	הִתְכַּתַּבְתֶּן	הִכְתַּבְתֶּן	הָכְתַּבְתֶּן
		1. c.	הִתְכַּתַּבְנוּ	הִכְתַּבְנוּ	הָכְתַּבְנוּ
Imperfekt	Sg.	3. m.	יִתְכַּתֵּב	יַכְתִּיב	יָכְתַּב
		3. f.	תִּתְכַּתֵּב	תַּכְתִּיב	תָּכְתַּב
		2. m.	תִּתְכַּתֵּב	תַּכְתִּיב	תָּכְתַּב
		2. f.	תִּתְכַּתְּבִי	תַּכְתִּיבִי	תָּכְתְּבִי
		1. c.	אֶתְכַּתֵּב	אַכְתִּיב	אָכְתַּב
	Pl.	3. m.	יִתְכַּתְּבוּ	יַכְתִּיבוּ	יָכְתְּבוּ
		3. f.	תִּתְכַּתֵּבְנָה	תַּכְתֵּבְנָה	תָּכְתַּבְנָה
		2. m.	תִּתְכַּתְּבוּ	תַּכְתִּיבוּ	תָּכְתְּבוּ
		2. f.	תִּתְכַּתֵּבְנָה	תַּכְתֵּבְנָה	תָּכְתַּבְנָה
		1. c.	נִתְכַּתֵּב	נַכְתִּיב	נָכְתַּב
Kohortativ	Sg.		אֶתְכַּתְּבָה	אַכְתִּיבָה	
Jussiv	Sg.	3. m.		יַכְתֵּב	
Waw-Imperfekt			וַיִּתְכַּתֵּב	וַיַּכְתֵּב	וַיָּכְתַּב
Imperativ	Sg.	m.	הִתְכַּתֵּב	הַכְתֵּב	
		f.	הִתְכַּתְּבִי	הַכְתִּיבִי	
	Pl.	m.	הִתְכַּתְּבוּ	הַכְתִּיבוּ	
		f.	הִתְכַּתֵּבְנָה	הַכְתֵּבְנָה	
Infinitiv	cs.		הִתְכַּתֵּב	הַכְתִּיב	
	abs.		הִתְכַּתֵּב	הַכְתֵּב	הָכְתֵּב
Partizip			מִתְכַּתֵּב	מַכְתִּיב	מָכְתָּב

IV/2 Starkes Verb mit Suffixen (Lektionen 15-17)

		Qal		Nif'al	
		ohne Suffix	mit Suffix	ohne Suffix	mit Suffix
Perfekt	Sg. 3. m.	כָּתַב	כְּתָבַנִי		
	3. f.	כָּתְבָה	כְּתָבַתְנִי		
	2. m.	כָּתַבְתָּ	כְּתַבְתַּנִי		
	2. f.	כָּתַבְתְּ	כְּתַבְתִּינִי		
	1. c.	כָּתַבְתִּי	כְּתַבְתִּיךָ		
	Pl. 3. c.	כָּתְבוּ	כְּתָבוּנִי		
	2. m.	כְּתַבְתֶּם	כְּתַבְתּוּנִי		
	1. c.	כָּתַבְנוּ	כְּתַבְנוּךָ		
Imperfekt	Sg. 3. m.	יִכְתֹּב	יִכְתְּבֵנִי		
		יִשְׁמַע	יִשְׁמְעֵנִי		
	+ Nun energ.	יִכְתֹּב	יִכְתְּבֶנִּי		
		יִשְׁמַע	יִשְׁמָעֶנִּי		
	Pl. 3. m.	יִכְתְּבוּ	יִכְתְּבוּנִי		
		יִשְׁמְעוּ	יִשְׁמָעוּנִי		
Imperativ	Sg. m.	כְּתֹב	כָּתְבֵנִי		
		שְׁמַע	שְׁמָעֵנִי		
	Pl. m.	כִּתְבוּ	כָּתְבוּנִי		
		שִׁמְעוּ	שְׁמָעוּנִי		
Infinitiv	cs.	כְּתֹב		הִכָּתֵב	
			כָּתְבִי		הִכָּתְבִי
			כָּתְבֵנִי		
			כָּתְבְךָ		הִכָּתֶבְךָ
			כָּתָבְךָ		
			כָּתְבֶךָ		הִכָּתֶבֶךְ
			כָּתְבוֹ		הִכָּתְבוֹ
			כָּתְבָה		הִכָּתְבָה
			כָּתְבֵנוּ		הִכָּתְבֵנוּ
			כָּתְבְכֶם		הִכָּתֶבְכֶם
			כָּתְבָם		הִכָּתְבָם

			Pi'el		Hif'il	
			ohne Suffix	mit Suffix	ohne Suffix	mit Suffix
Perfekt	Sg.	3. m.	כִּתֵּב	כִּתְּבַנִי	הִכְתִּיב	הִכְתִּיבַנִי
		3. f.	כִּתְּבָה	כִּתְּבַתְנִי	הִכְתִּיבָה	הִכְתִּיבַתְנִי
		2. m.	כִּתַּבְתָּ	כִּתַּבְתַּנִי	הִכְתַּבְתָּ	הִכְתַּבְתַּנִי
		2. f.	כִּתַּבְתְּ	כִּתַּבְתִּינִי	הִכְתַּבְתְּ	הִכְתַּבְתִּינִי
		1. c.	כִּתַּבְתִּי	כִּתַּבְתִּיךְ	הִכְתַּבְתִּי	הִכְתַּבְתִּיךְ
	Pl.	3. c.	כִּתְּבוּ	כִּתְּבוּנִי	הִכְתִּיבוּ	הִכְתִּיבוּנִי
		2. m.	כִּתַּבְתֶּם	כִּתַּבְתּוּנִי	הִכְתַּבְתֶּם	הִכְתַּבְתּוּנִי
		1. c.	כִּתַּבְנוּ	כִּתַּבְנוּךְ	הִכְתַּבְנוּ	הִכְתַּבְנוּךְ
Imperfekt	Sg.	3. m.	יְכַתֵּב	יְכַתְּבֵנִי	יַכְתִּיב	יַכְתִּיבֵנִי
	+ Nun energ.		יְכַתֵּב	יְכַתְּבֶנִּי	יַכְתִּיב	יַכְתִּיבֶנִּי
	Pl.	3. m.	יְכַתְּבוּ	יְכַתְּבוּנִי	יַכְתִּיבוּ	יַכְתִּיבוּנִי
Imperativ	Sg.	m.	כַּתֵּב	כַּתְּבֵנִי	הַכְתֵּב	הַכְתִּיבֵנִי
	Pl.	m.	כַּתְּבוּ	כַּתְּבוּנִי	הַכְתִּיבוּ	הַכְתִּיבוּנִי
Infinitiv	cs.		כַּתֵּב		הַכְתִּיב	
				כַּתְּבִי		הַכְתִּיבִי
				כַּתְּבֵנִי		הַכְתִּיבֵנִי
				כַּתֶּבְךָ		הַכְתִּיבְךָ
				כַּתֶּבֵךְ		הַכְתִּיבֵךְ
				כַּתְּבוֹ		הַכְתִּיבוֹ
				כַּתְּבָהּ		הַכְתִּיבָהּ
				כַּתְּבֵנוּ		הַכְתִּיבֵנוּ
				כַּתֶּבְכֶם		הַכְתִּיבְכֶם
				כַּתְּבָם		הַכְתִּיבָם

IV/3   Verba primae laryngalis (Lektion 18)

			weiche Verbindung				
			Qal		Nif'al	Hif'il	Hof'al
Perfekt	Sg.	3. m.	עָבַד	חָזַק	נֶעֱבַד	הֶעֱבִיד	הָעֳבַד
		3. f.	עָבְדָה	חָזְקָה	נֶעֶבְדָה	הֶעֱבִידָה	הָעָבְדָה
		2. m.	עָבַדְתָּ	חָזַקְתָּ	נֶעֱבַדְתָּ	הֶעֱבַדְתָּ	הָעֳבַדְתָּ
		2. f.	עָבַדְתְּ	חָזַקְתְּ	נֶעֱבַדְתְּ	הֶעֱבַדְתְּ	הָעֳבַדְתְּ
		1. c.	עָבַדְתִּי	חָזַקְתִּי	נֶעֱבַדְתִּי	הֶעֱבַדְתִּי	הָעֳבַדְתִּי
	Pl.	3. c.	עָבְדוּ	חָזְקוּ	נֶעֶבְדוּ	הֶעֱבִידוּ	הָעָבְדוּ
		2. m.	עֲבַדְתֶּם	חֲזַקְתֶּם	נֶעֱבַדְתֶּם	הֶעֱבַדְתֶּם	הָעֳבַדְתֶּם
		2. f.	עֲבַדְתֶּן	חֲזַקְתֶּן	נֶעֱבַדְתֶּן	הֶעֱבַדְתֶּן	הָעֳבַדְתֶּן
		1. c.	עָבַדְנוּ	חָזַקְנוּ	נֶעֱבַדְנוּ	הֶעֱבַדְנוּ	הָעֳבַדְנוּ
Imperfekt	Sg.	3. m.	יַעֲבֹד	יֶחֱזַק	יֵעָבֵד	יַעֲבִיד	יָעֳבַד
		3. f.	תַּעֲבֹד	תֶּחֱזַק	תֵּעָבֵד	תַּעֲבִיד	תָּעֳבַד
		2. m.	תַּעֲבֹד	תֶּחֱזַק	תֵּעָבֵד	תַּעֲבִיד	תָּעֳבַד
		2. f.	תַּעַבְדִי	תֶּחֶזְקִי	תֵּעָבְדִי	תַּעֲבִידִי	תָּעָבְדִי
		1. c.	אֶעֱבֹד	אֶחֱזַק	אֵעָבֵד	אַעֲבִיד	אָעֳבַד
	Pl.	3. m.	יַעַבְדוּ	יֶחֶזְקוּ	יֵעָבְדוּ	יַעֲבִידוּ	יָעָבְדוּ
		3. f.	תַּעֲבֹדְנָה	תֶּחֱזַקְנָה	תֵּעָבַדְנָה	תַּעֲבֵדְנָה	תָּעֳבַדְנָה
		2. m.	תַּעַבְדוּ	תֶּחֶזְקוּ	תֵּעָבְדוּ	תַּעֲבִידוּ	תָּעָבְדוּ
		2. f.	תַּעֲבֹדְנָה	תֶּחֱזַקְנָה	תֵּעָבַדְנָה	תַּעֲבֵדְנָה	תָּעֳבַדְנָה
		1. c.	נַעֲבֹד	נֶחֱזַק	נֵעָבֵד	נַעֲבִיד	נָעֳבַד
Kohortativ	Sg.		אֶעֶבְדָה	אֶחְזְקָה		אַעֲבִידָה	
Jussiv	Sg.	3. m.	יַעֲבֹד	יֶחֱזַק		יַעֲבֵד	
Waw-Imperfekt			וַיַּעֲבֹד	וַיֶּחֱזַק	וַיֵּעָבֵד	וַיַּעֲבֵד	
Imperativ	Sg.	m.	עֲבֹד / אֱסֹף	חֲזַק	הֵעָבֵד	הַעֲבֵד	
		f.	עִבְדִי	חִזְקִי	הֵעָבְדִי	הַעֲבִידִי	
	Pl.	m.	עִבְדוּ	חִזְקוּ	הֵעָבְדוּ	הַעֲבִידוּ	
		f.	עֲבֹדְנָה	חֲזַקְנָה	הֵעָבַדְנָה	הַעֲבֵדְנָה	
Infinitiv	cs.		עֲבֹד / אֱסֹף	חֲזַק	הֵעָבֵד	הַעֲבִיד	
	mit לְ		לַעֲבֹד / לֶאֱסֹף	לַחֲזֹק	לְהֵעָבֵד	לְהַעֲבִיד	
	abs.		עָבוֹד	חָזוֹק	נַעֲבוֹד	הַעֲבֵד	הָעֳבֵד
Partizip			עֹבֵד / אָסוּר	חָזֵק	נֶעֱבָד	מַעֲבִיד	מָעֳבָד

IV/4 Verba primae Aleph (Lektion 18)

			harte Verbindung Qal	Nif'al
Perfekt	Sg.	3. m.	חָשַׁב	נֶחְשַׁב
		3. f.	חָשְׁבָה	נֶחְשְׁבָה
		2. m.	חָשַׁבְתָּ	נֶחְשַׁבְתָּ
		2. f.	חָשַׁבְתְּ	נֶחְשַׁבְתְּ
		1. c.	חָשַׁבְתִּי	נֶחְשַׁבְתִּי
	Pl.	3. c.	חָשְׁבוּ	נֶחְשְׁבוּ
		2. m.	חֲשַׁבְתֶּם	נֶחְשַׁבְתֶּם
		2. f.	חֲשַׁבְתֶּן	נֶחְשַׁבְתֶּן
		1. c.	חָשַׁבְנוּ	נֶחְשַׁבְנוּ
Imperfekt	Sg.	3. m.	יַחְשֹׁב	יֵחָשֵׁב
		3. f.	תַּחְשֹׁב	תֵּחָשֵׁב
		2. m.	תַּחְשֹׁב	תֵּחָשֵׁב
		2. f.	תַּחְשְׁבִי	תֵּחָשְׁבִי
		1. c.	אֶחְשֹׁב	אֵחָשֵׁב
	Pl.	3. m.	יַחְשְׁבוּ	יֵחָשְׁבוּ
		3. f.	תַּחְשֹׁבְנָה	תֵּחָשַׁבְנָה
		2. m.	תַּחְשְׁבוּ	תֵּחָשְׁבוּ
		2. f.	תַּחְשֹׁבְנָה	תֵּחָשַׁבְנָה
		1. c.	נַחְשֹׁב	נֵחָשֵׁב
Kohortativ	Sg.			
Jussiv	Sg.	3. m.		
Waw-Imperfekt			וַיִּחְשֹׁב	וַיֵּחָשֵׁב
Imperativ	Sg.	m.	חֲשֹׁב	הֵחָשֵׁב
		f.	חִשְׁבִי	הֵחָשְׁבִי
	Pl.	m.	חִשְׁבוּ	הֵחָשְׁבוּ
		f.	חֲשֹׁבְנָה	הֵחָשַׁבְנָה
Infinitiv	cs.		חֲשֹׁב	הֵחָשֵׁב
	mit ל		לַחְשֹׁב	לְהֵחָשֵׁב
	abs.		חָשׁוֹב	נֶחְשֹׁב
Partizip			חֹשֵׁב	נֶחְשָׁב

			Qal
Perfekt	Sg.	3. m.	אָמַר
		3. f.	אָמְרָה
		2. m.	אָמַרְתָּ
		2. f.	אָמַרְתְּ
		1. c.	אָמַרְתִּי
	Pl.	3. c.	אָמְרוּ
		2. m.	אֲמַרְתֶּם
		2. f.	אֲמַרְתֶּן
		1. c.	אָמַרְנוּ
Imperfekt	Sg.	3. m.	יֹאמַר
		3. f.	תֹּאמַר
		2. m.	תֹּאמַר
		2. f.	תֹּאמְרִי
		1. c.	אֹמַר
	Pl.	3. m.	יֹאמְרוּ
		3. f.	תֹּאמַרְנָה
		2. m.	תֹּאמְרוּ
		2. f.	תֹּאמַרְנָה
		1. c.	נֹאמַר
Kohortativ	Sg.		אֹמְרָה
Jussiv	Sg.	3. m.	יֹאמַר
Waw-Imperfekt			וַיֹּאמֶר וַיֹּאכַל
Imperativ	Sg.	m.	אֱמֹר
		f.	אִמְרִי
	Pl.	m.	אִמְרוּ
		f.	אֱמֹרְנָה
Infinitiv	cs.		אֱמֹר
	mit ל		לֵאמֹר
	abs.		אָמוֹר
Partizip			אֹמֵר אָמוּר

IV/5   Verba mediae laryngalis und mediae ר (Lektion 19)

		Qal	Nifʿal	Piʿel	Puʿal	Hitpaʿel
				Ersatzdehnung		
Perfekt	Sg. 3. m.	שָׁאַל	נִשְׁאַר	בֵּרֵךְ	בֹּרַךְ	הִתְבָּרֵךְ
	3. f.	שָׁאֲלָה	נִשְׁאֲרָה	בֵּרְכָה	בֹּרְכָה	הִתְבָּרְכָה
	2. m.	שָׁאַלְתָּ	נִשְׁאַרְתָּ	בֵּרַכְתָּ	בֹּרַכְתָּ	הִתְבָּרַכְתָּ
	2. f.	שָׁאַלְתְּ	נִשְׁאַרְתְּ	בֵּרַכְתְּ	בֹּרַכְתְּ	הִתְבָּרַכְתְּ
	1. c.	שָׁאַלְתִּי	נִשְׁאַרְתִּי	בֵּרַכְתִּי	בֹּרַכְתִּי	הִתְבָּרַכְתִּי
	Pl. 3. c.	שָׁאֲלוּ	נִשְׁאֲרוּ	בֵּרְכוּ	בֹּרְכוּ	הִתְבָּרְכוּ
	2. m.	שְׁאַלְתֶּם	נִשְׁאַרְתֶּם	בֵּרַכְתֶּם	בֹּרַכְתֶּם	הִתְבָּרַכְתֶּם
	2. f.	שְׁאַלְתֶּן	נִשְׁאַרְתֶּן	בֵּרַכְתֶּן	בֹּרַכְתֶּן	הִתְבָּרַכְתֶּן
	1. c.	שָׁאַלְנוּ	נִשְׁאַרְנוּ	בֵּרַכְנוּ	בֹּרַכְנוּ	הִתְבָּרַכְנוּ
Imperfekt	Sg. 3. m.	יִשְׁאַל	יִשָּׁאֵר	יְבָרֵךְ	יְבֹרַךְ	יִתְבָּרֵךְ
	3. f.	תִּשְׁאַל	תִּשָּׁאֵר	תְּבָרֵךְ	תְּבֹרַךְ	תִּתְבָּרֵךְ
	2. m.	תִּשְׁאַל	תִּשָּׁאֵר	תְּבָרֵךְ	תְּבֹרַךְ	תִּתְבָּרֵךְ
	2. f.	תִּשְׁאֲלִי	תִּשָּׁאֲרִי	תְּבָרְכִי	תְּבֹרְכִי	תִּתְבָּרְכִי
	1. c.	אֶשְׁאַל	אֶשָּׁאֵר	אֲבָרֵךְ	אֲבֹרַךְ	אֶתְבָּרֵךְ
	Pl. 3. m.	יִשְׁאֲלוּ	יִשָּׁאֲרוּ	יְבָרְכוּ	יְבֹרְכוּ	יִתְבָּרְכוּ
	3. f.	תִּשְׁאַלְנָה	תִּשָּׁאַרְנָה	תְּבָרַכְנָה	תְּבֹרַכְנָה	תִּתְבָּרַכְנָה
	2. m.	תִּשְׁאֲלוּ	תִּשָּׁאֲרוּ	תְּבָרְכוּ	תְּבֹרְכוּ	תִּתְבָּרְכוּ
	2. f.	תִּשְׁאַלְנָה	תִּשָּׁאַרְנָה	תְּבָרַכְנָה	תְּבֹרַכְנָה	תִּתְבָּרַכְנָה
	1. c.	נִשְׁאַל	נִשָּׁאֵר	נְבָרֵךְ	נְבֹרַךְ	נִתְבָּרֵךְ
Kohortativ	Sg.	אֶשְׁאֲלָה	אֶשָּׁאֲרָה	אֲבָרְכָה		אֶתְבָּרְכָה
Jussiv	Sg. 3. m.					
Waw-Imperfekt		וַיִּשְׁאַל	וַיִּשָּׁאֵר	וַיְבָרֵךְ	וַיְבֹרַךְ	וַיִּתְבָּרֵךְ
Imperativ	Sg. m.	שְׁאַל	הִשָּׁאֵר	בָּרֵךְ		הִתְבָּרֵךְ
	f.	שַׁאֲלִי	הִשָּׁאֲרִי	בָּרְכִי		הִתְבָּרְכִי
	Pl. m.	שַׁאֲלוּ	הִשָּׁאֲרוּ	בָּרְכוּ		הִתְבָּרְכוּ
	f.	שְׁאַלְנָה	הִשָּׁאַרְנָה	בָּרֵכְנָה		הִתְבָּרֵכְנָה
Infinitiv	cs.	שְׁאֹל	הִשָּׁאֵר	בָּרֵךְ		הִתְבָּרֵךְ
	abs.	שָׁאוֹל	נִשְׁאֹר	בָּרֵךְ		הִתְבָּרֵךְ
Partizip		שֹׁאֵל / שָׁאוּל	נִשְׁאָר	מְבָרֵךְ	מְבֹרָךְ	מִתְבָּרֵךְ

			virt. Verdoppelung Pi'el
Perfekt	Sg.	3. m.	מִהַר
		3. f.	מִהֲרָה
		2. m.	מִהַרְתָּ
		2. f.	מִהַרְתְּ
		1. c.	מִהַרְתִּי
	Pl.	3. c.	מִהֲרוּ
		2. m.	מִהַרְתֶּם
		2. f.	מִהַרְתֶּן
		1. c.	מִהַרְנוּ
Imperfekt	Sg.	3. m.	יְמַהֵר
		3. f.	תְּמַהֵר
		2. m.	תְּמַהֵר
		2. f.	תְּמַהֲרִי
		1. c.	אֲמַהֵר
	Pl.	3. m.	יְמַהֲרוּ
		3. f.	תְּמַהֵרְנָה
		2. m.	תְּמַהֲרוּ
		2. f.	תְּמַהֵרְנָה
		1. c.	נְמַהֵר
Kohortativ	Sg.		אֲמַהֲרָה
Jussiv	Sg.	3. m.	
Waw-Imperfekt			וַיְמַהֵר
Imperativ	Sg.	m.	מַהֵר
		f.	מַהֲרִי
	Pl.	m.	מַהֲרוּ
		f.	מַהֵרְנָה
Infinitiv		cs.	מַהֵר
		abs.	מַהֵר
Partizip			מְמַהֵר

IV/6 Verba tertiae laryngalis (Lektion 20)

			Qal	Nif'al	Pi'el	Pu'al	Hitpa'el
Perfekt	Sg.	3. m.	שָׁלַח	נִשְׁלַח	שִׁלַּח	שֻׁלַּח	הִשְׁתַּלַּח
		3. f.	שָׁלְחָה	נִשְׁלְחָה	שִׁלְּחָה	שֻׁלְּחָה	הִשְׁתַּלְּחָה
		2. m.	שָׁלַחְתָּ	נִשְׁלַחְתָּ	שִׁלַּחְתָּ	שֻׁלַּחְתָּ	הִשְׁתַּלַּחְתָּ
		2. f.	שָׁלַחַתְּ	נִשְׁלַחַתְּ	שִׁלַּחַתְּ	שֻׁלַּחַתְּ	הִשְׁתַּלַּחַתְּ
		1. c.	שָׁלַחְתִּי	נִשְׁלַחְתִּי	שִׁלַּחְתִּי	שֻׁלַּחְתִּי	הִשְׁתַּלַּחְתִּי
	Pl.	3. c.	שָׁלְחוּ	נִשְׁלְחוּ	שִׁלְּחוּ	שֻׁלְּחוּ	הִשְׁתַּלְּחוּ
		2. m.	שְׁלַחְתֶּם	נִשְׁלַחְתֶּם	שִׁלַּחְתֶּם	שֻׁלַּחְתֶּם	הִשְׁתַּלַּחְתֶּם
		2. f.	שְׁלַחְתֶּן	נִשְׁלַחְתֶּן	שִׁלַּחְתֶּן	שֻׁלַּחְתֶּן	הִשְׁתַּלַּחְתֶּן
		1. c.	שָׁלַחְנוּ	נִשְׁלַחְנוּ	שִׁלַּחְנוּ	שֻׁלַּחְנוּ	הִשְׁתַּלַּחְנוּ
Imperfekt	Sg.	3. m.	יִשְׁלַח	יִשָּׁלַח	יְשַׁלַּח	יְשֻׁלַּח	יִשְׁתַּלַּח
		3. f.	תִּשְׁלַח	תִּשָּׁלַח	תְּשַׁלַּח	תְּשֻׁלַּח	תִּשְׁתַּלַּח
		2. m.	תִּשְׁלַח	תִּשָּׁלַח	תְּשַׁלַּח	תְּשֻׁלַּח	תִּשְׁתַּלַּח
		2. f.	תִּשְׁלְחִי	תִּשָּׁלְחִי	תְּשַׁלְּחִי	תְּשֻׁלְּחִי	תִּשְׁתַּלְּחִי
		1. c.	אֶשְׁלַח	אֶשָּׁלַח	אֲשַׁלַּח	אֲשֻׁלַּח	אֶשְׁתַּלַּח
	Pl.	3. m.	יִשְׁלְחוּ	יִשָּׁלְחוּ	יְשַׁלְּחוּ	יְשֻׁלְּחוּ	יִשְׁתַּלְּחוּ
		3. f.	תִּשְׁלַחְנָה	תִּשָּׁלַחְנָה	תְּשַׁלַּחְנָה	תְּשֻׁלַּחְנָה	תִּשְׁתַּלַּחְנָה
		2. m.	תִּשְׁלְחוּ	תִּשָּׁלְחוּ	תְּשַׁלְּחוּ	תְּשֻׁלְּחוּ	תִּשְׁתַּלְּחוּ
		2. f.	תִּשְׁלַחְנָה	תִּשָּׁלַחְנָה	תְּשַׁלַּחְנָה	תְּשֻׁלַּחְנָה	תִּשְׁתַּלַּחְנָה
		1. c.	נִשְׁלַח	נִשָּׁלַח	נְשַׁלַּח	נְשֻׁלַּח	נִשְׁתַּלַּח
Kohortativ	Sg.		אֶשְׁלְחָה	אֶשָּׁלְחָה	אֲשַׁלְּחָה		אֶשְׁתַּלְּחָה
Jussiv	Sg.	3. m.					
Waw-Imperfekt			וַיִּשְׁלַח	וַיִּשָּׁלַח	וַיְשַׁלַּח	וַיְשֻׁלַּח	וַיִּשְׁתַּלַּח
Imperativ	Sg.	m.	שְׁלַח	הִשָּׁלַח	שַׁלַּח		הִשְׁתַּלַּח
		f.	שִׁלְחִי	הִשָּׁלְחִי	שַׁלְּחִי		הִשְׁתַּלְּחִי
	Pl.	m.	שִׁלְחוּ	הִשָּׁלְחוּ	שַׁלְּחוּ		הִשְׁתַּלְּחוּ
		f.	שְׁלַחְנָה	הִשָּׁלַחְנָה	שַׁלַּחְנָה		הִשְׁתַּלַּחְנָה
Infinitiv	cs.		שְׁלֹחַ	הִשָּׁלַח	שַׁלַּח		הִשְׁתַּלַּח
	abs.		שָׁלוֹחַ	נִשְׁלוֹחַ	שַׁלֵּחַ		הִשְׁתַּלֵּחַ
Partizip			שֹׁלֵחַ / שָׁלוּחַ	נִשְׁלָח	מְשַׁלֵּחַ	מְשֻׁלָּח	מִשְׁתַּלֵּחַ

			Hif'il	Hof'al
Perfekt	Sg.	3. m.	הִשְׁלִיחַ	הֻשְׁלַח
		3. f.	הִשְׁלִיחָה	הֻשְׁלְחָה
		2. m.	הִשְׁלַחְתָּ	הֻשְׁלַחְתָּ
		2. f.	הִשְׁלַחַתְּ	הֻשְׁלַחַתְּ
		1. c.	הִשְׁלַחְתִּי	הֻשְׁלַחְתִּי
	Pl.	3. c.	הִשְׁלִיחוּ	הֻשְׁלְחוּ
		2. m.	הִשְׁלַחְתֶּם	הֻשְׁלַחְתֶּם
		2. f.	הִשְׁלַחְתֶּן	הֻשְׁלַחְתֶּן
		1. c.	הִשְׁלַחְנוּ	הֻשְׁלַחְנוּ
Imperfekt	Sg.	3. m.	יַשְׁלִיחַ	יֻשְׁלַח
		3. f.	תַּשְׁלִיחַ	תֻּשְׁלַח
		2. m.	תַּשְׁלִיחַ	תֻּשְׁלַח
		2. f.	תַּשְׁלִיחִי	תֻּשְׁלְחִי
		1. c.	אַשְׁלִיחַ	אֻשְׁלַח
	Pl.	3. m.	יַשְׁלִיחוּ	יֻשְׁלְחוּ
		3. f.	תַּשְׁלַחְנָה	תֻּשְׁלַחְנָה
		2. m.	תַּשְׁלִיחוּ	תֻּשְׁלְחוּ
		2. f.	תַּשְׁלַחְנָה	תֻּשְׁלַחְנָה
		1. c.	נַשְׁלִיחַ	נֻשְׁלַח
Kohortativ	Sg.		אַשְׁלִיחָה	
Jussiv	Sg.	3. m.	יַשְׁלַח	
Waw-Imperfekt				
Imperativ	Sg.	m.	הַשְׁלַח	
		f.	הַשְׁלִיחִי	
	Pl.	m.	הַשְׁלִיחוּ	
		f.	הַשְׁלַחְנָה	
Infinitiv	cs.		הַשְׁלִיחַ	הֻשְׁלַח
	abs.		הַשְׁלֵחַ	הֻשְׁלַח
Partizip			מַשְׁלִיחַ	מֻשְׁלָח

IV/7 Verba tertiae Aleph (Lektion 20)

			Qal		Nif'al	Pi'el	Pu'al
Perfekt	Sg.	3. m.	מָצָא	מָלָא	נִמְצָא	מִצָּא	מֻצָּא
		3. f.	מָצְאָה	מָלְאָה	נִמְצְאָה	מִצְּאָה	מֻצְּאָה
		2. m.	מָצָאתָ	מָלֵאתָ	נִמְצֵאתָ	מִצֵּאתָ	מֻצֵּאתָ
		2. f.	מָצָאת	מָלֵאת	נִמְצֵאת	מִצֵּאת	מֻצֵּאת
		1. c.	מָצָאתִי	מָלֵאתִי	נִמְצֵאתִי	מִצֵּאתִי	מֻצֵּאתִי
	Pl.	3. c.	מָצְאוּ	מָלְאוּ	נִמְצְאוּ	מִצְּאוּ	מֻצְּאוּ
		2. m.	מְצָאתֶם	מְלָאתֶם	נִמְצֵאתֶם	מִצֵּאתֶם	מֻצֵּאתֶם
		2. f.	מְצָאתֶן	מְלָאתֶן	נִמְצֵאתֶן	מִצֵּאתֶן	מֻצֵּאתֶן
		1. c.	מָצָאנוּ	מָלֵאנוּ	נִמְצֵאנוּ	מִצֵּאנוּ	מֻצֵּאנוּ
Imperfekt	Sg.	3. m.	יִמְצָא	יִמְלָא	יִמָּצֵא	יְמַצֵּא	יְמֻצָּא
		3. f.	תִּמְצָא	תִּמְלָא	תִּמָּצֵא	תְּמַצֵּא	תְּמֻצָּא
		2. m.	תִּמְצָא	תִּמְלָא	תִּמָּצֵא	תְּמַצֵּא	תְּמֻצָּא
		2. f.	תִּמְצְאִי	תִּמְלְאִי	תִּמָּצְאִי	תְּמַצְּאִי	תְּמֻצְּאִי
		1. c.	אֶמְצָא	אֶמְלָא	אֶמָּצֵא	אֲמַצֵּא	אֲמֻצָּא
	Pl.	3. m.	יִמְצְאוּ	יִמְלְאוּ	יִמָּצְאוּ	יְמַצְּאוּ	יְמֻצְּאוּ
		3. f.	תִּמְצֶאנָה	תִּמְלֶאנָה	תִּמָּצֶאנָה	תְּמַצֶּאנָה	תְּמֻצֶּאנָה
		2. m.	תִּמְצְאוּ	תִּמְלְאוּ	תִּמָּצְאוּ	תְּמַצְּאוּ	תְּמֻצְּאוּ
		2. f.	תִּמְצֶאנָה	תִּמְלֶאנָה	תִּמָּצֶאנָה	תְּמַצֶּאנָה	תְּמֻצֶּאנָה
		1. c.	נִמְצָא	נִמְלָא	נִמָּצֵא	נְמַצֵּא	נְמֻצָּא
Kohortativ	Sg.		אֶמְצְאָה	אֶמְלְאָה	אֶמָּצְאָה	אֲמַצְּאָה	
Jussiv	Sg.	3. m.					
Waw-Imperfekt			וַיִּמְצָא	וַיִּמְלָא	וַיִּמָּצֵא	וַיְמַצֵּא	וַיְמֻצָּא
Imperativ	Sg.	m.	מְצָא	מְלָא	הִמָּצֵא	מַצֵּא	
		f.	מִצְאִי	מִלְאִי	הִמָּצְאִי	מַצְּאִי	
	Pl.	m.	מִצְאוּ	מִלְאוּ	הִמָּצְאוּ	מַצְּאוּ	
		f.	מְצֶאנָה	מְלֶאנָה	הִמָּצֶאנָה	מַצֶּאנָה	
Infinitiv	cs.		מְצֹא	מְלֹאת	הִמָּצֵא	מַצֵּא	
	abs.		מָצוֹא	מָלוֹא	נִמְצֹא	מַצֵּא	
Partizip			מֹצֵא / מָצוּא	מָלֵא	נִמְצָא	מְמַצֵּא	מְמֻצָּא

			Hitpaʿel	Hifʿil	Hofʿal
Perfekt	Sg.	3. m.	הִתְמַצֵּא	הִמְצִיא	הֻמְצָא
		3. f.	הִתְמַצְּאָה	הִמְצִיאָה	הֻמְצְאָה
		2. m.	הִתְמַצֵּאתָ	הִמְצֵאתָ	הֻמְצֵאתָ
		2. f.	הִתְמַצֵּאת	הִמְצֵאת	הֻמְצֵאת
		1. c.	הִתְמַצֵּאתִי	הִמְצֵאתִי	הֻמְצֵאתִי
	Pl.	3. c.	הִתְמַצְּאוּ	הִמְצִיאוּ	הֻמְצְאוּ
		2. m.	הִתְמַצֵּאתֶם	הִמְצֵאתֶם	הֻמְצֵאתֶם
		2. f.	הִתְמַצֵּאתֶן	הִמְצֵאתֶן	הֻמְצֵאתֶן
		1. c.	הִתְמַצֵּאנוּ	הִמְצֵאנוּ	הֻמְצֵאנוּ
Imperfekt	Sg.	3. m.	יִתְמַצֵּא	יַמְצִיא	יֻמְצָא
		3. f.	תִּתְמַצֵּא	תַּמְצִיא	תֻּמְצָא
		2. m.	תִּתְמַצֵּא	תַּמְצִיא	תֻּמְצָא
		2. f.	תִּתְמַצְּאִי	תַּמְצִיאִי	תֻּמְצְאִי
		1. c.	אֶתְמַצֵּא	אַמְצִיא	אֻמְצָא
	Pl.	3. m.	יִתְמַצְּאוּ	יַמְצִיאוּ	יֻמְצְאוּ
		3. f.	תִּתְמַצֶּאנָה	תַּמְצֶאנָה	תֻּמְצֶאנָה
		2. m.	תִּתְמַצְּאוּ	תַּמְצִיאוּ	תֻּמְצְאוּ
		2. f.	תִּתְמַצֶּאנָה	תַּמְצֶאנָה	תֻּמְצֶאנָה
		1. c.	נִתְמַצֵּא	נַמְצִיא	נֻמְצָא
Kohortativ	Sg.		אֶתְמַצְּאָה	אַמְצִיאָה	
Jussiv	Sg.	3. m.		יַמְצֵא	
Waw-Imperfekt			וַיִּתְמַצֵּא	וַיַּמְצֵא	
Imperativ	Sg.	m.	הִתְמַצֵּא	הַמְצֵא	
		f.	הִתְמַצְּאִי	הַמְצִיאִי	
	Pl.	m.	הִתְמַצְּאוּ	הַמְצִיאוּ	
		f.	הִתְמַצֶּאנָה	הַמְצֶאנָה	
Infinitiv		cs.	הִתְמַצֵּא	הַמְצִיא	
		abs.		הַמְצֵא	
Partizip			מִתְמַצֵּא	מַמְצִיא	מֻמְצָא

IV/8   Verba primae Nun (Lektion 21)

			Qal			Nif'al	Hif'il
Perfekt	Sg.	3. m.	נָפַל	נָגַשׁ	נָתַן	נִגַּשׁ	הִגִּישׁ
		3. f.	נָפְלָה	נָגְשָׁה	נָתְנָה	נִגְּשָׁה	הִגִּישָׁה
		2. m.	נָפַלְתָּ	נָגַשְׁתָּ	נָתַתָּ(ה)	נִגַּשְׁתָּ	הִגַּשְׁתָּ
		2. f.	נָפַלְתְּ	נָגַשְׁתְּ	נָתַתְּ	נִגַּשְׁתְּ	הִגַּשְׁתְּ
		1. c.	נָפַלְתִּי	נָגַשְׁתִּי	נָתַתִּי	נִגַּשְׁתִּי	הִגַּשְׁתִּי
	Pl.	3. c.	נָפְלוּ	נָגְשׁוּ	נָתְנוּ	נִגְּשׁוּ	הִגִּישׁוּ
		2. m.	נְפַלְתֶּם	נְגַשְׁתֶּם	נְתַתֶּם	נִגַּשְׁתֶּם	הִגַּשְׁתֶּם
		2. f.	נְפַלְתֶּן	נְגַשְׁתֶּן	נְתַתֶּן	נִגַּשְׁתֶּן	הִגַּשְׁתֶּן
		1. c.	נָפַלְנוּ	נָגַשְׁנוּ	נָתַנּוּ	נִגַּשְׁנוּ	הִגַּשְׁנוּ
Imperfekt	Sg.	3. m.	יִפֹּל	יִגַּשׁ	יִתֵּן	יִנָּגֵשׁ	יַגִּישׁ
		3. f.	תִּפֹּל	תִּגַּשׁ	תִּתֵּן	תִּנָּגֵשׁ	תַּגִּישׁ
		2. m.	תִּפֹּל	תִּגַּשׁ	תִּתֵּן	תִּנָּגֵשׁ	תַּגִּישׁ
		2. f.	תִּפְּלִי	תִּגְּשִׁי	תִּתְּנִי	תִּנָּגְשִׁי	תַּגִּישִׁי
		1. c.	אֶפֹּל	אֶגַּשׁ	אֶתֵּן	אֶנָּגֵשׁ	אַגִּישׁ
	Pl.	3. m.	יִפְּלוּ	יִגְּשׁוּ	יִתְּנוּ	יִנָּגְשׁוּ	יַגִּישׁוּ
		3. f.	תִּפֹּלְנָה	תִּגַּשְׁנָה		תִּנָּגַשְׁנָה	תַּגֵּשְׁנָה
		2. m.	תִּפְּלוּ	תִּגְּשׁוּ	תִּתְּנוּ	תִּנָּגְשׁוּ	תַּגִּישׁוּ
		2. f.	תִּפֹּלְנָה	תִּגַּשְׁנָה		תִּנָּגַשְׁנָה	תַּגֵּשְׁנָה
		1. c.	נִפֹּל	נִגַּשׁ	נִתֵּן	נִנָּגֵשׁ	נַגִּישׁ
Kohortativ	Sg.		אֶפְּלָה	אֶגְּשָׁה	אֶתְּנָה	אֶנָּגְשָׁה	אַגִּישָׁה
Jussiv	Sg.	3. m.					יַגֵּשׁ
Waw-Imperfekt			וַיִּפֹּל	וַיִּגַּשׁ	וַיִּתֵּן	וַיִּנָּגֵשׁ	וַיַּגֵּשׁ
Imperativ	Sg.	m.	נְפֹל	גַּשׁ	תֵּן	הִנָּגֵשׁ	הַגֵּשׁ
		f.	נִפְלִי	גְּשִׁי	תְּנִי	הִנָּגְשִׁי	הַגִּישִׁי
	Pl.	m.	נִפְלוּ	גְּשׁוּ	תְּנוּ	הִנָּגְשׁוּ	הַגִּישׁוּ
		f.	נְפֹלְנָה	גֵּשְׁנָה		הִנָּגַשְׁנָה	הַגֵּשְׁנָה
Infinitiv	cs.		נְפֹל	גֶּשֶׁת	תֵּת	הִנָּגֵשׁ	הַגִּישׁ
	abs.		נָפוֹל	נָגוֹשׁ	נָתוֹן	הִנָּגֵשׁ	הַגֵּשׁ
Partizip			נֹפֵל	נֹגֵשׁ	נֹתֵן / נָתוּן	נִגָּשׁ	מַגִּישׁ

IV/9 לקח „nehmen" (Lektion 21)

			Hof'al				Qal
Perfekt	Sg.	3. m.	הֻגַּשׁ	Perfekt	Sg.	3. m.	לָקַח
		3. f.	הֻגְּשָׁה			3. f.	לָקְחָה
		2. m.	הֻגַּשְׁתָּ			2. m.	לָקַחְתָּ
		2. f.	הֻגַּשְׁתְּ			2. f.	לָקַחַתְּ
		1. c.	הֻגַּשְׁתִּי			1. c.	לָקַחְתִּי
	Pl.	3. c.	הֻגְּשׁוּ		Pl.	3. c.	לָקְחוּ
		2. m.	הֻגַּשְׁתֶּם			2. m.	לְקַחְתֶּם
		2. f.	הֻגַּשְׁתֶּן			2. f.	לְקַחְתֶּן
		1. c.	הֻגַּשְׁנוּ			1. c.	לָקַחְנוּ
Imperfekt	Sg.	3. m.	יֻגַּשׁ	Imperfekt	Sg.	3. m.	יִקַּח
		3. f.	תֻּגַּשׁ			3. f.	תִּקַּח
		2. m.	תֻּגַּשׁ			2. m.	תִּקַּח
		2. f.	תֻּגְּשִׁי			2. f.	תִּקְּחִי
		1. c.	אֻגַּשׁ			1. c.	אֶקַּח
	Pl.	3. m.	יֻגְּשׁוּ		Pl.	3. m.	יִקְּחוּ
		3. f.	תֻּגַּשְׁנָה			3. f.	תִּקַּחְנָה
		2. m.	תֻּגְּשׁוּ			2. m.	תִּקְּחוּ
		2. f.	תֻּגַּשְׁנָה			2. f.	תִּקַּחְנָה
		1. c.	נֻגַּשׁ			1. c.	נִקַּח
Kohortativ	Sg.			Kohortativ	Sg.		אֶקְּחָה
Jussiv	Sg.	3. m.		Jussiv	Sg.	3. m.	
Waw-Imperfekt			וַיֻּגַּשׁ	Waw-Imperfekt			וַיִּקַּח
Imperativ	Sg.	m.		Imperativ	Sg.	m.	קַח / קְחָה
		f.				f.	קְחִי
	Pl.	m.			Pl.	m.	קְחוּ
		f.				f.	
Infinitiv		cs.	הֻגַּשׁ	Infinitiv		cs.	קַחַת / לָקַחַת
		abs.	הֻגֵּשׁ			abs.	לָקוֹחַ
Partizip			מֻגָּשׁ	Partizip			לֹקֵחַ / לָקוּחַ

IV/10   Verba primae Jod/Waw (Lektion 22)

			Qal — פ"י/ו Sondergruppe	Qal	Nif'al פ"י/ו	Hif'il פ"י	Hif'il פ"ו
Perfekt	Sg.	3. m.		יָשַׁב	נוֹשַׁב	הֵיטִיב	הוֹשִׁיב
		3. f.		יָשְׁבָה	נוֹשְׁבָה	הֵיטִיבָה	הוֹשִׁיבָה
		2. m.		יָשַׁבְתָּ	נוֹשַׁבְתָּ	הֵיטַבְתָּ	הוֹשַׁבְתָּ
		2. f.		יָשַׁבְתְּ	נוֹשַׁבְתְּ	הֵיטַבְתְּ	הוֹשַׁבְתְּ
		1. c.		יָשַׁבְתִּי	נוֹשַׁבְתִּי	הֵיטַבְתִּי	הוֹשַׁבְתִּי
	Pl.	3. c.		יָשְׁבוּ	נוֹשְׁבוּ	הֵיטִיבוּ	הוֹשִׁיבוּ
		2. m.		יְשַׁבְתֶּם	נוֹשַׁבְתֶּם	הֵיטַבְתֶּם	הוֹשַׁבְתֶּם
		2. f.		יְשַׁבְתֶּן	נוֹשַׁבְתֶּן	הֵיטַבְתֶּן	הוֹשַׁבְתֶּן
		1. c.		יָשַׁבְנוּ	נוֹשַׁבְנוּ	הֵיטַבְנוּ	הוֹשַׁבְנוּ
Imperfekt	Sg.	3. m.	ייטַב	יֵשֵׁב	יִוָּשֵׁב	יֵיטִיב	יוֹשִׁיב
		3. f.	תֵּיטַב	תֵּשֵׁב	תִּוָּשֵׁב	תֵּיטִיב	תּוֹשִׁיב
		2. m.	תֵּיטַב	תֵּשֵׁב	תִּוָּשֵׁב	תֵּיטִיב	תּוֹשִׁיב
		2. f.	תֵּיטְבִי	תֵּשְׁבִי	תִּוָּשְׁבִי	תֵּיטִיבִי	תּוֹשִׁיבִי
		1. c.	אֵיטַב	אֵשֵׁב	אִוָּשֵׁב	אֵיטִיב	אוֹשִׁיב
	Pl.	3. m.	ייטְבוּ	יֵשְׁבוּ	יִוָּשְׁבוּ	יֵיטִיבוּ	יוֹשִׁיבוּ
		3. f.	תֵּיטַבְנָה	תֵּשַׁבְנָה	תִּוָּשַׁבְנָה	תֵּיטֵבְנָה	תּוֹשֵׁבְנָה
		2. m.	תֵּיטְבוּ	תֵּשְׁבוּ	תִּוָּשְׁבוּ	תֵּיטִיבוּ	תּוֹשִׁיבוּ
		2. f.	תֵּיטַבְנָה	תֵּשַׁבְנָה	תִּוָּשַׁבְנָה	תֵּיטֵבְנָה	תּוֹשֵׁבְנָה
		1. c.	נֵיטַב	נֵשֵׁב	נִוָּשֵׁב	נֵיטִיב	נוֹשִׁיב
Kohortativ	Sg.		אֵיטְבָה	אֵשְׁבָה	אִוָּשְׁבָה	אֵיטִיבָה	אוֹשִׁיבָה
Jussiv	Sg.	3. m.				יֵיטֵב	יוֹשֵׁב
Waw-Imperfekt			וַיִּיטַב	וַיֵּשֶׁב	וַיִּוָּשֵׁב	וַיֵּיטֶב	וַיּוֹשֶׁב
Imperativ	Sg.	m.		שֵׁב	הִוָּשֵׁב	הֵיטֵב	הוֹשֵׁב
		f.		שְׁבִי	הִוָּשְׁבִי	הֵיטִיבִי	הוֹשִׁיבִי
	Pl.	m.		שְׁבוּ	הִוָּשְׁבוּ	הֵיטִיבוּ	הוֹשִׁיבוּ
		f.		שֵׁבְנָה	הִוָּשַׁבְנָה	הֵיטֵבְנָה	הוֹשֵׁבְנָה
Infinitiv	cs.			שֶׁבֶת	הִוָּשֵׁב	הֵיטִיב	הוֹשִׁיב
	abs.			יָשׁוֹב	הִוָּשֵׁב	הֵיטֵב	הוֹשֵׁב
Partizip				יֹשֵׁב	נוֹשָׁב	מֵיטִיב	מוֹשִׁיב

+ ירד ילד ידע יצא הלך

IV/11 הלך „gehen" (Lektion 22)

			Hof'al פ"י/ו				Qal
Perfekt	Sg.	3. m.	הוּשַׁב	Perfekt	Sg.	3. m.	הָלַךְ
		3. f.	הוּשְׁבָה			3. f.	הָלְכָה
		2. m.	הוּשַׁבְתָּ			2. m.	הָלַכְתָּ
		2. f.	הוּשַׁבְתְּ			2. f.	הָלַכְתְּ
		1. c.	הוּשַׁבְתִּי			1. c.	הָלַכְתִּי
	Pl.	3. c.	הוּשְׁבוּ		Pl.	3. c.	הָלְכוּ
		2. m.	הוּשַׁבְתֶּם			2. m.	הֲלַכְתֶּם
		2. f.	הוּשַׁבְתֶּן			2. f.	הֲלַכְתֶּן
		1. c.	הוּשַׁבְנוּ			1. c.	הָלַכְנוּ
Imperfekt	Sg.	3. m.	יוּשַׁב	Imperfekt	Sg.	3. m.	יֵלֵךְ
		3. f.	תּוּשַׁב			3. f.	תֵּלֵךְ
		2. m.	תּוּשַׁב			2. m.	תֵּלֵךְ
		2. f.	תּוּשְׁבִי			2. f.	תֵּלְכִי
		1. c.	אוּשַׁב			1. c.	אֵלֵךְ
	Pl.	3. m.	יוּשְׁבוּ		Pl.	3. m.	יֵלְכוּ
		3. f.	תּוּשַׁבְנָה			3. f.	תֵּלַכְנָה
		2. m.	תּוּשְׁבוּ			2. m.	תֵּלְכוּ
		2. f.	תּוּשַׁבְנָה			2. f.	תֵּלַכְנָה
		1. c.	נוּשַׁב			1. c.	נֵלֵךְ
Kohortativ	Sg.			Kohortativ	Sg.		אֵלְכָה
Jussiv	Sg.	3. m.		Jussiv	Sg.	3. m.	
Waw-Imperfekt			וַיּוּשַׁב	Waw-Imperfekt			וַיֵּלֶךְ
Imperativ	Sg.	m.		Imperativ	Sg.	m.	לֵךְ / לְכָה
		f.				f.	לְכִי
	Pl.	m.			Pl.	m.	לְכוּ
		f.				f.	לֵכְנָה
Infinitiv	cs.			Infinitiv	cs.		לֶכֶת
	abs.				abs.		הָלוֹךְ
Partizip			מוּשָׁב	Partizip			הֹלֵךְ / הֹלֶכֶת

IV/12 Verba tertiae infirmae (Lektion 23)

			Qal	Nif'al	Pi'el	Pu'al	Hitpa'el
Perfekt	Sg.	3. m.	גָּלָה	נִגְלָה	גִּלָּה	גֻּלָּה	הִתְגַּלָּה
		3. f.	גָּלְתָה	נִגְלְתָה	גִּלְּתָה	גֻּלְּתָה	הִתְגַּלְּתָה
		2. m.	גָּלִיתָ	נִגְלֵיתָ	גִּלִּיתָ	גֻּלֵּיתָ	הִתְגַּלִּיתָ
		2. f.	גָּלִית	נִגְלֵית	גִּלִּית	גֻּלֵּית	הִתְגַּלִּית
		1. c.	גָּלִיתִי	נִגְלֵיתִי	גִּלִּיתִי	גֻּלֵּיתִי	הִתְגַּלִּיתִי
	Pl.	3. c.	גָּלוּ	נִגְלוּ	גִּלּוּ	גֻּלּוּ	הִתְגַּלּוּ
		2. m.	גְּלִיתֶם	נִגְלֵיתֶם	גִּלִּיתֶם	גֻּלֵּיתֶם	הִתְגַּלִּיתֶם
		2. f.	גְּלִיתֶן	נִגְלֵיתֶן	גִּלִּיתֶן	גֻּלֵּיתֶן	הִתְגַּלִּיתֶן
		1. c.	גָּלִינוּ	נִגְלֵינוּ	גִּלִּינוּ	גֻּלֵּינוּ	הִתְגַּלִּינוּ
Imperfekt	Sg.	3. m.	יִגְלֶה	יִגָּלֶה	יְגַלֶּה	יְגֻלֶּה	יִתְגַּלֶּה
		3. f.	תִּגְלֶה	תִּגָּלֶה	תְּגַלֶּה	תְּגֻלֶּה	תִּתְגַּלֶּה
		2. m.	תִּגְלֶה	תִּגָּלֶה	תְּגַלֶּה	תְּגֻלֶּה	תִּתְגַּלֶּה
		2. f.	תִּגְלִי	תִּגָּלִי	תְּגַלִּי	תְּגֻלִּי	תִּתְגַּלִּי
Koh. =		1. c.	אֶגְלֶה	אֶגָּלֶה	אֲגַלֶּה	אֲגֻלֶּה	אֶתְגַּלֶּה
	Pl.	3. m.	יִגְלוּ	יִגָּלוּ	יְגַלּוּ	יְגֻלּוּ	יִתְגַּלּוּ
		3. f.	תִּגְלֶינָה	תִּגָּלֶינָה	תְּגַלֶּינָה	תְּגֻלֶּינָה	תִּתְגַּלֶּינָה
		2. m.	תִּגְלוּ	תִּגָּלוּ	תְּגַלּוּ	תְּגֻלּוּ	תִּתְגַּלּוּ
		2. f.	תִּגְלֶינָה	תִּגָּלֶינָה	תְּגַלֶּינָה	תְּגֻלֶּינָה	תִּתְגַּלֶּינָה
Koh. =		1. c.	נִגְלֶה	נִגָּלֶה	נְגַלֶּה	נְגֻלֶּה	נִתְגַּלֶּה
Jussiv	Sg.	3. m.	יִגֶל	יִגָּל	יְגַל		יִתְגַּל
Waw-Imperfekt			וַיִּגֶל / וַיִּגֶל	וַיִּגָּל	וַיְגַל		וַיִּתְגַּל
Imperativ	Sg.	m.	גְּלֵה	הִגָּלֵה	גַּלֵּה / גַּל		הִתְגַּלֵּה
		f.	גְּלִי	הִגָּלִי	גַּלִּי		הִתְגַּלִּי
	Pl.	m.	גְּלוּ	הִגָּלוּ	גַּלּוּ		הִתְגַּלּוּ
		f.	גְּלֶינָה	הִגָּלֶינָה	גַּלֶּינָה		הִתְגַּלֶּינָה
Infinitiv	cs.		גְּלוֹת	הִגָּלוֹת	גַּלּוֹת		הִתְגַּלּוֹת
	abs.		גָּלֹה	נִגְלֹה	גַּלֵּה		הִתְגַּלֵּה
Partizip			גֹּלֶה / גָּלוּי	נִגְלֶה	מְגַלֶּה	מְגֻלֶּה	מִתְגַּלֶּה

			Hif'il	Hof'al	Qal	Hif'il	Qal
Perfekt	Sg.	3. m.	הִגְלָה	הָגְלָה	עָלָה	הֶעֱלָה	הָיָה
		3. f.	הִגְלְתָה	הָגְלְתָה	עָלְתָה	הֶעֶלְתָה	הָיְתָה
		2. m.	הִגְלִיתָ	הָגְלִיתָ	עָלִיתָ	הֶעֱלִיתָ	הָיִיתָ
		2. f.	הִגְלִית	הָגְלִית	עָלִית	הֶעֱלִית	הָיִית
		1. c.	הִגְלִיתִי	הָגְלִיתִי	עָלִיתִי	הֶעֱלִיתִי	הָיִיתִי
	Pl.	3. c.	הִגְלוּ	הָגְלוּ	עָלוּ	הֶעֱלוּ	הָיוּ
		2. m.	הִגְלִיתֶם	הָגְלִיתֶם	עֲלִיתֶם	הֶעֱלִיתֶם	הֱיִיתֶם
		2. f.	הִגְלִיתֶן	הָגְלִיתֶן	עֲלִיתֶן	הֶעֱלִיתֶן	הֱיִיתֶן
		1. c.	הִגְלִינוּ	הָגְלִינוּ	עָלִינוּ	הֶעֱלִינוּ	הָיִינוּ
Imperfekt	Sg.	3. m.	יַגְלֶה	יָגְלֶה	יַעֲלֶה	יַעֲלֶה	יִהְיֶה
		3. f.	תַּגְלֶה	תָּגְלֶה	תַּעֲלֶה	תַּעֲלֶה	תִּהְיֶה
		2. m.	תַּגְלֶה	תָּגְלֶה	תַּעֲלֶה	תַּעֲלֶה	תִּהְיֶה
		2. f.	תַּגְלִי	תָּגְלִי	תַּעֲלִי	תַּעֲלִי	תִּהְיִי
	Koh. =	1. c.	אַגְלֶה	אָגְלֶה	אֶעֱלֶה	אַעֲלֶה	אֶהְיֶה
	Pl.	3. m.	יַגְלוּ	יָגְלוּ	יַעֲלוּ	יַעֲלוּ	יִהְיוּ
		3. f.	תַּגְלֶינָה	תָּגְלֶינָה	תַּעֲלֶינָה	תַּעֲלֶינָה	תִּהְיֶינָה
		2. m.	תַּגְלוּ	תָּגְלוּ	תַּעֲלוּ	תַּעֲלוּ	תִּהְיוּ
		2. f.	תַּגְלֶינָה	תָּגְלֶינָה	תַּעֲלֶינָה	תַּעֲלֶינָה	תִּהְיֶינָה
	Koh. =	1. c.	נַגְלֶה	נָגְלֶה	נַעֲלֶה	נַעֲלֶה	נִהְיֶה
Jussiv	Sg.	3. m.	יַגְל		יַעַל	יַעַל	יְהִי
Waw-Imperfekt			וַיַּגְל		וַיַּעַל	וַיַּעַל	וַיְהִי
Imperativ	Sg.	m.	הַגְלֵה		עֲלֵה	הַעֲלֵה	הֱיֵה
		f.	הַגְלִי		עֲלִי	הַעֲלִי	הֱיִי
	Pl.	m.	הַגְלוּ		עֲלוּ	הַעֲלוּ	הֱיוּ
		f.	הַגְלֶינָה		עֲלֶינָה	הַעֲלֶינָה	הֱיֶינָה
Infinitiv	cs.		הַגְלוֹת	הָגְלוֹת	עֲלוֹת	הַעֲלוֹת	הֱיוֹת / לִהְיוֹת
	abs.		הַגְלֵה	הָגְלֵה	עָלֹה	הַעֲלֵה	הָיוֹ
Partizip			מַגְלֶה	מָגְלֶה	עֹלֶה	מַעֲלֶה	f. הוֹיָה

IV/13 Verba mediae û/î/ô (Hohle Wurzeln) (Lektion 24)

		Qal	IIū	IIī	IIō	
Perfekt	Sg. 3. m.	קָם	מֵת	שָׂם	בָּא	בּוֹשׁ
	3. f.	קָמָה	מֵתָה	שָׂמָה	בָּאָה	בּוֹשָׁה
	2. m.	קַמְתָּ	מַתָּה	שַׂמְתָּ	בָּאתָ	בֹּשְׁתָּ
	2. f.	קַמְתְּ		שַׂמְתְּ	בָּאת	בֹּשְׁתְּ
	1. c.	קַמְתִּי	מַתִּי	שַׂמְתִּי	בָּאתִי	בֹּשְׁתִּי
	Pl. 3. c.	קָמוּ	מֵתוּ	שָׂמוּ	בָּאוּ	בֹּשׁוּ
	2. m.	קַמְתֶּם		שַׂמְתֶּם	בָּאתֶם	בֹּשְׁתֶּם
	2. f.	קַמְתֶּן		שַׂמְתֶּן	בָּאתֶן	בֹּשְׁתֶּן
	1. c.	קָמְנוּ	מַתְנוּ	שַׂמְנוּ	בָּאנוּ	בֹּשְׁנוּ
Imperfekt	Sg. 3. m.	יָקוּם	יָמוּת	יָשִׂים	יָבֹא	יֵבוֹשׁ
	3. f.	תָּקוּם	תָּמוּת	תָּשִׂים	תָּבֹא	תֵּבוֹשׁ
	2. m.	תָּקוּם	תָּמוּת	תָּשִׂים	תָּבֹא	תֵּבוֹשׁ
	2. f.	תָּקוּמִי	תָּמוּתִי	תָּשִׂימִי	תָּבֹאִי	תֵּבוֹשִׁי
	1. c.	אָקוּם	אָמוּת	אָשִׂים	אָבֹא	אֵבוֹשׁ
	Pl. 3. m.	יָקוּמוּ	יָמוּתוּ	יָשִׂימוּ	יָבֹאוּ	יֵבוֹשׁוּ
	3. f.	תְּקוּמֶינָה	תְּמוּתֶנָה	תָּשֵׂמְנָה	תָּבֹאנָה	תֵּבֹשְׁנָה
	2. m.	תָּקוּמוּ	תָּמוּתוּ	תָּשִׂימוּ	תָּבֹאוּ	תֵּבוֹשׁוּ
	2. f.	תְּקוּמֶינָה		תָּשֵׂמְנָה	תָּבֹאנָה	תֵּבֹשְׁנָה
	1. c.	נָקוּם	נָמוּת	נָשִׂים	נָבֹא	נֵבוֹשׁ
Kohortativ	Sg.	אָקוּמָה	אָמוּתָה	אָשִׂימָה	אָבֹאָה	אֵבוֹשָׁה
Jussiv	Sg. 3. m.	יָקֹם	יָמֹת	יָשֵׂם	יָבֹא	יֵבֹשׁ
Waw-Imperfekt		וַיָּקָם	וַיָּמָת	וַיָּשֶׂם	וַיָּבֹא	וַיֵּבֹשׁ
Imperativ	Sg. m.	קוּם	מֵת	שִׂים	בֹּא	בּוֹשׁ
	f.	קוּמִי		שִׂימִי	בֹּאִי	בּוֹשִׁי
	Pl. m.	קוּמוּ		שִׂימוּ	בֹּאוּ	בּוֹשׁוּ
	f.	קֹמְנָה				
Infinitiv	cs.	קוּם	מוּת	שִׂים	בּוֹא	בּוֹשׁ
	abs.	קוֹם	מוֹת	שׂוֹם	בּוֹא	בּוֹשׁ
Partizip	m.	קָם	מֵת	שָׂם	בָּא	בּוֹשׁ
	f.	קָמָה	מֵתָה	שָׂמָה	בָּאָה	בּוֹשָׁה

			Nif'al	Hif'il	Hof'al	Polel	Polal	Hitpolel
Perfekt	Sg.	3. m.	נָכוֹן	הֵקִים	הוּקַם	כּוֹנֵן	כּוֹנַן	הִתְכּוֹנֵן
		3. f.	נָכוֹנָה	הֵקִימָה		כּוֹנְנָה	כּוֹנְנָה	הִתְכּוֹנְנָה
		2. m.	נְכוּנוֹתָ	הֲקִימוֹתָ		כּוֹנַנְתָּ	כּוֹנַנְתָּ	הִתְכּוֹנַנְתָּ
		2. f.	נְכוּנוֹת	הֲקִימוֹת		כּוֹנַנְתְּ	כּוֹנַנְתְּ	הִתְכּוֹנַנְתְּ
		1. c.	נְכוּנוֹתִי	הֲקִימוֹתִי		כּוֹנַנְתִּי	כּוֹנַנְתִּי	הִתְכּוֹנַנְתִּי
	Pl.	3. c.	נָכוֹנוּ	הֵקִימוּ		כּוֹנְנוּ	כּוֹנְנוּ	הִתְכּוֹנְנוּ
		2. m.	נְכוּנוֹתֶם	הֲקִימוֹתֶם		כּוֹנַנְתֶּם	כּוֹנַנְתֶּם	הִתְכּוֹנַנְתֶּם
		2. f.	נְכוּנוֹתֶן	הֲקִימוֹתֶן		כּוֹנַנְתֶּן	כּוֹנַנְתֶּן	הִתְכּוֹנַנְתֶּן
		1. c.	נְכוּנוֹנוּ	הֲקִימוֹנוּ		כּוֹנַנּוּ	כּוֹנַנּוּ	הִתְכּוֹנַנּוּ
Imperfekt	Sg.	3. m.	יִכּוֹן	יָקִים	יוּקַם	יְכוֹנֵן	יְכוֹנַן	יִתְכּוֹנֵן
		3. f.	תִּכּוֹן	תָּקִים		תְּכוֹנֵן	תְּכוֹנַן	תִּתְכּוֹנֵן
		2. m.	תִּכּוֹן	תָּקִים		תְּכוֹנֵן	תְּכוֹנַן	תִּתְכּוֹנֵן
		2. f.	תִּכּוֹנִי	תָּקִימִי		תְּכוֹנְנִי	תְּכוֹנְנִי	תִּתְכּוֹנְנִי
		1. c.	אֶכּוֹן	אָקִים		אֲכוֹנֵן	אֲכוֹנַן	אֶתְכּוֹנֵן
	Pl.	3. m.	יִכּוֹנוּ	יָקִימוּ		יְכוֹנְנוּ	יְכוֹנְנוּ	יִתְכּוֹנְנוּ
		3. f.		תְּקִימֶינָה		תְּכוֹנֵנָה	תְּכוֹנַנָה	תִּתְכּוֹנֵנָה
		2. m.	תִּכּוֹנוּ	תָּקִימוּ		תְּכוֹנְנוּ	תְּכוֹנְנוּ	תִּתְכּוֹנְנוּ
		2. f.		תְּקִימֶינָה		תְּכוֹנֵנָה	תְּכוֹנַנָה	תִּתְכּוֹנֵנָה
		1. c.	נִכּוֹן	נָקִים		נְכוֹנֵן	נְכוֹנַן	נִתְכּוֹנֵן
Kohortativ	Sg.		אֶכּוֹנָה	אָקִימָה		אֲכוֹנְנָה		אֶתְכּוֹנְנָה
Jussiv	Sg.	3. m.	יִכּוֹן	יָקֵם		יְכוֹנֵן	יְכוֹנַן	יִתְכּוֹנֵן
Waw-Imperfekt			וַיִּכּוֹן	וַיָּקֶם		וַיְכוֹנֵן	וַיְכוֹנַן	וַיִּתְכּוֹנֵן
Imperativ	Sg.	m.	הִכּוֹן	הָקֵם		כּוֹנֵן		הִתְכּוֹנֵן
		f.	הִכּוֹנִי	הָקִימִי		כּוֹנְנִי		הִתְכּוֹנְנִי
	Pl.	m.	הִכּוֹנוּ	הָקִימוּ		כּוֹנְנוּ		הִתְכּוֹנְנוּ
		f.		הָקֵמְנָה		כּוֹנֵנָה		הִתְכּוֹנֵנָה
Infinitiv	cs.		הִכּוֹן	הָקִים	לְהוּקַם	כּוֹנֵן		הִתְכּוֹנֵן
	abs.		הִכּוֹן	הָקֵם				
Partizip		m.	נָכוֹן	מֵקִים	מוּקָם	מְכוֹנֵן	מְכוֹנָן	מִתְכּוֹנֵן
		f.	נְכוֹנָה	מְקִימָה		מְכוֹנֶנֶת	מְכוֹנָנָה	מִתְכּוֹנֶנָה

IV/14 Verba mediae geminatae (Lektion 25)

			Qal	Nif'al	Hif'il
Perfekt	Sg.	3. m.	קַל	סָבַב	נָסַב	הֵסֵב
		3. f.	קַלָּה	סָבְבָה	נָסַבָּה	הֵסַבָּה
		2. m.	קַלּוֹתָ	סַבּוֹתָ	נְסַבּוֹתָ	הֲסִבּוֹתָ
		2. f.	קַלּוֹת	סַבּוֹת	נְסַבּוֹת	הֲסִבּוֹת
		1. c.	קַלּוֹתִי	סַבּוֹתִי	נְסַבּוֹתִי	הֲסִבּוֹתִי
	Pl.	3. c.	קַלּוּ	סָבְבוּ / סַבּוּ	נָסַבּוּ	הֵסַבּוּ
		2. m.	קַלּוֹתֶם	סַבּוֹתֶם	נְסַבּוֹתֶם	הֲסִבּוֹתֶם
		2. f.	קַלּוֹתֶן	סַבּוֹתֶן	נְסַבּוֹתֶן	הֲסִבּוֹתֶן
		1. c.	קַלּוֹנוּ	סַבּוֹנוּ	נְסַבּוֹנוּ	הֲסִבּוֹנוּ
Imperfekt	Sg.	3. m.	יֵקַל	יָסֹב / יִסֹּב	יִסַּב	יָסֵב / יַסֵּב
		3. f.	תֵּקַל	תָּסֹב	תִּסַּב	תָּסֵב
		2. m.	תֵּקַל	תָּסֹב	תִּסַּב	תָּסֵב
		2. f.	תֵּקַלִּי	תָּסֹבִּי	תִּסַּבִּי	תָּסֵבִּי
		1. c.	אֵקַל	אָסֹב	אֶסַּב	אָסֵב
	Pl.	3. m.	יֵקַלּוּ	יָסֹבּוּ	יִסַּבּוּ	יָסֵבּוּ
		3. f.	תִּקַּלֶּינָה	תְּסֻבֶּינָה	תִּסַּבֶּינָה	תְּסֻבֶּינָה
		2. m.	תֵּקַלּוּ	תָּסֹבּוּ	תִּסַּבּוּ	תָּסֵבּוּ
		2. f.	תִּקַּלֶּינָה	תְּסֻבֶּינָה	תִּסַּבֶּינָה	תְּסֻבֶּינָה
		1. c.	נֵקַל	נָסֹב	נִסַּב	נָסֵב
Kohortativ	Sg.		אֶקַּלָּה	אָסֹבָּה	אֶסַּבָּה	אָסֵבָּה
Jussiv	Sg.	3. m.				
Waw-Imperfekt			וַיֵּקַל	וַיָּסָב	וַיִּסַּב	וַיָּסֵב
Imperativ	Sg.	m.		סֹב	הִסַּב	הָסֵב
		f.		סֹבִּי	הִסַּבִּי	הָסֵבִּי
	Pl.	m.		סֹבּוּ	הִסַּבּוּ	הָסֵבּוּ
		f.		סֻבֶּינָה	הִסַּבֶּינָה	הֲסִבֶּינָה
Infinitiv	cs.			סֹב	הִסַּב	הָסֵב
	abs.			סָבוֹב	הִסּוֹב	הָסֵב
Partizip	m.			סֹבֵב / סָבוּב	נָסָב	מֵסֵב
	f.			סֹבְבָה / סְבוּבָה	נְסַבָּה	מְסִבָּה

			Hofʿal	Poʿel	Poʿal	Hitpoʿel
Perfekt	Sg.	3. m.	הוּסַב	סוֹבֵב	סוֹבַב	הִסְתּוֹבֵב
		3. f.	הוּסַבָּה	סוֹבְבָה	סוֹבְבָה	הִסְתּוֹבְבָה
		2. m.	הוּסַבּוֹתָ	סוֹבַבְתָּ	סוֹבַבְתָּ	הִסְתּוֹבַבְתָּ
		2. f.	הוּסַבּוֹת	סוֹבַבְתְּ	סוֹבַבְתְּ	הִסְתּוֹבַבְתְּ
		1. c.	הוּסַבּוֹתִי	סוֹבַבְתִּי	סוֹבַבְתִּי	הִסְתּוֹבַבְתִּי
	Pl.	3. c.	הוּסַבּוּ	סוֹבְבוּ	סוֹבְבוּ	הִסְתּוֹבְבוּ
		2. m.	הוּסַבּוֹתֶם	סוֹבַבְתֶּם	סוֹבַבְתֶּם	הִסְתּוֹבַבְתֶּם
		2. f.	הוּסַבּוֹתֶן	סוֹבַבְתֶּן	סוֹבַבְתֶּן	הִסְתּוֹבַבְתֶּן
		1. c.	הוּסַבּוֹנוּ	סוֹבַבְנוּ	סוֹבַבְנוּ	הִסְתּוֹבַבְנוּ
Imperfekt	Sg.	3. m.	יוּסַב / יֻסַּב	יְסוֹבֵב	יְסוֹבַב	יִסְתּוֹבֵב
		3. f.	תּוּסַב	תְּסוֹבֵב	תְּסוֹבַב	תִּסְתּוֹבֵב
		2. m.	תּוּסַב	תְּסוֹבֵב	תְּסוֹבַב	תִּסְתּוֹבֵב
		2. f.	תּוּסַבִּי	תְּסוֹבְבִי	תְּסוֹבְבִי	תִּסְתּוֹבְבִי
		1. c.	אוּסַב	אֲסוֹבֵב	אֲסוֹבַב	אֶסְתּוֹבֵב
	Pl.	3. m.	יוּסַבּוּ	יְסוֹבְבוּ	יְסוֹבְבוּ	יִסְתּוֹבְבוּ
		3. f.	תּוּסַבֶּינָה	תְּסוֹבֵבְנָה	תְּסוֹבֵבְנָה	תִּסְתּוֹבֵבְנָה
		2. m.	תּוּסַבּוּ	תְּסוֹבְבוּ	תְּסוֹבְבוּ	תִּסְתּוֹבְבוּ
		2. f.	תּוּסַבֶּינָה	תְּסוֹבֵבְנָה	תְּסוֹבֵבְנָה	תִּסְתּוֹבֵבְנָה
		1. c.	נוּסַב	נְסוֹבֵב	נְסוֹבַב	נִסְתּוֹבֵב
Kohortativ	Sg.			אֲסוֹבְבָה		אֶסְתּוֹבְבָה
Jussiv	Sg.	3. m.				
Waw-Imperfekt			וַיּוּסַב	וַיְסוֹבֵב	וַיְסוֹבַב	וַיִּסְתּוֹבֵב
Imperativ	Sg.	m.		סוֹבֵב		הִסְתּוֹבֵב
		f.		סוֹבְבִי		הִסְתּוֹבְבִי
	Pl.	m.		סוֹבְבוּ		הִסְתּוֹבְבוּ
		f.		סוֹבֵבְנָה		הִסְתּוֹבֵבְנָה
Infinitiv	cs.			סוֹבֵב		הִסְתּוֹבֵב
	abs.					
Partizip		m.	מוּסָב	מְסוֹבֵב	מְסוֹבָב	מִסְתּוֹבֵב
		f.	מוּסַבָּה	מְסוֹבְבָה	מְסוֹבָבָה	מִסְתּוֹבְבָה

IV/15　Doppelt schwache Verben (Lektion 26)

		נכה Hif'il	ידה Hif'il	נטה Qal	נטה Hif'il	חוה (שחה) Hištaf'el
Perfekt	Sg. 3. m.	הִכָּה	הוֹדָה	נָטָה	הִטָּה	
	3. f.	הִכְּתָה	הוֹדְתָה	נָטְתָה		
	2. m.	הִכִּיתָ	הוֹדִיתָ	נָטִיתָ		
	2. f.	הִכִּית	הוֹדִית			
	1. c.	הִכִּיתִי	הוֹדִיתִי	נָטִיתִי	הִטִּיתִי	הִשְׁתַּחֲוֵיתִי
	Pl. 3. c.	הִכּוּ	הוֹדוּ	נָטוּ	הִטּוּ	הִשְׁתַּחֲווּ
	2. m.	הִכִּיתֶם	הוֹדִיתֶם		הִטִּיתֶם	
	2. f.	הִכִּיתֶן	הוֹדִיתֶן			
	1. c.	הִכִּינוּ	הוֹדִינוּ			
Imperfekt	Sg. 3. m.	יַכֶּה	יוֹדֶה	יִטֶּה	יַטֶּה	יִשְׁתַּחֲוֶה
	3. f.	תַּכֶּה	תּוֹדֶה	תִּטֶּה		
	2. m.	תַּכֶּה	תּוֹדֶה		תַּטֶּה	תִּשְׁתַּחֲוֶה
	2. f.	תַּכִּי	תּוֹדִי			
	1. c.	אַכֶּה	אוֹדֶה	אֶטֶּה / אַט	אַטֶּה	אֶשְׁתַּחֲוֶה
	Pl. 3. m.	יַכּוּ	יוֹדוּ		יַטּוּ	יִשְׁתַּחֲווּ
	3. f.	תַּכֶּינָה	תּוֹדֶינָה			
	2. m.	תַּכּוּ	תּוֹדוּ			תִּשְׁתַּחֲווּ
	2. f.	תַּכֶּינָה	תּוֹדֶינָה			
	1. c.	נַכֶּה	נוֹדֶה	נִטֶּה		נִשְׁתַּחֲוֶה
Jussiv	Sg. 3. m.	יַךְ		יֵט	יַט	יִשְׁתַּחוּ
Waw-Imperfekt		וַיַּךְ		וַיֵּט	וַיַּט	וַיִּשְׁתַּחוּ
Imperativ	Sg. m.	הַךְ	הוֹדֵה	נְטֵה	הַטֵּה / הַט	הִשְׁתַּחֲוֵה
	f.	הַכִּי	הוֹדִי		הַטִּי	הִשְׁתַּחֲוִי
	Pl. m.	הַכּוּ	הוֹדוּ		הַטּוּ	הִשְׁתַּחֲווּ
	f.	הַכֶּינָה	הוֹדֶינָה			
Infinitiv	cs.	הַכּוֹת	הוֹדוֹת	נְטוֹת	הַטּוֹת	הִשְׁתַּחֲוֹת
	abs.	הַכֵּה	הוֹדֵה			
Partizip	act.	מַכֶּה	מוֹדֶה	נוֹטֶה	מַטֶּה	מִשְׁתַּחֲוֶה
	pass.			נָטוּי		

Häufig gebrauchte Verben – Eckformen

	3. Sg. m. Perf.	3. Sg. m. Impf.	3. Sg. m. Impf.-cons.	Imp. Sg. m.	Inf. cs.	Inf. abs.
1)	כָּתַב	יִכְתֹּב	וַיִּכְתֹּב	כְּתֹב	כְּתֹב	כָּתוֹב
2)	כָּבֵד	יִכְבַּד	וַיִּכְבַּד	כְּבַד	כְּבֹד	כָּבוֹד
3)	קָטֹן	יִקְטַן	וַיִּקְטַן	קְטַן	קְטֹן	קָטוֹן
4)	עָמַד	יַעֲמֹד	וַיַּעֲמֹד	עֲמֹד	עֲמֹד	עָמוֹד
5)	אָמַר	יֹאמַר	וַיֹּאמֶר / וַיֹּאמֶר	אֱמֹר	אֱמֹר / לֵאמֹר	אָמוֹר
6)	אָכַל	יֹאכַל i.p.: יֹאכֵל	וַיֹּאכַל	אֱכֹל	אֱכֹל	אָכוֹל
7)	אָבָה	יֹאבֶה				
8)	בֵּרַךְ	יְבָרֵךְ	וַיְבָרֶךְ	בָּרֵךְ	בָּרֵךְ	בָּרֵךְ
9)	מִהַר	יְמַהֵר		מַהֵר	מַהֵר	מַהֵר
10)	שָׁלַח	יִשְׁלַח	וַיִּשְׁלַח	שְׁלַח	שְׁלֹחַ	שָׁלוֹחַ
11)	מָצָא	יִמְצָא	וַיִּמְצָא	מְצָא	מְצֹא	מָצוֹא
12)	מָלֵא	יִמְלָא	וַיִּמְלָא	מְלָא	מְלֹאת	מָלוֹא
13)	נָפַל	יִפֹּל	וַיִּפֹּל	נְפֹל	נְפֹל	נָפֹל
14)	נָגַשׁ	יִגַּשׁ	וַיִּגַּשׁ	גַּשׁ גְּשָׁה	גֶּשֶׁת לָגֶשֶׁת גִּשְׁתִּי לְגִשְׁתִּי	נָגוֹשׁ
15)	נָגַע	יִגַּע	וַיִּגַּע	גַּע	גַּעַת לָגַעַת גַּעְתִּי לְגַעְתִּי	נָגוֹעַ
16)	נָתַן	יִתֵּן	וַיִּתֵּן	תֵּן תְּנָה	תֵּת לָתֵת תִּתִּי לְתִתִּי	נָתוֹן
17)	לָקַח	יִקַּח	וַיִּקַּח	קַח קָחָה לְקַח	קַחַת לָקַחַת קַחְתִּי לְקַחְתִּי	לָקוֹחַ

Ptz. akt.	Ptz. pass.	Bemerkungen	Bedeutung
כֹּתֵב	כָּתוּב	Starkes Verb, transitiv	Qal: schreiben
כָּבֵד		Starkes Verb, intransitiv (a-Imperfekt)	Qal: schwer sein Pi'el: ehren
קָטֹן		Starkes Verb, intransitiv (a-Imperfekt)	Qal: klein sein
עֹמֵד	עָמוּד	Verba primae laryngalis	Qal: stehen, hintreten
אֹמֵר	אָמוּר	Verba primae Aleph	Qal: sagen, sprechen
אֹכֵל	אָכוּל	Verba primae Aleph	Qal: essen
אֹבֶה		Verba primae Aleph + tertiae infirmae	Qal: wollen
מְבָרֵךְ		Verba mediae laryngalis mit Ersatzdehnung	Pi'el: segnen
מְמַהֵר		Verba mediae laryngalis mit virt. Verdoppelung	Pi'el: eilen
שֹׁלֵחַ	שָׁלוּחַ	Verba tertiae laryngalis	Qal: senden
מֹצֵא	מָצוּא	Verba tertiae Aleph	Qal: finden
מָלֵא		Verba tertiae Aleph	Qal: voll sein
נֹפֵל	נָפוּל	Verba primae Nun (ō-Imperfekt)	Qal: fallen
נֹגֵשׁ נֹגְשָׁה נֹגֶשֶׁת	נָגוּשׁ	Verba primae Nun (a-Imperfekt)	Qal: nahe sein, nahen
נֹגֵעַ	נָגוּעַ	Verba primae Nun (a-Imperfekt)	Qal: berühren
נֹתֵן	נָתוּן	Verba primae Nun (ē-Imperfekt)	Qal: geben
לֹקֵחַ	לָקוּחַ	Verba primae Nun (a-Imperfekt) + tertiae laryngalis	Qal: nehmen Qal passiv: יֻקַּח

346 Paradigmentabellen

Häufig gebrauchte Verben - Eckformen

	3. Sg. m. Perf.	3. Sg. m. Impf.	3. Sg. m. Impf.-cons.	Imp. Sg. m.	Inf. cs.	Inf. abs.
18)	נָשָׂא	יִשָּׂא	וַיִּשָּׂא	שָׂא	שְׂאֵת לָשֵׂאת שְׂאֵתִי	נָשׂוֹא
19)	יָטַב הֵיטִיב	יִיטַב יֵיטִיב	וַיִּיטַב וַיֵּיטֶב	יְטַב הֵיטֵב	יְטֹב הֵיטִיב	יָטֹב הֵיטֵב
20)	יָשַׁב	יֵשֵׁב	וַיֵּשֶׁב	שֵׁב שְׁבָה	שֶׁבֶת לָשֶׁבֶת שִׁבְתִּי לְשִׁבְתִּי	יָשֹׁב
21)	יָדַע	יֵדַע	וַיֵּדַע	דַּע דְּעָה	דַּעַת לָדַעַת דֵּעָתִי	יָדוֹעַ
22)	יָלַד	יֵלֵד	וַיֵּלֶד i.p.: וַיֵּלַד		לֶדֶת לָלֶדֶת	יָלוֹד
23)	יָרַד	יֵרֵד	וַיֵּרֶד i.p.: וַיֵּרַד	רֵד רְדָה	רֶדֶת לָרֶדֶת	יָרוֹד
24)	יָצָא הוֹצִיא	יֵצֵא יוֹצִיא	וַיֵּצֵא וַיּוֹצֵא	צֵא הוֹצֵא	צֵאת הוֹצִיא	יָצוֹא הוֹצֵא
25)	הָלַךְ	יֵלֵךְ	וַיֵּלֶךְ	לֵךְ	לֶכֶת הֲלֹךְ	הָלוֹךְ
26)	יָרַשׁ	יִירַשׁ	וַיִּירַשׁ	רֵשׁ	רֶשֶׁת	יָרוֹשׁ
27)	יָרֵא נוֹרָא	יִירָא יִוָּרֵא	וַיִּירָא	יְרָא	יִרְאָה יְרֹא	
28)	יֹשַׁע הוֹשִׁיעַ	יוֹשִׁיעַ	וַיּוֹשַׁע	הוֹשַׁע	הוֹשִׁיעַ	הוֹשֵׁעַ
29)	יָכֹל	יוּכַל	וַיּוּכַל		יְכֹלֶת	יָכוֹל
30)	יֹסֵף הוֹסִיף	יוֹסִיף	וַיֹּסֶף		הוֹסִיף	
31)	יָהַב			הַב הָבָה הָבִי הָבוּ		
32)	יָצַג הִצִּיג	יַצִּיג	וַיַּצֵּג	הַצֵּג	הַצֵּג	

[1] Einige Verba primae Jod/Waw assimilieren nach Analogie der Verba primae

Ptz. akt.	Ptz. pass.	Bemerkungen	Bedeutung
נֹשֵׂא	נָשׂוּא	Verba primae Nun + tertiae Aleph	Qal: heben
יֹטֵב מֵיטִיב		Verba primae Jod/Waw	Qal: gut sein Hif'il: gut machen
יֹשֵׁב יֹשֶׁבֶת	יָשׁוּב	Verba primae Jod/Waw (Sondergruppe)	Qal: sich setzen, wohnen
יֹדֵעַ יֹדַעַת	יָדוּעַ	Verba primae Jod/Waw (Sondergruppe) + tertiae laryngalis	Qal: wissen Hitpa'el: הִתְוַדַּע
יֹלֵד יֹלֶדֶת	יָלוּד	Verba primae Jod/Waw (Sondergruppe)	Qal: gebären
יֹרֵד		Verba primae Jod/Waw (Sondergruppe)	Qal: hinabsteigen
יֹצֵא מוֹצִיא		Verba primae Jod/Waw (Sondergruppe) + tertia Aleph	Qal: herausgehen Hif'il: herausführen, hervorbringen
הֹלֵךְ		Verba primae Jod/Waw (Sondergruppe)	Qal: gehen
יוֹרֵשׁ		Verba primae Jod/Waw	Qal: besitzen
יָרֵא		Verba primae Jod/Waw + mediae Resch + tertiae Aleph	Qal: fürchten Nifal: gefürchtet, furchtbar sein
מוֹשִׁיעַ		Verba primae Jod/Waw + tertiae laryngalis	Hif'il: retten
		Verba primae Waw	Qal: können
מוֹסִיף		Verba primae Waw	Hif'il: hinzufügen, fortfahren
		Verba primae Jod/Waw + mediae laryngalis	Qal: geben Imp.: "wohlan", "her damit"
מַצִּיג		Veba primae Jod/Waw = Nun[1]	Hif'il: hinstellen

Nun den 1. Radikal dem 2., meist צ.

Häufig gebrauchte Verben - Eckformen

	3. Sg. m. Perf.	3. Sg. m. Impf.	3. Sg. m. Impf.-cons.	Imp. Sg. m.	Inf. cs.	Inf. abs.
33)	יָצַק	יִצֹק	וַיִּצֹק	צַק	צֶקֶת	
34)	יָצַת נִצַּת הִצִּית	יִצַּת יַצִּית		הַצִּית		
35)	יָצַר נוֹצַר	יִצֹּר	וַיִּיצֶר			
36)	בָּנָה	יִבְנֶה	וַיִּבֶן	בְּנֵה בְּנוּ	בְּנוֹת	בָּנֹה בָּנוֹ
37)	בָּזָה	יִבְזֶה	וַיִּבֶז			
38)	פָּנָה	יִפְנֶה	וַיִּפֶן	פְּנֵה	פְּנוֹת	פָּנֹה
39)	רָבָה הִרְבָּה	יִרְבֶּה יֵרֶב יַרְבֶּה	וַיִּרֶב וַתֵּרֶב וַיֶּרֶב	רְבֵה הֶרֶב הַרְבֵּה	רְבוֹת הַרְבּוֹת	הַרְבֵּה
40)	רָפָה	יִרְפֶּה	וַיִּרֶף			
41)	בָּכָה	יִבְכֶּה	וַיֵּבְךְּ	בְּכֵה	בְּכוֹת לִבְכּוֹת	בָּכֹה
42)	שָׁבָה		וַיֵּשְׁבְּ	וּשֲׁבֵה	שְׁבוֹת	
43)	שָׁתָה	יִשְׁתֶּה	וַיֵּשְׁתְּ	שְׁתֵה	שְׁתוֹת	שָׁתֹה
44)	שָׁקָה	יִשְׁקֶה	וַיֵּשְׁקְ וָאַשְׁקֶה			
45)	עָלָה	יַעֲלֶה = Hif῾il	וַיַּעַל = Hif῾il	עֲלֵה	עֲלוֹת	עָלֹה
46)	עָנָה	יַעֲנֶה	וַיַּעַן	עֲנֵה	עֲנוֹת	
47)	עָשָׂה	יַעֲשֶׂה יַעַשׂ	וַיַּעַשׂ	עֲשֵׂה	עֲשׂוֹת	עָשֹׂה
48)	חָנָה	יַחֲנֶה	וַיִּחַן	חֲנֵה	חֲנוֹת	
49)	חָרָה	יֶחֱרֶה יִחַר	וַיִּחַר		חֲרוֹת	חָרֹה
50)	רָאָה	יִרְאֶה יֵרֶא יִרֶא תֵּרֶא	וַיַּרְא וַתֵּרֶא וָאֵרֶא וַיִּרְאֶה	רְאֵה	רְאוֹת רְאֹה לִרְאוֹת	רָאֹה

Ptz. akt.	Ptz. pass.	Bemerkungen	Bedeutung
	יָצוּק	Verba primae Jod/Waw = Nun[1]	Qal: gießen
מַצִּית		Verba primae Jod/Waw = Nun[1]	Qal: in Brand geraten, anzünden Nifʻal: verbrannt werden Hifʻil: anzünden
		Verba primae Jod/Waw = Nun[1]	Qal: bilden Nifʻal: gebildet werden
בֹּנֶה	בָּנוּי	Verba tertiae infirmae	Qal: bauen
בּוֹזֶה	בָּזוּי	Verba tertiae infirmae	Qal: geringschätzen, verachten
פֹּנֶה		Verba tertiae infirmae	Qal: (sich) wenden aber: וַתֵּפֶן ; Hifʻil: וַיִּפֶן
מַרְבֶּה		Verba tertiae infirmae	Qal: viel sein, sich mehren Hifʻil: viel machen, vermehren
		Verba tertiae infirmae	Qal: matt sein
בֹּכֶה		Verba tertiae infirmae	Qal: weinen
שֹׁבֶה	שָׁבוּי	Verba tertiae infirmae	Qal: gefangen wegführen
שֹׁתֶה		Verba tertiae infirmae	Qal: trinken
		Verba tertiae infirmae	Hifʻil: tränken
עֹלֶה f.: עֹלָה		Verba tertiae infirmae	Qal: hinaufsteigen Hifʻil: hinaufführen
עֹנֶה		Verba tertiae infirmae	Qal: antworten
עֹשֶׂה cs. עֹשֵׂה	עָשׂוּי	Verba tertiae infirmae + primae laryngalis	Qal: tun, machen
חֹנֶה		Verba tertiae infirmae + primae laryngalis	Qal: sich lagern
		Verba tertiae infirmae + primae laryngalis	Qal: (von Zorn) entbrennen
רֹאֶה	רָאוּי	Verbae tertiae infirmae	Qal: sehen וַיִּרְא auch Hifʻil

Häufig gebrauchte Verben - Eckformen

	3. Sg. m. Perf.	3. Sg. m. Impf.	3. Sg. m. Impf.-cons.	Imp. Sg. m.	Inf. cs.	Inf. abs.
51)	הָיָה הֱיִיתֶם וִהְיִיתֶם	יִהְיֶה Juss.: יְהִי i.p.: יֶהִי	וַיְהִי וִיהִי	הֱיֵה וֶהְיֵה	הֱיוֹת לִהְיוֹת מֵהֱיוֹת	הָיוֹה
52)	חוה הִשְׁתַּחֲוָה	יִשְׁתַּחוּ	וַיִּשְׁתַּחוּ f.: הִשְׁתַּחֲוִי	הִשְׁתַּחֲוִי	הִשְׁתַּחֲוֹת	
53)	קָם	יָקוּם	וַיָּקָם	קוּם	קוּם	קוֹם
54)	מֵת	יָמוּת	וַיָּמָת	מוּת	מוּת	מוֹת
55)	בָּא הֵבִיא	יָבוֹא יָבִיא	וַיָּבוֹא וַיָּבֵא	בּוֹא הָבֵא	בּוֹא הָבִיא	בּוֹא הָבֵא
56)	בּוֹשׁ	יֵבשׁ	וַיֵּבשׁ	בּוֹשׁ	בּוֹשׁ	בּוֹשׁ
57)	סָבַב	יָסֹב	וַיָּסָב	סֹב	סֹב	סָבוֹב
58)	קַל	יֵקַל	וַיֵּקַל			
59)	נכה הִכָּה הֻכָּה נֻכָּה	יַכֶּה יֻכֶּה	וַיַּכֶּה וַיַּךְ וַיֻּכֶּה	הַכֵּה הַךְ	הַכּוֹת	הַכֵּה
60)	נָטָה	יִטֶּה	וַיֵּט	נְטֵה	נְטוֹת לִנְטוֹת	נָטֹה
61)	ידה הוֹדָה הִתְוַדָּה	יוֹדֶה		הוֹדֵה	הוֹדוֹת	הוֹדֵה

Ptz. akt.	Ptz. pass.	Bemerkungen	Bedeutung
הֹ(ו)יֶה	הָיוּי	Verba tertia infirmae	Qal: sein ebenso: חָיָה: leben
מִשְׁתַּחֲוֶה		Verba tertiae infirmae + primae laryngalis	Hištaf'el: sich niederwerfen, anbeten
קָם	קוּם	Verba mediae û	Qal: aufstellen, sich aufmachen Hif'il: aufrichten
מֵת	מוּת	Verba mediae û	Qal: sterben
m.: בָּא f.: בָּאָה מֵבִיא		Verba mediae ô	Qal: kommen, hineingehen Hif'il: hineinführen
בּוֹשׁ		Verba mediae ô	Qal: sich schämen
סֹבֵב	סָבוּב	Verba mediae geminatae (ō-Imperfekt)	Qal: wenden
		Verba mediae geminatae (a-Imperfekt)	Qal: schnell, gering sein
מַכֶּה m.: מֻכֶּה f.: מֻכָּה		Verba primae Nun + tertiae infirmae (Doppelt schwache Verben)	Hif'il: schlagen Hof'al: ge-, erschlagen werden Nif'al: ge-, erschlagen werden
נֹטֶה	נָטוּי	Verba primae Nun + tertiae inf. (Doppelt schwache Verben)	Qal: neigen, ausstrecken
מוֹדֶה		Verba primae Jod + tertiae inf. (Doppelt schwache Verben)	Hif'il: preisen Hitpa'el: bekennen

Vokabelverzeichnis Hebräisch – Deutsch:

Das Verzeichnis listet alle Vokabeln auf, die in den Lektionen 6-26 behandelt und gelernt wurden. Die Vokabeln werden mit der deutschen Bedeutung sowie der Ziffer der betreffenden Lektion angegeben. Die Eigennamen sind nicht separat aufgelistet, sondern in das Vokabelverzeichnis integriert worden.

א

אָב		Vater 8
אבד		zugrunde gehen; *Pi./Hi.* zugrunde richten 18
אבה		wollen 18
אֲבִיגַיִל / אֲבִיגַל		Abigail *(n.pr.f.)* 16
אֲבִיהוּ		Abihu *(n.pr.m.)* 23
אֶבְיוֹן		arm; Armer 6
אֲבִיָּם		Abijam *(n.pr.m.)* 15
אֲבִימֶלֶךְ		Abimelech *(n.pr.m.)* 10
אֶבֶן	*f.*	Stein 11
אֵבֶר		Flügel 21
אַבְרָהָם		Abraham *(n.pr.m.)* 11
אָדוֹן/אֲדֹנָי		Herr / der Herr 10
אָדָם		Mensch; Menschen *(koll.)* 6
אֲדָמָה		Ackerland, Erdboden 14
אֲדֹנִיָּהוּ		Adoniajahu *(n.pr.m.)* 8
אהב		lieben 18
אֹהֶל		Zelt 11
אַהֲרֹון		Aaron *(n.pr.m.)* 21
אוֹ		oder 11
אַוָּה		Begehren, Verlangen 18
אוֹיֵב		Feind 16
אוּלַי		vielleicht 17
אָוֶן		Mühe; Frevel; Sünde 12
אוֹצָר		Vorrat, Schatz 15
אוֹר		Licht 6
אוֹר		hell werden, leuchten 24
אוֹת		Zeichen, Wunder 17

אָז	damals, dann 8
אזן	*Hi.* hinhören 18
אֹזֶן	Ohr 11
אָח	Bruder 8
אֶחָד	eins, einer *(st.cs.:* אַחַד*)* 23
אָחוֹת	Schwester 8
אחז	ergreifen 18
אֲחַזְיָהוּ	Ahasja *(n.pr.m.)* 15
אַחַר/אַחֲרֵי	hinter 7
אַחֲרֵי אֲשֶׁר	nachdem 17
אַחֵר	ein anderer 11
אַחֲרִית	Zukunft, Ende; Nachkommenschaft 19
אֹיֵב	Feind 24
אַיֵּה	wo? 6
אִיזֶבֶל	Isebel *(n.pr.f.)* 6
אֵיךְ	wie? wie! 6
אַיִל	Widder 12
אַיִן/אֵין	Nichtvorhandensein; es gibt nicht 7
אֵיפָה	Epha *(Getreidemaß: ca. 22-45 Liter)* 26
אִישׁ	Mann; jemand; ein jeder 7
אַךְ	gewiss, nur 10
אכל	essen, verzehren 13
אֹכֶל	Speise, Nahrung 26
אָכְלָה	Speise, Nahrung 22
אָכֵן	gewiss, aber, dennoch 14
אֵל	Gott 7
אֶל־	zu, nach 7

אֵלֶּה	diese *(Pl.com.)* 6	אֹרֶךְ	Länge 11
אֱלֹהִים	Gott, Götter 6	אַרְנוֹן	Arnon *(n.l.)* 24
אֵלוֹן/אַלּוֹן	großer Baum, Terebinthe 6	אֶרֶץ *f.*	Land, Erde 6
אֵלִיָּהוּ	Elia *(n.pr.m.)* 12	ארר	verfluchen 25
אֱלִיעֶזֶר	Eliezer *(n.pr.m.)* 22	אֵשׁ *f.*	Feuer 6
אֱלִישָׁע	Elisa *(n.pr.m.)* 18	אַשְׁדּוֹד	Aschdod *(n.l.)* 15
אִלֵּם	stumm 16	אִשָּׁה	Frau 8
אַלְמָנָה	Witwe 20	אַשּׁוּר	Assur *(n.terr.)* 13
אֶלֶף	tausend; Tausendschaft 11	אֲשֶׁר	„von welchem gilt", dass, wenn 6; 12; 16
אִם	wenn, ob 11 / als, nachdem 17	אֲשֶׁר (לֹא)	damit (nicht) 19
אֵם	Mutter 14	אַשְׁרֵי	glücklich, der *(Seligpreisung)* 16
אָמָה	Magd 8	אַתְּ	du *(f.)* 6
אָמוֹץ	Amoz *(n.pr.m.)* 13	אֵת/אֶת־	mit 7
אמל	*Pulal* verwelken 26	אֵת/אֶת־	*nota accusativi* 7
אמן	*Ni.* fest sein, treu sein; *Hi.* glauben 18	אַתָּה	du *(m.)* 6
אמר	sagen, sprechen 10	אָתוֹן	Eselin 20
אֱמֹרִי	Amoriter *(n.g.)* 12	אַתֶּם	ihr *(m.)* 6
אֱמֶת	Treue; Wahrheit 19	אַתֵּנָה/אַתֵּן	ihr *(f.)* 6
אָנָּה	ach, doch 18		
אֱנוֹשׁ	Mensch 9		
אָנֹכִי/אֲנִי	ich 6		ב
אֲנַחְנוּ/נַחְנוּ	wir 6		
אנף	*Hitp.* zürnen 14	בְּ	in, an, mit, durch 6; 22
אָסָא	Asa *(n.pr.m.)* 15	בְּאֵר שֶׁבַע	Beerseba *(n.l.)* 22
אסף	sammeln, aufnehmen; wegnehmen; *Ni.* sich versammeln 18	בַּאֲשֶׁר	dadurch dass, weil 20
		בָּבֶל	Babel *(n.l.)* 12
		בֶּגֶד	Kleid 15
אסר	anbinden, fesseln 18	בדל	*Hi.* trennen, sondern, aussondern 14
אַף	Nase, Zorn 14	בְּהֵמָה	Vieh, Tiere *(koll.)* 17
אפה	backen 18	בוא	kommen; hineingehen; untergehen *(Sonne)* 24
אֶפֶס	Ende 26		
אֶפְרַיִם	Ephraim *(n.terr.)* 12	בוש	sich schämen, zuschanden werden 24
אַרְבָּעָה	vier 24		
אָרוֹן	Lade, Kasten 6	בחן	prüfen, auf die Probe stellen 19
אֶרֶז	Zeder 23		
אֹרַח	Weg, Weise 24	בחר	wählen, erwählen 11
אֲרִי	Löwe 12	בטח	vertrauen 15

בֶּטֶן	Bauch, Leib, Mutterleib 14		בַּת	Tochter 8
בְּטֶרֶם	ehe, bevor 17		בְּתוּלָה	Jungfrau 22
בִּי	bitte 16			
בִּין	verstehen, einsehen; *Hi.* verstehen; belehren 24			
בֵּין	zwischen 7		**ג**	
בַּיִת	Haus 7			
בֵּית־אֵל	Bethel *(n.l.)* 16		גאל	befreien, erlösen 24
בכה	weinen, beweinen 23		גבה	hoch/erhaben sein 20
בְּכוֹר	erstgeboren; Erstgeborener 7		גָּבֹהַּ	hoch 17
			גְּבוּל	Grenze, Gebiet 7
בְּכִי	das Weinen 12		גִּבּוֹר	stark; Held, Krieger 7
בֹּכִים	Bochim *(n.l.)* 25		גְּבוּרָה	Stärke 13
בלע	verschlingen 20		גבר	stark sein 20
בֵּן	Sohn 8		גֶּבֶר	Mann 16
בֶּן־הֲדַד	Benhadad *(n.pr.m.)* 15		גָּדוֹל	groß 6
בנה	bauen 23		גְּדִי	Böckchen 12
בְּנֵי עַמּוֹן	Ammoniter *(n.g.)* 21		גדל	groß werden, wachsen; *Pi.* groß ziehen 9; 13
בַּעֲבוּר	um ... willen; wegen; damit 18		גִּדְעוֹן	Gideon *(n.pr.m.)* 16
בֹּעַז	Boas *(n.pr.m.)* 25		גּוֹי	Volk 7
בַּעַל	Besitzer, Herr; Baal *(Gott)* 15		גוע	umkommen, sterben 24
			גּוּר	Fremdling sein; weilen 24
בקע	spalten, teilen 20		גּוֹרָל	Los; Losanteil; Geschick 15
בָּקָר	Rinder *(koll.)* 20			
בֹּקֶר	Morgen 12		גַּיְא	Tal 22
בקש	*Pi.* suchen 13		גִּיל	sich freuen 24
ברא	erschaffen *(nur von Gott)* 20		גִּלְגָּל	Gilgal *(n.l.)* 25
			גלה	entblößen, offenbaren; *Hi.* ins Exil führen 23
בָּרוּךְ	gesegnet 17		גלל	rollen, wälzen 26
בַּרְזֶל	Eisen 24		גִּלְעָד	Gilead *(n.terr.)* 9; 12
ברח	entlaufen, fliehen 20		גַּם	auch; sogar 8
בְּרִית	*f.* Bund 7		גָּמָל	Kamel 14
ברך	*Qal/Pi.* segnen 16		גַּן	Garten 9
בְּרָכָה	Segen, Segensspruch 18		גנב	stehlen 8
בְּרֵכָה	Teich 20		גֵּר	Fremder 22
בָּרָק	Barak *(n.pr.m.)* 23		גְּרָר	Gerar *(n.l.)* 21
בָּשָׂר	Fleisch 6		גרש	*Pi.* vertreiben 19
בשר	*Pi.* melden, verkünden, Botschaft bringen 24			

ד

דְּבוֹרָה	Debora *(n.pr.f.)* 10
דָּבָר	Wort; Sache; Ereignis 8
דבר	*Pi.* reden; *Hitp.* sich besprechen 10
דָּוִד	David *(n.pr.m.)* 9
דּוֹר	Generation 7
דִּין	Recht schaffen, Gericht halten 26
דֶּלֶת	Tür, Türflügel 21
דָּם	Blut 10
דְּמוּת	Ähnlichkeit, Abbild 19
דָּן	Dan *(n.pr.m.)* 17
דַּעַת	Wissen 21
דרך	treten 8
דֶּרֶךְ	Weg; Lebenswandel; Reise 11
דרשׁ	suchen; fragen; trachten 8

ה

הֲ	*He interrogativum* 6
הַ	*Artikel* 6
הָאֱמֹרִי	Amoriter *(n.g.)* 10
הֶבֶל	Hauch, Nichtigkeit 6
הָגָר	Hagar *(n.pr.f.)* 22
הֲדַד	Hadad *(n.pr.m.)* 8
הוּא	er 6
הוּא/הִיא	sie *(Sg.)* 6
היה	sein; werden 23
הֵיכָל	Palast; Tempel 15
הלך	gehen 11
הלל	*Pi.* jubeln; *Hitp.* sich rühmen 13
הֵמָּה/הֵם	sie *(m.)* 6
הָמוֹן	Lärm; Menge 17
הֵן	siehe 19 wenn, falls 16

הִנֵּה	siehe 10
הֵנָּה	sie *(f.)* 6
הפך	wenden, umstürzen 18
הַר	Berg, Gebirge 6
הרג	töten, schlagen 18

ו

וְ	und; aber 6
וְהָיָה כִּי	und es wird sein, wenn 20
וַיֹּאמֶר	und er sagte 13
וַיְהִי	und es war / geschah 11

ז

זֹאת	diese *(Sg.f.)* 6
זֶבַח	Opfer 11
זבח	schlachten, opfern 16
זֶה	dieser *(Sg.m.)* 6
זָהָב	Gold 6
זַיִת	Ölbaum 12
זָכָר	männlich; Mann 13
זכר	gedenken, sich erinnern 8
זִכָּרוֹן	Andenken 17
זמר	*Pi.* singen, spielen, preisen 13
זעק	rufen, schreien 12
זָקֵן	alt werden, altern 10
זָקֵן	alt; Ältester 13
זרע	säen 20
זֶרַע	Saat; Geschlecht, Nachkommenschaft 17

ח

חבא	*Ni.* sich verstecken; *Hi.* versteckt halten 20

חֶבְרוֹן	Hebron *(n.l.)* 12	חֵן	Gnade, Gunst 14
חַג	Fest 6	חנה	sich lagern 23
חדל	aufhören, unterlassen 18	חַנָּה	Hanna *(n.pr.f.)* 9
חָדָשׁ	neu 13	חַנּוּן	barmherzig, gnädig 19
חֹדֶשׁ	Monat, Neumond 6	חִנָּם	umsonst, unentgeltlich 16
חוה	*Hištaf^cel* sich verneigen, anbeten 23	חנן	gnädig/gütig sein 25
		חֲנַנְיָה	Hananja *(n.pr.m.)* 16
חוֹל	Sand 22	חֶסֶד	Güte, Freundlichkeit 11
חוּץ	Gasse; draußen 7	חסה	sich bergen, Zuflucht suchen 26
חזה	schauen 23		
חזק	fest sein, stark sein; *Hi.* ergreifen 18	חָפְנִי	Hophni *(n.pr.m.)* 24
		חָפֵץ	Gefallen haben an, gern haben 18
חָזָק	hart, stark 8		
חִזְקִיָּהוּ	Hiskia *(n.pr.m.)* 11	חצה	teilen 25
חטא	sündigen, s. verfehlen 20	חָצוֹר	Hazor *(n.l.)* 15
חַי	lebend, lebendig 14	חֲצִי	Hälfte, Mitte 12
חַיָּה	Tier *(meist wildes Tier)* 18	חָצִיר	Gras 6
		חֹק	Gesetz, Satzung 14
חיה	leben 23	חֶרֶב *f.*	Schwert 6
חַיִּים	Leben 13	חֹרֵב	Horeb *(n.l.)* 14
חַיִל	Kraft, Heer 12	חָרְבָּה	Trümmerstätte 25
חִירָם	Hiram *(n.pr.m.)* 17	חרם	*Hi.* bannen 18
חכם	weise sein/werden 16	חרף	*Pi.* schmähen, verhöhnen 19
חָכָם	weise; Weiser 6		
חָכְמָה	Weisheit 6	חשׂך	zurückhalten, schonen 20
חָלָב	Milch 6	חשׁב	anrechnen, halten für 18
חֵלֶב	Fett; Bestes, Erlesenes 25	חֶשְׁבּוֹן	Hesbon *(n.l.)* 8
חלה	krank sein 23	חֹשֶׁךְ	Finsternis 26
חֲלוֹם	Traum 9	חתת	mutlos/erschrocken sein 25
חֳלִי	Krankheit 6; 12		
חָלִילָה	fern sei es 18		
חלל	*Pi.* entweihen; *Hi.* anfangen 16		ט
חָלָל	durchbohrt, erschlagen 13	טָהוֹר	rein 17
חֲלֻקָּה	1. Glätte, Schmeichelei; 2. Feld 22	טהר	rein sein; *Pi.* reinigen, für rein erklären 19
		טוֹב	gut 8
חֵמָה	Hitze, Erregung, Zorn 20	טוֹב	gut sein 24
חֲמוֹר	Esel 9	טוּב	Schönheit, göttliche Herrlichkeit 25
חָמָס	Unrecht, Gewalttat 13		
חֲמִשָּׁה	fünf 24		

טָמֵא	unrein 8

י

יָבִין	Jabin *(n.pr.m.)* 15
יָבֵישׁ	Jabesch *(n.l.)* 13
יַבֹּק	Jabboq *(n.l.)* 24
יָבֵשׁ	trocken sein, austrocknen 22
יָד *f.*	Hand, Seite, Macht 6
ידה	*Hi.* preisen, bekennen 26
ידע	kennen, wissen 11
יְהוֹאָחָז	Joahas *(n.pr.m.)* 15
יְהוּדָה	Juda *(n.terr.)* 12
יְהוָה צְבָאוֹת	Jahwe Zebaoth, Jahwe der Heerscharen 7
יְהוֹנָתָן	Jonathan *(n.pr.m.)* 20
יְהוֹשֻׁעַ	Josua *(n.pr.m.)* 15
יוֹאָשׁ	Joas *(n.pr.m.)* 15
יוֹם	Tag; Zeit 6
יוֹנָה	Taube 20
יוֹסֵף	Joseph *(n.pr.m.)* 7
יוֹתָם	Jotham *(n.pr.m.)* 10
יִזְרְעֶאל	Jesreel *(n.l.)* 18
יטב	gut sein, gut gehen 22
יַיִן	Wein 22
יכל	können, vermögen 22
ילד	gebären, zeugen 17
יֶלֶד	Kind, Knabe 22
יָם	Meer 14
יָמִין	rechte Hand, rechte Seite 17
ינק	saugen; *Hi.* säugen, stillen 22
יסד	*Qal* gründen 22
יסף	*Qal/Hi.* hinzufügen 22
יסר	*Pi.* zurechtweisen, züchtigen 16
יָעֵל	Jael *(n.pr.f.)* 23
יַעַן	wegen dessen, dass 20

יַעַן כִּי	wegen dessen, dass 20
יַעַן אֲשֶׁר	wegen dessen, dass 20
יָעֵף	müde werden 22
יעץ	raten, beraten, planen 22
יַעֲקֹב	Jakob *(n.pr.m.)* 12
יַעַר	Dickicht, Wald 25
יָפֶה	schön 18
יִפְתָּח	Jephta *(n.pr.m.)* 12
יצא	hinausgehen; *Hi.* herausführen 22
יצב	*Hitp.* sich hinstellen 13
יִצְחָק	Isaak *(n.pr.m.)* 10
יצק	ausgießen, ausschütten 22
יצר	formen, bilden 22
יָרֵא	fürchten, sich fürchten 10; 22
ירד	hinabsteigen; *Hi.* hinabführen 22
יַרְדֵּן	Jordan *(n.l.)* 6
ירה	*Hi.* unterweisen, belehren 26
יְרִיחוֹ	Jericho *(n.l.)* 23
יִרְמְיָהוּ	Jeremia *(n.pr.m.)* 15
ירשׁ	in Besitz nehmen, beerben 22
יֵשׁ	Vorhandensein; es gibt 7
ישׁב	wohnen, bleiben 10
יֹשֵׁב	Einwohner 7
יְשׁוּעָה	Hilfe, Heil 17
יִשְׁמָעֵאל	Ismael *(n.pr.m.)* 23
יָשֵׁן	einschlafen, schlafen 22
ישׁע	*Hi.* helfen, retten 22
יְשַׁעְיָהוּ	Jesaja *(n.pr.m.)* 11
יָשָׁר	recht, gerade 8
יתר	*Ni.* übrigbleiben; *Hi.* übriglassen 22

כ

כְּ	wie, entsprechend 6; 23

כַּאֲשֶׁר	wie; weil; wie wenn; als, nachdem 16
כָּבֵד	schwer sein; *Pi.* ehren 9; 13
כָּבֵד	schwer 7
כָּבוֹד	Ehre, Herrlichkeit 17
כבס	*Pi.* waschen 13
כֶּבֶשׂ	junger Widder, Lamm 11
כֹּה	so; hier, hierhin 11
כֹּהֵן	Priester 10
כּוֹכָב	Stern 9
כּוּל	erfassen; *Pilpel* versorgen 26
כּוּן	*Ni.* befestigt werden, fest stehen; *Po.* hinstellen 24
כזב	*Pi.* lügen 13
כֹּחַ	Kraft 7
כחשׁ	*Pi.* lügen; leugnen 23
כִּי	dass; denn, weil; wenn 9
כִּי אִם	außer; sondern, jedoch 18
כִּכָּר	runde Scheibe, Talent; Gegend, Umkreis 15
כֹּל	Gesamtheit; alle, jeder 9
כְּלִי	Gerät, Gefäß 12
כלם	*Ni.* sich schämen; *Hi.* beschämen, schmähen 26
כֵּן	so, ebenso 18
כְּנַעַן	Kanaan *(n.terr.)* 15
כָּנָף	Flügel 13
כִּסֵּא	Thronstuhl, Sessel 16
כְּסִיל	Tor *(stultus)* 20
כֶּסֶף	Silber, Geld 6
כַּף	hohle Hand 14
כפר	*Pi.* Sühne schaffen 13
כֶּרֶם	Weinberg 21
כרסם	*Pi.* abfressen 26
כרת	schneiden 8
כשׁל	straucheln 26
כתב	schreiben 8
כָּתֵף	Schulter, Berghang 13

ל

לְ	für; hinsichtlich; zu 6; 22
לֹא	nicht 8
לֵאָה	Lea *(n.pr.f.)* 23
לֵאמֹר	folgendermaßen; indem er sagte 11
לֵב	Herz 14
לֵבָב	Herz 13
לְבִלְתִּי	um nicht *(beim Inf.cs.)* 18
לָבָן	Laban *(n.pr.m.)* 7
לוּ	wenn; falls; gesetzt den Fall, dass 16
לוֹט	Lot *(n.pr.m.)* 7
לֵוִי	Levit 18
לוּלֵי	wenn nicht 16
לְחִי	Kinnbacken 12
לחם	*Ni.* kämpfen, Krieg führen 12
לֶחֶם	Brot, Speise, Nahrung 11
לַיְלָה	Nacht 24
לִין	übernachten 24
לכד	fangen, erobern 8
לָכֵן	deshalb 21
למד	lernen 10; 13
לָמָה	warum? 6
לְמַעַן	damit, um ... willen 10
לְמַעַן אֲשֶׁר	damit ... 19
לַפִּידוֹת	Lapidoth *(n.pr.m.)* 10
לִפְנֵי	vor 7
לקח	nehmen, fassen, ergreifen 17
לקט	*Qal/Pi.* sammeln, auflesen 26
לָשׁוֹן	Zunge, Sprache 17

מ

מְאֹד	sehr 8

מֵאָה	hundert 24	מֶלֶךְ	König 6
מְאוּמָה	irgendetwas 20	מַלְכָּה	Königin 22
מֵאָז	seitdem 17	מַלְכוּת	Königsherrschaft, König-
מַאֲכָל	Speise, Nahrung 18		reich 19
מאן	*Pi.* sich weigern 19	מַמְלָכָה	Königsherrschaft, Kö-
מאס	verschmähen, verabscheuen		nigswürde 20
	19	מַמְלָכוּת	Königsmacht 16
מֵאֲשֶׁר	weil 20	מִן	von, seit; wegen 7; 23
מַבּוּל	Flut 12	מָנוֹחַ	Ruheort 20
מַגֵּפָה	Plage 24	מִסְפָּר	Zahl 15
מִדְבָּר	Wüste, Steppe 15	מָעוֹז	Zufluchtsstätte, Schutz 18
מדד	messen 25	מְעַט	wenig, ein wenig 24
מַדּוּעַ	warum? 6	מְעִיל	Umhang, Mantel 11
מַה־	was? 6	מְעָרָה	Höhle 26
מהה	*Hitpalpel* zögern 26	מַעֲשֶׂה	Tat, Werk, Arbeit 18
מהר	*Pi.* eilen, beschleunigen 19	מצא	finden 15
מוֹאָב	Moab *(n.terr.)* 24	מַצֵּבֶת	Mazzebe, Gedenkstein 21
מוּסָר	Zucht, Züchtigung 15	מִצְוָה	Befehl, Gebot 24
מוֹעֵד	Zeitpunkt 16	מִצְפָּה	Mizpa *(n.l.)* 13
מוֹקֵשׁ	Falle 16	מִצְרַיִם	Ägypten *(n.terr.)* 16
מוּת	sterben 24	מִקְדָּשׁ	Heiligtum 15
מָוֶת	Tod 12	מָקוֹם	Ort 14
מִזְבֵּחַ	Altar 16	מִקְנֶה	Viehbesitz 6
מִזְרָח	Aufgang *(Sonne)*, Osten	מַרְאֶה	Sehen; Aussehen, Er-
	15		scheinung 18
מַחֲזֶה	Gesicht, Vision 22	מָרוֹם	Höhe 17
מַחֲנֶה	Lager, Heer 18	מֹשֶׁה	Mose *(n.pr.m.)* 10
מַחֲשֶׁבֶת	Gedanke 21	משׁח	salben 11
מַטֶּה	Stab, Stamm 18	מָשִׁיחַ	Gesalbter 17
מָטָר	Regen 13	מִשְׁכָּן	Wohnung 15
מִי	wer? 6	משׁל	herrschen 9
מַיִם	Wasser 6	מִשְׁמֶרֶת	Wache 21
מכר	verkaufen 12	מִשְׁפָּחָה	Verwandtschaft, Ge-
מָלֵא	voll sein; *Ni.* angefüllt		schlecht 20
	sein, erfüllt werden 17	מִשְׁפָּט	Recht 9
מָלֵא	voll 11	מִשְׁתֶּה	Trinken; Gastmahl 18
מַלְאָךְ	Bote, Engel 10	מָתַי	wann? 6
מִלְחָמָה	Kampf, Krieg 14		
מלט	*Ni.* sich retten, entrinnen;		
	Pi. retten 12		
מלך	König sein/werden 8		

נ

נָא	doch, gewiss 9; 12
נְאֻם יְהוָה	Ausspruch des Herrn 15
נאץ	*Pi.* verachten 19
נבא	*Ni.* als Prophet auftreten 21
נָבוֹת	Naboth *(n.pr.m.)* 18
נבט	*Hi.* aufblicken 21
נָבִיא	Prophet 10
נָבָל	unverständig, gottlos 19
נֶגֶב	Süden, Negev 21
נֶגֶד	vor, gegenüber von 23
נגד	*Hi.* Nachricht geben, mitteilen 21
נגע	schlagen, berühren; *Hi.* gelangen 20
נֶגַע	Schlag, Plage 20
נגף	schlagen, stoßen 21
נגש	drängen, treiben 21
נגש	hinzutreten, sich nähern 21
נָדָב	Nadab *(n.pr.m.)* 23
נדר	ein Gelübde ablegen, geloben 21
נֶדֶר	Gelübde 21
נָהָר	Fluss, Strom 13
נָוֶה	Weideplatz, Stätte 18
נוח	sich niederlassen, ruhen 24
נוּן	Nun *(n.pr.m.)* 19
נוּס	fliehen 24
נֹחַ	Noah *(n.pr.m.)* 17
נַחַל	Bachtal, Wadi 11
נחל	Besitz erhalten, erben 21
נַחֲלָה	Erbe, Besitz 16
נחם	*Ni.* bereuen; *Pi.* trösten 19
נטה	ausstrecken, neigen 26
נטע	pflanzen 21

נִיחֹחַ	Beschwichtigung; Wohlgefallen, Behagen 25
נכה	*Hi.* schlagen 25
נסה	*Pi.* auf die Probe stellen, prüfen 24
נסע	aufbrechen, weiterziehen 21
נָעֳמִי	Naemi *(n.pr.f.)* 25
נַעַר	Knabe; Knecht 7
נפל	fallen 17
נֶפֶשׁ *f.*	Seele; Person 10
נצב	*Ni.* sich hinstellen 21
נצל	*Hi.* entreißen, wegnehmen 21
נקה	*Ni.* unschuldig sein 26
נָקִי	ledig, frei, unschuldig 18
נשא	heben, aufheben 21
נשׂג	*Hi.* erreichen, einholen 21
נָשִׂיא	Fürst 17
נְשָׁמָה	Wehen, Atem, Hauch 20
נשק	küssen 21
נתן	geben, schenken 15

ס

סבב	umwandeln, herumgehen, umgeben 25
סָבִיב	ringsum; Umgebung 17
סְדֹם	Sodom *(n.l.)* 6
סוּס	Pferd 7
סוֹפֵר	Erzähler 16
סוּר	weichen 24
סחר	*Pealal* heftig klopfen 26
סִיחוֹן	Sihon *(n.pr.m.)* 10
סִיסְרָא	Sisera *(n.pr.m.)* 23
סֻכָּה	Laubhütte 14
סלח	vergeben *(nur von Gott)* 20
סַנְחֵרִב	Sanherib *(n.pr.m.)* 13

סָפַד	klagen 15	עַיִר	junger Esel 12
סָפַר	zählen 9; 13	עִיר *f.*	Stadt 6
סֵפֶר	Buch 6	עַל	auf 7; 24
סָתַר	*Hitp.* sich verbergen; *Hi.* verbergen 13; 14	עַל דִּבְרַת אֲשֶׁר	weil, darum dass 20
		עַל כִּי	weil, darum dass 20
		עַל אֲשֶׁר	weil, darum dass 20
		עַל־כֵּן	deshalb 23
ע		עָלָה	hinaufsteigen 23
		עָלֶה	Blätter 18
עָבַד	dienen, arbeiten 16	עֶלְיוֹן	oberer, höchster 24
עֶבֶד	Diener, Knecht 6	עַם	Volk 6
עֲבֹדָה	Arbeit, Dienst; Gottesdienst 22	עִם	mit *(soziativ)* 7
עֹבַדְיָהוּ	Obadjahu *(n.pr.m.)* 26	עָמַד	hintreten, stehen; *Hi.* aufstellen 11
עָבַר	durchziehen, vorübergehen 17	עַמּוּד	Pfeiler, Säule 7
עִבְרִי	ein Hebräer *(n.g.)* 6	עֲמֹרָה	Gommora *(n.l.)* 6
עֻגָה	Brotfladen 23	עָנָה	1. antworten; 2. gebeugt sein 23
עֶגְלָה	junge Kuh 13		
עֵד	Zeuge 20	עֲנָוָה	Demut 17
עַד	bis, bis zu 7	עֳנִי	Leiden, Elend 24
עַד כִּי	bis dass, solange als/bis 17	עָנָן	Wolke 6
עַד־אָם	bis dass, solange als/bis 17	עָפָר	Staub, Erde 13
עַד אֲשֶׁר אָם	bis dass, solange als/bis 17	עֵץ	Baum, Holz 7
עֵדוּת	Zeugnis, Mahnung, Gebot 9	עָצוּם	stark, mächtig, zahlreich 25
עוֹד	weiterhin, ferner, noch, wieder 12	עֶצֶם	Gebein, Knochen; selbst 11
עוֹלָה	Brandopfer 25	עֵקֶב	weil 20
עוֹלָם	ferne Zukunft, Ewigkeit 15	עֵקֶב אֲשֶׁר	weil 20
עָוֹן	Sünde, Schuld, Strafe 6	עֶרֶב	Abend 11
עוֹף	Vögel *(koll.)* 17	עֲרוֹעֵר	Aroer *(n.l.)* 10
עִוֵּר	blind 16	עָרַך	ordnen, zurüsten 18
עֹז	Kraft, Stärke 14	עָשָׂה	tun, machen 23
עֵז	Ziege 14	עֵשָׂו	Esau *(n.pr.m.)* 11
עָזַב	verlassen 16	עֲשָׂרָה	zehn 24
עָזַר	helfen, unterstützen 18	עָשִׁיר	reich; Reicher 6
עֶזְרָה	Hilfe, Beistand 22	עֹשֶׁר	Reichtum 7
עַי	Ai *(n.l.)* 6	עֵת *f.*	Zeitpunkt, Zeit 6
עַיִן	1. Auge; 2. Quelle 12	עַתָּה	jetzt, nun 8
		עתק	*Hi.* weiterziehen 26

פ

פֶּה	Mund 8
פֹּה	hier, hierher 16
פַּחַד	Schrecken, Beben 15
פִּינְחָס	Pinehas *(n.pr.m.)* 24
פלא	*Ni.* wunderbar sein 20
פלט	*Pi.* retten 13
פלל	*Hitp.* beten 13
פְּלִשְׁתִּים	Philister *(n.g.)* 10
פֶּן	dass nicht, damit nicht; sonst 18
פנה	sich wenden 23
פָּנִים	Angesicht, Vorderseite 14
פִּסֵּחַ	lahm 16
פֹּעַל	Tat, Arbeit, Werk 26
פַּעַם	Schritt, Mal 11
פקד	beauftragen, besuchen, heimsuchen; *Hi.* zur Aufsicht bestellen 9; 15
פקח	öffnen 18
פַּר	Jungstier 14
פרה	fruchtbar sein 23
פרח	sprossen, treiben 20
פְּרִי	Frucht 12
פַּרְעֹה	Pharao 20
פרר	*Hi.* brechen, zerstören 25
פִּתְאֹם	plötzlich, überraschend 25
פתח	öffnen 11
פֶּתַח	Öffnung, Türöffnung 14

צ

צֹאן	Kleinvieh; Schafe und Ziegen *(koll.)* 7
צְבִי	Herrlichkeit, Stolz 12
צַדִּיק	gerecht; Gerechter 8; 9
צדק	gerecht sein; *Hitp.* sich rechtfertigen 9; 13

צֶדֶק	Gerechtigkeit 6
צְדָקָה	Gerechtigkeit 20
צוה	*Pi.* befehlen 23
צוּר	Fels 26
צחק	lachen 23
צִידֹנִים	Sidonier *(n.g.)* 11
צלח	gelingen, Erfolg haben 19
צמא	dürsten 20
צעק	schreien 11
צְעָקָה	Geschrei 11
צָפוֹן	Norden 17
צַר	Feind; Not 14
צָרָה	Not 14
צרר	zusammenschnüren, eng sein 25

ק

קבץ	*Qal/Pi.* sammeln 9
קבר	begraben 10
קָדוֹשׁ	heilig 7
קָדִים	Osten; Ostwind 17
קדש	heilig sein; *Hitp.* sich heiligen 9; 13
קֹדֶשׁ	Heiligkeit, Heiligtum 11
קָהָל	Volksversammlung, Gemeinde 21
קוה	*Pi.* hoffen, warten 23
קוֹל	Stimme, Geräusch 7
קוּם	aufstehen 24
קָטֹן	klein sein 10
קָטָן/קָטֹן	klein 8
קטר	*Pi./Hi.* räuchern, opfern 16
קְטֹרֶת	Räucherwerk 21
קִיר	Wand 7
קִישׁ	Kisch *(n.pr.m.)* 13
קלל	klein/gering werden; *Pi.* verfluchen 25
קנא	*Pi.* eifersüchtig sein,

	sich ereifern 20	רוּם	sich erheben, erhaben
קָנָא	eifersüchtig 11		sein; *Polel* preisen 24
קָנָה	kaufen, erwerben; hervor-	רוּעַ	*Hi.* schreien, jauchzen 25
	bringen, erschaffen 23	רוּץ	laufen 24
קָנֶה	(Schilf-)Rohr 18	רוּת	Ruth *(n.pr.f.)* 25
קֵץ	Ende 14	רֹחַב	Weite, Breite 11
קָצֶה	Ende, Rand 18	רָחוֹק	fern 8
קָצַף	*Hi.* zum Zorn reizen 14	רָחֵל	Rahel *(n.pr.f.)* 16
קָצַר	ernten 10	רחם	*Pi.* sich erbarmen 19
קָרָא	rufen, nennen 10	רֶחֶם	Mutterleib 14
קָרַב	nahe sein 9	רחק	fern sein; *Hi.* entfernen,
קֶרֶב	Inneres, Mitte 11		sich entfernen 9; 14
קָרְבָּן	Darbringung, Gabe 15	רִיב	streiten 24
קָרוֹב	nahe; Verwandter 8	רֵיחַ	Geruch, Dampf 25
קִרְיָה	Stadt, Ortschaft 22	רכב	reiten, fahren 9
קָרַע	zerreißen 11	רֶכֶב	Wagen 11
קָשַׁב	*Hi.* aufmerken 14	רִנָּה	Jubel 25
קָשֶׁה	hart 18	רנן	jubeln, jauchzen 25
קֶשֶׁת	Bogen 26	רָע/רָעַ	schlecht, minderwertig 21
		רֵעַ	Nächster, Freund 7
		רָעֵב	hungrig 26
		רָעָב	Hungersnot 7
	ר	רעה	weiden 23
		רֹעֶה	Hirte 18
		רָעָה	Böses 14
רָאָה	sehen; *Ni.* erscheinen 23	רעע	schlecht/böse sein 25
רֹאשׁ	Kopf, Spitze 8	רפא	heilen 13
רִאשׁוֹן	erster, früherer 7	רָצוֹן	Wohlgefallen 17
רֵאשִׁית	Anfang 19	רצח	töten, morden 20
רֹב	Menge 14	רַק	nur, bloß *(Adv.)* 18
רַב	groß, zahlreich 16	רָשָׁע	schuldig; Gottloser 18
רבב	zahlreich werden 25	רְשָׁעִים	Gottlose 6
רְבָבָה	zehntausend, unendlich		
	viele 24		
רבה	viel sein/werden 23		**שׁ**
רִבְקָה	Rebekka *(n.pr.f.)* 7		
רגל	*Tiphᶜal* gehen lehren 26	שׂבַע	Sättigung, Fülle 26
רֶגֶל	Fuß 11	שָׂדֶה	Feld, Grundstück 18
רדף	verfolgen 9	שִׂים	setzen, stellen, legen 24
רוּחַ *f.*	Wind, Hauch; Geist 6		
רוּחַ	*Hi.* riechen, spüren, genie-		
	ßen 25		

שָׂכַל | *Hi.* Einsicht haben, Erfolg haben, Acht haben 14
שָׂמַח | sich freuen, fröhlich sein 11
שָׂנֵא | hassen 20
שְׂעֹרָה | Gerste 26
שָׂפָה | Lippe; Sprache; Rand, Ufer 20
שַׂר | Beamter, Oberster, Fürst 14
שָׂרָה | Sara *(n.pr.f.)* 6
שָׂרַי | Saraj *(n.pr.f.)* 20
שׂרף | verbrennen 15

שׁ

שֶׁ | „von welchem gilt" 6
שָׁאוּל | Saul *(n.pr.m.)* 14
שְׁאוֹל | Scheol, Totenwelt, Unterwelt 26
שׁאל | fragen, bitten 16
שׁאר | *Ni.* übrigbleiben 12
שְׁאֵרִית | Rest 19
שֵׁבֶט | Stab, Stamm 11
שְׁבִי | Gefangenschaft 12
שׁבע | *Ni.* schwören 12
שִׁבְעָה | sieben 24
שׁבר | zerbrechen 12
שׁבת | aufhören, ruhen; *Hi.* zum Aufhören bringen 10; 14
שַׁבָּת | Sabbat 16
שׁדד | gewalttätig sein, verwüsten 25
שׁוב | zurückkehren, umkehren 24
שׁוֹפֵט | Richter 16
שׁוֹפָר | Widderhorn, Schophar 15

שׁחת | *Hi.* verderben, vernichten; *Ho.* missraten/verderbt sein 14
שִׁיר | singen 24
שִׁיר | Lied, Gesang 7
שִׁירָה | (einzelnes) Lied 7
שִׁית | setzen, stellen, legen 24
שׁכב | sich niederlegen 9
שׁכח | vergessen 11
שׁכם | *Hi.* früh aufstehen 14
שְׁכֶם | Nacken, Schulter; Rücken 26
שָׁלוֹם | Friede, Wohlergehen 7
שׁלח | senden, ausstrecken 9
שֻׁלְחָן | Tisch 15
שׁלך | *Hi.* werfen; *Ho.* geworfen werden 14
שָׁלָל | Beute 13
שׁלל | herausziehen 26
שׁלם | unversehrt sein; *Pi.* vergelten, ersetzen 10; 13
שָׁלֵם | vollständig 26
שְׁלֹמֹה | Salomo *(n.pr.m.)* 16
שְׁלֹשָׁה | drei 24
שֵׁם | Name 7
שָׁם | dort 15
שׁמד | *Hi.* vertilgen 14
שָׁמָּה | dort 24
שְׁמוּאֵל | Samuel *(n.pr.m.)* 15
שָׁמַיִם | Himmel 8
שׁמם | verödet sein 25
שְׁמָמָה | Öde, Verwüstung 7
שֶׁמֶן | Öl 11
שְׁמֹנָה | acht 24
שׁמע | hören 9
שִׁמְעוֹן | Simeon *(n.pr.m.)* 15
שׁמר | bewahren; *Hitp.* sich hüten 8; 13
שֹׁמְרוֹן | Samaria *(n.l.; n.terr.)* 15
שֶׁמֶשׁ | Sonne 6
שִׁמְשׁוֹן | Simson *(n.pr.m.)* 9

שָׁנָה Jahr 25

שְׁנֵיהֶם (sie) beide 18

שְׁנַיִם zwei 24

שַׁעַע *Pilpel* spielen 26

שַׁעַר das Tor 7

שִׁפְחָה Sklavin 20

שׁפט richten 8

שָׁפַךְ vergießen, verschütten 16

שׁקה *Hi.* tränken 23

שֶׁקֶר Lüge, Betrug 11

שֹׁרֶשׁ Wurzel 11

שׁרת *Pi.* dienen, bedienen 19

שִׁשָּׁה sechs 24

שֵׁת Seth *(n.pr.m.)* 25

שׁתה trinken 23

תַּרְגֻם übersetzt *(Ptz.Pass.)* 26

תִּשְׁעָה neun 24

ת

תְּאֵנָה Feigenbaum 18

תֹּאַר Form, Gestalt, Aussehen 20

תֵּבָה Kasten, Arche 17

תֵּבֵל Erdkreis 26

תְּהִלָּה Ruhm, Lobgesang 14

תָּוֶךְ Mitte 12

תּוֹעֵבָה Abscheuliches, Abscheu 20

תּוֹרָה Tora, Gesetz, Weisung 7

תַּחַת unter, anstelle von 7

תַּחַת כִּי dafür, dass/weil 20

תַּחַת אֲשֶׁר dafür, dass/weil 20

תַּלְמִיד Schüler 9

תָּמִים vollständig, untadelig 17

תמם vollständig/zu Ende sein 25

תִּפְאֶרֶת Zierde 21

תְּפִלָּה Gebet 11

תפשׂ fassen, ergreifen 12

תִּקְוָה Hoffnung 22

Personen- und Sachregister

Die Zahlen geben die Seitenzahlen des Arbeitsbuches wieder.

Bibelstellenregister

Die Abkürzungen der alttestamentlichen Bücher:

Gen	Ex	Lev	Num	Dtn
Jdc	I Sam	II Sam	I Reg	II Reg
Jes	Jer	Ez	Hos	Joel
Am	Ob	Jon	Zeph	Sach
Mal	Ps	Hi	Prov	Ruth
Cant	Koh	Est	Dan	Esr
Neh	I Chr	II Chr		

Die Zahlen geben die Seitenzahlen des Arbeitsbuches wieder.

Genesis		3,10	98	8,15	264
		3,13	303	9,8-12	202f.
1,1-2,4a	48	3,14	57.226	9,11	128
1,1-13	48	3,16	97	9,24	84
1,1	19.57.251	3,17	100	10,14	158
1,2	19.45	4,1	57	10,15	158
1,3	53	4,4	28.303	11,7	217
1,4	53.159	4,7	97	11,12	277
1,14	45	4,14	219	11,29	117
1,24	292	4,26	293	12,1-5	74
1,27	48	5,5	277	12,2	250
1,29	57	6,2	87f.	12,3	293
2,2	48.303	6,8	102	12,6	250
2,4	251	6,9	88	12,8	307
2,5	71.86	6,17	281f.	12,10-20	229f.
2,6	304	7,4	250	12,10	73
2,11	127	7,6	200	12,11	201
2,23	128	7,11	277	12,18	239
2,24	107	7,15	278.286	13,2	53
3,1-13	213	7,17	277	13,11	117
3,1	264	7,20	57	14,12	105.108
3,3	127	8,7	54	14,22	282
3,5	230	8,9	231	15,1-21	254.256
3,9	218	8,11	250	15,1	31